9급 공무원 개념서 + 문제집

말도 안되는 이 가격~ 실화임?

나두공 동영상강의
3만원 가격파괴

익사이팅한 초필살 이론 **개념서** 동영상 강의와
센세이셔널한 알짜 문제풀이 **문제집** 동영상 강의가 만나
9급 공무원으로 가는 탄탄한 길!

- 개념서 국어 / 문제집 국어 — 민상윤 교수님
  종합반 국어(3만원)

- 개념서 영어 / 문제집 영어 — 조성열 교수님
  종합반 영어(3만원)

- 개념서 한국사 / 문제집 한국사 — 박기훈 교수님
  종합반 한국사(3만원)

- 개념서 행정법총론 / 문제집 행정법총론 — 김일영 교수님
  종합반 행정법총론(3만원)

- 개념서 행정학개론 / 문제집 행정학개론 — 이승철 교수님
  종합반 행정학개론(3만원)

- 개념서 국어+영어+한국사 / 문제집 국어+영어+한국사
  종합반 3과목 패키지(7만원)

- 개념서 국어+영어+한국사+행정법총론+행정학개론 / 문제집 국어+영어+한국사+행정법총론+행정학개론
  종합반 5과목 패키지(10만원)

JN374030

공무원 시험의 처음과 끝은 나두공과 함께하세요.

실용적인 내용과 핵심만으로
나를 위한 공부법 발견

수험서

나두공

나두공은 시스컴에서 상표 출원한 **공무원 임용 시험 전문 브랜드**입니다.

매년 변화하는 공무원 시험에 대비하여 핵심만을 담은 품격 있는 강의로 나두공과 나도 공무원을 할 수 있다는 자신감과 함께 공무원 시험 합격에 성공하는 나를 위한 수험서를 제공하겠습니다.

나를 위한 나두공 합격전략

나두공은 공무원 시험을 처음 시작하는 수험생부터 매년 변화하는 시험에 적응하려는 수험생까지, 나를 위한 합격전략으로 공무원 시험의 합격에 다가갈 수 있게 핵심 내용만을 담은 양질의 수험서를 제작하고 있습니다.

검색창에 [N 나두공 🔍] 을 검색하세요.

베테랑 교수진과 함께하는
합격의지 급상승 강의

나를 위한 각종 수험 정보와
시험 합격 키포인트

강의

홈페이지

나를 위한 나두공 합격강의

나두공은 공무원 시험의 베테랑인 교수진과 함께 브랜드 프리미엄의 거품을 걷어낸 체계적인 강의와 공무원 합격을 마무리하는 면접까지, 오직 수험생의 합격만을 바라보는 강의를 제공하겠습니다.

나를 위한 나두공 합격정보

나두공 홈페이지는 공무원 시험을 처음 접하는 수험생과 기존 수험생에게 풍부한 수험 정보, 스터디 자료와 다양한 콘텐츠를 제공하여 나도 할 수 있는 공무원 합격 플랜을 진행 할 수 있게 도움을 주고 있습니다.

◀ 9급 공무원 응시자격 ▶

※ 경찰 공무원, 소방 공무원, 교사 등 특정직 공무원의 채용은 별도 법령에 의거하고 있어 응시자격 등이 다를 수 있으니 해당법령과 공고문을 참고하시기 바랍니다.

※ 매년 채용시험 관련 법령 개정으로 응시자격이 변경될 수 있으므로 필요한 경우 확인절차를 거치시기 바랍니다.

01 최종시험 예정일이 속한 연도를 기준으로 공무원 응시가능 연령(9급 : 18세 이상)에 해당한다.
(단, 9급 교정·보호직의 경우 20세 이상)

02 아래의 공무원 응시 결격사유 중 어느 하나에도 해당되지 않는다.

1. 피성년후견인
2. 파산선고를 받고 복권되지 아니한 자
3. 금고 이상의 실형을 선고받고 그 집행이 종료되거나 집행을 받지 아니하기로 확정된 후 5년이 지나지 아니한 자
4. 금고 이상의 형을 선고받고 그 집행유예 기간이 끝난 날부터 2년이 지나지 아니한 자
5. 금고 이상의 형의 선고유예를 받은 경우에 그 선고유예 기간 중에 있는 자
6. 법원의 판결 또는 다른 법률에 따라 자격이 상실되거나 정지된 자
7. 징계로 파면처분을 받은 때부터 5년이 지나지 아니한 자
8. 징계로 해임처분을 받은 때부터 3년이 지나지 아니한 자
단, 검찰직 지원자는 금고 이상의 형을 선고받은 경우 응시할 수 없습니다.

03 공무원으로서의 직무수행에 지장을 주지 않는 건강상태를 유지하고 있어, 공무원 채용 신체검사에서 불합격 판정기준에 해당되지 않는다.

04 9급 지역별 구분모집 지원자의 경우, 시험시행년도 1월 1일을 포함하여 1월 1일 전 또는 후로 연속하여 3개월 이상 해당 지역에 주민등록이 되어 있다.

05 지방직 공무원, 경찰 등 다른 공무원시험을 포함하여 공무원 임용시험에서 부정한 행위를 한 적이 없다.

06 국어, 영어, 한국사와 선택하고자 하는 직류의 시험과목 기출문제를 풀어보았으며, 합격을 위한 최소한의 점수는 과목별로 40점 이상임을 알고 있다.

- 위의 요건들은 7급, 9급 공무원 시험에 응시하기 위한 기본 조건입니다.
- 장애인 구분모집, 저소득층 구분모집 지원자는 해당 요건을 추가로 확인하시기 바랍니다.

2024

9급
[한국사]
연차별 7개년
기출문제집

2024
나두공 9급 한국사 연차별 7개년 기출문제집

인쇄일 2023년 9월 1일 초판 1쇄 인쇄 **발행처** 시스컴 출판사
발행일 2023년 9월 5일 초판 1쇄 발행 **발행인** 송인식
등 록 제17-269호 **지은이** 나두공 수험연구소
판 권 시스컴2023

ISBN 979-11-6941-192-9 13350
정 가 15,000원

주소 서울시 금천구 가산디지털1로 225, 514호(가산포휴) | **시스컴** www.siscom.co.kr / **나두공** www.nadoogong.com
E-mail stscombooks@naver.com | **전화** 02)866-9311 | **Fax** 02)866-9312

이 책의 무단 복제, 복사, 전재 행위는 저작권법에 저촉됩니다. 파본은 구입처에서 교환하실 수 있습니다.
발간 이후 발견된 정오 사항은 나두공 홈페이지 도서정오표에서 알려드립니다(나두공 홈페이지 → 교재 → 도서정오표).

INTRO

최근 10여 년 동안 직업으로서의 공무원에 대한 사회적 평가가 상당히 개선되었고 공직의 상대적 안정성에 대한 선호도 또한 현격히 높아짐에 따라 공무원 시험의 경쟁률도 그만큼 높아지게 되었다. 이로 인해 수험 준비에 수년이 걸리는 일이 다반사가 되었고, 오랜 공부에도 불구하고 합격을 장담하기 어려운 상황이 되었다.

이러한 상황에서는 결국 주어진 시간을 효율적으로 활용하여 출제 가능한 요점을 체계적으로 정리·숙지할 수 있느냐가 당락에 있어 가장 중요한 요소가 될 수밖에 없을 것이다.

이 책은 이러한 점을 충분히 고려하여 그동안 출제된 문제를 꼼꼼히 분석하여 이에 대한 상세한 해설을 제시하였고, 또한 관련된 핵심 내용을 덧붙임으로써 짧은 시간 내에 문제에 대한 충실한 이해와 관련 내용에 대한 체계적 정리가 모두 가능하도록 구성하였다.

이 책이 지닌 특성과 장점은 다음과 같다.

첫째, 최근 7년간의 〈국가직〉, 〈지방직〉, 〈서울시〉 공무원 시험의 기출문제를 연차별로 분류하여 수록하고, 이에 대한 풍부한 해설을 담아 개념서를 따로 참고하지 않고도 명쾌하게 이해할 수 있도록 하였다.

둘째, 중요한 문제의 상당수가 변형되어 반복 출제되고 있다는 점을 고려해 '정답해설' 뿐만 아니라 '오답해설'도 상세하게 하여 다양한 유형의 문제에도 보다 쉽게 대처할 수 있게 하였다.

셋째, 문제와 관련된 중요 내용이나 핵심정리를 '보충설명'을 통해 정리해둠으로써 효율적이면서도 충실한 수험공부가 가능하도록 하였다.

이 책이 여러분의 꿈을 이루는 데 많은 도움이 되기를 바라며, 수험생 여러분 모두의 건투를 빈다.

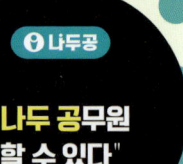

9급 공무원 시험 안내

시험 과목

직렬	직류	시험 과목
행정직	일반행정	국어, 영어, 한국사, 행정법총론, 행정학개론
	고용노동	국어, 영어, 한국사, 행정법총론, 노동법개론
	선거행정	국어, 영어, 한국사, 행정법총론, 공직선거법
직업상담직	직업상담	국어, 영어, 한국사, 노동법개론, 직업상담·심리학개론
세무직(국가직)	세무	국어, 영어, 한국사, 세법개론, 회계학
세무직(지방직)		국어, 영어, 한국사, 지방세법, 회계학
사회복지직	사회복지	국어, 영어, 한국사, 사회복지학개론, 행정법총론
교육행정직	교육행정	국어, 영어, 한국사, 교육학개론, 행정법총론
관세직	관세	국어, 영어, 한국사, 관세법개론, 회계원리
통계직	통계	국어, 영어, 한국사, 통계학개론, 경제학개론
교정직	교정	국어, 영어, 한국사, 교정학개론, 형사소송법개론
보호직	보호	국어, 영어, 한국사, 형사정책개론, 사회복지학개론
검찰직	검찰	국어, 영어, 한국사, 형법, 형사소송법
마약수사직	마약수사	국어, 영어, 한국사, 형법, 형사소송법
출입국관리직	출입국관리	국어, 영어, 한국사, 국제법개론, 행정법총론
철도경찰직	철도경찰	국어, 영어, 한국사, 형사소송법개론, 형법총론
공업직	일반기계	국어, 영어, 한국사, 기계일반, 기계설계
	전기	국어, 영어, 한국사, 전기이론, 전기기기
	화공	국어, 영어, 한국사, 화학공학일반, 공업화학
농업직	일반농업	국어, 영어, 한국사, 재배학개론, 식용작물
임업직	산림자원	국어, 영어, 한국사, 조림, 임업경영
시설직	일반토목	국어, 영어, 한국사, 응용역학개론, 토목설계
	건축	국어, 영어, 한국사, 건축계획, 건축구조
	시설조경	국어, 영어, 한국사, 조경학, 조경계획 및 설계

방재안전직	방재안전	국어, 영어, 한국사, 재난관리론, 안전관리론
전산직	전산개발	국어, 영어, 한국사, 컴퓨터일반, 정보보호론
	정보보호	국어, 영어, 한국사, 네트워크 보안, 정보시스템 보안
방송통신직	전송기술	국어, 영어, 한국사, 전자공학개론, 무선공학개론
법원사무직 (법원직)	법원사무	국어, 영어, 한국사, 헌법, 민법, 민사소송법, 형법, 형사소송법
등기사무직 (법원직)	등기사무	국어, 영어, 한국사, 헌법, 민법, 민사소송법, 상법, 부동산등기법
사서직 (국회직)	사서	국어, 영어, 한국사, 헌법, 정보학개론
속기직 (국회직)	속기	국어, 영어, 한국사, 헌법, 행정학개론
방호직 (국회직)	방호	국어, 영어, 한국사, 헌법, 사회
경위직 (국회직)	경위	국어, 영어, 한국사, 헌법, 행정법총론
방송직 (국회직)	방송제작	국어, 영어, 한국사, 방송학, 영상제작론
	취재보도	국어, 영어, 한국사, 방송학, 취재보도론
	촬영	국어, 영어, 한국사, 방송학, 미디어론

- 교정학개론에 형사정책 및 행형학, 국제법개론에 국제경제법, 행정학개론에 지방행정이 포함되며, 공직선거법에 '제16장 벌칙'은 제외됩니다.
- 노동법개론은 근로기준법·최저임금법·노동조합 및 노동관계조정법에서 하위법령을 포함하여 출제됩니다.
- 시설조경 직류의 조경학은 조경일반(미학, 조경사 등), 조경시공구조, 조경재료(식물재료 포함), 조경생태(생태복원 포함), 조경관리(식물, 시설물 등)에서, 조경계획 및 설계는 조경식재 및 시설물 계획, 조경계획과 설계과정, 공원·녹지계획과 설계, 휴양·단지계획과 설계, 전통조경계획과 설계에서 출제됩니다.

※ 추후 변경 가능하므로 반드시 응시 기간 내 시험과목 및 범위를 확인하시기 바랍니다.

9급 공무원 시험 안내

응시자격

1. **인터넷 접수만 가능**
2. **접수방법** : 사이버국가고시센터(www.gosi.kr)에 접속하여 접수할 수 있습니다.
3. **접수시간** : 기간 중 24시간 접수
4. **비용** : 응시수수료(7급 7,000원, 9급 5,000원) 외에 소정의 처리비용(휴대폰·카드 결제, 계좌이체비용)이 소요됩니다.

※ 저소득층 해당자(국민기초생활 보장법에 따른 수급자 또는 한부모가족지원법에 따른 지원대상자)는 응시수수료가 면제됩니다.

※ 응시원서 접수 시 등록용 사진파일(JPG, PNG)이 필요하며 접수 완료 후 변경 불가합니다.

학력 및 경력

제한 없음

시험방법

1. **제1·2차시험(병합실시)** : 선택형 필기
2. **제3차시험** : 면접

※ 교정직(교정) 및 철도경찰직(철도경찰)의 6급 이하 채용시험의 경우, 9급 제1·2차 시험(병합실시) 합격자를 대상으로 실기시험(체력검사)을 실시하고, 실기시험 합격자에 한하여 면접시험을 실시합니다.

원서접수 유의사항

1. 접수기간에는 기재사항(응시직렬, 응시지역, 선택과목 등)을 수정할 수 있으나, 접수기간이 종료된 후에는 수정할 수 없습니다.
2. 응시자는 응시원서에 표기한 응시지역(시·도)에서만 필기시험에 응시할 수 있습니다.
   ※ 다만, 지역별 구분모집[9급 행정직(일반), 9급 행정직(우정사업본부)] 응시자의 필기시험 응시지역은 해당 지역모집 시·도가 됩니다.(복수의 시·도가 하나의 모집단위일 경우, 해당 시·도 중 응시희망 지역을 선택할 수 있습니다.)
3. 인사혁신처에서 동일 날짜에 시행하는 임용시험에는 복수로 원서를 제출할 수 없습니다.

양성평등채용목표제
1. 대상시험 : 선발예정인원이 5명 이상인 모집단위(교정·보호직렬은 적용 제외)
2. 채용목표 : 30%
   ※ 시험실시단계별로 합격예정인원에 대한 채용목표 비율이며 인원수 계산 시, 선발예정인원이 10명 이상인 경우에는 소수점 이하를 반올림하며, 5명 이상 10명 미만일 경우에는 소수점 이하는 버립니다.

응시 결격 사유
해당 시험의 최종시험 시행예정일(면접시험 최종예정일) 현재를 기준으로 국가공무원법 제33조(외무공무원은 외무공무원법 제9조, 검찰직·마약수사직 공무원은 검찰청법 제50조)의 결격사유에 해당하거나, 국가공무원법 제74조(정년)·외무공무원법 제27조(정년)에 해당하는 자 또는 공무원임용시험령 등 관계법령에 의하여 응시자격이 정지된 자는 응시할 수 없습니다.

가산점 적용

구분	가산비율	비고
취업지원대상자	과목별 만점의 10% 또는 5%	• 취업지원대상자 가점과 의사상자 등 가점은 1개만 적용 • 취업지원대상자/의사상자 등 가점과 자격증 가산점은 각각 적용
의사상자 등	과목별 만점의 5% 또는 3%	
직렬별 가산대상 자격증 소지자	과목별 만점의 3~5% (1개의 자격증만 인정)	

기타 유의사항
1. 필기시험에서 과락(만점의 40% 미만) 과목이 있을 경우에는 불합격 처리됩니다. 필기시험의 합격선은 공무원임용시험령 제4조에 따라 구성된 시험관리위원회의 심의를 통해 결정되며, 구체적인 합격자 결정 방법 등은 공무원임용시험령 등 관계법령을 참고하시기 바랍니다.
2. 9급 공채시험에서 가산점을 받고자 하는 자는 필기시험 시행 전일까지 해당요건을 갖추어야 하며, 반드시 필기시험 시행일을 포함한 3일 이내에 사이버국가고시센터(www.gosi.kr)에 접속하여 자격증의 종류 및 가산비율을 입력해야 합니다.

※ 반드시 응시 기간 내 공고문을 확인하시기 바랍니다.

구성 및 특징

연차별 기출문제

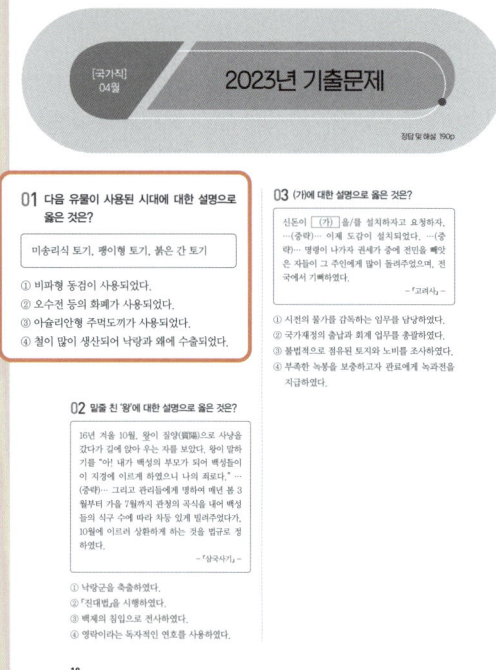

최근 7년 간의 〈국가직〉, 〈지방직〉, 〈서울시〉 공무원 시험의 기출문제를 연차별로 묶어 100% 똑같이 수록함으로써 독자가 공무원 시험의 기출 흐름을 체득하도록 하였다.

정답해설

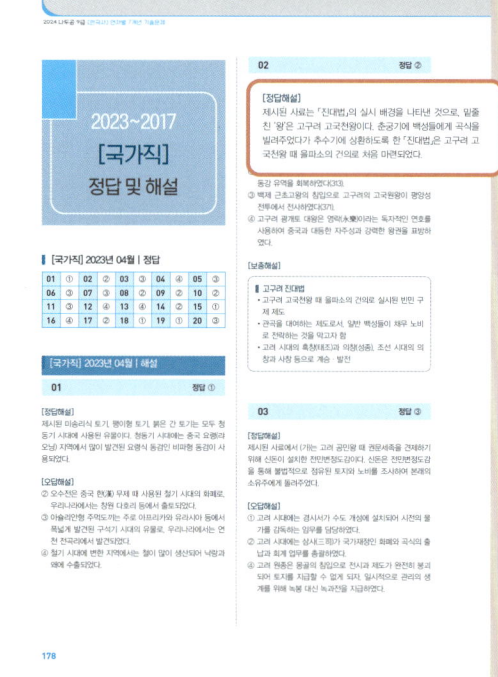

해당 보기가 문제의 정답이 되는 이유를 논리적이고 명확하게 설명하였다. 또한 유사한 문제뿐만 아니라 응용문제까지도 폭넓게 대처할 수 있도록, 경우에 따라 정답과 관련된 배경 이론이나 참고 사항 등을 수록하였다.

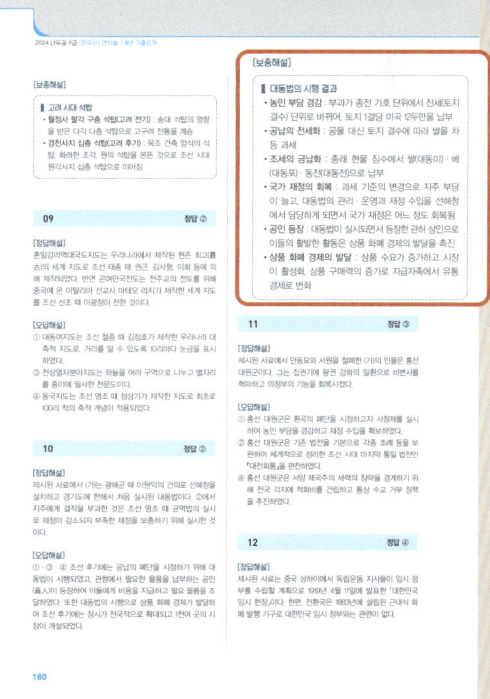

다른 보기들이 오답이 되는 이유를 각 보기별로 세세하게 설명하고 유사문제에서 오답을 확실히 피할 수 있도록 문제 요지에 초점을 맞추어 필요한 보충 설명을 제시하였다.

기출문제로 출제된 범위의 중요 이론을 보다 상세히 학습할 수 있도록, 해당문제의 주제를 면밀히 분석하고 그와 가장 밀접한 이론의 핵심만을 요약하여 보충하였다.

목 차

시행처별 목 차

국가직

	문 제	해 설
2023년 04월	18	178
2022년 04월	24	183
2021년 04월	30	189
2020년 07월	36	194
2019년 04월	42	200
2018년 04월	48	205
2017년 04월	54	210
2017년 10월	60	215

지방직

	문 제	해 설
2023년 06월	68	221
2022년 06월	74	226
2021년 06월	80	231
2020년 06월	86	236
2019년 06월	91	241
2018년 05월	97	247
2017년 06월	103	252
2017년 12월	110	258

서울시

	문 제	해 설
2023년 06월	116	264
2022년 02월	123	269
2022년 06월	129	274
2021년 06월	135	279
2020년 06월	141	284
2019년 02월	147	290
2019년 06월	153	295
2018년 03월	159	300
2018년 06월	165	305
2017년 06월	171	311

연차별 목차

연도	구분	문제	해설
2023년	국가직(04월)	18	178
	지방직(06월)	68	221
	서울시(06월)	116	264
2022년	국가직(04월)	24	183
	지방직(06월)	74	226
	서울시(02월)	123	269
	서울시(06월)	129	274
2021년	국가직(04월)	30	189
	지방직(06월)	80	231
	서울시(06월)	135	279
2020년	국가직(07월)	36	194
	지방직(06월)	86	236
	서울시(06월)	141	284
2019년	국가직(04월)	42	200
	지방직(06월)	91	241
	서울시(02월)	147	290
	서울시(06월)	153	295
2018년	국가직(04월)	48	205
	지방직(05월)	97	247
	서울시(03월)	159	300
	서울시(06월)	165	305
2017년	국가직(04월)	54	210
	국가직(10월)	60	215
	지방직(06월)	103	252
	지방직(12월)	110	258
	서울시(06월)	171	311

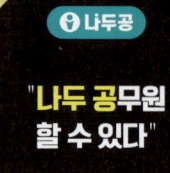

체크리스트

효율적인 학습을 위한 CHECK LIST

시행처	시행일	학습 기간	정답 수	오답 수
국가직	2023년 04월	~		
	2022년 04월	~		
	2021년 04월	~		
	2020년 07월	~		
	2019년 04월	~		
	2018년 04월	~		
	2017년 04월	~		
	2017년 10월	~		
지방직	2023년 06월	~		
	2022년 06월	~		
	2021년 06월	~		
	2020년 06월	~		
	2019년 06월	~		
	2018년 05월	~		
	2017년 06월	~		
	2017년 12월	~		
서울시	2023년 06월	~		
	2022년 02월	~		
	2022년 06월	~		
	2021년 06월	~		
	2020년 06월	~		
	2019년 02월	~		
	2019년 06월	~		
	2018년 03월	~		
	2018년 06월	~		
	2017년 06월	~		

2023~2017 [국가직] 연차별 기출문제

7개년

QUESTIONS

2023년 국가직 9급(04월)

2022년 국가직 9급(04월)

2021년 국가직 9급(04월)

2020년 국가직 9급(07월)

2019년 국가직 9급(04월)

2018년 국가직 9급(04월)

2017년 국가직 9급(04월)

2017년 국가직 9급(10월)

[국가직] 04월 2023년 기출문제

정답 및 해설 178p

01 다음 유물이 사용된 시대에 대한 설명으로 옳은 것은?

> 미송리식 토기, 팽이형 토기, 붉은 간 토기

① 비파형 동검이 사용되었다.
② 오수전 등의 화폐가 사용되었다.
③ 아슐리안형 주먹도끼가 사용되었다.
④ 철이 많이 생산되어 낙랑과 왜에 수출되었다.

02 밑줄 친 '왕'에 대한 설명으로 옳은 것은?

> 16년 겨울 10월, 왕이 질양(質陽)으로 사냥을 갔다가 길에 앉아 우는 자를 보았다. 왕이 말하기를 "아! 내가 백성의 부모가 되어 백성들이 이 지경에 이르게 하였으니 나의 죄로다." …(중략)… 그리고 관리들에게 명하여 매년 봄 3월부터 가을 7월까지 관청의 곡식을 내어 백성들의 식구 수에 따라 차등 있게 빌려주었다가, 10월에 이르러 상환하게 하는 것을 법규로 정하였다.
> - 『삼국사기』 -

① 낙랑군을 축출하였다.
② 『진대법』을 시행하였다.
③ 백제의 침입으로 전사하였다.
④ 영락이라는 독자적인 연호를 사용하였다.

03 (가)에 대한 설명으로 옳은 것은?

> 신돈이 (가) 을/를 설치하자고 요청하자, …(중략)… 이제 도감이 설치되었다. …(중략)… 명령이 나가자 권세가 중에 전민을 빼앗은 자들이 그 주인에게 많이 돌려주었으며, 전국에서 기뻐하였다.
> - 『고려사』 -

① 시전의 물가를 감독하는 임무를 담당하였다.
② 국가재정의 출납과 회계 업무를 총괄하였다.
③ 불법적으로 점유된 토지와 노비를 조사하였다.
④ 부족한 녹봉을 보충하고자 관료에게 녹과전을 지급하였다.

04 다음과 같이 말한 인물에 대한 설명으로 옳은 것은?

> 우리나라가 곧 고구려의 옛 땅이다. 그리고 압록강의 안팎 또한 우리의 지역인데 지금 여진이 그 사이에 몰래 점거하여 저항하고 교활하게 대처하고 있어서 …(중략)… 만일 여진을 내쫓고 우리 옛 땅을 되찾아서 성보(城堡)를 쌓고 도로를 통하도록 하면 우리가 어찌 사신을 보내지 않겠는가?
> - 『고려사』 -

① 목종을 폐위하였다.
② 귀주에서 거란군을 물리쳤다.
③ 여진을 몰아내고 동북 9성을 쌓았다.
④ 소손녕과 담판하여 강동 6주를 획득하였다.

05 밑줄 친 '이곳'에 대한 설명으로 옳은 것은?

> • 장수왕은 남진정책의 일환으로 수도를 <u>이곳</u>으로 천도하였다.
> • 묘청은 <u>이곳</u>으로 수도를 옮길 것을 주장하였다.

① 쌍성총관부가 설치되었다.
② 망이 · 망소이가 반란을 일으켰다.
③ 제너럴 셔먼호 사건이 발생하였다.
④ 1923년 조선 형평사가 결성되었다.

06 다음 전투 이후에 일어난 사건으로 옳은 것만을 모두 고르면?

> 이근행이 군사 20만 명의 대군을 이끌고 매소성(買肖城)에 머물렀다. 우리 군사가 공격하여 달아나게 하고 전마 30,380필을 얻었는데, 남겨놓은 병장기도 그 정도 되었다.
> - 『삼국사기』 -

ㄱ. 웅진도독부가 설치되었다.
ㄴ. 김흠돌이 반란을 일으켰다.
ㄷ. 교육 기관인 국학이 설립되었다.
ㄹ. 복신과 도침이 부여풍과 함께 백제 부흥 운동을 일으켰다.

① ㄱ, ㄴ　　② ㄱ, ㄹ
③ ㄴ, ㄷ　　④ ㄷ, ㄹ

07 다음 사건을 시기순으로 바르게 나열한 것은?

(가) 신라의 우산국 복속
(나) 고구려의 서안평 점령
(다) 백제의 대야성 점령
(라) 신라의 금관가야 병합

① (가) → (나) → (다) → (라)
② (가) → (라) → (나) → (다)
③ (나) → (가) → (라) → (다)
④ (나) → (다) → (가) → (라)

08 고려시대 문화유산에 대한 설명으로 옳지 않은 것은?

① 황해도 사리원 성불사 응진전은 다포 양식의 건물이다.
② 월정사 팔각 9층 석탑은 원의 석탑을 모방하여 제작하였다.
③ 여주 고달사지 승탑은 통일 신라의 팔각원당형 양식을 계승하였다.
④ 『직지심체요절』은 세계기록유산으로 등재된 현존하는 가장 오래된 금속활자본이다.

09 조선시대 지도와 천문도에 대한 설명으로 옳지 않은 것은?

① 대동여지도는 거리를 알 수 있도록 10리마다 눈금을 표시하였다.
② 혼일강리역대국도지도는 중국에서 들여온 곤여만국전도를 참고하였다.
③ 천상열차분야지도는 하늘을 여러 구역으로 나누고 별자리를 표시한 그림이다.
④ 동국지도는 정상기가 실제 거리 100리를 1척으로 줄인 백리척을 적용하여 제작하였다.

10 (가)에 대한 설명으로 옳지 않은 것은?

> 임진왜란 이후에 우의정 유성룡도 역시 미곡을 거두는 것이 편리하다고 주장하였으나, 일이 성취되지 못하였다. 1608년에 이르러 좌의정 이원익의 건의로 (가) 을/를 비로소 시행하여, 민결(民結)에서 미곡을 거두어 서울로 옮기게 하였다.
> — 『만기요람』 —

① 장시의 확대에 기여하였다.
② 지주에게 결작을 부과하였다.
③ 공납의 폐단을 막기 위해 실시하였다.
④ 공인에게 비용을 지급하고 필요 물품을 조달하였다.

11 (가) 인물이 추진한 정책으로 옳지 않은 것은?

> 선비들 수만 명이 대궐 앞에 모여 만동묘와 서원을 다시 설립할 것을 청하니, (가) 이/가 크게 노하여 한성부의 조례(皂隷)와 병졸로 하여금 한강 밖으로 몰아내게 하고 드디어 천여 곳의 서원을 철폐하고 그 토지를 몰수하여 관에 속하게 하였다.
> — 『대한계년사』 —

① 사창제를 실시하였다.
② 『대전회통』을 편찬하였다.
③ 비변사의 기능을 강화하였다.
④ 통상 수교 거부 정책을 추진하였다.

12 다음과 같은 선포문을 발표하면서 성립한 정부의 정책으로 옳지 않은 것은?

> 제1조 대한민국은 민주공화제로 함
> …(중략)…
> 민국 원년 3월 1일 우리 대한민족이 독립을 선언한 뒤 …(중략)… 이제 본 정부가 전 국민의 위임을 받아 조직되었으니 전 국민과 더불어 전심(專心)으로 힘을 모아 국토 광복의 대사명을 이룰 것을 선서한다.

① 독립 공채를 발행하였다.
② 기관지로 『독립신문』을 발간하였다.
③ 비밀 행정 조직인 연통부를 설치하였다.
④ 재정 확보를 위하여 전환국을 설립하였다.

13 밑줄 친 '나'가 집권하여 추진한 사실로 옳은 것은?

> 나는 우리 국민이 선천적으로 타고난 재질을 최대한으로 활용하여 다각적인 생산 활동을 더욱 활발하게 하고, …(중략)… 공산품 수출을 진흥시키는 데 가일층 노력할 것을 요망합니다. 끝으로 나는 오늘 제1회 「수출의 날」 기념식에 즈음하여 …(중략)… 이 뜻깊은 날이 자립경제를 앞당기는 또 하나의 계기가 될 것을 기원합니다.

① 대통령 직선제 개헌을 추진하였다.
② 3·1 민주 구국 선언을 발표하였다.
③ 반민족 행위 특별 조사 위원회를 구성하였다.
④ 베트남 파병에 필요한 조건을 명시한 브라운 각서를 체결하였다.

14 다음과 같이 상소한 인물이 속한 붕당에 대한 설명으로 옳은 것만을 모두 고르면?

> 상소하여 아뢰기를, "신이 좌참찬 송준길이 올린 차자를 보았는데, 상복(喪服) 절차에 대하여 논한 것이 신과는 큰 차이가 있었습니다. 장자를 위하여 3년을 입는 까닭은 위로 '정체(正體)'가 되기 때문이고 또 전중(傳重: 조상의 제사나 가문의 법통을 전함)하기 때문입니다. …(중략)… 무엇보다 중요한 것은 할아버지와 아버지의 뒤를 이은 '정체'이지, 꼭 첫째이기 때문에 참최 3년복을 입는 것은 아닙니다."라고 하였다.
>
> — 『현종실록』 —

ㄱ. 기사환국으로 정권을 장악하였다.
ㄴ. 인조반정을 주도하여 집권세력이 되었다.
ㄷ. 정조 시기에 탕평정치의 한 축을 이루었다.
ㄹ. 이이와 성혼의 문인을 중심으로 형성되었다.

① ㄱ, ㄴ
② ㄱ, ㄷ
③ ㄴ, ㄹ
④ ㄷ, ㄹ

15 (나) 시기에 일어난 사실로 옳은 것은?

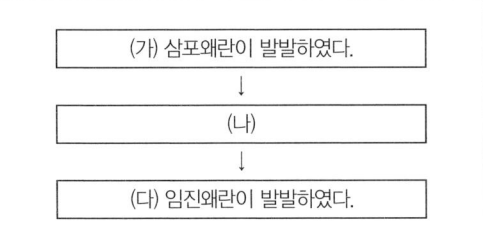

① 을사사화가 일어났다.
② 『경국대전』이 반포되었다.
③ 『향약집성방』이 편찬되었다.
④ 금속활자인 갑인자가 주조되었다.

16 다음 법령이 시행된 시기에 있었던 사실로 옳은 것은?

> 제1조 회사의 설립은 조선 총독의 허가를 받아야 한다.
> 제5조 회사가 본령이나 본령에 따라 나오는 명령과 허가 조건을 위반하거나 공공질서와 선량한 풍속에 반하는 행위를 할 때 조선 총독은 사업의 정지, 지점의 폐쇄, 또는 회사의 해산을 명할 수 있다.

① 산미 증식 계획이 폐지되었다.
② 「국가 총동원법」이 제정되었다.
③ 원료 확보를 위한 남면북양 정책이 추진되었다.
④ 보통학교 수업 연한을 4년으로 정한 「조선교육령」이 공포되었다.

17 다음과 같은 결의문에 근거하여 시행된 조치로 옳은 것은?

> 소총회는 …(중략)… 한국 인민의 대표가 국회를 구성하여 중앙정부를 수립할 수 있도록 선거를 시행함이 긴요하다고 여기며, 총회의 의결에 따라 국제연합 한국 임시위원단이 접근할 수 있는 지역에서 결의문 제2호에 기술된 계획을 시행함이 동 위원단에 부과된 임무임을 결의한다.

① 미 군정청이 설치되었다.
② 5·10 총선거가 실시되었다.
③ 좌우 합작 위원회가 구성되었다.
④ 미·소 공동 위원회가 개최되었다.

18 (가), (나) 조약 사이의 시기에 있었던 사실로 옳은 것은?

> (가) 제10관 일본국 인민이 조선국 지정의 각 항구에 머무는 동안에 죄를 범한 것이 조선국 인민에 관계되는 사건일 때에는 일본국 관원이 재판한다.
> (나) 제4관 중국 상인이 조선의 양화진 및 한성에 영업소를 개설할 경우를 제외하고, 각종 화물을 내륙으로 운반하여 상점을 차리고 파는 것을 허가하지 않는다. 단, 내륙행상이 필요한 경우 지방관의 허가서를 받아야 한다.

① 개항장에서는 일본 화폐가 통용되었다.
② 러시아가 압록강 유역의 산림 채벌권을 획득하였다.
③ 황국 중앙 총상회가 조직되어 상권 수호 운동을 전개하였다.
④ 함경도의 방곡령에 불복하여 일본 상인이 손해 배상을 요구하였다.

19 밑줄 친 '14개 조목'에 해당하는 것만을 모두 고르면?

> 이제부터는 다른 나라를 의지하지 않으며 융성하도록 나라의 발걸음을 넓히고 백성의 복리를 증진하여 자주독립의 터전을 공고하게 할 것입니다. …(중략)… 이에 저 소자는 <u>14개 조목</u>의 홍범(洪範)을 하늘에 계신 우리 조종의 신령 앞에 맹세하노니, 우러러 조종이 남긴 업적을 잘 이어서 감히 어기지 않을 것입니다.

> ㄱ. 탁지아문에서 조세 부과
> ㄴ. 왕실과 국정 사무의 분리
> ㄷ. 지계 발급을 위한 지계아문 설치
> ㄹ. 대한 천일 은행 등 금융기관 설립

① ㄱ, ㄴ ② ㄱ, ㄹ
③ ㄴ, ㄷ ④ ㄷ, ㄹ

20 (가) 시기에 볼 수 있었던 모습으로 옳지 않은 것은?

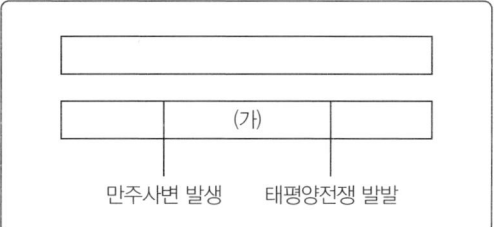

① 소학교에 등교하는 조선인 학생
② 황국 신민 서사를 암송하는 청년
③ 『제국신문』 기사를 작성하는 기자
④ 쌍성보에서 항전하는 한국독립당 군인

2022년 기출문제

[국가직] 04월

정답 및 해설 183p

01 다음 풍습이 있었던 나라에 대한 설명으로 옳은 것은?

• 가족이 죽으면 시체를 가매장하였다가 나중에 그 뼈를 추려서 가족 공동 무덤인 커다란 목곽에 안치하였다.
• 목곽 입구에는 죽은 자가 먹을 양식으로 쌀을 담은 항아리를 매달아 놓기도 하였다.
ㅡ 『삼국지』 위서 동이전 ㅡ

① 민며느리제라는 혼인 풍습이 있었다.
② 제가가 별도로 사출도를 다스렸다.
③ 소도라는 신성 구역이 존재하였다.
④ 무천이라는 제천행사를 열었다.

02 우리나라 유네스코 세계유산에 대한 설명으로 옳지 않은 것은?

① 미륵사지에는 목탑 양식의 석탑이 있다.
② 정림사지에는 백제의 5층 석탑이 남아 있다.
③ 능산리 고분군에는 계단식 돌무지무덤이 있다.
④ 무령왕릉에는 무덤 주인공을 알려주는 지석이 있었다.

03 조선 시대의 관청에 대한 설명으로 옳은 것은?

① 사간원 - 교지를 작성하였다.
② 한성부 - 시정기를 편찬하였다.
③ 춘추관 - 외교문서를 작성하였다.
④ 승정원 - 국왕의 명령을 출납하였다.

04 (가)에 대한 설명으로 옳은 것은?

3·1 운동 직후에 만들어진 (가) 은/는 연통제라는 비밀 행정 조직을 만들었으며, 국내 인사와의 연락과 이동을 위해 교통국을 두었다. 또 외교 선전물을 간행하여 일제 침략의 부당성을 널리 알리고자 하였다. 그러나 이러한 활동은 뚜렷한 성과를 내지 못하였다. 그러한 가운데 (가) 의 활동 방향을 두고 외교 운동 노선과 무장투쟁 노선 사이에서 갈등이 빚어지기도 하였다.

① 외교 운동을 위해 미국에 구미 위원부를 설치하였다.
② 비밀결사 운동을 추진하고자 독립 의군부를 만들었다.
③ 이인영, 허위 등을 중심으로 서울 진공 작전을 추진하였다.
④ 영국인 베델을 발행인으로 한 「대한매일신보」를 창간하였다.

05 다음 (가), (나) 승려에 대한 설명으로 옳은 것은?

> (가) 중국 유학에서 돌아와 부석사를 비롯한 여러 사원을 건립하였으며, 문무왕이 경주에 성곽을 쌓으려 할 때 만류한 일화로 유명하다.
> (나) 진골 귀족 출신으로 대국통을 역임하였으며, 선덕여왕에게 황룡사 9층탑의 건립을 건의하였다.

① (가)는 모든 것이 한마음에서 나온다는 일심사상을 제시하였다.
② (가)는 「화엄일승법계도」를 만들었다.
③ (나)는 『왕오천축국전』이라는 여행기를 남겼다.
④ (나)는 이론과 실천을 같이 강조하는 교관겸수를 제시하였다.

06 (가) 왕에 대한 설명으로 옳은 것은?

> 당 현종 개원 7년에 대조영이 죽으니, 그 나라에서 사사로이 시호를 올려 고왕(高王)이라 하였다. 아들 (가) 이/가 뒤이어 왕위에 올라 영토를 크게 개척하니, 동북의 모든 오랑캐가 겁을 먹고 그를 섬겼으며, 또 연호를 인안(仁安)으로 고쳤다.
> — 『신당서』 —

① 수도를 상경성으로 옮겼다.
② '해동성국'이라고 불릴 만큼 전성기를 이루었다.
③ 장문휴를 시켜 당의 등주(산동성)를 공격하였다.
④ 고구려 유민과 말갈족을 이끌고 동모산에 도읍을 정하였다.

07 (가)~(라) 국왕 대에 있었던 사실로 옳지 않은 것은?

> 조선 시대 국가를 운영하는 핵심 법전인 『경국대전』은 세조 대에 그 편찬이 시작되어 (가) 대에 완성되었다. 이후 여러 차례의 전쟁으로 혼란에 빠진 국가 체제를 수습하고 새로운 정치·사회적 변화에 대응하기 위해 법전 정비가 필요하게 되었다. 이에 따라 (나) 대에 『속대전』을 편찬하였으며, (다) 대에 『대전통편』을, 그리고 (라) 대에는 『대전회통』을 편찬하였다.

① (가) - 홍문관을 두어 집현전을 계승하였다.
② (나) - 서원을 붕당의 근거지로 인식하여 대폭 정리하였다.
③ (다) - 사도세자의 무덤을 옮기고 화성을 축조하였다.
④ (라) - 삼정의 문란을 바로잡기 위해 삼정이정청을 설치했다.

08 밑줄 친 '사건'의 명칭은?

> 중종에 의해 등용된 조광조는 현량과를 통해 사림을 대거 등용하였다. 그는 3사의 언관직을 통해 개혁을 추진해 나갔고, 위훈삭제를 주장하기도 하였다. 이러한 움직임은 반발을 불러일으켰으며, 중종도 급진적인 개혁 조치에 부담을 느껴 조광조 등을 제거하였다. 이 사건으로 사림은 큰 피해를 입었다.

① 갑자사화   ② 기묘사화
③ 무오사화   ④ 을사사화

09 (가), (나)에 대한 설명으로 옳은 것은?

(가) 역사서의 저자는 다음과 같은 글을 지어 왕에게 바쳤다. "성상 전하께서 옛 사서를 널리 열람하시고, '지금의 학사 대부는 모두 오경과 제자의 책과 진한(秦漢) 역대의 사서에는 널리 통하여 상세히 말하는 이는 있으나, 도리어 우리나라의 사실에 대하여서는 망연하고 그 시말(始末)을 알지 못하니 심히 통탄할 일이다. 하물며 신라·고구려·백제가 나라를 세우고 정립하여 능히 예의로써 중국과 통교한 까닭으로 범엽의 『한서』나 송기의 『당서』에는 모두 열전이 있으나 국내는 상세하고 국외는 소략하게 써서 자세히 실리지 않았다. …(중략)… 일관된 역사를 완성하고 만대에 물려주어 해와 별처럼 빛나게 해야 하겠다.'라고 하셨다."

(나) 역사서에는 다음과 같은 서문이 실려 있다. "부여씨와 고씨가 망한 다음에 김씨의 신라가 남에 있고, 대씨의 발해가 북에 있으니 이것이 남북국이다. 여기에는 마땅히 남북국사가 있어야 할 터인데, 고려가 그것을 편찬하지 않은 것은 잘못이다."

① (가)는 동명왕의 업적을 칭송한 영웅 서사시이다.
② (가)는 불교를 중심으로 고대 설화를 수록하였다.
③ (나)는 만주 지역까지 우리 역사의 범위를 확장하였다.
④ (나)는 고조선부터 고려에 이르는 역사를 체계적으로 정리하였다.

10 다음 주장을 한 실학자가 쓴 책은?

토지를 겸병하는 자라고 해서 어찌 진정으로 빈민을 못살게 굴고 나라의 정치를 해치려고 했겠습니까? 근본을 다스리고자 하는 자라면 역시 부호를 심하게 책망할 것이 아니라 관련 법제가 세워지지 않은 것을 걱정해야 할 것입니다. …(중략)… 진실로 토지의 소유를 제한하는 법령을 세워, "어느 해 어느 달 이후로는 제한된 면적을 초과해 소유한 자는 더는 토지를 점하지 못한다. 이 법령이 시행되기 이전부터 소유한 것에 대해서는 아무리 광대한 면적이라 해도 불문에 부친다. 자손에게 분급해 주는 것은 허락한다. 만약에 사실대로 고하지 않고 숨기거나 법령을 공포한 이후에 제한을 넘어 더 점한 자는 백성이 적발하면 백성에게 주고, 관(官)에서 적발하면 몰수한다."라고 하면, 수십 년이 못 가서 전국의 토지 소유는 균등하게 될 것입니다.

① 반계수록
② 성호사설
③ 열하일기
④ 목민심서

11 (가) 시기에 있었던 사실로 옳은 것은?

한국을 식민지로 삼은 일제는 헌병에게 경찰 업무를 부여한 헌병 경찰제를 시행했다. 헌병 경찰은 정식 재판 없이 한국인에게 벌금 등의 처벌을 가하거나 태형에 처할 수도 있었다. 한국인은 이처럼 강압적인 지배에 저항해 3·1 운동을 일으켰으며, 일제는 이를 계기로 지배 정책을 전환했다. 일제가 한국을 병합한 직후부터 3·1 운동이 벌어진 때까지를 (가) 시기라고 부른다.

① 토지 조사령이 공포되었다.
② 창씨개명 조치가 시행되었다.
③ 초등 교육 기관의 명칭이 국민학교로 변경되었다.
④ 전쟁 물자 동원을 내용으로 한 국가총동원법이 적용되었다.

12 밑줄 친 '그'에 대한 설명으로 옳은 것은?

한국 국민당을 이끌던 그는 독립운동 세력을 통합하고자 한국 독립당을 결성해 항일 운동을 주도하였다. 광복 직후 귀국한 그는 정부 수립을 위한 활동을 이어나갔으며, 남한 단독 선거가 결정되자 김규식과 더불어 남북 협상을 위해 평양을 방문하기도 하였다.

① 좌우 합작 위원회를 구성해 좌우 합작 7원칙을 발표하였다.
② 광복 직후 안재홍 등과 함께 조선 건국 준비 위원회를 만들었다.
③ 무장 항일투쟁을 위해 하와이로 건너가 대조선 국민 군단을 결성하였다.
④ 모스크바 3국 외상 회의의 결정 사항이 알려지자 신탁통치 반대 운동을 펼쳤다.

13 제헌 국회에 대한 설명으로 옳은 것은?

① 반민족 행위 특별 조사 위원회를 구성하였다.
② 한·일 기본 조약 체결에 반대하는 성명을 내놓았다.
③ 통일 3대 원칙이 언급된 7·4 남북 공동 성명을 발표하였다.
④ 통일 주체 국민 회의에서 대통령을 뽑는다는 내용의 개헌안을 통과시켰다.

14 밑줄 친 '그'에 대한 설명으로 옳은 것은?

고종이 즉위한 직후에 실권을 장악한 그는 러시아를 견제하기 위해 천주교 선교사를 통해 프랑스와 교섭하려 했다. 하지만 천주교를 금지해야 한다는 유생의 주장이 높아지자 다수의 천주교도와 선교사를 잡아들여 처형한 병인박해를 일으켰다. 이후 고종의 친정이 시작됨에 따라 물러난 그는 임오군란이 일어났을 때 잠시 권력을 장악했지만, 청군의 개입으로 곧 물러났다.

① 미국에 보빙사라는 사절단을 파견하였다.
② 전국 여러 곳에 척화비를 세우도록 했다.
③ 국경을 획정하고자 백두산정계비를 세웠다.
④ 통리기무아문을 설치하고 그 아래에 12사를 두었다.

15 밑줄 친 '이 왕'에 대한 설명으로 옳은 것은?

> 백제 개로왕은 장기와 바둑을 좋아하였는데, 도림이 고하기를 "제가 젊어서부터 바둑을 배워 꽤 묘한 수를 알게 되었으니 개로왕께 알려 드리기를 원합니다."라고 하였다. …(중략)… 개로왕이 (도림의 말을 듣고) 나라 사람을 징발하여 흙을 쪄서 성(城)을 쌓고 그 안에는 궁실, 누각, 정자를 지으니 모두가 웅장하고 화려하였다. 이로 말미암아 창고가 비고 백성이 곤궁하니, 나라의 위태로움이 알을 쌓아 놓은 것보다 더 심하게 되었다. 그제야 도림이 도망을 쳐 와서 그 실정을 고하니 이 왕이 기뻐하여 백제를 치려고 장수에게 군사를 나누어 주었다.
> ─ 『삼국사기』 ─

① 평양으로 도읍을 천도하였다.
② 진대법을 처음으로 시행하였다.
③ 낙랑군을 점령하고 한 군현 세력을 몰아내었다.
④ 신라에 침입한 왜군을 낙동강 유역에서 물리쳤다.

16 다음 설명에 해당하는 문화유산은?

> 이 건물은 주심포 양식에 맞배지붕 건물로 기둥은 배흘림 양식이다. 1972년 보수 공사 중에 공민왕 때 중창하였다는 상량문이 나와 우리나라에서 가장 오래된 목조 건물로 보고 있다.

① 서울 흥인지문
② 안동 봉정사 극락전
③ 영주 부석사 무량수전
④ 합천 해인사 장경판전

17 (가) 단체에 대한 설명으로 옳은 것은?

> 아관파천 이후 러시아의 영향력이 강화되고 열강의 이권 침탈이 가속화되었다. 이러한 가운데 서재필 등은 (가) 을/를 만들었다. (가) 은/는 고종에게 자주독립을 굳건히 하고 내정 개혁을 단행하라는 내용이 담긴 상소문을 제출하였으며, 만민공동회를 개최하여 외국의 간섭과 일부 관리의 부정부패를 비판하였다.

① 「교육 입국 조서」를 작성해 공포하였다.
② 영은문이 있던 자리 부근에 독립문을 세웠다.
③ 개혁의 기본 강령인 「홍범 14조」를 발표하였다.
④ 일본에 진 빚을 갚자는 국채 보상 운동을 일으켰다.

18 (가) 시기의 사실로 옳지 않은 것은?

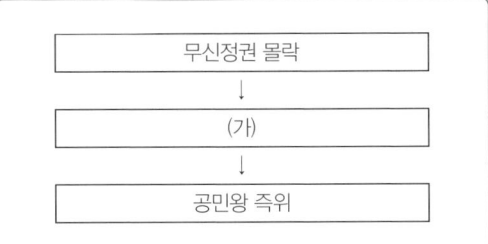

① 만권당이 만들어졌다.
② 정동행성이 설치되었다.
③ 쌍성총관부가 수복되었다.
④ 『제왕운기』가 저술되었다.

19 밑줄 친 '이 나라'의 경제 상황에 대한 설명으로 옳지 않은 것은?

이 나라에는 관리에게 정해진 면적의 토지에서 조세를 거둘 수 있는 권리를 나누어주는 전시과라는 제도가 있었다. 농민은 소를 이용해 깊이갈이를 하기도 했으며, 시비법의 발달로 휴경지가 점차 줄어들었다. 밭농사는 2년 3작의 윤작법이 점차 보급되었다. 이 나라의 말기에는 직파법 대신 이앙법이 남부 지방 일부에 보급될 정도로 논농사에 변화가 나타났다. 또한 이암에 의해 중국 농서인 『농상집요』도 소개되었다.

① 재정을 운영하는 관청으로 삼사를 두었다.
② 공물 부과 기준이 가호에서 토지로 바뀌었다.
③ 생산량의 10분의 1에 해당하는 조세를 거두었다.
④ '소'라는 행정구역의 주민이 국가에서 필요로 하는 물품을 생산하였다.

20 (가) 시기에 있었던 일로 옳은 것은?

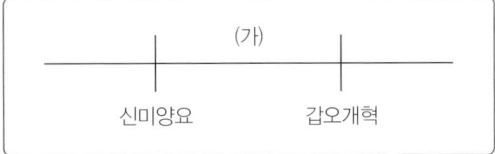

① 을사늑약 체결
② 정미 의병 발생
③ 오페르트 도굴 미수 사건
④ 조·미 수호 통상 조약 체결

[국가직] 04월 2021년 기출문제

정답 및 해설 189p

01 다음 시가를 지은 왕의 재위 기간에 있었던 사실은?

> 펄펄 나는 저 꾀꼬리
> 암수 서로 정답구나
> 외로울사 이 내 몸은
> 뉘와 더불어 돌아가랴

① 진대법을 시행하였다.
② 낙랑군을 축출하였다.
③ 졸본에서 국내성으로 천도하였다.
④ 율령을 반포하여 중앙집권 체제를 강화하였다.

02 밑줄 친 '유학자'에 대한 설명으로 옳은 것은?

> 풍기군수 주세붕은 고려시대 유학자의 고향인 경상도 순흥면 백운동에 회헌사(晦軒祠)를 세우고, 1543년에 교육시설을 더해서 백운동 서원을 건립하였다.

① 해주향약을 보급하였다.
② 원 간섭기에 성리학을 국내로 소개하였다.
③ 『성학십도』를 저술하여 경연에서 강의하였다.
④ 일본의 동정을 담은 『해동제국기』를 저술하였다.

03 밑줄 친 '왕'에 대한 설명으로 옳은 것은?

> 1919년 3월 1일 탑골 공원에서 민족대표 33인이 서명한 독립선언서가 낭독되었다. 이 공원에 있는 탑은 왕이 세운 것으로 경천사 10층 석탑의 영향을 받았다.

① 우리나라 전쟁사를 정리한 『동국병감』을 편찬하였다.
② 우리나라 역대 문장의 정수를 모은 『동문선』을 편찬하였다.
③ 6조 직계제를 실시하여 국왕 중심의 정치체제를 구축하였다.
④ 한양으로 다시 천도하면서 이궁인 창덕궁을 창건하였다.

04 (가)인물에 대한 설명으로 옳은 것은?

> (가) 이/가 올립니다. "지방의 경우에는 관찰사와 수령, 서울의 경우에는 홍문관과 육경(六卿), 그리고 대간(臺諫)들이 모두 능력 있는 사람을 천거하게 하십시오. 그 후 대궐에 모아 놓고 친히 여러 정책과 관련된 대책 시험을 치르게 한다면 인물을 많이 얻을 수 있을 것입니다. 이는 역대 선왕께서 하지 않으셨던 일이요, 한나라의 현량과와 방정과의 뜻을 이은 것입니다. 덕행은 여러 사람이 천거하는 바이므로 반드시 헛되거나 그릇되는 일이 없을 것입니다."

① 기묘사화로 탄압받았다.
② 조의제문을 사초에 실었다.
③ 문정왕후의 수렴청정을 지지하였다.
④ 연산군의 생모 윤씨를 폐비하는 데 동조하였다.

05 신석기시대 유적과 유물을 바르게 연결한 것만을 모두 고르면?

> ㄱ. 양양 오산리 유적 - 덧무늬토기
> ㄴ. 서울 암사동 유적 - 빗살무늬토기
> ㄷ. 공주 석장리 유적 - 미송리식토기
> ㄹ. 부산 동삼동 유적 - 아슐리안형 주먹도끼

① ㄱ, ㄴ ② ㄱ, ㄹ
③ ㄴ, ㄷ ④ ㄷ, ㄹ

06 (가) 시기에 신라에서 있었던 사실은?

> 고구려의 침입으로 한성이 함락되자, 수도를 웅진으로 옮겼다.
> ↓
> (가)
> ↓
> 성왕은 사비로 도읍을 옮겼다.

① 대가야를 정복하였다.
② 황초령순수비를 세웠다.
③ 거칠부가 『국사』를 편찬하였다.
④ 이차돈의 순교를 계기로 불교가 공인되었다.

07 시기별 대외 교류에 관한 설명으로 옳지 않은 것은?

① 백제: 노리사치계가 일본에 불경과 불상을 전하였다.
② 통일신라: 장보고가 청해진을 설치하여 해상권을 장악하였다.
③ 고려: 예성강 하구의 벽란도가 국제항으로 번성하였다.
④ 조선: 명과의 교류에서 중강개시와 책문후시가 전개되었다.

08 우리나라 세계유산과 세계기록유산에 대한 설명으로 옳은 것만을 모두 고르면?

> ㄱ. 공주 송산리 고분군에는 전축분인 6호분과 무령왕릉이 있다.
> ㄴ. 양산 통도사는 금강계단 불사리탑이 있는 삼보 사찰이다.
> ㄷ. 남한산성은 병자호란 때 인조가 피난했던 산성이다.
> ㄹ. 『승정원일기』는 역대 왕의 훌륭한 언행을 『실록』에서 뽑아 만든 사서이다.

① ㄱ, ㄴ
② ㄴ, ㄷ
③ ㄱ, ㄴ, ㄷ
④ ㄱ, ㄷ, ㄹ

09 다음은 발해 수도에 대한 답사 계획이다. 각 수도에 소재하는 유적에 대한 탐구 내용으로 옳은 것만을 모두 고르면?

발해 유적 답사 계획서	
일시	출발 ○○○○년 ○월 ○○일 귀국 ○○○○년 ○월 ○○일
인원	○○ 명
장소	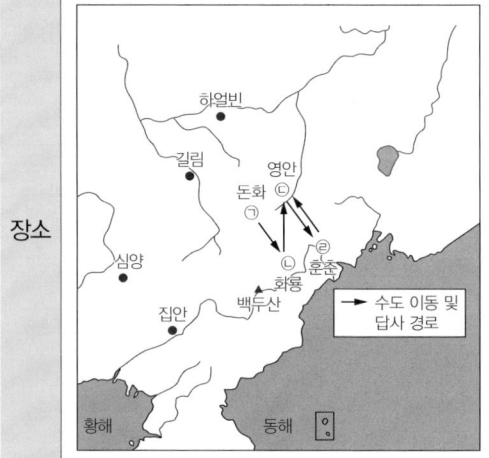
탐구 내용	㉠ 정효공주 무덤을 찾아 벽화에 그려진 인물들의 복식을 탐구한다. ㉡ 용두산 고분군을 찾아 벽돌무덤의 특징을 탐구한다. ㉢ 오봉루 성문터를 찾아 성의 구조를 당의 장안성과 비교해 본다. ㉣ 정혜공주 무덤을 찾아 고구려 무덤과의 계승성을 탐구한다.

① ㉠, ㉡
② ㉠, ㉣
③ ㉡, ㉢
④ ㉢, ㉣

10 다음 상소문을 올린 왕대에 있었던 사실은?

> 석교(釋敎)를 행하는 것은 수신(修身)의 근본이요, 유교를 행하는 것은 이국(理國)의 근원입니다. 수신은 내생의 자(資)요, 이국은 금일의 요무(要務)로서, 금일은 지극히 가깝고 내생은 지극히 먼 것인데도 가까움을 버리고 먼 것을 구함은 또한 잘못이 아니겠습니까.

① 양경과 12목에 상평창을 설치하였다.
② 균여를 귀법사 주지로 삼아 불교를 정비하였다.
③ 국자감에 7재를 두어 관학을 부흥하고자 하였다.
④ 전지(田地)와 시지(柴地)를 지급하는 경정 전시과를 실시하였다.

11 이승만 정부의 경제 정책으로 옳지 않은 것은?

① 한미 원조 협정을 체결하였다.
② 농지개혁에 따른 지가증권을 발행하였다.
③ 제분, 제당, 면방직 등 삼백 산업을 적극 지원하였다.
④ 제1차 경제개발 5개년 계획을 추진하였다.

12 중일전쟁 이후 조선총독부가 시행한 민족 말살 정책이 아닌 것은?

① 아침마다 궁성요배를 강요하였다.
② 일본에 충성하자는 황국 신민 서사를 암송하게 하였다.
③ 공업 자원의 확보를 위하여 남면북양 정책을 시행하였다.
④ 황국 신민 의식을 강화하고자 소학교를 국민학교로 개칭하였다.

13 밑줄 친 '조약'에 대한 설명으로 옳지 않은 것은?

> 1905년 8월 4일 오후 3시, 우리가 앉아있는 곳은 새거모어 힐의 대기실. 루스벨트의 저택이다. 새거모어 힐은 루스벨트의 여름용 대통령 관저로 3층짜리 저택이다. …(중략)… 대통령과 마주하자 나는 말했다. "감사합니다. 각하. 저는 대한제국 황제의 친필 밀서를 품고 지난 2월에 헤이 장관을 만난 사람입니다. 그 밀서에서 우리 황제는 1882년에 맺은 <u>조약</u>의 거중 조정 조항에 따른 귀국의 지원을 간곡히 부탁했습니다."

① 영사재판권이 인정되었다.
② 임오군란을 계기로 체결되었다.
③ 최혜국 대우 조항이 포함되었다.
④ 『조선책략』의 영향을 받았다.

14 고려시대 향리에 대한 설명으로 옳은 것만을 모두 고르면?

> ㄱ. 부호장 이하의 향리는 사심관의 감독을 받았다.
> ㄴ. 상층 향리는 과거로 중앙 관직에 진출할 수 있었다.
> ㄷ. 일부 향리의 자제들은 기인으로 선발되어 개경으로 보내졌다.
> ㄹ. 속현의 행정 실무는 향리가 담당하였다.

① ㄱ
② ㄱ, ㄴ
③ ㄴ, ㄷ, ㄹ
④ ㄱ, ㄴ, ㄷ, ㄹ

15 밑줄 친 '이 농법'에 대한 설명으로 옳은 것만을 모두 고르면?

> 대개 이 농법을 귀중하게 여기는 이유는 다음과 같다. 두 땅의 힘으로 하나의 모를 서로 기르는 것이고, …(중략)… 옛 흙을 떠나 새 흙으로 가서 고갱이를 씻어 내어 더러운 것을 제거하는 것이다. 무릇 벼를 심는 논에는 물을 끌어들일 수 있는 하천이나 물을 댈 수 있는 저수지가 꼭 필요하다. 이러한 것이 없다면 볏논이 아니다.
> — 『임원경제지』 —

> ㄱ. 세종 때 편찬된 『농사직설』에도 등장한다.
> ㄴ. 고랑에 작물을 심도록 하였다.
> ㄷ. 『경국대전』의 수령칠사 항목에서도 강조되었다.
> ㄹ. 직파법보다 풀 뽑는 노동력을 절약할 수 있었다.

① ㄱ, ㄴ
② ㄱ, ㄹ
③ ㄴ, ㄷ
④ ㄷ, ㄹ

16 밑줄 친 '헌법'이 시행 중인 시기에 일어난 사건은?

> 이 헌법은 한 사람의 집권자가 긴급조치라는 형식적인 법 절차와 권력 남용으로 양보할 수 없는 국민의 기본 인권과 존엄성을 억압하였다. 그리고 이러한 권력 남용에 형식적인 합법성을 부여하고자 …(중략)… 입법, 사법, 행정 3권을 한 사람의 집권자에게 집중시키고 있다.

① 부·마 민주 항쟁이 일어났다.
② 국민교육헌장을 선포하였다.
③ 7·4 남북공동성명이 발표되었다.
④ 한일 협정 체결을 반대하는 6·3 시위가 있었다.

17 밑줄 친 '회의'에서 있었던 사실은?

> 본 회의는 2천만 민중의 공정한 뜻에 바탕을 둔 국민적 대화합으로 최고의 권위를 가지고 국민의 완전한 통일을 공고하게 하며, 광복 대업의 근본 방침을 수립하여 우리 민족의 자유를 만회하며 독립을 완성하기를 기도하고 이에 선언하노라. …(중략)… 본 대표 등은 국민이 위탁한 사명을 받들어 국민적 대단결에 힘쓰며 독립운동이 나아갈 방향을 확립하여 통일적 기관 아래에서 대업을 완성하고자 하노라.

① 대한민국 건국 강령이 상정되었다.
② 박은식이 임시대통령으로 선출되었다.
③ 민족유일당운동 차원에서 조선혁명당이 참가하였다.
④ 임시정부를 대체할 새로운 조직을 만들자는 주장이 나왔다.

18 다음 법령에 따라 시행된 사업에 대한 설명으로 옳은 것은?

> 제1조 토지의 조사 및 측량은 본령에 따른다.
> 제4조 토지 소유자는 조선 총독이 정한 기간 내에 주소, 성명 또는 명칭 및 소유지의 소재, 지목, 자 번호, 사표, 등급, 지적, 결수를 임시토지조사국장에게 신고해야 한다. 단 국유지는 보관 관청이 임시토지조사국장에게 통지해야 한다.

① 농상공부를 주무 기관으로 하였다.
② 역둔토, 궁장토를 총독부 소유로 만들었다.
③ 토지약탈을 위해 동양척식회사를 설립하였다.
④ 춘궁 퇴치, 농가 부채 근절을 목표로 내세웠다.

19 개항기 무역에 대한 설명으로 옳지 않은 것은?

① 개항장에서 조선인 객주가 중개 활동을 하였다.
② 조·청 무역장정으로 청국에서의 수입액이 일본을 앞질렀다.
③ 일본 상인은 면제품을 팔고, 쇠가죽·쌀·콩 등을 구입하였다.
④ 조·일 통상장정의 개정으로 곡물 수출이 금지되기도 하였다.

20 밑줄 친 '그'에 대한 설명으로 옳은 것은?

> 군역에 뽑힌 장정에게 군포를 거두었는데, 그 폐단이 많아서 백성들이 뼈를 깎는 원한을 가졌다. 그런데 사족들은 한평생 한가하게 놀며 신역(身役)이 없었다. …(중략)… 그러나 유속(流俗)에 끌려 이행되지 못하였으나 갑자년 초에 그가 강력히 나서서 귀천이 동일하게 장정한 사람마다 세납전(歲納錢) 2민(緡)을 바치게 하니, 이를 동포전(洞布錢)이라고 하였다.
> — 『매천야록』 —

① 만동묘 건립을 주도하였다.
② 군국기무처 총재를 역임하였다.
③ 통리기무아문을 폐지하고 5군영을 부활하였다.
④ 탕평 정치를 정리한 『만기요람』을 편찬하였다.

2020년 기출문제 [국가직] 07월

01 (가) 시기의 생활상에 대한 설명으로 옳은 것은?

> 1935년 두만강 가의 함경북도 종성군 동관진에서 한반도 최초로 (가) 시대 유물인 석기와 골각기 등이 발견되었다. 발견 당시 일본에서는 (가) 시대 유물이 출토되지 않은 상황이었다.

① 반달 돌칼을 이용하여 벼를 수확하였다.
② 넓적한 돌 갈판에 옥수수를 갈아서 먹었다.
③ 사냥이나 물고기잡이 등을 통해 식량을 얻었다.
④ 영혼 숭배 사상이 있어 사람이 죽으면 흙 그릇 안에 매장하였다.

02 (가) 인물에 대한 설명으로 옳은 것은?

> 신종 원년 사노비 만적 등이 북산에서 땔나무를 하다가 공사의 노비들을 모아 모의하기를, "우리가 성 안에서 봉기하여 먼저 (가) 등을 죽인다. 이어서 각각 자신의 주인을 죽이고 천적(賤籍)을 불태워 삼한에서 천민을 없게 하자. 그러면 공경장상이라도 우리가 모두 할 수 있을 것이다."라고 하였다.

① 정방을 설치하여 인사권을 장악하였다.
② 치안유지를 위해 야별초를 설립하였다.
③ 이의방을 제거하고 권력을 장악하였다.
④ 봉사십조를 올려 사회개혁안을 제시하였다.

03 조선 전기 문화에 대한 설명으로 옳은 것은?

① 『어우야담』을 비롯한 야담·잡기류가 성행하였다.
② 유서(類書)로 불리는 백과사전이 널리 편찬되었다.
③ 『동문선』이 편찬되어 우리 문학의 독자성을 강조하였다.
④ 중인층을 중심으로 시사가 결성되어 문학 활동을 벌였다.

04 다음 자료에 나타난 사상에 대한 설명으로 옳은 것은?

> 군신, 부자, 부부, 붕우, 장유의 윤리는 인간의 본성에 부여된 것으로서 천지를 통하는 만고불변의 이치이고, 위에 존재하는 것으로서 도(道)가 됩니다. 이에 대해 배, 수레, 군사, 농사, 기계가 국민에게 편리하고 나라에 이롭게 하는 것은 외형적인 것으로서 기(器)가 됩니다. 신이 변혁을 꾀하고자 하는 것은 기(器)이지 도(道)가 아닙니다.

① 왜양일체론(倭洋一體論)을 주장하였다.
② 근대 문물 수용의 사상적 기반이 되었다.
③ 갑신정변 주도 세력의 견해를 대변하였다.
④ 우등한 사회가 열등한 사회를 지배하는 것이 당연하다고 보았다.

05 (가)에 들어갈 기관으로 옳은 것은?

> 5월에 조서를 내리기를 "개경 내의 사람들이 역질에 걸렸으니 마땅히 (가) 을/를 설치하여 이들을 치료하고, 또한 시신과 유골은 거두어 묻어서 비바람에 드러나지 않게 할 것이며, 신하를 보내어 동북도와 서남도의 굶주린 백성을 진휼하라."라고 하였다.
> — 『고려사』 —

① 의창 ② 제위보
③ 혜민국 ④ 구제도감

06 밑줄 친 '이 지역'에 대한 설명으로 옳은 것은?

> 장수왕은 군사 3만을 거느리고 백제를 침공하여 왕도인 이 지역을 함락시켜, 개로왕을 살해하고 남녀 8천 명을 사로잡아 갔다.

① 망이, 망소이가 반란을 일으켰다.
② 고려 문종 대에 남경이 설치되었다.
③ 보조국사 지눌이 수선사 결사를 주도하였다.
④ 고려 태조가 북진 정책의 전진 기지로 삼았다.

07 다음 사건이 일어난 왕의 재위 기간에 있었던 사실로 옳은 것은?

> 그들 조선군은 비상한 용기를 가지고 응전하면서 성벽에 올라 미군에게 돌을 던졌다. 창칼로 상대하는데 창칼이 없는 병사들은 맨손으로 흙을 쥐어 적군 눈에 뿌렸다. 모든 것을 각오하고 한 걸음 한 걸음 다가드는 적군에게 죽기로 싸우다 마침내 총에 맞아 죽거나 물에 빠져 죽었다.

① 군포에 대한 양반들의 면세특권이 폐지되었다.
② 금난전권을 제한하려는 통공정책이 시작되었다.
③ 결작세가 신설되면서 지주들의 부담이 증가하였다.
④ 영정법이 제정되어 복잡한 전세 방식이 일원화되었다.

08 (가)~(라)에 해당하는 사실로 옳지 않은 것은?

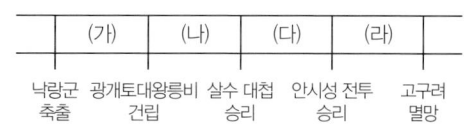

① (가) - 백제 침류왕이 불교를 받아들였다.
② (나) - 고구려 영양왕이 요서 지방을 선제공격하였다.
③ (다) - 백제가 신라 대야성을 공격하여 함락시켰다.
④ (라) - 신라가 매소성에서 당군을 격파하였다.

09 밑줄 친 '이 책'에 대한 설명으로 옳은 것은?

> 신(臣)이 이 책을 편수하여 바치는 것은 …(중략)… 중국은 반고부터 금국에 이르기까지, 동국은 단군으로부터 본조(本朝)에 이르기까지 처음 일어나게 된 근원을 간책에서 다 찾아보아 같고 다른 것을 비교하여 요점을 취하고 읊조림에 따라 장을 이루었습니다.

① 성리학적 유교 사관이 반영되어 대의명분을 강조하였다.
② 국왕, 훈신, 사림이 서로 합의하여 통사체계를 구성하였다.
③ 원 간섭기에 중국과 구별되는 우리 역사의 독자성을 강조하였다.
④ 왕명으로 단군조선에서 고려 말까지의 역사를 노래 형식으로 정리하였다.

10 다음 그래프에 표시된 시기에 일어난 사회 현상으로 옳지 않은 것은?

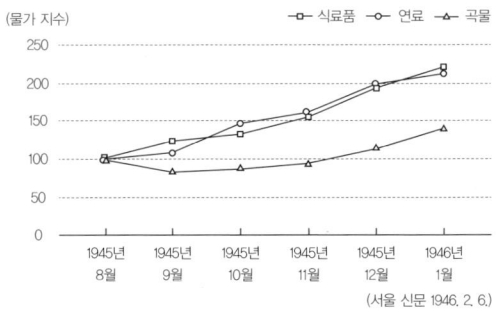

(서울 신문 1946. 2. 6.)

① 해외로부터 귀환인이 급증하여 식량이 부족했다.
② 38도선 분할 점령 이후 식료품 부문의 생산이 크게 위축되었다.
③ 미군정이 재정적자를 메우기 위해 화폐를 과도하게 발행했다.
④ 미곡수집제 폐지, 토지개혁 실시를 주장하는 대규모 시위가 일어났다.

11 밑줄 친 '왕'의 재위 기간에 있었던 사실로 옳은 것은?

> 나라 안의 여러 군현에서 공부(貢賦)를 바치지 않으니 창고가 비어 버리고 나라의 쓰임이 궁핍해졌다. 왕이 사신을 보내어 독촉하자, 이로 말미암아 곳곳에서 도적이 벌떼처럼 일어났다. 이때 원종과 애노 등이 사벌주에 웅거하여 반란을 일으켰다.

① 발해가 멸망하였다.
② 국학을 설치하였다.
③ 최치원이 시무책 10여 조를 건의하였다.
④ 장보고의 건의에 따라 청해진이 설치되었다.

12 독도가 대한민국의 영토임을 알 수 있는 자료로 옳은 것만을 모두 고르면?

> ㄱ. 일본의 은주시청합기(1667년)
> ㄴ. 일본의 삼국접양지도(1785년)
> ㄷ. 일본의 태정관 지령문(1877년)
> ㄹ. 일본의 시마네현 고시(1905년)

① ㄱ, ㄴ, ㄷ ② ㄱ, ㄴ, ㄹ
③ ㄱ, ㄷ, ㄹ ④ ㄴ, ㄷ, ㄹ

13 (가)에 대한 설명으로 옳은 것은?

> 문화통치의 일환으로 한글 신문의 발행이 허용되었다. 이에 따라 (가) 이/가 창간되었다. (가) 은/는 자치운동을 모색하던 이광수의 「민족적 경륜」을 실어 비판받기도 하였으나, '일장기 말소사건'으로 일제로부터 정간 처분을 받기도 하였다.

① 한글 보급 운동에 앞장서 『한글원본』을 만들었다.
② 브나로드 운동이라는 농촌 계몽 운동을 전개하였다.
③ 『개벽』, 『신여성』, 『어린이』 등의 잡지를 발행하였다.
④ 신간회가 결성되자 신간회 본부와 같은 역할을 하게 되었다.

14 (가) 인물에 대한 설명으로 옳은 것은?

> 김춘추가 당나라에 들어가 군사 20만을 요청해 얻고 돌아와서 (가) 을/를 보며 말하기를, "죽고 사는 것이 하늘의 뜻에 달렸는데, 살아 돌아와 다시 공과 만나게 되니 얼마나 다행한 일입니까?"라고 하였다. 이에 (가) 이/가 대답하기를, "저는 나라의 위엄과 신령함에 의지하여 두 차례 백제와 크게 싸워 20성을 빼앗고 3만여 명을 죽이거나 사로잡았습니다. 그리고 품석 부부의 유골이 고향으로 되돌아왔으니 천행입니다."라고 하였다.
> — 『삼국사기』 —

① 황산벌에서 백제군을 물리쳤다.
② 화랑이 지켜야 할 세속오계를 제시하였다.
③ 진덕여왕의 뒤를 이어 신라왕으로 즉위하였다.
④ 당에서 숙위 활동을 하다가 부대총관이 되어 신라로 돌아왔다.

15 (가), (나) 신분층에 대한 설명으로 옳지 않은 것은?

> 오래도록 막혀 있으면 반드시 터놓아야 하고, 원한은 쌓이면 반드시 풀어야 하는 것이 하늘의 이치다. (가) 와/과 (나) 에게 벼슬길이 막히게 된 것은 우리나라의 편벽된 일로 이제 몇백 년이 되었다. (가) 은/는 다행히 조정의 큰 성덕을 입어 문관은 승문원, 무관은 선전관에 임명되고 있다. 그런데도 우리들 (나) 은/는 홀로 이 은혜를 함께 입지 못하니 어찌 탄식조차 없겠는가?

① (가)의 신분 상승 운동은 (나)에게 자극을 주었다.
② (가)는 수차례에 걸친 집단 상소를 통해 관직 진출의 제한을 없애 줄 것을 요구하였다.
③ (나)에 해당하는 인물로는 정조 때 규장각 검서관으로 등용된 유득공, 박제가, 이덕무 등이 있다.
④ (나)는 주로 기술직에 종사하며 축적한 재산과 탄탄한 실무 경력을 바탕으로 신분 상승을 추구하였다.

16 다음 자료에 나타난 사상에 대한 설명으로 옳은 것은?

> 사람이 곧 하늘이라. 그러므로 사람은 평등하며 차별이 없나니, 사람이 마음대로 귀천을 나눔은 하늘을 거스르는 것이다. 우리 도인은 차별을 없애고 선사의 뜻을 받들어 생활하기를 바라노라.

① 이 사상에 대해 순조 즉위 이후 대탄압이 가해졌다.
② 이 사상을 바탕으로 『동경대전』과 『용담유사』가 편찬되었다.
③ 이 사상을 근거로 몰락한 양반의 지휘 아래 평안도에서 난이 일어났다.
④ 이 사상을 근거로 단성에서 시작된 농민봉기는 진주로 이어졌다.

17 다음은 우리나라 경제성장 과정을 시간순으로 나열한 것이다. (가)에 들어갈 내용으로 옳은 것은?

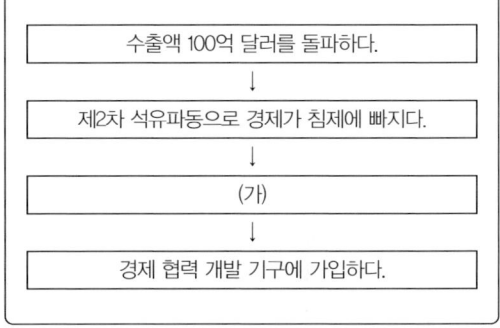

① 제3차 경제개발 5개년 계획이 실시되다.
② 저금리, 저유가, 저달러의 3저 호황을 경험하다.
③ 베트남 파병을 시작하고 「브라운 각서」를 체결하다.
④ 일본과 대일 청구권 문제에 합의하고 「한일 기본 조약」을 체결하다.

18 다음 법령이 실시된 기간에 있었던 사실로 옳은 것은?

> 제1조 국체를 변혁 또는 사유재산제를 부인할 목적으로 결사를 조직하거나 그 정을 알고 이에 가입하는 자는 10년 이하의 징역 또는 금고에 처함
> 제2조 전조의 제1항의 목적으로 그 목적한 사항의 실행에 관하여 협의한 자는 7년 이하의 징역 또는 금고에 처함

① 「조선 태형령」이 공포되었다.
② 경성 제국 대학이 설립되었다.
③ 물산 장려 운동이 시작되었다.
④ 학도 지원병 제도가 실시되었다.

19 다음 사실이 있었던 시기의 향촌사회에 대한 설명으로 옳지 않은 것은?

> 황해도 봉산 사람 이극천이 향전(鄕戰) 때문에 투서하여 그와 알력이 있는 사람들을 무고하였는데, 내용이 감히 말할 수 없는 문제에 저촉되었다.

① 향전의 전개 속에서 수령의 권한이 강화되었다.
② 신향층은 수령과 그를 보좌하는 향리층과 결탁하였다.
③ 수령은 경재소와 유향소를 연결하여 지방통치를 강화하였다.
④ 재지사족은 동계와 동약을 통해 향촌사회에 대한 영향력을 유지하려 하였다.

20 다음 자료가 발표된 이후의 사실에 해당하지 않는 것은?

> 우리는 3천만 한국 인민과 정부를 대표하여 삼가 중·영·미·소·캐나다 기타 제국의 대일 선전이 일본을 격패케 하고 동아를 재건하는 가장 유효한 수단이 됨을 축하하여 이에 특히 다음과 같이 성명한다.
> 1. 한국 전 인민은 현재 이미 반침략 전선에 참가하였으니 한 개의 전투 단위로서 추축국에 선전한다.
> 2. 1910년의 합방 조약과 일체의 불평등 조약의 무효를 거듭 선포하며 아울러 반(反) 침략 국가인 한국에 있어서의 합리적 기득권익을 존중한다.
> …(중략)…
> 5. 루스벨트·처어칠 선언의 각조를 견결히 주장하며 한국 독립을 실현키 위하여 이것을 적용하여 민주 진영의 최후 승리를 축원한다.

① 한국광복군은 김원봉이 이끌던 조선의용대의 병력을 통합하였다.
② 영국군의 요청에 따라 인도, 미얀마 전선에 한국광복군이 파견되었다.
③ 조선독립동맹은 조선의용대 화북지대를 기반으로 조선의용군을 조직하였다.
④ 대한민국 임시 정부는 김구를 주석으로 하는 단일 지도 체제를 만들고 「대한민국 건국 강령」을 제정하였다.

[국가직] 04월 2019년 기출문제

01 청동기시대의 유적과 유물에 대한 설명으로 옳은 것은?

① 연천 전곡리에서는 사냥도구인 주먹도끼가 출토되었다.
② 창원 다호리에서는 문자를 적는 붓이 출토되었다.
③ 강화 부근리에서는 탁자식 고인돌이 발견되었다.
④ 서울 암사동에서는 곡물을 담는 빗살무늬토기가 나왔다.

02 (가), (나)의 나라에 대한 설명으로 옳은 것은?

> (가) 음력 12월에 지내는 제천행사가 있는데, 이를 영고라고 한다. 이때에는 형옥을 중단하고 죄수를 풀어 주었다.
> (나) 해마다 10월 하늘에 제사를 지내는데, 밤낮으로 술마시며 노래부르고 춤추니 이를 무천이라고 한다.
> ―『삼국지』―

① (가)―5부가 있었으며, 계루부에서 왕위를 차지하였다.
② (가)―정치적 지배자로 신지, 읍차 등이 있었다.
③ (나)―죄를 지은 사람이 소도에 들어가면 잡아가지 못하였다.
④ (나)―다른 부족의 영역을 침범하면 책화라 하여 노비나 소, 말로 변상하였다.

03 (가) 왕의 시기에 일어난 사실로 옳은 것은?

> 이자겸, 척준경이 말하기를 "금이 예전에는 작은 나라서 요와 우리나라를 섬겼으나, 지금은 갑자기 흥성하여 요와 송을 멸망시켰다. …(중략)… 작은 나라로서 큰 나라를 섬기는 것은 선왕의 도이니, 마땅히 우선 사절을 보내야 합니다."라고 하니 (가) 이/가 그 의견을 따랐다.
> ―『고려사』―

① 도평의사사를 중심으로 정치를 주도하였다.
② 성리학을 수용하면서 『주자가례』를 보급하였다.
③ 서경에 대화궁을 짓게 하고 칭제건원을 주장하였다.
④ 몽골의 침략에 대응하기 위해 강화도로 도읍을 옮겼다.

04 밑줄 친 ㉠ 이후에 일어난 사실로 옳지 않은 것은?

> 상쾌한 아침의 나라라는 뜻을 지닌 조선은 일본의 총칼 아래 민족정신을 무참하게 유린당했다. …(중략)… 조선민족은 독립항쟁을 줄기차게 계속하였다. 그 중에서도 중요한 것은 ㉠ 1919년의 독립만세운동이었다.
> — 네루, 『세계사 편력』 —

① '암태도 소작쟁의'가 일어났다.
② '정우회 선언'이 발표되었다.
③ 임병찬이 독립의군부를 조직하였다.
④ 조선 민립대학 기성회가 창립되었다.

05 밑줄 친 '성상(聖上)'대에 편찬된 서적에 대한 설명으로 옳은 것은?

> 세조가 신하들에게 말씀하시기를, "법의 과목(科目)이 너무 번잡하고 앞뒤가 맞지 않기 때문에 상세히 살펴 다듬어 자손만대의 성법(成法)을 만들고자 한다."라고 하셨다. 「형전(刑典)」과 「호전(戶典)」은 이미 반포되어 시행하고 있으나 나머지 네 법전은 미처 교정을 마치지 못했다. 이에 성상(聖上)께서 세조의 뜻을 받들어 여섯 권의 법전을 완성하게 하여 중외에 반포하셨다.

① 『동국병감』은 고조선에서 고려말까지의 전쟁을 정리한 병서이다.
② 『동몽선습』은 중국과 우리나라의 역사를 담은 아동교육서이다.
③ 『삼강행실도』는 모범적인 효자·충신·열녀를 다룬 윤리서이다.
④ 『국조오례의』는 국가의 여러 행사에 필요한 의례를 정비한 의례서이다.

06 (가) 토지제도에 대한 설명으로 옳은 것은?

> 비로소 직관(職官)·산관(散官) 각 품(品)의 (가) 을/를 제정하였는데, 관품의 높고 낮은 것은 논하지 않고 다만 인품만 가지고 그 등급을 결정하였다.
> — 『고려사』 —

① 4색 공복을 기준으로 문반, 무반, 잡업으로 나누어 지급 결수를 정하였다.
② 산관이 지급 대상에서 제외되었으며 무반의 차별 대우가 개선되었다.
③ 전임 관료와 현임 관료를 대상으로 경기지방에 한하여 지급하였다.
④ 고려의 건국과정에서 충성도와 공로에 따라 차등 지급되었다.

07 (가), (나) 시기에 있었던 사실로 옳은 것은?

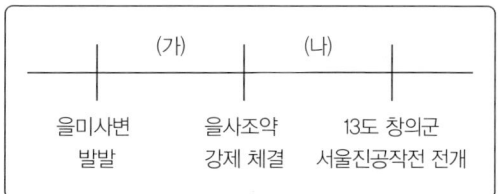

① (가) - 시전상인을 중심으로 황국중앙총상회가 조직되었다.
② (가) - 신민회는 일제가 날조한 105인 사건으로 와해되었다.
③ (나) - 함경도 관찰사 조병식이 곡물 수출을 막는 방곡령을 내렸다.
④ (나) - 일제의 황무지 개간권 요구를 반대하기 위해 보안회가 창설되었다.

08 (가) 왕대의 사실에 대한 설명으로 옳은 것은?

> (가) 은/는 흑수말갈이 당과 통하려고 하자 군사를 동원하여 흑수말갈을 치게 하였다. 또한 일본에 사신 고제덕 등을 보내 "여러 나라를 관장하고 여러 번(蕃)을 거느리며, 고구려의 옛 땅을 회복하고 부여의 옛 습속을 지니고 있다." 라고 하여 강국임을 자부하였다.

① 국호를 진국에서 발해로 바꾸었다.
② 신라는 급찬 숭정을 발해에 사신으로 보냈다.
③ 대흥이라는 독자적인 연호를 사용하였다.
④ 장문휴가 당의 등주를 공격하였다.

09 다음 전투를 이끈 한국인 부대에 대한 설명으로 옳은 것은?

> 아군은 사도하자에 주둔 병력을 증강시키면서 훈련에 여념이 없었다. 새벽에 적군은 황가둔에서 이도하 방면을 거쳐 사도하로 진격하여 왔다. 그런데 적군은 아군이 세운 작전대로 함정에 들어왔고, 이에 일제히 포문을 열어 급습함으로써 적군은 응전할 사이도 없이 격파되었다.

① 양세봉이 총사령관이었다.
② 미쓰야 협정이 체결되기 직전까지 활약하였다.
③ 한국독립당의 산하부대로 동경성 전투도 수행하였다.
④ 조선민족전선연맹이 중국 국민당의 지원을 받아 창설하였다.

10 밑줄 친 ㉠~㉣과 관련된 임란 이후 경제에 대한 설명으로 옳지 않은 것은?

> • ㉠서울 안팎과 번화한 큰 도시에 파·마늘·배추·오이 밭 따위는 10묘의 땅에서 얻은 수확이 돈 수만을 헤아리게 된다. 서도 지방의 ㉡담배 밭, 북도 지방의 삼밭, 한산의 모시밭, 전주의 생강 밭, 강진의 ㉢고구마 밭, 황주의 지황 밭에서의 수확은 모두 상상등전(上上等田)의 논에서 나는 수확보다 그 이익이 10배에 이른다.
>
> • 작은 보습으로 이랑에다 고랑을 내는데, 너비 1척, 깊이 1척이다. 이렇게 한 이랑, 즉 1묘마다 고랑 3개와 두둑 3개를 만들면, 두둑의 높이와 너비는 고랑의 깊이와 너비와 같아진다. 그 뒤 ㉣고랑에 거름 재를 두껍게 펴고, 구멍 뚫린 박에 조를 담고서 파종한다.

① ㉠－신해통공을 반포하여 육의전의 금난전권을 폐지하였다.
② ㉡－인삼과 더불어 대표적인 상업작물로 재배되었다.
③ ㉢－『감저보』, 『감저신보』에서 재배법을 기술하였다.
④ ㉣－밭농사에서 농업 생산력의 발전을 가져온 농법이었다.

11 단군에 대한 인식을 설명한 것으로 옳지 않은 것은?

① 이승휴의 『제왕운기』에서는 우리 역사를 단군부터 서술하였다.
② 홍만종의 『동국역대총목』은 단군 정통론의 입장에서 기술하였다.
③ 이규보의 「동명왕편」은 단군의 건국 과정을 다루고 있다.
④ 「기미독립선언서」에는 '조선건국 4252년'으로 연도를 표기하였다.

12 다음 내용이 실린 사서에 대한 설명으로 옳은 것은?

> 제왕이 장차 일어날 때는 하늘의 명령과 상서로운 기운을 받아서 반드시 보통 사람과는 다른 점이 있으니, 그런 뒤에야 능히 큰 변화를 타서 제왕의 지위를 얻고 대업을 이루었다. … (중략) … 삼국의 시조들이 모두 신이(神異)한 일로 탄생했음이 어찌 괴이하겠는가. 이것이 책 첫머리에 「기이(紀異)」편이 실린 까닭이며, 그 의도도 여기에 있는 것이다.

① 불교 승려의 전기를 수록한 고승전이다.
② 불교 중심의 고대 민간 설화를 수록하였다.
③ 고조선부터 고려 말까지의 역사를 정리하였다.
④ 유교적 사관에 기초하여 기전체로 서술하였다.

13 (가)의 체결 이후에 일어난 사실로 옳은 것은?

> 청군과 일본군의 개입으로 사태가 악화되자 농민군은 폐정개혁을 제시하며 정부와 (가) 을/를 맺었다. 이에 따라 농민군은 해산하였다.

① 농민군이 황토현에서 감영군을 격파하였다.
② 고부군수 조병갑이 만석보를 쌓아 수세를 강제로 거두었다.
③ 안핵사 이용태가 농민을 동학도로 몰아 처벌하였다.
④ 남접군과 북접군이 논산에서 합류하여 연합군을 형성하였다.

14 (가) 시기의 경제 상황에 대한 설명으로 옳은 것은?

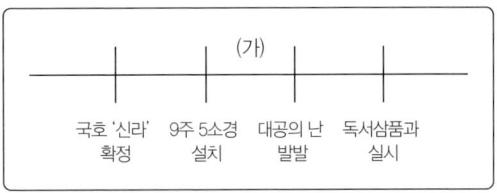

① 백성에게 정전을 처음으로 지급하였다.
② 시장을 감독하는 관청인 동시전을 신설하였다.
③ 백성의 구휼을 위하여 진대법을 제정하였다.
④ 청주(菁州)의 거로현을 국학생의 녹읍으로 삼았다.

15 우리나라 문화유산에 대한 설명으로 옳지 않은 것은?

① 개성 경천사지 10층 석탑은 원의 석탑을 본떠 만들어졌다.
② 영주 부석사 무량수전은 주심포식 목조 건물이다.
③ 부여 정림사지 5층 석탑에서는 백제 무왕의 왕후가 넣은 사리기가 발견되었다.
④ 김제 금산사 미륵전은 다층 건물이나 내부가 하나로 통한다.

16 (가) 교육기관에 대한 설명으로 옳은 것은?

> 주세붕이 비로소 (가) 을/를 창건할 적에 세상에서 자못 의심했으나, 그의 뜻은 더욱 독실해져 무리들의 비웃음을 무릅쓰고 비방을 극복하여 전례 없던 장한 일을 이루었습니다. … (중략)… 최충, 우탁, 정몽주, 길재, 김종직, 김굉필 같은 이가 살던 곳에 (가) 을/를 건립하게 될 것입니다.
>
> - 『퇴계집』 -

① 지방의 군현에 있던 유일한 관학이다.
② 선비와 평민의 자제에게 『천자문』 등을 가르쳤다.
③ 성적 우수자는 문과의 초시를 면제해 주었다.
④ 학문 연구와 선현의 제사를 위해 설립된 사설 교육기관이다.

17 (가), (나)가 설명하는 조약을 옳게 짝 지은 것은?

> (가) 강화도 조약에 이어 몇 달 뒤 체결되었다. 양곡의 무제한 유출을 가능하게 한 규정과 일본정부에 소속된 선박은 항세를 납부하지 않는다는 규정이 들어 있었다.
> (나) 김홍집이 일본에서 황준헌의 『조선책략』을 가져 오면서 그 내용의 영향으로 체결되었으며, 청의 적극적인 알선이 있었다. 거중조정 조항과 최혜국 대우의 규정이 포함되어 있었다.

	(가)	(나)
①	조·일무역규칙	조·미수호통상조약
②	조·일무역규칙	조·러수호통상조약
③	조·일수호조규부록	조·미수호통상조약
④	조·일수호조규부록	조·러수호통상조약

18 다음은 어떤 인물에 대한 연보이다. 밑줄 친 ㉠~㉣의 설명으로 옳은 것은?

1566년(31세)	㉠사간원 정언에 제수되다.
1568년(33세)	㉡이조좌랑이 되었으나 외할머니 이씨의 병환 소식을 듣고 사퇴하다.
1569년(34세)	동호독서당에 머물면서 『동호문답』을 찬진하다.
1574년(39세)	㉢승정원 우부승지에 제수되어 「만언봉사」를 올리다.
1575년(40세)	㉣홍문관 부제학에서 사퇴하고 『성학집요』를 편찬하다.

① ㉠ - 왕명을 출납하면서 왕의 비서기관의 업무를 하였다.
② ㉡ - 삼사의 관리를 추천하는 권한이 있었다.
③ ㉢ - 왕의 정책을 간쟁하고 관원의 비행을 감찰하였다.
④ ㉣ - 서적 출판 및 간행의 업무를 전담하였다.

19 다음 글의 저자에 대한 설명으로 옳은 것은?

> 무릇 동양의 수천 년 교화계(教化界)에서 바르고 순수하며 광대 정밀하여 많은 성현들이 전해주고 밝혀 준 유교가 끝내 인도의 불교와 서양의 기독교와 같이 세계에 큰 발전을 하지 못함은 어째서이며 …(중략)… 유교계에 3대 문제가 있는지라. 그 3대 문제에 대하여 개량하고 구신(求新)을 하지 않으면 우리 유교는 흥왕할 수가 없을 것이다.

① '조선얼'을 강조하며 '조선학 운동'을 펼쳤다.
② '나라는 형(形)이고 역사는 신(神)'이라고 주장하였다.
③ 주석·부주석 체제하의 대한민국 임시정부에서 주석을 역임하였다.
④ 「독사신론」에서 민족을 역사서술의 주체로 설정하고 사대주의를 비판하였다.

20 (가)~(라)를 시기순으로 바르게 나열한 것은?

> (가) 좌우합작 7원칙이 발표되었다.
> (나) 조선 건국 준비 위원회가 결성되었다.
> (다) 모스크바 3국 외상 회의가 개최되었다.
> (라) 김구와 김규식이 남북협상을 제의하였다.

① (나) → (가) → (라) → (다)
② (나) → (다) → (가) → (라)
③ (다) → (가) → (나) → (라)
④ (다) → (나) → (가) → (라)

2018년 기출문제

[국가직] 04월

정답 및 해설 205p

01 시대별 지방 행정 제도에 대한 설명으로 옳은 것은?

① 통일신라 - 촌의 행정은 촌주가 담당하였다.
② 발해 - 전국 330여 개의 모든 군현에 수령을 파견하였다.
③ 고려 - 촌락 지배 방식으로 면리제가 확립되었다.
④ 조선 - 향리 통제를 위하여 사심관을 파견하였다.

02 다음 (갑)과 (을)의 담판 이후에 있었던 (을)의 활동으로 옳은 것은?

> (갑) 그대 나라는 신라 땅에서 일어났고 고구려 땅은 우리의 소유인데 그대들이 침범했다.
> (을) 아니다. 우리야말로 고구려를 이은 나라이다. 그래서 나라 이름도 고려라 했고, 평양에 도읍하였다. 만일 땅의 경계로 논한다면 그대 나라 동경도 모두 우리 강역에 들어 있는 것인데 어찌 침범이라 하겠는가.

① 9성 설치
② 귀주 대첩
③ 강동 6주 경략
④ 천리장성 축조

03 밑줄 친 ㉠의 결과에 해당하는 사실로 옳은 것은?

> (영락) 6년 병신(丙申)에 왕이 직접 수군을 이끌고 백제를 토벌하였다. (백제왕이) 우리 왕에게 항복하면서 "지금 이후로는 영원히 노객(奴客)이 되겠습니다."라고 맹세하였다. … (중략) … ㉠10년 경자(庚子)에 왕이 보병과 기병 5만 명을 보내어 신라를 구원하게 하였다.

① 고구려가 신라 내정간섭을 강화하였다.
② 백제가 고구려의 평양성을 공격하였다.
③ 신라가 관산성 전투에서 백제 성왕을 살해하였다.
④ 금관가야가 가야 지역의 중심 세력으로 대두하였다.

04 (가)와 (나)를 주장한 각 인물에 대한 설명으로 옳은 것은?

(가) 우리는 남방만이라도 임시 정부 혹은 위원회 같은 것을 조직하여 38도선 이북에서 소련이 철퇴하도록 세계 공론에 호소해야 할 것이다.
(나) 나는 통일된 조국을 달성하려다 38도선을 베고 쓰러질지언정 일신의 구차한 안일을 위하여 단독 정부를 세우는 데는 협력하지 아니하겠다.

① (가) - 5·10 총선거에 불참하였다.
② (가) - 좌우 합작 7원칙을 지지하였다.
③ (나) - 탁치 반대 국민 총동원 위원회를 조직하였다.
④ (나) - 남조선 과도 입법 의원의 의장을 역임하였다.

05 다음 (가)에 대한 설명으로 옳지 않은 것은?

예전에 성종이 [(가)] 시행에 따르는 잡기가 정도(正道)에 어긋나는데다가 번거롭고 요란스럽다 하여 이를 모두 폐지하였다. …(중략)… 이것을 폐지한 지가 거의 30년이나 되었는데, 이때에 와서 정당문학 최항이 청하여 이를 부활시켰다.

① 국제 교류의 장이었다.
② 정월 보름에 개최되었다.
③ 토속 신에게 제사를 지냈다.
④ 훈요 10조에서 시행할 것을 강조하였다.

06 다음과 같이 주장한 인물에 대한 설명으로 옳은 것은?

달은 하나이나 냇물의 갈래는 만 개가 된다. …(중략)… 나는 그 냇물이 세상 사람들이라는 것을 안다. 빛을 받아 비추어서 드러나는 것은 사람들의 상이다. 달이라는 것은 태극이요, 태극은 나이다.

① 『해동농서』를 편찬하도록 하였다.
② 갑인예송에서 왕권을 강조하며 기년복을 주장하였다.
③ 이순신에게 현충이라는 시호를 내리고 강감찬 사당을 건립하였다.
④ 민간의 광산개발 참여를 허용하는 설점수세제를 처음 실시하였다.

07 밑줄 친 '국왕' 재위 기간에 있었던 일로 옳은 것은?

지금 국왕께서 풍속을 바꾸려는 데에 뜻이 있으므로 신은 지극하신 뜻을 받들어 완악한 풍속을 고치고자 합니다. …(중략)… 『이륜행실(二倫行實)』로 말하면 신이 전에 승지가 되었을 때에 간행할 것을 청했습니다. 삼강이 중한 것은 아무리 어리석은 부부라도 모두 알고 있으나, 붕우·형제의 이륜에 이르러서는 평범한 사람들이 제대로 모르는 경우가 있습니다.

① 주세붕이 백운동 서원을 세웠다.
② 김시습이 『금오신화』를 저술하였다.
③ 『국조오례의』가 편찬되고 『동국여지승람』이 만들어졌다.
④ 문화와 제도를 유교식으로 갖추기 위해 집현전을 창설하였다.

08 다음의 법률에 근거하여 실시된 식민지 정책으로 옳지 않은 것은?

> 제4조 정부는 전시에 국가총동원상 필요하다고 인정될 때에는 칙령이 정하는 바에 따라서 제국 신민을 징용하여 총동원 업무에 종사하도록 할 수 있다.
> 제7조 정부는 칙령이 정하는 바에 따라 노동 쟁의의 예방 혹은 해결에 관한 명령, 작업소 폐쇄, 작업 혹은 노무의 중지 … (중략) … 등을 명할 수 있다.

① 물자통제령을 공포하여 배급제를 확대하였다.
② 육군특별지원병령을 제정하여 지원병을 선발하였다.
③ 금속류회수령을 제정하여 주요 군수 물자를 공출하였다.
④ 국민징용령을 공포하여 강제적인 노무 동원을 실시하였다.

09 (가) 시기에 해당되는 사실로 옳은 것은?

> 방금 안핵사 이용태의 보고에 따르면 "죄인들이 대다수 도망치는 바람에 조사하지 못하였다."라고 하였다.
> - 『승정원일기』 -

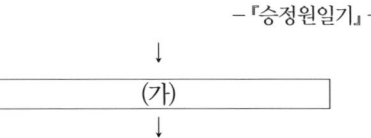

> 전봉준은 금구 원평에 앉아 (전라) 우도에 호령하였으며, 김개남은 남원성에 앉아 좌도를 통솔하였다.
> - 『갑오약력』 -

① 논산에서 남·북접의 동학군이 집결하였다.
② 우금치 전투에서 동학군이 일본군과 격전을 벌였다.
③ 동학교도가 궁궐 앞에서 교조 신원을 주장하는 집회를 열었다.
④ 백산에서 전봉준이 보국안민을 위해 궐기하라는 통문을 보냈다.

10 (가) 기구가 존속한 시기의 사람들이 볼 수 있었던 사실로 적절한 것은?

> 지주는 조선 총독이 정하는 기간 내에 (가) 혹은 그것의 출장소 직원에게 신고해야 한다. 만약 제출을 태만히 하거나 신고서를 제출하지 않을 시에는 당국에서 해당 토지에 대해 소유권의 유무 등을 조사하다가 소유자를 알지 못하는 경우에 지주가 없는 것으로 간주하여 국유지로 편입할 수 있다.

① 조선청년연합회에 출입하는 일본인 고문
② 신문에 연재 중인 소설 무정을 읽는 학생
③ 연초 전매 제도에 따라 조합에 수매되는 담배
④ 의열단에 가입하는 신흥 무관 학교 출신 청년

11 밑줄 친 '이 지도'에 대한 설명으로 옳지 않은 것은?

> 1402년 제작된 이 지도는 조선 학자들에 의해 제작된 세계 지도이다. 권근의 글에 의하면 중국에서 수입한 '성교광피도'와 '혼일강리도'를 기초로 하고, 우리나라와 일본의 지도를 합해서 제작하였다고 한다.

① 유럽과 아프리카 대륙까지 묘사하였다.
② 중국이 세계의 중심이라는 중화사상이 반영되었다.
③ 이 지도의 작성에는 이슬람 지도학의 영향이 있었다.
④ 우리나라에 해당하는 부분은 백리척을 사용하여 과학화에 기여하였다.

12 다음 왕의 재위 기간에 있었던 사실로 옳은 것은?

> • 왕 원년: 소판 김흠돌, 파진찬 흥원, 대아찬 진공 등이 반역을 도모하다가 사형을 당하였다.
> • 왕 9년: 달구벌로 서울을 옮기려다 실현하지 못하였다.
>
> - 『삼국사기』 -

① 사방에 우역을 설치하였다.
② 수도에 서시와 남시를 설치하였다.
③ 국학을 설치하여 유학을 교육하였다.
④ 관료에게 지급하는 녹읍을 부활하였다.

13 다음은 발해사에 대한 중국과 러시아 입장이다. 한국사의 입장에서 이를 반박하는 증거로 적절한 것은?

> • 중 국: 소수 민족 지역의 분리 독립 의식을 약화시키려고, 국가라기보다는 당 왕조에 예속된 지방 민족 정권 차원에서 본다.
> • 러시아: 중국 문화보다는 중앙 아시아나 남부 시베리아의 영향을 강조하여 러시아의 역사에 편입시키려 한다.

① 신라와의 교통로
② 상경성 출토 온돌 장치
③ 유학 교육 기관인 주자감
④ 3성 6부의 중앙 행정 조직

14 신라 문무왕의 유언이다. 밑줄 친 ㉠~㉣의 내용과 부합하지 않는 것은?

> 과인은 운수가 어지럽고 전쟁을 하여야 하는 때를 만나서 ㉠서쪽을 정벌하고 ㉡북쪽을 토벌하여 영토를 안정시켰고, ㉢배반하는 무리를 토벌하고 ㉣협조하는 무리를 불러들여 멀고 가까운 곳을 모두 안정시켰다.
> – 『삼국사기』 –

① ㉠-태자로서 참전하여 백제를 멸망시켰다.
② ㉡-당나라 군대와 함께 고구려를 멸망시켰다.
③ ㉢-백제 부흥 운동을 주도한 복신을 공격하였다.
④ ㉣-임존성에서 저항하던 지수신의 투항을 받아주었다.

15 다음은 대한제국 시기에 설립된 어느 회사에 관한 내용이다. 밑줄 친 '이 회사'에 대한 설명으로 옳은 것은?

> • 이 회사의 고금(股金, 주권)은 액면 50원씩이고, 총 1천만 원을 발행하고, 주당 불입금은 5년간 총 10회 5원씩 나눠서 낸다.
> • 이 회사는 국내 진황지 개간, 관개 사무와 산림천택(山林川澤), 식양채벌(殖養採伐) 등의 사무 이외에 금·은·동·철·석유 등의 각종 채굴 사무에 종사한다.

① 종로의 백목전 상인이 주도가 된 직조 회사였다.
② 역둔토나 국유 미간지를 약탈하려는 국책 회사였다.
③ 황무지 개간권 요구에 대응하여 설립된 특허 회사였다.
④ 외국 상인과 상권 경쟁을 위해 시전 상인이 만든 척식 회사였다.

16 조선 성리학의 학설이나 동향을 시기순으로 바르게 나열한 것은?

> ㄱ. 현실세계를 구성하는 기를 중시하여 경장(更張)을 주장하였다.
> ㄴ. 우주를 무한하고 영원한 기로 보는 '태허(太虛)설'을 제기하였다.
> ㄷ. 정지운의 『천명도』 해석을 둘러싸고 사단칠정 논쟁이 시작되었다.
> ㄹ. 향약 보급 운동과 함께 일상에서의 실천 윤리가 담긴 『소학』을 중시하였다.

① ㄴ → ㄱ → ㄹ → ㄷ
② ㄴ → ㄹ → ㄱ → ㄷ
③ ㄹ → ㄴ → ㄷ → ㄱ
④ ㄹ → ㄷ → ㄴ → ㄱ

17 일제강점기 조선인의 생활 모습으로 옳지 않은 것은?

① 도시 외곽의 토막촌에는 빈민이 살았다.
② 번화가에서 최신 유행의 모던걸과 모던보이가 활동하였다.
③ 몸뻬를 입은 여성들이 근로보국대에서 강제 노동을 하였다.
④ 상류층이 한식 주택을 2층으로 개량한 영단 주택에 모여 살았다.

18 (가)와 (나)는 외국과 맺은 각서이다. 두 각서 사이에 있었던 사실로 옳은 것은?

> (가) 일본 측은 한국 측에 무상원조 3억 달러, 유상원조(해외경제협력기금) 2억 달러, 그리고 수출입은행 차관 1억 달러 이상을 제공한다.
> (나) 미국 정부가 한국과 약속했던 1억 5천만 달러 규모의 차관 공여와 더불어 … (중략) … 한국의 경제 발전을 돕기 위한 추가 AID차관을 제공한다.

① 경부 고속 국도가 개통되었다.
② 마산에 수출 자유 지역이 건설되었다.
③ 국가 기간 산업인 울산 정유 공장이 가동되었다.
④ 유엔의 지원으로 충주에 비료 공장을 설립하였다.

19 다음은 고려시대 진화의 시이다. 이 시인과 교류를 통해 자부심을 공유한 인물의 작품은?

> 서쪽 송나라는 이미 기울고 북쪽 오랑캐는 아직 잠자고 있네. 앉아서 문명의 아침을 기다려라, 하늘의 동쪽에서 태양이 떠오르네.

① 삼국사기   ② 동명왕편
③ 제왕운기   ④ 삼국유사

20 다음 해외 견문 기록을 시기순으로 바르게 나열한 것은?

> ㄱ. 『표해록』   ㄴ. 『열하일기』
> ㄷ. 『서유견문』 ㄹ. 『해동제국기』

① ㄱ → ㄴ → ㄹ → ㄷ
② ㄱ → ㄹ → ㄷ → ㄴ
③ ㄹ → ㄱ → ㄴ → ㄷ
④ ㄹ → ㄷ → ㄱ → ㄴ

2017년 기출문제

[국가직] 04월

정답 및 해설 210p

01 ㉠과 ㉡ 두 인물의 공통된 신분상의 특징으로 옳은 것은?

- ㉠ 은(는) 신문왕에게 화왕계를 통하여 조언하였다.
- ㉡ 은(는) 진성여왕에게 시무책 10여 조를 올렸다.

① 관등 승진에서 중위제(重位制)를 적용받았다.
② 중앙 관부의 최고 책임자를 독점하였다.
③ 자색(紫色)의 공복을 착용하였다.
④ 왕이 될 수 있는 신분이었다.

02 (가) ~ (다)는 고구려의 발전 과정을 시기 순으로 나열한 것이다. (나)에 들어갈 내용으로 옳은 것만을 〈보기〉에서 모두 고른 것은?

(가) 낙랑군을 차지하여 한반도로 진출하는 발판을 마련하였다.
(나)
(다) 평양으로 도읍을 옮기고, 백제의 수도인 한성을 함락하였다.

〈보기〉
ㄱ. 태학을 설립하였다.
ㄴ. 진대법을 도입하였다.
ㄷ. 천리장성을 축조하였다.
ㄹ. 신라를 도와 왜를 격퇴하였다.

① ㄱ, ㄴ
② ㄱ, ㄹ
③ ㄴ, ㄷ
④ ㄷ, ㄹ

03 다음 제도를 시행한 목적에 해당하는 것만을 〈보기〉에서 모두 고른 것은?

- 무릇 민호(民戶)는 그 이웃과 더불어 모으되, 가족 숫자의 다과(多寡)와 재산의 빈부에 관계없이 다섯 집마다 한 통(統)을 만들고, 통 안에 한 사람을 골라서 통수(統帥)로 삼아 통 안의 일을 맡게 한다.
- 1리(里)마다 5통 이상에서 10통까지는 소리(小里)를 삼고, … (중략) … 리(里) 안에서 또 이정(里正)을 임명한다.

― 『비변사등록』 ―

〈보기〉
ㄱ. 농민들의 도망과 이탈 방지
ㄴ. 부세와 군역의 안정적인 확보
ㄷ. 재지사족 중심의 향촌 자치 활성화
ㄹ. 향권을 둘러싼 구향과 신향 간의 향전 억제

① ㄱ, ㄴ
② ㄱ, ㄹ
③ ㄴ, ㄷ
④ ㄷ, ㄹ

04 다음 발의로 개최된 ㉠에 대한 설명으로 옳은 것은?

> 베이징 방면의 인사는 분열을 통탄하며 통일을 촉진하는 단체를 출현시키고 상하이 일대의 인사는 이를 고려하여 개혁을 제창하고 있다. … (중략) … 근본적 대해결로써 통일적 재조를 꾀하여 독립운동의 신국면을 타개하려고 함에는 다만 민의뿐이므로 이에 ㉠ 의 소집을 제창한다.

① 파리강화회의에 김규식을 파견하는 것이 논의되었다.
② 삼균주의를 바탕으로 한 건국강령이 채택되었다.
③ 한국국민당을 통한 정당정치 실시가 결정되었다.
④ 창조파와 개조파 등의 주장이 대립되었다.

06 다음 자료에 나타난 나라에 대한 설명으로 옳은 것은?

> 해마다 10월이면 하늘에 제사를 지내는데, 밤낮으로 술을 마시고 노래 부르며 춤을 추니 이를 무천이라 한다. 또 호랑이를 신(神)으로 여겨 제사지낸다. 읍락을 함부로 침범하면 노비와 소, 말로 변상하는데, 이를 책화라 한다.

① 후·읍군·삼로 등이 하호를 통치하였다.
② 국읍마다 천신에 대한 제사를 주관하는 천군이 있었다.
③ 사람이 죽으면 가매장한 다음 뼈만 추려 목곽에 안치하였다.
④ 아이가 출생하면 돌로 머리를 눌러 납작하게 하는 풍습이 있었다.

05 (가)~(라) 시기에 있었던 사실로 옳은 것은?

(가)	(나)	(다)	(라)
연산군 즉위	중종 즉위	효종 즉위	영조 즉위	정조 즉위

① (가) - 현량과를 실시하였다.
② (나) - 무오사화와 갑자사화가 일어났다.
③ (다) - 두 차례에 걸친 예송이 일어났다.
④ (라) - 신해통공으로 금난전권을 폐지하였다.

07 다음 건의문이 결의된 이후에 일어난 사실로 옳은 것은?

> 1. 외국인에게 의지하지 말고, 관·민이 힘을 합하여 전제 황권을 견고하게 할 것
> 2. 외국과의 이권에 관한 조약은 각 대신과 중추원 의장이 합동 날인하여 시행할 것
> 3. 국가 재정은 탁지부에서 전관하고, 예산과 결산을 국민에게 공포할 것
> 4. 중대 범죄를 공판하되, 피고의 인권을 존중할 것
> 5. 칙임관을 임명할 때에는 정부의 자문을 받아 다수의 의견에 따를 것
> 6. 정해진 규정을 실천할 것

① 서재필을 중심으로 민중 계몽을 위한 독립신문이 창간되었다.
② 고종이 러시아 공사관으로 거처를 옮기게 되었다.
③ 황제권 강화 작업의 일환으로 원수부가 설치되었다.
④ 군국기무처를 중심으로 개혁이 추진되었다.

08 밑줄 친 '이 기구'가 설치된 왕 대에 있었던 사실로 옳은 것은?

> 조정은 중국의 화약 제조 기술을 터득하여 <u>이 기구</u>를 두고, 대장군포를 비롯한 20여 종의 화기를 생산하였으며, 화약과 화포를 제작하였다.

① 복원궁을 건립하여 도교를 부흥시켰다.
② 흥덕사에서 직지심체요절을 간행하였다.
③ 교장도감을 설치하여 속장경을 간행하였다.
④ 시무 28조를 수용하여 유교정치를 구현하였다.

09 갑신정변 이후 국내외 정세로 옳지 않은 것은?

① 독일 부영사 부들러는 조선의 영세 중립국화를 건의하였다.
② 러시아의 남하정책에 대응하여 영국 함대가 거문도를 불법 점령하였다.
③ 조·청 상민수륙무역장정을 체결하여 청나라 상인에게 통상 특혜를 허용하였다.
④ 청·일 양국 군대가 조선에서 철수하는 것 등을 내용으로 하는 톈진조약이 체결되었다.

10 독도가 우리나라 영토임을 입증하는 근거로만 옳게 짝지어진 것은?

① 이범윤의 보고문 - 은주시청합기
② 대한제국 칙령 제41호 - 삼국접양지도
③ 미쓰야 협정 - 시마네 현 고시 제40호
④ 조선국교제시말내탐서 - 어윤중의 서북경략사 임명장

11 다음에서 설명하는 화폐가 사용된 시기의 경제 상황으로 옳은 것은?

> 초기에는 은 1근으로 우리나라 지형을 본떠 만들었는데 그 가치는 포목 100필에 해당하는 고액이었다. 주로 외국과의 교역에 사용되었으며 후에 은의 조달이 힘들어지고 동을 혼합한 위조가 성행하자, 크기를 축소한 소은병을 만들었다.

① 청해진이 설치되어 무역권을 장악하였다.
② 동시전이 설치되어 시장을 감독하였다.
③ 책, 차 등을 파는 관영상점을 두었다.
④ 이앙법이 전국적으로 보급되었다.

12 밑줄 친 '그'에 대한 설명으로 옳은 것은?

> 그는 이성계를 추대하여 조선 왕조를 개창한 공으로 개국 1등 공신이 되었으며, 의정부를 중심으로 하는 재상 중심의 관료정치를 주창하였다. 그리고 『불씨잡변』을 저술하여 불교의 사회적 폐단을 비판하였다.

① 왜구의 소굴인 쓰시마 섬을 정벌하였다.
② 백성들의 윤리서인 『삼강행실도』를 편찬하였다.
③ 여진족을 두만강 밖으로 몰아내고 6진을 개척하였다.
④ 『조선경국전』을 편찬하여 왕조의 통치 규범을 마련하였다.

13 밑줄 친 '이곳'에서 전개된 민족운동으로 옳은 것은?

> 1903년에 우리나라 공식 이민단이 이곳에 도착하였다. 이주 노동자들은 사탕수수 농장, 개간 사업장, 철도 공사장 등에서 일하며 한인 사회를 형성하여 갔다. 노동 이민과 함께 사진 결혼에 의한 부녀자들의 이민도 이루어졌다. 또한 한인합성협회 등과 같은 한인 단체가 결성되었다.

① 독립운동 기지인 한흥동이 건설되었다.
② 독립운동 단체인 권업회가 조직되었다.
③ 자치 기관인 경학사와 부민단이 만들어졌다.
④ 군사 양성 기관인 대조선 국민군단이 창설되었다.

14 다음과 같이 주장한 조선후기의 실학자에 대한 설명으로 옳은 것은?

> 천체가 운행하는 것이나 지구가 자전하는 것은 그 세가 동일하니, 분리해서 설명할 필요가 없다. 생각건대 9만 리의 둘레를 한 바퀴 도는 데 이처럼 빠르며, 저 별들과 지구와의 거리는 겨우 반경(半徑)밖에 되지 않는데도 오히려 몇 천만 억의 별들이 있는지 알 수가 없다. 하물며 은하계 밖에도 또 다른 별들이 있지 않겠는가!

① 『우서』에서 상업적 경영을 통해 농업 생산성을 높여야 한다고 주장하였다.
② 『반계수록』에서 신분에 따라 토지를 차등 있게 재분배하자고 주장하였다.
③ 『임하경륜』에서 성인 남자에게 2결의 토지를 나누어 주자고 주장하였다.
④ 『북학의』에서 소비를 권장하여 생산을 촉진하자고 주장하였다.

15 다음 조칙이 발표된 이후의 상황에 대한 설명으로 옳은 것만을 〈보기〉에서 모두 고른 것은?

≪관보≫ 호외
짐이 생각건대 쓸데없는 비용을 절약하여 이용후생에 응용함이 급무라. 현재 군대는 용병으로서 상하의 일치와 국가 안전을 지키는 방위에 부족한지라. 훗날 징병법을 발표하여 공고한 병력을 구비할 때까지 황실시위에 필요한 자를 빼고 모두 일시에 해산하노라.

보기
ㄱ. 신돌석과 같은 평민 출신의 의병장이 처음으로 등장하였다.
ㄴ. 단발령의 실시로 위정척사 사상에 바탕을 둔 의병 운동이 시작되었다.
ㄷ. 연합 의병 부대인 13도 창의군이 결성되어 서울 진공 작전을 계획하였다.
ㄹ. 일본군의 '남한 대토벌 작전'으로 의병 부대의 근거지가 초토화되었다.

① ㄱ, ㄴ ② ㄱ, ㄹ
③ ㄴ, ㄷ ④ ㄷ, ㄹ

16 국권이 침탈되기까지의 과정을 시기 순으로 바르게 나열한 것은?

ㄱ. 헤이그 특사 파견을 문제 삼아 고종 황제를 강제로 퇴위시켰다.
ㄴ. 일본인 메가타를 재정 고문으로, 미국인 스티븐스를 외교 고문으로 임명하도록 하였다.
ㄷ. 대한제국의 사법권을 빼앗고 감옥 사무를 장악하였다.
ㄹ. 통감이 추천한 일본인을 대한제국의 관리로 임명하도록 하였다.

① ㄱ → ㄴ → ㄷ → ㄹ
② ㄴ → ㄱ → ㄹ → ㄷ
③ ㄴ → ㄷ → ㄱ → ㄹ
④ ㄹ → ㄴ → ㄱ → ㄷ

17 다음의 자료에 보이는 시기의 경제 상황에 대한 설명으로 옳지 않은 것은?

황해도 관찰사의 보고에 따르면, 수안군에는 본래 금광이 다섯 곳이 있었다. 올해 여름에 새로 39개소의 금혈을 뚫었는데, 550여 명의 광꾼들이 모여들었다. 도내의 무뢰배들이 농사를 짓지 않고 다투어 모여들 뿐만 아니라 다른 지방에서 이익을 좇는 무리들도 소문을 듣고 몰려온다. … (중략) … 금점을 설치한 지 이미 여러 해가 된 곳에는 촌락이 즐비하고 상인들이 물품을 유통시켜 큰 도회지를 이루고 있다.

① 개간을 장려하기 위해 사패전을 부농층에 분급하였다.
② 일부 지방에서 도조법으로 지대를 납부하였다.
③ 면화, 담배 등 상품 작물을 재배하였다.
④ 밭농사에서는 견종법이 보급되었다.

18 다음에 나타난 사상에 대한 설명으로 옳지 않은 것은?

> 신(臣)들이 서경의 임원역 지세를 관찰하니, 이 곳이 곧 음양가들이 말하는 매우 좋은 터입니다. 만약 궁궐을 지어서 거처하면 천하를 병합할 수 있고, 금나라가 폐백을 가지고 와 스스로 항복할 것이며, 36국이 모두 신하가 될 것입니다.

① 서경 천도 운동의 배경이 되었다.
② 문종 때 남경 설치의 배경이 되었다.
③ 하늘에 제사 지내는 초제의 사상적 근거가 되었다.
④ 공민왕과 우왕 때 한양 천도 주장의 근거가 되었다.

19 다음 주장을 한 인물에 대한 설명으로 옳은 것은?

> 계급투쟁은 민족의 내부 분열을 초래할 것이며, 민족의 내쟁은 필연적으로 민족의 약화에 따르는 다른 민족으로부터의 수모를 초래할 것이다. 계급투쟁의 길은 우리가 반드시 취해야 할 필요는 없고, 민족 균등이 실현되는 날 그것은 자연 해소되는 문제다. … (중략) … 이 세계적 기운과 민족적 요청에서 민족사관은 출발하는 것이며, 민족사는 그 향로와 방법을 명백하게 과학적으로 지시하여야 할 것이다.
> - 『조선민족사 개론』 -

① 『조선상고사』와 『조선사연구초』를 저술하였다.
② 대동사상을 수용한 유교 구신론을 주장하였다.
③ 『진단학보』를 발간한 진단학회의 발기인으로 활동하였다.
④ 「5천년간 조선의 얼」이라는 글을 동아일보에 연재하였다.

20 고려시대 의주에 대한 설명으로 옳지 않은 것은?

① 청천강변에 위치하며 도호부가 설치된 곳이다.
② 강동 6주 가운데 하나인 흥화진이 있던 곳이다.
③ 요(遼)와 물품을 거래하던 각장이 설치된 곳이다.
④ 요(遼)와 금(金)의 분쟁을 이용하여 회복하려고 시도한 곳이다.

[국가직] 10월 2017년 기출문제

01 밑줄 친 '이 시기'에 해당하는 사실로 옳은 것은?

> 이 시기에는 반달 돌칼 등 다양한 간석기가 사용되었고 민무늬 토기를 비롯한 토기의 종류도 다양해졌으며, 고인돌과 돌널무덤이 만들어졌다.

① 농경과 목축이 시작되었다.
② 주로 동굴이나 강가의 막집에 거주하였다.
③ 용호동 유적에서 불 땐 자리가 확인되었다.
④ 목을 길게 단 미송리식 토기가 사용되었다.

02 다음은 고구려에 대한 내용이다. (가), (나) 사이에 있었던 사실로 옳지 않은 것은?

> (가) 전진에서 불교를 받아들였고, 유학 교육기관으로 태학을 설립하였으며, 율령을 공포하였다.
> (나) 수도를 평양으로 옮기고, 백제의 수도 한성을 공격하여 개로왕을 죽였다.

① 모용황의 공격을 받았다.
② 후연을 공격하여 요동 지역에 진출하였다.
③ 북쪽으로 숙신을 정복하였다.
④ 신라를 도와 낙동강 유역에서 왜병을 대파하였다.

03 다음은 원의 세조가 고려에 약속한 내용의 일부이다. 이 약속 이후에 일어난 사실로 옳지 않은 것은?

> • 옷과 머리에 쓰는 관은 고려의 풍속을 유지하고 바꿀 필요가 없다.
> • 압록강 둔전과 군대는 가을에 철수한다.
> • 몽고에 자원해 머문 사람들은 조사하여 모두 돌려보낸다.

① 정동행성을 설치하였다.
② 2차 여몽연합군은 일본 원정에 실패하였다.
③ 쌍성총관부를 설치하였다.
④ 사림원을 설치하였다.

04 다음 족보가 편찬된 시기의 사회상으로 가장 적절한 것은?

> 우리나라는 자고로 종법이 없고 보첩(譜牒)도 없어서 비록 거가대족(巨家大族)이라도 가승(家乘)이 전혀 없어서 겨우 몇 대를 전할 뿐이므로 고조나 증조의 이름도 호(號)도 기억하지 못하는 이가 있다.
>
> — 『안동권씨 성화보』 서문 —

① 남자는 대개 결혼 후에 바로 친가에서 거주하였다.
② 자손이 없으면 무후(無後)라 하고 양자를 널리 맞아들였다.
③ 아들을 먼저 기록하고 딸을 그 다음에 기록하였다.
④ 윤회봉사 · 외손봉사 등이 행해졌다.

05 밑줄 친 '왕'의 재위 기간에 있었던 사실로 옳은 것은?

> 왕 7년 5월에 왕이 하교하여 문무관료전을 차등 있게 지급하였다. … 왕 9년 정월에 하교하여 중외 관리들의 녹읍을 파하고 세조(歲租)를 차등 있게 지급하는 것을 항식(恒式)으로 삼도록 했다.
>
> — 『삼국사기』 —

① 독서삼품과가 시행되었다.
② 백성들에게 정전을 지급하였다.
③ 중앙군을 9개의 서당으로 개편하였다.
④ 관직과 주군현의 명칭을 중국식 한자명으로 바꾸었다.

06 밑줄 친 '이 나라'에 대한 설명으로 옳은 것은?

> 이 나라는 서쪽에 자리 잡고 있다. 그 민인은 토착하여 곡식을 심고 누에치기와 뽕나무를 가꿀 줄 알며 면포를 만든다. 각기 장수(長帥)가 있어 큰 세력을 지닌 이는 스스로 신지(臣智)라 하고 그 다음은 읍차(邑借)라 한다.
>
> — 『삼국지』 —

① 남의 물건을 훔친 자는 12배의 배상을 하게 하였다.
② 집집마다 부경이라는 창고를 두었다.
③ 특산물인 단궁, 과하마, 반어피 등을 수출하였다.
④ 파종한 5월과 추수한 10월에는 제의를 행하였다.

07 다음은 『고려사』의 일부 내용이다. 이 시기에 대한 설명으로 옳지 않은 것은?

> • 명학소를 충순현으로 승격시켰다. 수령까지 두어 위무하더니 태도를 바꿔 군대를 보내와서 토벌하니 어찌된 까닭인가?
> • 순비 허씨는 일찍이 평양공 왕현에게 시집가서 3남 4녀를 낳았는데, 왕현이 죽은 후 충선왕의 비가 되었다.
> • 윤수는 매와 사냥개를 잘 다루어 응방 관리가 되었으며, 그의 가문은 권세가가 되었다.

① 충선왕대 이후에도 왕실 족내혼이 널리 행해졌다.
② 향리 이하의 층도 문 · 무반으로 신분 상승을 할 수 있었다.
③ 여성의 재혼을 규제하려는 움직임이 나타났다.
④ 향 · 소 · 부곡 등 특수행정구역이 주현으로 승격되기도 하였다.

08 다음 상소 이후에 나타난 사실로 옳지 않은 것은?

> 윤집(尹集)이 상소하기를 "화의가 나라를 망친 것은 어제 오늘의 일이 아니고 옛날부터 그러하였으나 오늘날처럼 심한 적은 없었습니다. 명나라는 우리나라에 있어서 부모의 나라이고 노적은 우리나라에 있어서 부모의 원수입니다. … 지난날 성명께서 크게 분발하시어 의리에 의거하여 화의를 물리치고 중외에 포고하고 명나라에 알리시니, 온 동토(東土) 수천 리가 모두 크게 기뻐하여 서로 고하기를 '우리가 오랑캐가 됨을 면하였다.'고 하였습니다."
>
> ─ 『인조실록』 ─

① 소현세자는 청에서 서양의 문물에 관심을 가지고, 천문관련 서적 등을 가져왔다.
② 조선은 청과 굴욕적인 형제의 맹약을 맺었다.
③ 조선은 복수설치(復讐雪恥)를 과제로 삼았다.
④ 숭정처사(崇禎處士), 대명거사(大明居士)로 자처하며 출사를 거부하는 인물이 있었다.

09 다음은 연대별 인구 정책을 상징하는 표어이다. 각 연대별로 일어난 일에 대한 설명으로 옳은 것만을 〈보기〉에서 모두 고른 것은?

연대	표어
(가)	덮어 놓고 낳다 보면 거지꼴을 못 면한다.
(나)	딸 아들 구별 말고 둘만 낳아 잘 기르자.
(다)	잘 키운 딸 하나 열 아들 안 부럽다.

― 〈보기〉 ―
ㄱ. (가) 군사 정부가 '경제개발 5개년계획'을 추진하였다.
ㄴ. (나) 유신 체제가 성립되었고, 2차례의 오일쇼크와 중화학공업 과잉 중복 투자에 따른 경제 불황이 있었다.
ㄷ. (다) 6월 민주 항쟁과 저금리, 저유가, 저달러의 3저 호황이 있었다.

① ㄱ, ㄴ
② ㄱ, ㄷ
③ ㄴ, ㄷ
④ ㄱ, ㄴ, ㄷ

10 다음 선언으로 결성된 단체에 대한 설명으로 옳은 것은?

> 민족주의적 세력에 대하여는 그 부르주아 민주주의적 성질을 분명히 인식함과 동시에 과정상의 동맹자적 성질도 충분히 승인하여, 그것이 타락하지 않는 한 적극적으로 제휴하여 대중의 이익을 위해서도 종래의 소극적인 태도를 버리고 싸워야 할 것이다.

① 조선인 본위의 교육제도 실시를 주장하였고, 원산 노동자 총파업을 지원하였다.
② 민중의 직접폭력혁명으로 강도 일본을 무너뜨리는 목표를 설정하였다.
③ 언론을 통한 국민 계몽과 문맹퇴치운동, 민립대학 설립운동 등을 추진하였다.
④ 민족자본의 육성을 위해 자급자족, 토산품 애용 등을 주장하며 물산장려운동을 벌였다.

11 밑줄 친 '왕'이 재위하던 시기에 편찬되지 않은 것은?

> 지금 우리 왕께서도 밝은 가르침을 계승하시고 다스리는 도리를 도모하시어 더욱 백성들의 일에 뜻을 두셨다. 여러 지방의 풍토가 같지 않아 심고 가꾸는 방법이 지방에 따라서 차이가 있기 때문에 옛 글의 내용과 모두 같을 수가 없었다. 이에 각 도의 감사들에게 명령하시어, 주·현의 노농(老農)을 방문하여 그 땅에서 몸소 시험한 결과를 자세히 듣게 하시었다. 또 신 정초(鄭招)에게 명하시어 말의 순서를 보충케 하시고, 신 종부소윤 변효문(卞孝文) 등이 검토해 살피고 참고하게 하여, 그 중복된 것은 버리고 절실하고 중요한 것은 취해서 한 편의 책을 만들었다.

① 『향약제생집성방』
② 『향약집성방』
③ 『향약채취월령』
④ 『의방유취』

12 발해에서 일어난 일을 시기 순으로 바르게 나열한 것은?

> ㄱ. 장문휴가 당의 산동지방 등주를 공격하였다.
> ㄴ. 수도를 중경현덕부에서 북쪽의 상경용천부로 옮겼다.
> ㄷ. 당으로부터 '발해군왕'에서 '발해국왕'으로 봉해졌다.
> ㄹ. '건흥'이라는 연호를 사용하였다.

① ㄱ → ㄴ → ㄷ → ㄹ
② ㄱ → ㄷ → ㄹ → ㄴ
③ ㄴ → ㄱ → ㄹ → ㄷ
④ ㄱ → ㄷ → ㄴ → ㄹ

13 남북 관계에 대한 역대 정부의 합의로 옳지 않은 것은?

① 박정희 정부 − 7·4 남북 공동 선언
② 김영삼 정부 − 남북 기본 합의서
③ 김대중 정부 − 6·15 남북 공동 선언
④ 노무현 정부 − 10·4 남북 공동 선언

14 다음 자료 내용이 시행되기 전에 있었던 사실에 대한 설명으로 옳은 것은?

> 제1조 일본국 정부는 동경의 외무성을 경유하여 금후 한국의 외국과의 관계 및 사무를 감리, 지휘할 수 있고, 일본국의 외교 대표자와 영사는 외국에 있는 한국의 신민 및 이익을 보호할 수 있다.

① 유생 출신 의병장을 중심으로 13도 연합의병부대가 결성되었다.
② 유생과 전직 관료, 평민 출신 등 다양한 계층에서 의병을 일으켰다.
③ 명성 황후 시해 사건과 단발령으로 의병 운동이 확산되었다.
④ 의병 부대들은 간도와 연해주로 이동하여 의병 기지를 건설하였다.

15 ㉠~㉣에 대한 설명으로 옳지 않은 것은?

> 고려는 국가가 주도하여 산업을 재편하면서 ㉠경작지를 확대하고, ㉡상업과 수공업의 체제를 확립하여 안정된 경제 기반을 확보하였다. 또 ㉢수취 체제를 정비하면서 양전 사업을 실시하고 ㉣토지 제도를 정비하였다.

① ㉠ 농민이 황무지를 개간하면 일정 기간 소작료나 조세를 감면해 주었고, 여러 수리시설도 개축하였다.
② ㉡ 개경에 시전을 만들어 관영 점포를 열었고, 소는 생산한 물품을 일정하게 공물로 납부하였다.
③ ㉢ 국초부터 군현 단위로 20년마다 양전을 실시하여 1/10의 조세를 거두었다.
④ ㉣ 경종 때의 전시과 제도는 문무 관리의 지위와 직역, 인품에 따라 전지와 시지를 지급하였다.

16 다음 법령에 대한 설명으로 옳지 않은 것은?

(가) 제5조 회사가 본령이나 본령에 의거하여 발하는 명령과 허가 조건에 위반하거나 공공질서와 선량한 풍속에 반하는 행위를 할 때 조선총독은 사업의 정지와 금지, 지점의 폐쇄, 또는 회사의 해산을 명할 수 있다.

(나) 제1조 국가총동원이란 전시에 국방 목적을 달성하기 위해 국가의 전력을 가장 유효하게 발휘하도록 인적 및 물적 자원을 운용하는 것이다.
제4조 정부는 전시에 국가 총동원상 필요할 때에는 칙령이 정하는 바에 따라 제국 신민을 징용하여 총동원 업무에 종사하게 할 수 있다.

① (가) - 『회사령』이다.
② (가) - 1920년대에 폐지되었다.
③ (나) - 『국가총동원법』이다.
④ (나) - 일제가 태평양전쟁을 일으킨 이후 제정하였다.

17 밑줄 친 '나'에 대한 설명으로 옳은 것은?

나의 조선경제사의 기도(企圖)는 사회의 경제적 구성을 기축으로 대체로 다음과 같은 제 문제를 취급하려 하였다.
제1. 원시 씨족 공산체의 태양(態樣)
제2. 삼국의 정립 시대의 노예 경제
제3. 삼국 시대 말기 경부터 최근세에 이르기까지의 아시아적 봉건 사회의 특질
제4. 아시아적 봉건국가의 붕괴 과정과 자본주의 맹아 형태
제5. 외래 자본주의 발전의 일정과 국제적 관계
제6. 이데올로기 발전의 총 과정

① 우리 고대사를 중국 민족에 필적하는 강건한 민족의 역사로 서술했다.
② 일제 식민사학의 정체성론을 극복하는 근거를 제공하였다.
③ 실학에서 자주적인 근대 사상과 우리 학문의 주체성을 찾으려 하였다.
④ 순수 학문을 표방하면서 식민주의 사학에 학문적으로 대항하려 하였다.

18 밑줄 친 '왕'의 정책으로 옳지 않은 것은?

> 대관(大觀) 경인년에 천자께서 저 먼 변방에서 신묘한 도(道)를 듣고자 함을 돌보시어 신사(信使)를 보내시고 우류(羽流) 2인을 딸려 보내어 교법에 통달한 자를 골라 훈도하게 하였다. 왕은 신앙이 돈독하여 정화(政和) 연간에 비로소 복원관(福源觀)을 세워 도가 높은 참된 도사 10여 인을 받들었다. 그러나 그 도사들은 낮에는 재궁(齋宮)에 있다가 밤에는 집으로 돌아가고는 하였다. 그래서 후에 간관이 지적, 비판하여 다소간 법으로 금하는 조치를 취하게 되었다. 간혹 듣기로는, 왕이 나라를 다스렸을 때는 늘 도가의 도록을 보급하는 데 뜻을 두어 기어코 도교로 호교(胡敎)를 바꿔 버릴 생각을 하고 있었으나 그 뜻을 이루지 못해 무엇인가를 기다리는 것이 있는 듯하였다고 한다.
> - 『고려도경』 -

① 우봉 · 파평 등의 지역에 감무관을 파견하였다.
② 국학 7재를 설치하여 관학을 진흥하였다.
③ 김위제의 건의로 남경 건설을 추진하였다.
④ 윤관을 원수로 하여 여진 정벌을 단행하였다.

19 다음 법을 시행하기 이전 상황에 대한 설명으로 옳은 것은?

> 제1조 본법은 헌법에 의거하여 농지를 농민에게 적절히 분배함으로써 농가경제의 자립과 농업생산력의 증진으로 인한 농민생활의 향상 내지 국민경제의 균형과 발전을 기함을 목적으로 한다.
> 제17조 일체의 농지는 소작, 임대차 또는 위탁 경영 등 행위를 금지한다.

① 「반민족행위처벌법」의 시효가 단축되었다.
② 제2대 국회의원 총선거가 실시되었다.
③ 미국의 공법480호(PL480)에 따른 잉여농산물이 도입되었다.
④ 국민방위군사건이 일어났다.

20 19세기 부세제도인 도결(都結)에 대한 설명으로 옳은 것을 모두 고른 것은?

> ㄱ. 군역, 환곡, 잡역 중 일부 또는 전부를 토지에 부과하여 화폐로 징수하였다.
> ㄴ. 노비신공과 결세는 그 해의 작황을 참작하여 중앙에서 일방적으로 도별 총액을 할당하였다.
> ㄷ. 양전하는 자[尺]를 통일하였고, 전세율을 1결당 4말~6말로 고정시켰다.
> ㄹ. 제도적으로는 신분에 따른 부세의 차별이 거의 남지 않게 되었음을 의미한다.
> ㅁ. 수령과 아전이 횡령한 관곡을 민의 토지에 부세로 부과하는 수단이 되었다.

① ㄴ, ㄷ, ㄹ
② ㄷ, ㄹ, ㅁ
③ ㄴ, ㄷ, ㅁ
④ ㄱ, ㄹ, ㅁ

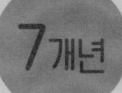

2023~2017
[지방직]
연차별 기출문제

QUESTIONS

2023년 지방직 9급(06월)

2022년 지방직 9급(06월)

2021년 지방직 9급(06월)

2020년 지방직 9급(06월)

2019년 지방직 9급(06월)

2018년 지방직 9급(05월)

2017년 지방직 9급(06월)

2017년 지방직 9급(12월)

[지방직] 06월 2023년 기출문제

01 밑줄 친 '주먹도끼'가 사용된 시대에 대한 설명으로 옳은 것은?

> 이 유적은 경기도 연천군 한탄강 언저리에 넓게 위치하고 있다. 이곳에서 아슐리안 계통의 주먹도끼가 다량으로 출토되어 더욱 많은 관심이 집중되었다. 이곳에서 발견된 주먹도끼는 그 존재 유무로 유럽과 동아시아 문화가 나뉘어진다고 한 모비우스의 학설을 무너뜨리는 결정적 증거가 되었다.

① 동굴이나 바위 그늘, 강가의 막집 등에서 살았다.
② 내부에 화덕이 있는 움집이 일반적인 주거 형태였다.
③ 토기를 만들어 음식을 조리하거나 식량을 저장하였다.
④ 구릉에 마을을 형성하고 그 주변에 도랑을 파고 목책을 둘렀다.

02 (가) 군사 조직에 대한 설명으로 옳은 것은?

> 고려 정부는 몽골과 강화를 맺고 개경으로 환도하였다. 대몽 항전에 적극적이었던 (가) 은/는 개경 환도를 반대하고 반란을 일으켰다. 이어 진도로 근거지를 옮기면서 항쟁을 전개하였다.

① 포수, 사수, 살수의 삼수병으로 편제되었다.
② 윤관의 건의로 편성된 기병 중심의 부대였다.
③ 도적을 잡기 위해 설치한 야별초에서 시작되었다.
④ 양계 지방에서 국경 지역 방어를 맡았던 상비적인 전투부대였다.

03 다음과 같은 주장을 한 인물은?

> 일단 강화를 맺고 나면 저 적들의 욕심은 물화를 교역하는 데 있습니다. …(중략)… 저들이 비록 왜인이라고 하나 실은 양적(洋賊)입니다. 강화의 일이 한번 이루어지면 사학(邪學)의 서적과 천주의 상(像)이 교역하는 가운데 섞여 들어갈 것입니다.

① 박규수
② 최익현
③ 김홍집
④ 김윤식

04 다음에서 설명하는 신문은?

- 서재필이 정부 지원을 받아 창간하였다.
- 한글판을 발행하여 서양의 문물과 제도를 소개하였다.
- 영문판을 발행하여 국내 사정을 외국인에게도 전달하였다.

① 제국신문 ② 독립신문
③ 한성순보 ④ 황성신문

05 (가), (나)에 들어갈 왕의 업적으로 옳은 것은?

삼국의 역사서로는 고구려에 『유기』가 있었는데, 영양왕 때 이문진이 이를 간추려 『신집』 5권을 편찬하였다. 백제에서는 (가) 시기에 고흥이 『서기』를, 신라에서는 (가) 시기에 거칠부가 『국사』를 편찬하였다.

① (가) – 국호를 남부여로 바꾸었다.
② (가) – 동진으로부터 불교를 받아들여 공인하였다.
③ (나) – 화랑도를 국가적 조직으로 개편하였다.
④ (나) – 병부를 처음으로 설치하여 군권을 장악하였다.

06 다음 문화재와 이를 통해 알 수 있는 내용의 연결이 옳지 않은 것은?

① 사택지적비 – 백제가 영산강 유역까지 영역을 확장하였다.
② 임신서기석 – 신라에서 청년들이 유교 경전을 공부하였다.
③ 충주 고구려비 – 고구려가 5세기에 남한강 유역까지 진출하였다.
④ 호우명 그릇 – 5세기 초 고구려와 신라가 밀접한 관계를 맺고 있었다.

07 밑줄 친 '곽재우'에 대한 설명으로 옳지 않은 것은?

여러 도에서 의병이 일어났다. …(중략)… 도내의 거족(巨族)으로 명망 있는 사람과 유생 등이 조정의 명을 받들어 의(義)를 부르짖고 일어나니 소문을 들은 자들은 격동하여 원근에서 이에 응모하였다. …(중략)… 호남의 고경명·김천일, 영남의 곽재우·정인홍, 호서의 조헌이 가장 먼저 일어났다.

– 『선조수정실록』 –

① 홍의장군이라 칭하였다.
② 의령을 거점으로 봉기하였다.
③ 행주산성에서 일본군을 크게 무찔렀다.
④ 익숙한 지리를 활용한 기습 작전으로 일본군에 타격을 주었다.

08 다음과 같은 취지로 전개된 운동에 대한 설명으로 옳은 것은?

> 지금 우리들은 정신을 새로이 하고 충의를 떨칠 때이니, 국채 1,300만 원은 우리 대한 제국의 존망에 직결된 것입니다. 이것을 갚으면 나라가 보존되고 이것을 갚지 못하면 나라가 망할 것은 필연적인 사실이나, 지금 국고에서는 도저히 갚을 능력이 없으며, 만일 나라에서 갚지 못한다면 그때는 이미 삼천리 강토는 내 나라 내 민족의 소유가 못 될 것입니다.
> — 「대한매일신보」 —

① 조선 형평사를 조직하였다.
② 조선 물산 장려회를 조직하였다.
③ 신사 참배 거부 운동을 전개하였다.
④ 1907년 대구에서 시작되어 전국으로 확산되었다.

09 (가), (나)에 들어갈 말을 바르게 연결한 것은?

> 조선시대 과거 제도에는 문과·무과·잡과가 있었는데, 이 가운데 문과를 가장 중시하였다. 『경국대전』에 따르면 문과 시험 업무는 (가) 에서 주관하고, 정기 시험인 식년시는 (나) 마다 실시하는 것이 원칙이었다.

	(가)	(나)		(가)	(나)
①	이조	2년	②	이조	3년
③	예조	2년	④	예조	3년

10 다음 원칙이 발표된 이후에 있었던 사실로 옳지 않은 것은?

> - 조선의 민주 독립을 보장한 삼상 회의 결정에 의하여 남북을 통한 좌우 합작으로 민주주의 임시 정부를 수립할 것
> - 토지 개혁에 있어서 몰수, 유조건 몰수, 체감 매상 등으로 토지를 농민에게 무상으로 나누어 주며, …(중략)… 민주주의 건국 과업 완수에 매진할 것
> - 입법 기구에 있어서는 일체 그 권능과 구성 방법 운영에 관한 대안을 본 합작 위원회에서 작성하여 적극적으로 실행을 기도할 것

① 3·15 부정선거에 대항하여 4·19 혁명이 일어났다.
② 친일파를 청산하기 위한 「반민족행위처벌법」이 공포되었다.
③ 제헌 국회에서 대통령에 이승만, 부통령에 이시영을 선출하였다.
④ 임시 민주 정부 수립을 논의하기 위해 제1차 미·소 공동 위원회가 개최되었다.

11 밑줄 친 '그'에 대한 설명으로 옳은 것은?

> 그는 화엄종을 중심으로 교종을 통합하고 해동 천태종을 창시하여 선종까지 포섭하려 하였다. 그러나 그의 사후에 교단은 다시 분열되었고, 권력층과 밀착되어 타락하는 양상까지 나타났다.

① 이론적인 교리 공부와 실천적인 수행을 아우를 것을 주장하였다.
② 참선과 독경은 물론 노동에도 힘을 쓰자고 하면서 결사를 제창하였다.
③ 삼국시대 이래 고승들의 전기를 정리하여 『해동고승전』을 편찬하였다.
④ 백련사를 결성하여 극락왕생을 기원하는 참회와 염불 수행을 강조하였다.

12 (가) 시기에 있었던 사실로 옳지 않은 것은?

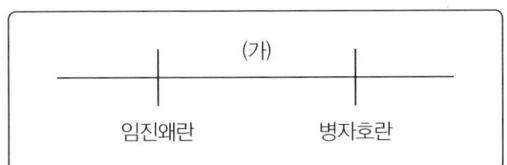

① 인조반정이 발생하였다.
② 영창 대군이 사망하였다.
③ 강홍립이 후금에 항복하였다.
④ 청에 인질로 끌려갔던 봉림 대군이 귀국하였다.

13 여름 휴가를 맞아 강화도로 답사 여행을 떠나고자 한다. 다음 중 유적(지)과 주제의 연결이 옳지 않은 것은?

유적(지)	주제
① 외규장각	동학 농민 운동
② 고려궁지	대몽 항쟁
③ 고인돌	청동기 문화
④ 광성보	신미양요

14 조선시대 붕당의 상황에 대한 설명으로 옳지 않은 것은?

① 선조 대 – 사림이 동인과 서인으로 분열하였다.
② 광해군 대 – 북인이 집권하였다.
③ 인조 대 – 남인이 정권을 독점하였다.
④ 숙종 대 – 서인이 노론과 소론으로 갈라졌다.

15 조선 세종 대에 있었던 사실로 옳지 않은 것은?

① 갑인자를 주조하였다.
② 화통도감을 설치하였다.
③ 역법서인 『칠정산』을 편찬하였다.
④ 간의를 만들어 천체를 관측하였다.

16 다음과 같은 강령을 발표한 단체의 활동으로 옳은 것은?

―. 우리는 정치적, 경제적 각성을 촉진함
―. 우리는 단결을 공고히 함
―. 우리는 기회주의를 일체 부인함

① 조선 민립 대학 기성회를 창립하였다.
② 파리 강화 회의에 대표를 파견하였다.
③ 6·10 만세 운동을 사전에 계획하였다.
④ 광주 학생 항일 운동이 일어나자 조사단을 파견하였다.

17 다음 글을 쓴 인물에 대한 설명으로 옳은 것은?

세상에서 동명왕의 신이(神異)한 일을 많이 말한다. …(중략)… 지난 계축년 4월에 『구삼국사』를 얻어 「동명왕 본기」를 보니 그 신기한 사적이 세상에서 얘기하는 것보다 더하였다. 그러나 처음에는 믿지 못하고 귀신이나 환상이라고만 생각하였는데, 두세 번 반복하여 읽어서 점점 그 근원에 들어가니 환상이 아닌 성스러움이며, 귀신이 아닌 신성한 이야기였다.

① 사실의 기록보다 평가를 강조한 강목체 사서를 편찬하였다.
② 단군부터 고려 충렬왕 때까지의 역사를 서사시로 기록하였다.
③ 단군신화와 전설 등 민간에서 전승되는 자료를 광범위하게 수록하였다.
④ 김부식의 『삼국사기』에 동명왕의 신이한 사적이 생략되어 있다고 평가하였다.

18 1910년대에 있었던 사실로 옳은 것은?

① 중국 화북 지방에서 조선 독립 동맹이 결성되었다.
② 만주에서 참의부, 정의부, 신민부 등 3부가 조직되었다.
③ 임병찬이 주도한 독립 의군부는 항일 운동을 전개하였다.
④ 조선 혁명군이 양세봉의 지휘 아래 영릉가에서 일본군을 격파하였다.

19 다음 주장을 한 인물에 대한 설명으로 옳은 것은?

> 우리 조선의 역사적 발전의 전 과정은 가령 지리적 조건, 인종학적 골상, 문화 형태의 외형적 특징 등 다소의 차이는 인정되더라도, 다른 문화 민족의 역사적 발전 법칙과 구별되어야 하는 독자적인 것이 아니다. 세계사적인 일원론적 역사 법칙에 의해 다른 민족과 거의 같은 궤도로 발전 과정을 거쳐왔다.

① 민족정신으로서 조선 국혼을 강조하였다.
② 민족주의 사학을 계승하여 조선의 얼을 강조하였다.
③ 마르크스 유물 사관을 바탕으로 한국사를 연구하였다.
④ 진단 학회를 조직하여 문헌 고증을 중시하는 실증주의 사학을 정립하였다.

20 6·25 전쟁 중 있었던 사실로 옳지 않은 것은?

① 국군과 유엔군이 인천 상륙 작전을 감행하였다.
② 대통령 직선제를 포함한 발췌 개헌안이 국회에서 통과되었다.
③ 이승만 정부가 북한 송환을 거부하는 반공 포로를 석방하였다.
④ 미국이 한반도를 미국의 태평양 지역 방위선에서 제외한다는 애치슨 선언을 발표하였다.

2022년 기출문제 [지방직] 06월

01 밑줄 친 '그'에 대한 설명으로 옳은 것은?

> 이날 소정방이 부총관 김인문 등과 함께 기벌포에 도착하여 백제 군사와 마주쳤다. …(중략)… 소정방이 신라군이 늦게 왔다는 이유로 군문에서 신라 독군 김문영의 목을 베고자 하니, 그가 군사들 앞에 나아가 "황산 전투를 보지도 않고 늦게 온 것을 이유로 우리를 죄주려 하는구나. 죄도 없이 치욕을 당할 수는 없으니, 결단코 먼저 당나라 군사와 결전을 한 후에 백제를 쳐야겠다."라고 말하였다.

① 살수에서 수의 군대를 물리쳤다.
② 김춘추의 신라 왕위 계승을 지원하였다.
③ 청해진을 설치하고 해상 무역을 전개하였다.
④ 대가야를 정벌하여 낙동강 유역을 확보하였다.

02 다음 사건이 있었던 시기의 신라 국왕에 대한 설명으로 옳은 것은?

> 이찬 이사부가 하슬라주 군주가 되어, '우산국 사람이 우매하고 사나워서 위엄으로 복종시키기는 어려우니 계책을 써서 굴복시키는 것이 좋겠다.'라고 생각하였다. 이에 나무로 사자 모형을 많이 만들어 배에 나누어 싣고 우산국 해안에 이르러, 속임수로 통고하기를 "만약에 너희가 항복하지 않는다면 곧바로 이 맹수들을 풀어 너희를 짓밟아 죽이겠다."라고 하였다. 그 나라 사람이 두려워 즉시 항복하였다.

① 독서삼품과를 실시하였다.
② 국호를 '신라'로 확정하였다.
③ 관료전을 지급하고 녹읍을 폐지하였다.
④ 장문휴를 보내 당의 등주를 공격하였다.

03 밑줄 친 '이 나라'에 대한 설명으로 옳은 것은?

• 이 나라에서 귀하게 여기는 것에는 태백산의 토끼, 남해부의 다시마, 책성부의 된장, 부여부의 사슴, 막힐부의 돼지, 솔빈부의 말, 현주의 베, 옥주의 면, 용주의 명주, 위성의 철, 노성의 쌀 등이 있다.
— 『신당서』 —

• 이 나라의 땅은 영주(營州)의 동쪽 2천 리에 있으며, 남으로는 신라와 서로 접한다. 월희말갈에서 동북으로 흑수말갈에 이르는데, 사방 2천 리, 호는 십여 만, 병사는 수만 명이다.
— 『구당서』 —

① 중앙에 6좌평의 관제를 마련하였다.
② 9서당 10정의 군사 조직을 갖추었다.
③ 지방을 5경 15부 62주로 편성하였다.
④ 제가회의에서 국가의 중대사를 결정하였다.

04 밑줄 친 '왕'의 업적으로 옳은 것은?

풍토에 따라 곡식을 심고 가꾸는 법이 다르니, 고을의 경험 많은 농부를 각 도의 감사가 방문하여 농사짓는 방법을 알아본 후 아뢰라고 왕께서 명령하셨다. 이어 왕께서 정초와 변효문 등을 시켜 감사가 아뢴 바 중에서 꼭 필요하고 중요한 것만을 뽑아 『농사직설』을 편찬하게 하셨다.

① 공법을 제정하였다.
② 한양으로 도읍을 옮겼다.
③ 『경국대전』을 완성하였다.
④ 조광조를 등용하여 개혁 정치를 실시하였다.

05 밑줄 친 '이들'에 해당하는 것은?

이들의 과거 응시와 벼슬을 제한한 것은 우리나라의 옛 법이 아니다. 그런데 『경국대전』을 편찬한 뒤부터 이들을 금고(禁錮)하였으니, 아직 백 년이 채 되지 않았다. 또한 다른 나라에 이러한 법이 있다는 말은 듣지 못했다. 경대부(卿大夫)의 자식인데 오직 어머니가 첩이라는 이유만으로 대대로 이들의 벼슬길을 막아, 비록 훌륭한 재주와 쓸만한 자질이 있어도 이를 발휘할 수 없게 하였으니, 참으로 안타깝다.

① 향리
② 노비
③ 서얼
④ 백정

06 밑줄 친 '왕'의 재위 기간에 있었던 일로 옳은 것은?

• 평농서사 권신(權信)이 대상(大相) 준홍(俊弘)과 좌승(佐丞) 왕동(王同) 등이 반역을 꾀한다고 참소하자 왕이 이들을 내쫓았다.

• 왕이 쌍기의 건의를 받아 처음으로 과거를 실시하였다. 시(詩) · 부(賦) · 송(頌) 및 시무책을 시험하여 진사를 뽑았으며, 더불어 명경업 · 의업 · 복업 등도 뽑았다.

① 노비안검법을 제정하였다.
② 전민변정도감을 설치하였다.
③ 토지제도로서 전시과를 시행하였다.
④ 12목을 설치하고 지방관을 파견하였다.

07 다음 글은 어떤 사건이 일어났을 때 발표되었는가?

> 1. 마산, 서울 기타 각지의 데모는 주권을 빼앗긴 국민의 울분을 대신하여 궐기한 학생들의 순수한 정의감의 발로이며 부정과 불의에는 언제나 항거하는 민족정기의 표현이다.
> …(중략)…
> 3. 합법적이고 평화적인 데모 학생에게 총탄과 폭력을 거리낌 없이 남용하여 참극을 빚어낸 경찰은 자유와 민주를 기본으로 한 대한민국의 국립 경찰이 아니라 불법과 폭력으로 권력을 유지하려는 일부 정부 집단의 사병이다.
> – 「대학 교수단 4·25 선언문」 –

① 4·19 혁명
② 5·18 민주화 운동
③ 6·3 시위
④ 6·29 민주화 선언

08 밑줄 친 '이 시기'에 있었던 사실로 옳은 것은?

> 이 시기의 불교 조각은 지역에 따라 다양하게 제작되었다. 처음에는 하남 하사창동의 철조 석가여래 좌상과 같은 대형 철불이 많이 제작되었다. 또한 덩치가 큰 석불이 유행하였는데, 논산 관촉사 석조 미륵보살 입상이 대표적이다. 이 불상은 큰 규모에 비해 조형미는 다소 떨어지지만, 소박한 지방 문화의 모습을 잘 보여 준다.

① 성골 출신의 국왕이 재위하였다.
② 지방 세력으로 호족이 존재하였다.
③ 풍양 조씨 등 특정 가문이 정권을 장악하였다.
④ 성리학에 투철한 사림 세력이 정국을 주도하였다.

09 역사서에 대한 설명으로 옳은 것만을 모두 고르면?

> ㄱ. 김부식의 『삼국사기』에는 단군 신화가 수록되어 있다.
> ㄴ. 이규보의 『동명왕편』은 고구려 계승 의식을 강조하였다.
> ㄷ. 안정복의 『동사강목』은 기사 본말체로 역사를 서술하였다.
> ㄹ. 유득공의 『발해고』에는 남북국이라는 용어가 사용되었다.

① ㄱ, ㄴ
② ㄱ, ㄷ
③ ㄴ, ㄹ
④ ㄷ, ㄹ

10 밑줄 친 '나'가 국왕으로 재위하던 기간에 있었던 일은?

> 팔순 동안 내가 한 일을 만약 나 자신에게 묻는다면
> 첫째는 탕평책인데, 스스로 '탕평'이란 두 글자가 부끄럽다.
> 둘째는 균역법인데, 그 효과가 승려에게까지 미쳤다.
> 셋째는 청계천 준설인데, 만세에 이어질 업적이다.
> …(하략)…
> – 『어제문업(御製問業)』 –

① 장용영이 창설되었다.
② 나선정벌이 단행되었다.
③ 홍경래의 난이 발생하였다.
④ 『동국문헌비고』가 편찬되었다.

11 (가) 시기에 있었던 사실로 옳은 것은?

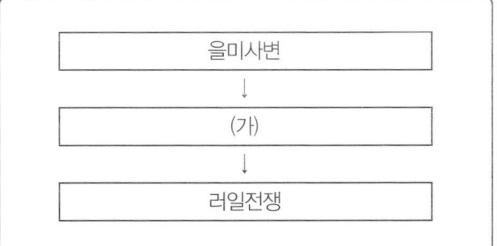

① 독립문이 건립되었다.
② 통감부가 설치되었다.
③ 동양 척식 주식회사가 설립되었다.
④ 임진왜란 때 소실된 경복궁이 중건되었다.

12 밑줄 친 '왕'의 재위 기간에 있었던 일로 옳은 것은?

> 왕의 어릴 때 이름은 모니노이며, 신돈의 여종 반야의 소생이었다. 어떤 사람은 "반야가 낳은 아이가 죽어서 다른 아이를 훔쳐서 길렀는데, 공민왕이 자신의 아들이라고 칭하였다."라고 하였다. 왕은 공민왕이 죽은 뒤 이인임의 추대로 왕위에 올랐다. 이후 이인임, 염흥방, 임견미 등이 권력을 잡아 극심하게 횡포를 부렸다.

① 이종무가 왜구의 소굴인 대마도를 정벌하였다.
② 삼별초가 반란을 일으켜 대몽 항쟁을 계속하였다.
③ 쌍성총관부를 공격해 철령 이북 지역을 수복하였다.
④ 요동 정벌을 위해 출병한 이성계가 위화도에서 회군하였다.

13 다음과 관련된 운동에 대한 설명으로 옳은 것은?

① 가뭄과 홍수로 인해 중단되었다.
② 조선총독부의 「회사령」에 맞서기 위해 전개되었다.
③ 일부 사회주의자는 자본가 계급을 위한 운동이라고 비판하였다.
④ 조선에 사는 일본인이 일본 자본에 대항하기 위해 일으켰다.

14 다음과 같은 대통령 선출 방식이 포함된 헌법의 내용으로 옳지 않은 것은?

> 제39조 ① 대통령은 통일주체국민회의에서 토론없이 무기명투표로 선거한다.
> ② 통일주체국민회의에서 재적 대의원 과반수의 찬성을 얻은 자를 대통령 당선자로 한다.

① 대통령은 국회를 해산할 수 있다.
② 대통령의 임기는 7년으로 하며, 중임할 수 없다.
③ 대법원장은 대통령이 국회의 동의를 얻어 임명한다.
④ 대통령은 국정 전반에 걸쳐 필요한 긴급조치를 할 수 있다.

15 다음 사건을 시기순으로 바르게 나열한 것은?

> (가) 신라의 한강 유역 확보
> (나) 관산성 전투
> (다) 백제의 웅진 천도
> (라) 고구려의 평양 천도

① (가) → (라) → (나) → (다)
② (나) → (다) → (가) → (라)
③ (다) → (나) → (가) → (라)
④ (라) → (다) → (가) → (나)

16 (가) 인물에 대한 설명으로 옳은 것은?

> 군대를 이끌고 통주성 남쪽으로 나가 진을 친 (가) 은/는 거란군에게 여러 번 승리를 거두었다. 하지만 자만하게 된 그는 결국 패해 거란군의 포로가 되었다. 거란의 임금이 그의 결박을 풀어 주며 "내 신하가 되겠느냐?"라고 물으니, (가) 은/는 "나는 고려 사람인데 어찌 너의 신하가 되겠느냐?"라고 대답하였다. 재차 물었으나 같은 대답이었으며, 칼로 살을 도려내며 물어도 대답은 같았다. 거란은 마침내 그를 처형하였다.

① 묘청의 난을 진압하였다.
② 별무반의 편성을 건의하였다.
③ 목종을 폐위하고 현종을 옹립하였다.
④ 거란과 협상하여 강동 6주 지역을 고려 영토로 확보하였다.

17 밑줄 친 '저'에 대한 설명으로 옳은 것은?

> 올해 초가을에 비로소 저는 책을 완성하여 그 이름을 『성학집요』라고 하였습니다. 이 책에는 임금이 공부해야 할 내용과 방법, 정치하는 방법, 덕을 쌓아 실천하는 방법과 백성을 새롭게 하는 방법이 실려 있습니다. 또한 작은 것을 미루어 큰 것을 알게 하고 이것을 미루어 저것을 밝혔으니, 천하의 이치가 여기에서 벗어나지 않을 것입니다. 따라서 이것은 저의 글이 아니라 성현의 글이옵니다.

① 예안향약을 만들었다.
② 「동호문답」을 저술하였다.
③ 백운동서원을 건립하였다.
④ 왕자의 난 때 죽임을 당했다.

18 밑줄 친 '나'에 대한 설명으로 옳은 것만을 모두 고르면?

> 오늘날 사람은 모두 법에 의하여 생활하고 있는데 실제로 사람을 죽인 자가 벌을 받지 않고 생존할 도리는 없는 것이다. …(중략)… 나는 한국의 의병이며 지금 적군의 포로가 되어 와 있으므로 마땅히 만국공법에 의해 처단되어야 할 것으로 생각한다.

> ㄱ. 일본에서 순국하였다.
> ㄴ. 한인 애국단 소속이었다.
> ㄷ. 「동양평화론」을 집필하였다.
> ㄹ. 연해주에서 의병 투쟁을 전개하였다.

① ㄱ, ㄴ
② ㄱ, ㄹ
③ ㄴ, ㄷ
④ ㄷ, ㄹ

19 다음 조항을 포함한 법률에 대한 설명으로 옳지 않은 것은?

> 제1조 일본 정부와 통모하여 한일 합병에 적극 협력한 자, 한국의 주권을 침해하는 조약 또는 문서에 조인한 자와 이를 모의한 자는 사형 또는 무기 징역에 처하고, 그 재산과 유산의 전부 혹은 2분의 1 이상을 몰수한다.

① 이 법률은 제헌국회에서 제정되었다.
② 이 법률은 농지개혁법이 제정된 후 제정되었다.
③ 이 법률에 의해 반민특위와 특별 재판부가 구성되었다.
④ 이 법률에 의해 친일 경력을 지닌 고위 경찰 간부가 체포되었다.

20 다음 글은 (가)의 부탁을 받고 (나)가 지은 것이다. (가)와 (나)에 대한 설명으로 옳은 것은?

> 우리는 '외교', '준비' 등의 미련한 꿈을 버리고 민중 직접 혁명의 수단을 취함을 선언하노라. 조선 민족의 생존을 유지하자면 강도 일본을 쫓아내야 하고, 강도 일본을 쫓아내려면 오직 혁명으로써만 가능하니, 혁명이 아니고는 강도 일본을 쫓아낼 방법이 없는 바이다.

① (가)는 조선 의용대를 결성하였고, (나)는 '국혼'을 강조하였다.
② (가)는 신흥 무관 학교를 세웠고, (나)는 형평사를 창립하였다.
③ (가)는 조선 건국 동맹을 조직하였고, (나)는 식민 사학의 한국사 정체성론을 반박하였다.
④ (가)는 황포 군관 학교에서 훈련받았고, (나)는 민족주의 역사 서술의 기본 틀을 제시하였다.

[지방직] 06월 2021년 기출문제

정답 및 해설 231p

01 다음에 해당하는 나라에 대한 설명으로 옳은 것은?

> • 은력(殷曆) 정월에 지내는 제천행사는 나라에서 여는 대회로 날마다 먹고 마시고 노래하고 춤추는데, 이를 영고라 하였다. 이때 형옥을 중단하고 죄수를 풀어주었다.
> • 국내에 있을 때의 의복은 흰색을 숭상하며, 흰 베로 만든 큰 소매 달린 도포와 바지를 입고 가죽신을 신는다. 외국에 나갈 때는 비단옷·수 놓은 옷·모직옷을 즐겨입는다.
>
> - 『삼국지』 위서 동이전 -

① 사람이 죽으면 뼈만 추려 가족 공동 무덤인 목곽에 안치하였다.
② 읍군이나 삼로라고 불린 군장이 자기 영역을 다스렸다.
③ 가축 이름을 딴 마가, 우가, 저가, 구가 등이 있었다.
④ 천신을 섬기는 제사장인 천군이 있었다.

02 (가) 나라에 대한 설명으로 옳은 것은?

> 북쪽 구지에서 이상한 소리로 부르는 것이 있었다. …(중략)… 구간(九干)들은 이 말을 따라 모두 기뻐하면서 노래하고 춤을 추었다. 자줏빛 줄이 하늘에서 드리워져서 땅에 닿았다. 그 줄이 내려온 곳을 따라가 붉은 보자기에 싸인 금으로 만든 상자를 발견하고 열어보니, 해처럼 둥근 황금알 여섯 개가 있었다. 알 여섯이 모두 변하여 어린아이가 되었다. …(중략)… 가장 큰 알에서 태어난 수로(首露)가 왕위에 올라 (가) 를/을 세웠다.
>
> - 『삼국유사』 -

① 해상 교역을 통해 우수한 철을 수출하였다.
② 박, 석, 김씨가 교대로 왕위를 계승하였다.
③ 경당을 설치하여 학문과 무예를 가르쳤다.
④ 정사암 회의를 통해 재상을 선발하였다.

03 (가)에 들어갈 기구로 옳은 것은?

> 고려 시대 중서문하성과 중추원의 고위 관료들은 도병마사와 (가) 에서 국가의 중요한 일을 논의하였다. 도병마사에서는 국방과 군사 문제를 다루었고, (가) 에서는 제도와 격식을 만들었다.

① 삼사 ② 상서성
③ 어사대 ④ 식목도감

04 (가)에 대한 설명으로 옳은 것은?

건국 초부터 북진 정책을 추진한 고려는 발해를 멸망시킨 (가) 를/을 견제하고 송과 친선 관계를 맺었다. 이에 송과 대립하던 (가) 는/은 고려를 경계하여 여러 차례 고려에 침입하였다.

① 강조의 정변을 구실로 고려를 침략하였다.
② 고려에 동북 9성을 돌려달라고 요구하였다.
③ 다루가치를 배치하여 고려의 내정을 간섭하였다.
④ 쌍성총관부를 두어 철령 이북의 땅을 지배하였다.

05 (가)에 들어갈 기구로 옳은 것은?

- 무릇 관직을 받은 자의 고신(임명장)은 5품 이하일 때는 (가) 과/와 사간원의 서경(署經)을 고려하여 발급한다.
- (가) 는/은 시정(時政)을 논하고, 모든 관원을 규찰하며, 풍속을 바르게 하는 등의 일을 맡는다.
　　　　　　　　　　　　　　－『경국대전』－

① 사헌부　　　　② 교서관
③ 승문원　　　　④ 승정원

06 밑줄 친 '그'에 대한 설명으로 옳은 것은?

그가 왕에게 아뢰었다. "삼교는 솥의 발과 같아서 하나라도 없어서는 안 됩니다. 지금 유교와 불교는 모두 흥하는데 도교는 아직 번성하지 않으니, 소위 천하의 도술(道術)을 갖추었다고 할 수 없습니다. 엎드려 청하오니 당에 사신을 보내 도교를 구해 와서 나라 사람들을 가르치게 하소서."
　　　　　　　　　　　　　　－『삼국사기』－

① 당나라와 동맹을 체결하였다.
② 천리장성의 축조를 맡아 수행하였다.
③ 수나라의 군대를 살수에서 격퇴하였다.
④ 남진 정책을 추진하여 한성을 점령하였다.

07 (가) 인물에 대한 설명으로 옳은 것은?

(가) 가/이 귀산 등에게 말하기를 "세속에도 5계가 있으니, 첫째는 충성으로써 임금을 섬기는 것, 둘째는 효도로써 어버이를 섬기는 것, 셋째는 신의로써 벗을 사귀는 것, 넷째는 싸움에 임하여 물러서지 않는 것, 다섯째는 생명 있는 것을 죽이되 가려서 한다는 것이다. 그대들은 이를 실행함에 소홀하지 말라."라고 하였다.
　　　　　　　　　　　　　　－『삼국사기』－

① 모든 것이 한마음에서 나온다는 일심 사상을 제시하였다.
② 화엄 사상을 연구하여 「화엄일승법계도」를 작성하였다.
③ 왕에게 수나라에 군사를 청하는 글을 지어 바쳤다.
④ 인도를 여행하여 『왕오천축국전』을 썼다.

08 (가), (나)에 들어갈 이름을 바르게 연결한 것은?

> [(가)]는/은 『북학의』를 저술하여 청의 선진 기술을 적극적으로 수용할 것과 상공업 육성 등을 역설하였다. 한편, [(나)]는/은 중국 및 일본의 방대한 자료를 참고하여 『해동역사』를 편찬함으로써, 한·중·일 간의 문화 교류를 잘 보여주었다.

	(가)	(나)
①	박지원	한치윤
②	박지원	안정복
③	박제가	한치윤
④	박제가	안정복

09 다음 사건을 시기순으로 바르게 나열한 것은?

> (가) 정중부와 이의방이 정변을 일으켰다.
> (나) 최충헌이 이의민을 제거하고 권력을 잡았다.
> (다) 충주성에서 천민들이 몽골군에 맞서 싸웠다.
> (라) 이자겸이 척준경과 더불어 난을 일으켰다.

① (가) → (나) → (라) → (다)
② (가) → (다) → (나) → (라)
③ (라) → (가) → (나) → (다)
④ (라) → (가) → (다) → (나)

10 (가) 지역에 대한 설명으로 옳은 것은?

> 나는 삼한(三韓) 산천의 음덕을 입어 대업을 이루었다. [(가)]는/은 수덕(水德)이 순조로워 우리나라 지맥의 뿌리가 되니 대업을 만대에 전할 땅이다. 왕은 춘하추동 네 계절의 중간달에 그곳에 가 100일 이상 머물러서 나라를 안녕케 하라.
> - 『고려사』 -

① 이곳에 대장도감을 설치하여 재조대장경을 만들었다.
② 지눌이 이곳에서 수선사 결사 운동을 펼쳤다.
③ 망이·망소이가 이곳에서 봉기하였다.
④ 몽골이 이곳에 동녕부를 두었다.

11 다음 내용의 역사서에 대한 설명으로 옳은 것은?

> 왕께서는 "우리나라 사람들은 유교 경전과 중국 역사에 대해서는 자세히 말하는 사람이 있으나 우리나라의 사실에 이르러서는 잘 알지 못하니 매우 유감이다. 중국 역사서에 우리 삼국의 열전이 있지만 상세하게 실리지 않았다. 또한, 삼국의 고기(古記)는 문체가 거칠고 졸렬하며 빠진 부분이 많으므로, 이런 까닭에 임금의 선과 악, 신하의 충과 사악, 국가의 안위 등에 관한 것을 다 드러내어 그로써 후세에 권계(勸戒)를 보이지 못했다. 마땅히 일관된 역사를 완성하고 만대에 물려주어 해와 별처럼 빛나도록 해야 하겠다."라고 하셨습니다.

① 불교를 중심으로 신화와 설화를 정리하였다.
② 유교적인 합리주의 사관에 따라 기전체로 서술되었다.
③ 단군조선을 우리 역사의 시작으로 본 통사이다.
④ 진흥왕의 명을 받아 거칠부가 편찬하였다.

12 밑줄 친 '이 왕'에 대한 설명으로 옳은 것은?

> 문무왕이 왜병을 진압하고자 감은사를 처음 창건하려 했으나, 끝내지 못하고 죽어 바다의 용이 되었다. 뒤이어 즉위한 이 왕이 공사를 마무리하였다. 금당 돌계단 아래에 동쪽을 향하여 구멍을 하나 뚫어 두었으니, 용이 절에 들어와서 돌아다니게 하려고 마련한 것이다. 유언에 따라 유골을 간직해 둔 곳은 대왕암(大王岩)이라고 불렀다.
>
> - 『삼국유사』 -

① 건원이라는 독자적인 연호를 사용하였다.
② 국학을 설립하여 유학을 교육하였다.
③ 백성에게 처음으로 정전을 지급하였다.
④ 진골 출신으로서 처음 왕위에 올랐다.

13 밑줄 친 '왕'의 재위 기간에 있었던 사실로 옳은 것은?

> 왕은 노론과 소론, 남인을 두루 등용하였으며 젊은 관료들을 재교육하기 위해 초계문신제를 시행하였다. 또 서얼 출신의 유능한 인사를 규장각 검서관으로 등용하였다.

① 동학이 창시되었다.
② 『대전회통』이 편찬되었다.
③ 신해통공이 시행되었다.
④ 홍경래의 난이 발생하였다.

14 (가) 인물에 대한 설명으로 옳은 것은?

> 철종이 죽고 고종이 어린 나이로 왕이 되자, 고종의 아버지인 (가) 가/이 실권을 장악하였다. (가) 는/은 임진왜란 때 불탄 후 방치되어 있던 경복궁을 중건하였다. 이때 원납전이라는 기부금을 징수하는 일이 벌어졌으며 당백전이라는 화폐도 발행되었다.

① 『대한국국제』를 만들어 공포하였다.
② 서원을 대폭 줄이는 정책을 추진하였다.
③ 우정총국 개국 축하연을 이용해 정변을 일으켰다.
④ 황쭌셴의 『조선책략』을 가져와 널리 유포하였다.

15 (가) 단체의 활동에 대한 설명으로 옳은 것은?

> 탑골공원에 모인 수많은 학생과 시민이 독립선언식을 거행하고 만세를 부르며 거리를 행진하였다. 이후 만세 시위는 전국으로 확산하였다. 이 운동을 계기로 독립운동가 사이에는 독립운동을 더욱 조직적으로 전개하자는 공감대가 형성되어 (가) 가/이 만들어졌다. (가) 는/은 구미 위원부를 설치하는 등 적극적으로 독립운동을 펼쳐 나갔다.

① 「대동단결선언」을 발표하였다.
② 국내와의 연락을 위해 교통국을 두었다.
③ 독립군을 양성하기 위해 신흥무관학교를 설립하였다.
④ 「조선혁명선언」을 강령으로 삼아 의열투쟁을 전개하였다.

16 (가) 시기에 있었던 사실로 옳은 것은?

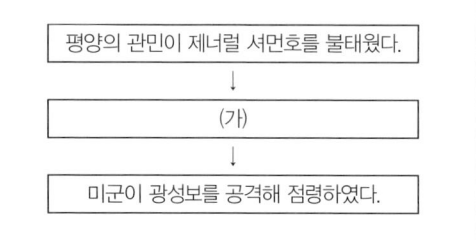

① 고종이 홍범 14조를 발표하였다.
② 일본의 운요호가 초지진을 포격하였다.
③ 오페르트가 남연군의 묘 도굴을 시도하였다.
④ 차별 대우에 불만을 품은 군인이 임오군란을 일으켰다.

17 밑줄 친 '이 단체'에 대한 설명으로 옳은 것은?

> 1920년대 국내에서는 일본과 타협해 실익을 찾자는 자치 운동이 대두하였다. 비타협적인 민족주의자들은 이를 경계하면서 사회주의 세력과 연대하고자 하였다. 사회주의 세력도 정우회 선언을 발표해 비타협적 민족주의 세력과 제휴를 주장하였다. 그 결과 비타협적 민족주의 세력과 사회주의 세력은 1927년 2월에 이 단체를 창립하고 이상재를 회장으로 추대하였다.

① 조선물산장려회를 조직해 물산장려운동을 펼쳤다.
② 고등 교육 기관을 설립하기 위해 민립대학설립운동을 시작하였다.
③ 문맹 퇴치와 미신 타파를 목적으로 브나로드 운동을 전개하였다.
④ 광주학생항일운동의 진상을 조사하고 이를 알리는 대회를 개최하고자 하였다.

18 다음과 같은 내용이 담긴 조약에 대한 설명으로 옳은 것은?

> 일본 정부는 그 대표자로 한국 황제 밑에 1명의 통감을 두되, 통감은 전적으로 외교에 관한 사항을 관리하기 위하여 경성에 주재하고 친히 한국 황제를 만날 수 있는 권리를 가진다. 또한, 일본 정부는 한국의 개항장 및 일본 정부가 필요하다고 인정하는 지역에 이사관을 설치할 권리를 가지며, 이사관은 통감의 지휘하에 종래 재(在)한국 일본 영사에게 속하였던 모든 권리를 집행한다.

① 조선총독부를 설치한다는 조항이 포함되어 있다.
② 헤이그 특사 사건 직후 일제의 강요로 체결되었다.
③ 방곡령 시행 전에 미리 통보해야 한다는 합의가 실려 있다.
④ 일본의 중재 없이 국제적 성격을 가진 조약을 체결할 수 없다는 내용이 담겨 있다.

19 (가)에 대한 설명으로 옳은 것은?

1945년 12월 모스크바에서 미국, 소련, 영국의 외무장관들은 한국 문제를 논의하였다. 이 회의에서 미국, 소련, 영국, 중국이 최장 5년간 신탁통치를 시행한다는 합의가 이루어졌다. 또 미국과 소련이 (가) 를/을 개최해 민주주의 임시정부 수립 문제에 대해 논의하기로 했다. 이 합의에 따라 1946년 3월 서울에서 (가) 가/이 시작되었다.

① 미·소 양측의 의견 차이로 결렬되었다.
② 조선건국준비위원회를 조직하는 성과를 냈다.
③ 민주 공화제를 핵심으로 한 제헌헌법을 만들었다.
④ 유엔 감시하의 총선거로 정부를 수립한다는 결정을 내렸다.

20 (가) 시기에 있었던 사실로 옳은 것은?

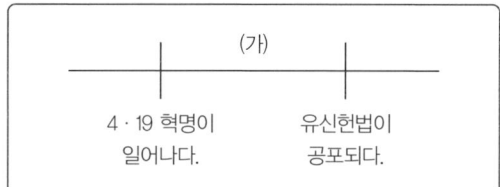

① 「반민족행위처벌법」이 제정되다.
② 7·4 남북 공동 성명이 발표되다.
③ 남북한이 유엔에 동시 가입하다.
④ 5·18 민주화 운동이 일어나다.

[지방직] 06월 2020년 기출문제

정답 및 해설 236p

01 밑줄 친 '왕'의 재위 기간에 있었던 사실로 옳은 것은?

> 이찬 이사부가 왕에게 "국사라는 것은 임금과 신하들의 선악을 기록하여, 좋고 나쁜 것을 만대 후손들에게 보여 주는 것입니다. 이를 책으로 편찬해 놓지 않는다면 후손들이 무엇을 보고 알겠습니까?"라고 아뢰었다. 왕이 깊이 동감하고 대아찬 거칠부 등에게 명하여 선비들을 널리 모아 그들로 하여금 역사를 편찬하게 하였다.
>
> — 『삼국사기』 —

① 정전 지급
② 국학 설치
③ 첨성대 건립
④ 북한산 순수비 건립

02 다음 정책을 시행한 국왕 대에 있었던 사실로 옳은 것은?

> • 광덕, 준풍 등의 연호를 사용하였다.
> • 개경을 고쳐 황도라 하고 서경을 서도라고 하였다.

① 노비안검법을 시행하였다.
② 전시과 제도를 시행하였다.
③ 개경에 국자감을 설립하였다.
④ 12목을 설치하고 지방관을 파견하였다.

03 다음과 같은 활동을 펼친 인물에 대한 설명으로 옳은 것은?

> • 대한매일신보에 애국적인 논설을 썼다.
> • 유교 개혁의 뜻을 담은 「유교구신론」을 집필하였다.

① 적극적인 의열 활동을 위해 한인애국단을 만들었다.
② 일본의 침략상을 폭로하는 『한국통사』를 저술하였다.
③ 실증사학의 입장에서 연구하는 진단학회를 조직하였다.
④ 김원봉의 요청을 받아들여 「조선혁명선언」을 작성하였다.

04 (가) 단체로 옳은 것은?

> (가) 발기취지(發起趣旨)
> 인간 사회는 많은 불합리를 산출한 동시에 그 해결을 우리에게 요구하고 있다. 여성 문제는 그중의 하나이다. …… 과거의 조선 여성운동은 분산되어 있었다. 그것에는 통일된 조직이 없었고 통일된 지도 정신도 없었고 통일된 항쟁이 없었다. …… 우리는 우선 조선 자매 전체의 역량을 공고히 단결하여 운동을 전반적으로 전개하지 아니하면 아니 된다.
> — 『동아일보』, 1927. 5. 11. —

① 근우회 ② 신간회
③ 신민회 ④ 정우회

05 다음 글에서 설명하고 있는 문화유산은?

> 이곳은 원래 성종의 형인 월산대군(月山大君)의 집이 있던 곳으로, 선조가 임진왜란 뒤 임시 거처로 사용하면서 정릉동 행궁으로 불리었고, 광해군 때는 경운궁이라 하였다. 아관파천 후 고종이 이곳에 머물렀다. 주요 건물로는 중화전, 함녕전, 석조전 등이 있다.

① 경복궁 ② 경희궁
③ 창덕궁 ④ 덕수궁

06 밑줄 친 '이 나라'에서 볼 수 있는 모습으로 적절한 것은?

> 이 나라는 대군왕이 없으며, 읍락에는 각각 대를 잇는 장수(長帥)가 있다. …… 이 나라의 토질은 비옥하며, 산을 등지고 바다를 향해 있어 오곡이 잘 자라며 농사짓기에 적합하다. 사람들의 성질은 질박하고, 정직하며 굳세고 용감하다. 소나 말이 적고, 창을 잘 다루며 보전(步戰)을 잘한다. 음식, 주거, 의복, 예절은 고구려와 흡사하다. 그들은 장사를 지낼 적에는 큰 나무 곽(槨)을 만드는데 길이가 십여 장(丈)이나 되며 한쪽 머리를 열어 놓아 문을 만든다.
> — 『삼국지』 위서 동이전 —

① 민며느리를 받아들이는 읍군
② 위만에게 한나라의 침입을 알리는 장군
③ 5월에 씨를 뿌리고 하늘에 제사를 지내는 천군
④ 국가의 중요한 일을 논의하고 있는 마가와 우가

07 다음 사건이 일어난 왕의 재위 기간에 대한 설명으로 옳은 것은?

> 임꺽정은 양주 백정으로, 성품이 교활하고 날래고 용맹스러웠다. 그 무리 수십 명이 함께 다 날래고 빨랐는데, 도적이 되어 민가를 불사르고 소와 말을 빼앗고, 만약 항거하면 몹시 잔혹하게 사람을 죽였다. 경기도와 황해도의 아전과 백성들이 임꺽정 무리와 은밀히 결탁하여, 관에서 잡으려 하면 번번이 먼저 알려주었다.

① 동인과 서인의 붕당이 형성되었다.
② 문정왕후가 수렴청정하며 불교를 옹호하였다.
③ 삼포에서 4~5천 명의 일본인이 난을 일으켰다.
④ 조광조가 내수사 장리의 폐지, 소격서 폐지 등을 주장하였다.

08 밑줄 친 '이 부대'에 대한 설명으로 옳은 것은?

> 윤관이 아뢰기를, "신이 적의 기세를 보건대 예측하기 어려울 정도로 굳세니, 마땅히 군사를 쉬게 하고 군관을 길러서 후일을 기다려야 할 것입니다. 또 신이 싸움에서 진 것은 적은 기병(騎兵)인데 우리는 보병(步兵)이라 대적할 수가 없었기 때문입니다."라 하였다. 이에 그가 건의하여 처음으로 이 부대를 만들었다.

① 정종 2년에 설치되었다.
② 귀주대첩에서 큰 활약을 하였다.
③ 여진족에 대처하기 위해 조직되었다.
④ 응양군, 용호군, 신호위 등의 2군과 6위로 편성되었다.

09 밑줄 친 '이 나라'에 대한 설명으로 옳은 것은?

> 이 나라는 삼한의 종족이며, 지금의 고령에 있었다. 건원 원년(479)에 그 국왕 하지(荷知)는 사신을 보내 남제에 공물을 바쳤다. 남제에서는 국왕 하지에게 "보국장군 본국왕"을 제수하였다.

① 관산성 전투에서 국왕이 전사하였다.
② 울릉도를 정복해서 영토로 편입하였다.
③ 호남 동부 지역까지 세력을 확장하였다.
④ 신라를 도와 낙동강 유역에 진출한 왜를 격파하였다.

10 다음 설명에 해당하는 발해 왕의 재위 기간에 통일 신라에서 일어난 상황으로 옳은 것은?

> • 대흥이란 독자적인 연호를 사용하였다.
> • 수도를 중경 → 상경 → 동경으로 옮겼다.
> • 일본에 보낸 외교문서에 천손(하늘의 자손)이라 표현하였다.
> • 당과 친선 관계를 맺으며 당의 문물을 도입하여 체제를 정비하였다.

① 녹읍 폐지   ② 청해진 설치
③ 『삼대목』 편찬   ④ 독서삼품과 설치

11 밑줄 친 '그'의 저술로 옳은 것은?

> 서울의 노론 집안에서 태어난 그는 『양반전』을 지어 양반사회의 허위를 고발하였다. 그는 또한 한전론을 주장하였으며, 상공업 진흥에도 관심을 기울여 수레와 선박의 이용 등에 대해서도 주목하였다.

① 『북학의』   ② 『과농소초』
③ 『의산문답』   ④ 『지봉유설』

12 (가) 시기에 있었던 일로 옳은 것은?

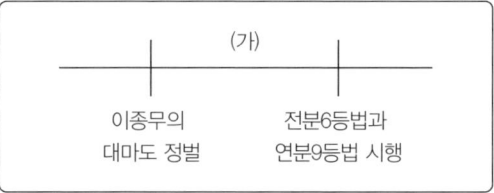

① 과전법 공포
② 이시애의 반란
③ 『농사직설』 편찬
④ 정도전의 요동정벌 추진

13 (가) 시기에 있었던 일로 옳은 것은?

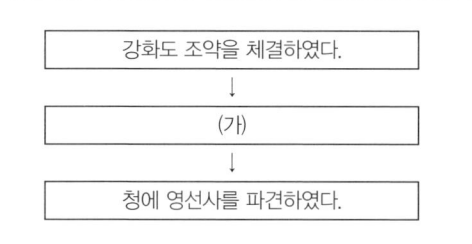

① 군국기무처를 두고 여러 건의 개혁안을 처리하였다.
② 개화 정책을 추진할 기구로 통리기무아문을 설치하였다.
③ 국정 개혁의 기본 방향을 담은 홍범 14조를 공포하였다.
④ 구본신참의 개혁 원칙을 정하고 대한국국제를 선포하였다.

14 세계유산으로 등재된 것이 아닌 것은? (2019년 12월 31일 기준)

① 종묘
② 화성
③ 한양도성
④ 남한산성

15 다음과 같은 주제로 토론회를 개최한 단체에 대한 설명으로 옳은 것은?

일자	주제
1897. 8. 29.	조선에 급선무는 인민의 교육
1897. 9. 5.	도로 수정하는 것이 위생에 제일 방책
⋮	⋮
1897. 12. 26.	인민의 귀로 듣고 눈으로 보는 것을 개명케 하려면 우리나라 신문이며 다른 나라 신문지들을 널리 반포하는 것이 제일 긴요함

① 헌정연구회의 활동을 계승하여 월보를 간행하고 지회를 설치하였다.
② 국민 계몽을 위해 회보를 발간하고 만민공동회 등 대규모 집회를 열었다.
③ 보부상 중심의 단체로 황권 강화를 통한 부국강병을 행동지침으로 삼았다.
④ 일본이 황무지 개간을 구실로 토지를 약탈하려 하자 대중적 반대 운동을 벌였다.

16 밑줄 친 '그'의 활동으로 옳은 것은?

> 경술년(1910)에 여러 형제들이 모여서 같이 만주로 갈 준비를 하였다. …… 그(1867~1932)는 1만여 석의 재산과 가옥을 모두 팔고 큰집, 작은 집이 함께 압록강을 건너 떠났다. 그는 만주에서 독립군 양성 기관인 신흥 강습소를 설립하였다.

① 조선어학회 사건으로 옥고를 치렀다.
② 독립운동 단체인 경학사를 조직하였다.
③ 3·1운동 민족대표 33인 중 한 명이었다.
④ '삼균주의'에 입각한 한국국민당을 결성하였다.

17 밑줄 친 '새 헌법'에 대한 설명으로 옳은 것은?

> 정부에서는 6월 15일 국회에서 통과된 개헌안을 이송받자 이날 긴급 국무회의를 소집하고 정식으로 이를 공포하였다. 이로써 개정된 새 헌법은 16일 0시를 기해 효력을 발생케 되었다. 새 헌법이 공포됨으로써 16일부터는 실질적인 내각책임체제의 정부를 갖게 되었으며 허정 수석국무위원은 자동으로 국무총리가 된다.
> - 『경향신문』, 1960. 6. 16. -

① 임시수도 부산에서 개정되었다.
② '사사오입'의 논리로 통과되었다.
③ 통일주체국민회의 설치를 규정한 조항이 있다.
④ 민의원과 참의원으로 구성된 국회 조항이 있다.

18 다음 사건 이후에 일어난 일로 옳은 것은?

> 개경을 떠나 피난 중인 왕이 안성현을 안성군으로 승격시켰다. 홍건적이 양광도를 침입하자 수원은 항복하였는데, 작은 고을인 안성만이 홀로 싸워 승리함으로써 홍건적이 남쪽으로 내려오지 못하게 하였기 때문이다.

① 화약 무기를 사용해 진포해전에서 승리하였다.
② 처인성 전투에서 적의 장수 살리타를 사살하였다.
③ 기철 일파를 제거하고 쌍성총관부의 관할 지역을 수복하였다.
④ 적의 침략을 물리치기 위한 염원에서 팔만대장경을 만들었다.

19 (가)와 (나) 사이의 시기에 있었던 일로 옳은 것은?

> (가) 남인들이 대거 관직에서 쫓겨나고 허적과 윤휴 등이 처형되었다.
> (나) 인현왕후가 복위되고 노론과 소론이 정계에 복귀하였다.

① 송시열과 김수항 등이 처형당하였다.
② 서인과 남인이 두 차례에 걸쳐 예송을 전개하였다.
③ 서인 정치에 한계를 느낀 정여립이 모반을 일으켰다.
④ 청의 요구에 따라 조총부대를 영고탑으로 파견하였다.

20 다음의 사건을 시기순으로 바르게 나열한 것은?

> (가) 제헌국회가 구성되어 헌법을 제정하였다.
> (나) 여운형과 김규식은 좌우합작위원회를 조직하였다.
> (다) 조선건국동맹을 기반으로 조선건국준비위원회가 조직되었다.
> (라) 민주주의 임시정부 수립을 논의하기 위해 제1차 미·소공동위원회가 열렸다.

① (가) - (다) - (나) - (라)
② (나) - (다) - (라) - (가)
③ (다) - (라) - (나) - (가)
④ (라) - (나) - (가) - (다)

2019년 기출문제

[지방직] 06월

01 (가), (나) 국가에 대한 설명으로 옳은 것은?

(가) 그 나라의 혼인풍속에 여자의 나이가 열 살이 되면 서로 혼인을 약속하고, 신랑 집에서는 (그 여자를) 맞이하여 장성하도록 길러 아내로 삼는다. (여자가) 성인이 되면 다시 친정으로 돌아가게 한다. 여자의 친정에서는 돈을 요구하는데, (신랑 집에서) 돈을 지불한 후 다시 신랑 집으로 돌아온다.

(나) 은력(殷曆) 정월에 하늘에 제사를 지내며 나라에서 대회를 열어 연일 마시고 먹고 노래하고 춤추는데, 영고(迎鼓)라고 한다. 이때 형옥(刑獄)을 중단하여 죄수를 풀어 주었다.

① (가) - 무천이라는 제천행사가 있었다.
② (가) - 계루부집단이 권력을 장악하였다.
③ (나) - 사출도라는 구역이 있었다.
④ (나) - 철이 많이 생산되어 낙랑과 왜에 수출하였다.

02 (나) 시기에 발생한 사건으로 옳은 것은?

(가) 백제왕이 병력 3만 명을 거느리고 평양성을 공격해 왔다. 왕이 출병하여 막다가 날아오는 화살에 맞아 서거하였다.

↓

(나)

↓

(다) 왕이 보병과 기병 5만 명을 보내 신라를 구원하게 하였다. (고구려군이) 남거성을 통해 신라성에 이르렀는데 그곳에 왜가 가득하였다. 관군이 도착하자 왜적이 퇴각하였다.

① 태학을 설립하고 율령을 반포하였다.
② 평양으로 도읍을 옮기고 한성을 함락하였다.
③ 관구검이 이끄는 위나라 군대의 침략을 받았다.
④ 왕이 직접 말갈 병사를 거느리고 요서지방을 공격하였다.

03 통일신라의 경제상황에 대한 설명으로 옳지 않은 것은?

① 왕경에 서시전과 남시전이 설치되었다.
② 어아주, 조하주 등 고급비단을 생산하여 당나라에 보냈다.
③ 촌락의 토지 결수, 인구 수, 소와 말의 수 등을 파악하였다.
④ 시비법과 이앙법 등의 발달로 농민층에서 광작이 성행하였다.

04 다음 서적을 편찬된 시기순으로 바르게 나열한 것은?

> ㄱ.『의방유취』 ㄴ.『동의보감』
> ㄷ.『향약구급방』 ㄹ.『향약집성방』

① ㄱ → ㄴ → ㄷ → ㄹ
② ㄱ → ㄷ → ㄴ → ㄹ
③ ㄷ → ㄱ → ㄹ → ㄴ
④ ㄷ → ㄹ → ㄱ → ㄴ

05 삼국시대 문화에 대한 설명으로 옳지 않은 것은?

① 선덕여왕 때에 첨성대를 세웠다.
② 목탑 양식의 미륵사지석탑이 건립되었다.
③ 가야 출신의 우륵에 의해 가야금이 신라에 전파되었다.
④ 사신도가 그려진 강서대묘는 돌무지무덤으로 축조되었다.

06 다음과 같은 글을 남긴 국왕의 업적에 해당하는 것은?

> 우리 동방은 옛날부터 중국의 풍속을 흠모하여 문물과 예악이 모두 그 제도를 따랐으나, 지역이 다르고 인성도 각기 다르므로 꼭 같게 할 필요는 없다. 거란은 짐승과 같은 나라로 풍속이 같지 않고 말도 다르니 의관제도를 삼가 본받지 말라.
> ―『고려사』에서 ―

① 물가조절을 위해 상평창을 설치하였다.
② 기인·사심관제와 함께 과거제를 실시하였다.
③ 혼인정책과 사성정책을 통해 호족을 포섭하였다.
④ 광군 30만을 조직하여 거란의 침략에 대비하였다.

07 다음 ㉠~㉣에 들어갈 인물을 바르게 연결한 것은?

> • (㉠)는/은『신편제종교장총록』을 편찬하였다.
> • (㉡)는/은 원의 불교인 임제종을 들여와서 전파시켰다.
> • (㉢)는/은 강진에 백련사를 결사하여 법화신앙을 내세웠다.
> • (㉣)는/은『목우자수심결』을 지어 마음을 닦고자 하였다.

	㉠	㉡	㉢	㉣
①	수기	보우	요세	지눌
②	의천	각훈	요세	수기
③	의천	보우	요세	지눌
④	의천	요세	각훈	수기

08 다음 정책을 추진한 국왕 대에 있었던 사실로 옳은 것은?

> 옛적에 관가의 노비는 아이를 낳은 지 7일 후에 입역(立役)하였는데, 아이를 두고 입역하면 어린 아이에게 해로울 것이라 걱정하여 100일간의 휴가를 더 주게 하였다. 그러나 출산에 임박하여 일하다가 몸이 지치면 미처 집에 도착하기 전에 아이를 낳는 경우가 있다. 만일 산기에 임하여 1개월간의 일을 면제하여 주면 어떻겠는가. 가령 저들이 속인다 할지라도 1개월까지야 넘길 수 있겠는가. 상정소(詳定所)로 하여금 이에 대한 법을 제정하게 하라.

① 사형의 판결에는 삼복법을 적용하였다.
② 주자소를 설치하여 계미자를 주조하였다.
③ 국방력 강화를 위해 진관체제를 실시하였다.
④ 도평의사사를 개편하여 의정부를 설치하였다.

09 밑줄 친 '그'에 대한 설명으로 옳은 것은?

> 그는 중국 유학을 마치고 귀국한 다음, 국왕에게 황룡사에 9층탑을 세울 것을 건의했다. 그가 9층탑 건립을 건의한 데에는 주변 나라의 침입을 막고자 하는 호국정신이 담겨 있다.

① 화랑이 지켜야 할 세속오계를 지었다.
② 대국통으로 있으면서 계율을 지키는 일에 힘을 보냈다.
③ 통일 이후의 사회갈등을 통합으로 이끄는 화엄사상을 강조하였다.
④ 일심(一心) 사상을 주장하여 불교 교리의 대립을 극복하고자 하였다.

10 다음 자료에 나타난 상황과 관련 있는 사건은?

> 경성에는 종묘, 사직, 궁궐과 나머지 관청들이 또한 하나도 남아 있는 것이 없으며, 사대부의 집과 민가들도 종루 이북은 모두 불탔고 이남만 다소 남은 것이 있으며, 백골이 수북이 쌓여서 비록 치우고자 해도 다 치울 수 없다. 경성의 수많은 백성들이 도륙을 당했고 남은 이들도 겨우 목숨만 붙어 있다. 굶어 죽은 시체가 길에 가득하고 진제장(賑濟場)에 나아가 얻어 먹는 자가 수천 명이며 매일 죽는 자가 60~70명 이상이다.
> – 성혼, 『우계집』에서 –

① 병자호란   ② 임진왜란
③ 삼포왜란   ④ 이괄의 난

11 밑줄 친 '그'에 대한 설명으로 옳지 않은 것은?

> 그와 남은이 임금을 뵈옵고 요동을 공격하기를 요청하였고, 그리하여 급하게 「진도(陣圖)」를 익히게 하였다. 이보다 먼저 좌정승 조준이 휴가를 받아 집에 있을 때, 그와 남은이 조준을 방문하여, "요동을 공격하는 일은 지금 이미 결정되었으니 공(公)은 다시 말하지 마십시오."라고 말하였다.

① 만권당에서 원의 학자들과 교류하였다.
② 맹자의 역성혁명론을 조선건국에 적용하였다.
③ 한양 도성의 성문과 궁궐 등의 이름을 지었다.
④ 『경제문감』을 저술하여 재상 중심의 정치를 주장하였다.

12 조약 (가), (나) 사이 시기의 경제 상황으로 옳은 것은?

(가)	(나)
• 조선국 항구에 머무르는 일본은 쌀과 잡곡을 수출·수입할 수 있다. • 일본국 정부에 소속된 모든 선박은 항세(港稅)를 납부하지 않는다.	• 입항하거나 출항하는 각 화물이 세관을 통과할 때에는 세칙에 따라 관세를 납부해야 한다. • 조선 정부가 쌀 수출을 금지하고자 할 때에는 반드시 먼저 1개월 전에 지방관이 일본 영사관에게 통고해야 한다.

① 메가타 재정고문이 화폐정리사업을 시도하였다.
② 혜상공국의 폐지 등을 주장한 정변이 발생하였다.
③ 양화진에 청국인 상점을 허용하는 조약이 체결되었다.
④ 함경도 방곡령 사건으로 일본과 외교적 마찰이 일어났다.

13 대한제국 시기에 추진된 정책으로 옳지 않은 것은?

① 시위대와 진위대를 증강하였다.
② 『독립신문』의 창간을 지원하였다.
③ 화폐제도의 개혁과 중앙은행의 창립을 추진하였다.
④ 황실 재정을 담당하는 내장원의 기능을 확대하였다.

14 조선후기 서학과 관련한 설명으로 옳지 않은 것은?

① 이승훈이 북경에서 영세를 받았다.
② 윤지충 사건을 계기로 하여 기해박해가 일어났다.
③ 안정복이 천주교를 비판하는 『천학문답』을 저술하였다.
④ 최초의 한국인 신부 김대건이 귀국하여 포교 중 순교하였다.

15 다음과 같은 강령을 발표한 조직의 활동으로 옳은 것은?

> 건국 시기의 헌법상 경제체계는 국민 각개의 균등생활 확보 및 민족 전체의 발전 그리고 국가를 건립 보위함과 연환(連環)관계를 가진다. 그러므로 다음에 나오는 기본 원칙에 따라서 경제 정책을 집행하고자 한다.
> 가. 규모가 큰 생산기관의 공구와 수단 …(중략)… 은행·전신·교통 등과 대규모 농·공·상 기업 및 성시(城市)공업 구역의 주요한 공용 방산(房産)은 국유로 한다.
> 나. 적이 침략하여 점령 혹은 시설한 일체 사유자본과 부역자의 일체 소유자본 및 부동산은 몰수하여 국유로 한다.

① 이승만을 대통령, 이시영을 부통령으로 선출하였다.
② 자유시 참변을 겪고 러시아 적군에 무장해제를 당하였다.
③ 좌우합작위원회를 구성하고 좌우합작 7원칙을 발표하였다.
④ 미군전략정보국(OSS) 지원 아래 국내 진공작전을 준비하였다.

16 다음 선언문의 강령에 따라 활동한 단체에 대한 설명으로 옳은 것은?

> 민중은 우리 혁명의 대본영(大本營)이다. 폭력은 우리 혁명의 유일한 무기이다. 우리는 민중 속으로 가서 민중과 손을 맞잡아 끊임없는 폭력−암살, 파괴, 폭동−으로써 강도 일본의 통치를 타도하고 우리 생활에 불합리한 일체의 제도를 개조하여 인류로써 인류를 압박하지 못하며, 사회로써 사회를 박탈하지 못하는 이상적 조선을 건설할지니라.

① 임시정부 활동에 활기를 불어넣고자 결성하였다.
② 청산리 지역에서 일본군과 접전을 벌여 대승을 거두었다.
③ 한국독립당, 조선혁명당 등과 함께 민족혁명당을 결성하였다.
④ 원산에서 일본인이 한국인 노동자를 구타한 사건을 계기로 총파업을 일으켰다.

17 밑줄 친 ㉠, ㉡에 대한 설명으로 옳은 것은?

> 신고산이 우르르 함흥차 가는 소리에
> ㉠지원병 보낸 어머니 가슴만 쥐어뜯고요
> …(중략)…
> 신고산이 우르르 함흥차 가는 소리에
> ㉡정신대 보낸 어머니 딸이 가엾어 울고요

① ㉠ − 학생들도 모집 대상이었다.
② ㉠ − 처음에는 징병제에 따라 동원되기 시작하였다.
③ ㉡ − 국민징용령에 근거한 조직이었다.
④ ㉡ − 물자 공출 장려를 목표로 결성하였다.

18 밑줄 친 '이때' 재위한 국왕 대에 있었던 사실로 옳은 것은?

> 이때 거두어들인 돈을 '스스로 내는 돈'이라는 뜻에서 원납전이라 하였다. 그런데 백성들은 입을 삐쭉거리면서 '원납전 즉 원망하며 바친 돈이다.' 라고 하였다.
> − 『매천야록』에서 −

① 세한도가 제작되었다.
② 삼정이정청이 설치되었다.
③ 삼군부가 부활되고 삼수병이 강화되었다.
④ 비변사 당상들이 중요한 권력을 장악하였다.

19 다음 법령과 관련한 설명으로 옳은 것은?

> 제5조 정부는 다음에 의하여 농지를 취득한다.
> 　1. 다음의 농지는 정부에 귀속한다.
> 　(가) 법령 및 조약에 의하여 몰수 또는 국유로 된 토지
> 　(나) 소유권의 명의가 분명하지 않은 농지

① 농지 이외 임야도 포함되었다.
② 신한공사가 보유하던 토지를 분배하였다.
③ 중앙토지행정처가 분배 업무를 주무하였다.
④ 분배받은 농민은 평년 생산량의 30%를 5년간 상환하였다.

20 다음은 1960년대 어느 일간지에 실린 사설이다. 밑줄 친 '파병'에 대한 설명으로 옳은 것만을 모두 고르면?

> 우리는 원했든 원하지 안했든 이미 이 전쟁에 직접적인 관계를 맺었고 <u>파병</u>을 찬반(贊反)하던 국민이 이젠 다 힘과 마음을 합해서 <u>파병</u>된 용사들을 성원하고 있거니와 근대 전쟁이 전투하는 사람만의 전쟁이 아니라 온 국민이 참가하는 '총력전'이라는 것을 알고 이 전쟁의 승리를 위해 모든 국민의 단합을 호소하는 바이다.

ㄱ. 발췌개헌안 통과에 영향을 주었다.
ㄴ. 브라운 각서를 체결하는 이유가 되었다.
ㄷ. 1960년대 경제개발계획의 추진에 기여하였다.
ㄹ. 한·미 상호방위원조협정을 체결하는 계기가 되었다.

① ㄱ, ㄴ
② ㄱ, ㄷ
③ ㄴ, ㄷ
④ ㄷ, ㄹ

[지방직] 05월 2018년 기출문제

01 다음은 각 유물과 그것이 사용되던 시기의 사회 모습에 대한 설명이다. 옳은 것만을 모두 고르면?

ㄱ. 슴베찌르개 – 벼농사를 짓기 시작하였고 나무로 만든 농기구를 사용하였다.
ㄴ. 붉은 간토기 – 거친무늬거울을 사용하여 제사를 지내거나 의식을 거행하였다.
ㄷ. 반달 돌칼 – 농사를 짓기 시작했지만 아직 지배와 피지배 관계는 발생하지 않았다.
ㄹ. 눌러찍기무늬 토기 – 가락바퀴와 뼈바늘을 이용하여 옷이나 그물을 만들어 사용하였다.

① ㄱ, ㄴ
② ㄱ, ㄷ
③ ㄴ, ㄹ
④ ㄷ, ㄹ

02 다음과 같은 불교 사상의 영향을 받아 만들어진 문화재는?

이 불교 사상은 개인적 정신 세계를 추구하는 경향이 강하였기 때문에 지방에서 독자적인 세력을 이루어 성주나 장군을 자처하던 자들로부터 큰 호응을 받았다.

① 성덕대왕신종
② 쌍봉사 철감선사탑
③ 경천사지 십층석탑
④ 금동미륵보살 반가사유상

03 밑줄 친 '이곳'에서 일어난 일로 옳은 것은?

고려 정종 때 이곳으로 천도 계획을 세웠으나 실현되지 못했고, 문종 때 이곳 주위에 서경기 4도를 두었다.

① 이곳에서 현존 세계 최고의 직지심체요절이 간행되었다.
② 지눌이 이곳을 중심으로 수선사 결사 운동을 전개하였다.
③ 조위총이 정중부 등의 타도를 위해 이곳에서 반란을 일으켰다.
④ 강조가 군사를 이끌고 이곳으로 들어와 김치양 일파를 제거하였다.

04 밑줄 친 '운동'에 대한 설명으로 옳은 것은?

> 조선 사람은 조선 사람이 만든 물건만 쓰고 살자고 하는 운동이 일어나고 있다. 그렇게 하면 조선인 자본가의 공업이 일어난다고 한다. … (중략) … 이 운동이 잘 되면 조선인 공업이 발전해야 하지만 아직 그렇지 않다. … (중략) … 이 운동을 위해 곧 발행된다는 잡지에 회사를 만들라고 호소하지만 말고 기업을 하는 방법 같은 것을 소개해야 한다.
>
> – 개벽 –

① 조선총독부가 회사령을 폐지하는 계기가 되었다.
② 원산총파업을 계기로 조직적으로 전개될 수 있었다.
③ 조만식 등에 의해 평양에서 시작되어 전국으로 확산되었다.
④ 조선노농총동맹의 적극적 참여로 대중적인 기반이 확충되었다.

05 (가) 시기에 해당되는 사실로 옳은 것만을 〈보기〉에서 모두 고르면?

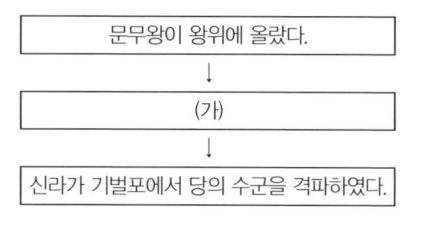

보기
ㄱ. 신라가 안승을 고구려왕에 봉했다.
ㄴ. 당나라가 신라를 계림대도독부로 삼았다.
ㄷ. 신라가 황산벌 전투에서 백제군을 무찔렀다.
ㄹ. 보장왕이 요동 지역에서 고구려 부흥을 꾀했다.

① ㄱ, ㄴ ② ㄱ, ㄷ
③ ㄴ, ㄹ ④ ㄷ, ㄹ

06 삼국 시대의 정치 제도에 대한 설명으로 옳은 것만을 모두 고르면?

ㄱ. 삼국의 관등제와 관직제도 운영은 신분제에 의하여 제약을 받았다.
ㄴ. 고구려는 대성(大城)에는 처려근지, 그 다음 규모의 성에는 욕살을 파견하였다.
ㄷ. 백제는 도성에 5부, 지방에 방(方)-군(郡) 행정제도를 시행하였다.
ㄹ. 신라는 10정 군단을 바탕으로 영역을 확장하고 삼국 통일을 이룩하였다.

① ㄱ, ㄴ ② ㄱ, ㄷ
③ ㄴ, ㄹ ④ ㄷ, ㄹ

07 성격이 유사한 것끼리 옳게 짝지은 것은?

① 대대로 – 대내상
② 중정대 – 승정원
③ 2성 6부 – 5경 15부
④ 기인 제도 – 녹읍 제도

08 다음 각 문화재에 대한 설명으로 옳지 않은 것은?

① 화엄사 각황전은 다층식 외형을 지녔다.
② 수덕사 대웅전은 주심포 양식의 건물이다.
③ 부석사 무량수전은 배흘림 기둥을 갖고 있다.
④ 덕수궁 석조전은 서양 고딕 양식의 건물이다.

09 다음에서 설명하는 인물의 저술로 옳은 것은?

- 종래의 조선 농학과 박물학을 집대성하였다.
- 전국 주요 지역에 국가 시범 농장인 둔전을 설치하여 혁신적 농법과 경영 방법으로 수익을 올려서 국가 재정을 보충할 것을 제안했다.

① 색경
② 산림경제
③ 과농소초
④ 임원경제지

10 고려에서 행한 국가제사에 대한 설명으로 옳지 않은 것은?

① 태조 때에 환구단(圜丘壇)에서 풍년을 기원하는 제사를 올렸다.
② 성종 때에 사직(社稷)을 세워 지신과 오곡 신에게 제사를 지냈다.
③ 숙종 때에 기자(箕子) 사당을 세워 국가에서 제사하였다.
④ 예종 때에 도관(道觀)인 복원궁을 세워 초제를 올렸다.

11 밑줄 친 '대의(大義)'를 이루기 위해 효종이 한 일로 옳은 것은?

> 병자년 일이 완연히 어제와 같은데, 날은 저물고 갈 길은 멀다고 하셨던 성조의 하교를 생각하니 나도 모르게 눈물이 솟는구나. 사람들은 그것을 점점 당연한 일처럼 잊어가고 있고 <u>대의(大義)</u>에 대한 관심도 점점 희미해져 북녘 오랑캐를 가죽과 비단으로 섬겼던 일을 부끄럽게 생각지 않고 있으니 그것을 생각한다면 그 아니 가슴 아픈 일인가.
>
> - 『조선왕조실록』 -

① 남한산성을 복구하고 어영청을 확대하였다.
② 훈련별대를 정초군과 통합하여 금위영을 발족시켰다.
③ 명과 후금 사이에서 실리를 추구하는 중립외교 정책을 펼쳤다.
④ 호위청, 총융청, 수어청 등의 부대를 창설하여 국방력을 강화하였다.

12 대한제국 정부가 시행한 정책으로 옳은 것은?

① 별기군을 폐지하고 5군영을 복구하였다.
② 양전 사업을 시행하고자 양지아문을 설치하였다.
③ 통리기무아문을 설치하여 개화 정책을 추진하였다.
④ 화폐 제도를 은본위제로 개혁하고자 신식화폐 발행장정을 공포하였다.

13 ㉠ 조직에 대한 설명으로 옳은 것은?

> 1922년 3월, 중국 상하이에서 (㉠)이/가 일본 육군대장 타나카 기이치(田中義一)를 암살하고자 한 사건이 발생했다. 이때 체포된 독립운동가들은 일본 경찰에 인도되어 심문을 받게 되었는데, 그 심문 과정에서 (㉠)에 속한 김익상이 1921년 9월 조선총독부 건물에 폭탄을 던진 의거의 당사자라는 사실이 밝혀졌다.

① 공화주의를 주창하는 내용의 대동단결선언을 작성해 발표하였다.
② 이 조직에 속한 이봉창이 일왕이 탄 마차 행렬에 폭탄을 던졌다.
③ 일부 구성원을 황푸군관학교에 보내 군사 훈련을 받도록 하였다.
④ 새로 부임하는 사이토 조선 총독에게 폭탄을 투척하는 의거를 일으켰다.

14 다음과 같은 특징을 가진 조선 후기 역사서는?

> • 단군으로부터 고려에 이르기까지의 우리 역사를 치밀한 고증에 입각하여 엮은 통사이다.
> • 마한을 중시하고 삼국을 무통(無統)으로 보는 입장에서 우리 역사를 체계화하였다.

① 허목의 동사
② 유계의 여사제강
③ 한치윤의 해동역사
④ 안정복의 동사강목

15 다음 사건을 발생한 순서대로 바르게 나열한 것은?

> ㄱ. 이순신이 명량에서 일본 수군을 격파하였다.
> ㄴ. 의주로 피난했던 국왕 일행이 한성으로 돌아왔다.
> ㄷ. 권율이 행주산성에서 일본군의 공격을 격파하였다.
> ㄹ. 원균이 이끄는 조선 수군이 칠천량에서 크게 패배하였다.

① ㄴ → ㄷ → ㄱ → ㄹ
② ㄴ → ㄷ → ㄹ → ㄱ
③ ㄷ → ㄴ → ㄱ → ㄹ
④ ㄷ → ㄴ → ㄹ → ㄱ

16 고려 전기의 문산계와 무산계에 대한 설명으로 옳지 않은 것은?

① 중앙 문반에게 문산계를 부여하였다.
② 성종 때에 문산계를 정식으로 채택하였다.
③ 중앙 무반에게 무산계를 제수하였다.
④ 탐라의 지배층과 여진 추장에게 무산계를 주었다.

17 밑줄 친 '그'에 대한 설명으로 옳은 것은?

> 그는 신민회 회원으로 활동하면서 해서교육총회에 가담해 교육 사업에 힘을 기울였으며, 안악사건에 연루되어 일제 경찰에 체포되었다. 1923년에 열린 국민대표회의에서 창조파와 개조파가 대립했을 때, 그는 국민대표회의의 해산을 명하는 내무부령을 공포하였다. 그 뒤 그는 한국국민당을 조직하는 등 독립운동 정당을 만들기 위해 노력하였다.

① 평양에서 열린 남북 협상 회의에 참석하였다.
② 조선민족혁명당을 조직하고 조선의용대를 이끌었다.
③ 안재홍과 함께 조선건국준비위원회를 주도적으로 조직하였다.
④ 대통령 직선제를 골자로 하는 발췌 개헌안을 국회에 제출하였다.

18 ㉠ 부대에 대한 설명으로 옳은 것은?

> (㉠)은/는 1933년에 중국인 부대와 연합하여 동경성 전투 등을 치르며 큰 전과를 올렸고, 대전자령에서는 일본군을 기습 공격하여 승리를 거두었다.

① 하와이에 대조선 국민군단을 창설하였다.
② 양세봉의 지휘하에 흥경성 전투에 참여하였다.
③ 만주 지역에서 활동했던 한국독립당의 산하 조직이었다.
④ 중국 의용군과 연합하여 영릉가 전투에서 일본군을 물리쳤다.

19 밑줄 친 '이 협약'에 대한 설명으로 옳은 것은?

> 일제는 군대를 증강해 강압적 분위기를 조성한 다음 친일 내각과 이 협약을 체결했다. 이 협약을 체결할 때, 일제는 대한제국 군대의 해산을 요구해 관철시켰다. 이때 해산된 군인의 상당수는 일본군과 격전을 벌인 후 의병 부대에 합류하였다.

① 고종이 헤이그에 특사를 파견하는 계기가 되었다.
② 최익현이 의병 운동을 처음 시작한 원인이 되었다.
③ 재정고문 메가타가 화폐정리사업을 실시하는 근거가 되었다.
④ 통감이 추천하는 일본인을 한국 관리에 임명한다는 내용을 담고 있다.

20 다음 합의문에 대한 설명으로 옳은 것은?

> 쌍방은 오랫동안 서로 만나보지 못한 결과로 생긴 남북 사이의 오해와 불신을 풀고 긴장의 고조를 완화시키며 나아가서 조국 통일을 촉진시키기 위하여 다음과 같은 문제들에 완전한 견해의 일치를 보았다.
> 1. 쌍방은 다음과 같은 조국 통일 원칙들에 합의를 보았다.
> 　첫째, 통일은 외세에 의존하거나 외세의 간섭을 받음이 없이 자주적으로 해결하여야 한다.
> 　둘째, 통일은 서로 상대방을 반대하는 무력 행사에 의거하지 않고 평화적 방법으로 실현하여야 한다.
> 　　　　… (중략) …
> 4. 쌍방은 지금 온 민족의 거대한 기대 속에 진행되고 있는 남북적십자회담이 하루빨리 성사되도록 적극 협조하는 데 합의하였다.
> 　　　　… (후략) …

① 남북기본합의서와 동시에 작성된 문서이다.
② 남북조절위원회를 구성하기로 합의한 내용이 담겨 있다.
③ 분단 후 최초로 열린 남북정상회담의 결과로 발표된 성명서이다.
④ 금강산 관광사업을 추진하기로 결정했다는 내용이 수록되어 있다.

2017년 기출문제

[지방직] 06월

정답 및 해설 252p

01 한반도 선사시대에 대한 설명으로 옳지 않은 것은?

① 구석기시대 전기에는 주먹도끼와 슴베찌르개 등이 사용되었다.
② 신석기시대 집터는 대부분 움집으로 바닥은 원형이나 모서리가 둥근 사각형이다.
③ 신석기시대 사람들은 조개류를 많이 먹었으며, 때로는 장식으로 이용하기도 하였다.
④ 청동기시대의 전형적인 유물로는 비파형동검 · 붉은간토기 · 반달돌칼 · 홈자귀 등이 있다.

02 다음 자료를 쓴 역사가의 활동으로 옳은 것은?

역사란 무엇이뇨. 인류 사회의 아와 비아의 투쟁이 시간부터 발전하며 공간부터 확대하는 심적 활동의 상태의 기록이니, 세계사라 하면 세계 인류의 그리되어 온 상태의 기록이며, 조선사라 하면 조선 민족의 그리되어 온 상태의 기록이니라.

① 『여유당전서』를 발간하여 조선후기 실학자들을 재평가하였다.
② 을지문덕, 최영, 이순신 등 애국명장의 전기를 써서 애국심을 고취하였다.
③ 『조선사회경제사』를 저술하여 세계사적 보편성 속에서 한국사를 해석하였다.
④ '5천 년간 조선의 얼'이라는 글을 동아일보에 연재하여 민족 정신을 고취하였다.

03 군사제도가 실시된 시기순으로 바르게 나열한 것은?

	중앙	지방
ㄱ	9서당	10정
ㄴ	5위	진관체제
ㄷ	5군영	속오군
ㄹ	2군과 6위	주현군과 주진군

① ㄱ → ㄴ → ㄷ → ㄹ
② ㄱ → ㄹ → ㄴ → ㄷ
③ ㄴ → ㄱ → ㄷ → ㄹ
④ ㄴ → ㄹ → ㄱ → ㄷ

04 (가), (나)의 특징을 가진 국가에 대한 설명으로 옳은 것은?

> (가) 옷은 흰색을 숭상하며, 흰 베로 만든 큰 소매 달린 도포와 바지를 입고 가죽신을 신는다.
> (나) 부여의 별종(別種)이라 하는데, 말이나 풍속 따위는 부여와 많이 같지만 기질이나 옷차림이 다르다.
> － 『삼국지』 위서 동이전 －

① (가) － 혼인풍속으로 민며느리제가 있었다.
② (나) － 제사장인 천군이 다스리는 소도가 있었다.
③ (가) － 남의 물건을 훔쳤을 때는 12배로 배상하게 하였다.
④ (나) － 단궁이라는 활과 과하마·반어피 등이 유명하였다.

05 다음 글을 지은 사람들의 공통점으로 옳은 것은?

> (가) 낭혜화상백월보광탑비문(朗慧和尙白月葆光塔碑文)
> (나) 대견훤기고려왕서(代甄萱寄高麗王書)
> (다) 낭원대사오진탑비명(朗圓大師悟眞塔碑銘)

① 골품제를 비판하고 호족 억압을 주장하였다.
② 국립 교육기관인 태학(太學)에서 공부하였다.
③ 신라뿐만 아니라 고려왕조에서도 벼슬하였다.
④ 당나라에 유학하여 빈공과(賓貢科)에 급제하였다.

06 다음 밑줄 친 '대사'에 대한 내용으로 옳지 않은 것은?

> 이 엔닌은 대사의 어진 덕을 입었기에 삼가 우러러 뵙지 않을 수 없습니다. 저는 이미 뜻한 바를 이루기 위해 당나라에 머물러 왔습니다. 부족한 이 사람은 다행히도 대사께서 발원하신 적산원(赤山院)에 머물 수 있었던 것에 대해 감경(感慶)한 마음을 달리 비교해 말씀드리기가 어렵습니다.
> － 『입당구법순례행기』 －

① 법화원을 건립하고 이를 지원하였다.
② 당나라에 가서 서주 무령군 소장이 되었다.
③ 회역사, 견당매물사 등의 교역 사절을 파견하였다.
④ 웅주를 근거지로 반란을 일으켜 장안(長安)이라는 나라를 세웠다.

07 다음 (가)에서 이루어진 합의제도를 시행한 국가의 통치체제로 옳은 것은?

> 호암사에는 [(가)](이)라는 바위가 있다. 나라에서 장차 재상을 뽑을 때에 후보 3, 4명의 이름을 써서 상자에 넣고 봉해 바위 위에 두었다가 얼마 후에 가지고 와서 열어 보고 그 이름 위에 도장이 찍혀 있는 사람을 재상으로 삼았다.
>
> — 『삼국유사』 —

ㄱ. 중앙정치는 대대로를 비롯하여 10여 등급의 관리들이 나누어 맡았다.
ㄴ. 중앙관청을 22개로 확대하고 수도는 5부, 지방은 5방으로 정비하였다.
ㄷ. 16품의 관등제를 시행하고, 품계에 따라 옷의 색을 구별하여 입도록 하였다.
ㄹ. 지방 행정 조직을 9주 5소경 체제로 정비하였다.
ㅁ. 중앙에 3성 6부를 두고, 정당성을 관장하는 대내상이 국정을 총괄하도록 하였다.

① ㄱ, ㄴ
② ㄴ, ㄷ
③ ㄷ, ㄹ
④ ㄹ, ㅁ

08 다음 글을 쓴 사람에 대한 설명으로 옳은 것은?

> 오늘날 백성을 다스리는 자는 백성에게서 걷어들이는 데만 급급하고 백성을 부양하는 방법은 알지 못한다. …… '심서(心書)'라고 이름 붙인 까닭은 무엇인가? 백성을 다스릴 마음은 있지만 몸소 실행할 수 없기 때문에 그렇게 이름 붙인 것이다.

① 우리나라에서 처음으로 지전설을 주장하였다.
② 『농가집성』을 펴내 이앙법 보급에 공헌하였다.
③ 홍역 관련 의서를 종합해 『마과회통』을 저술하였다.
④ 조선시대의 역사를 서술한 『열조통기』를 편찬하였다.

09 (가)와 (나)의 인물에 대한 〈보기〉의 설명으로 옳은 것은?

> (가)는 "교(敎)를 배우는 이는 대개 안의 마음을 버리고 외면에서 구하고, 선(禪)을 익히는 이는 인연을 잊고 안의 마음을 밝히기를 좋아하니, 모두 한쪽에 치우친 것으로 두 극단에 모두 막힌 것이다."라고 주장하였다.
> (나)는 "정(定)은 본체이고 혜(慧)는 작용이다. 작용은 본체를 바탕으로 존재하므로 혜가 정을 떠나지 않고, 본체가 작용을 가져오게 하므로 정은 혜를 떠나지 않는다."라고 주장하였다.

보기
ㄱ. (가)와 (나)는 서로 다른 방법으로 교종과 선종의 통합을 시도하였다.
ㄴ. (가)와 (나)는 지방 호족과 연합하여 신라 정부의 권위를 약화시켰다.
ㄷ. (가)는 불교와 유교 모두 도를 추구한다는 점에서 같다는 유·불 일치설을 주장하였다.
ㄹ. (나)는 수선사 결성을 제창하여 불교계의 개혁을 추진하였다.

① ㄱ, ㄴ
② ㄱ, ㄹ
③ ㄴ, ㄷ
④ ㄴ, ㄹ

10 다음 상황이 나타난 시기에 볼 수 있는 모습으로 옳은 것은?

> 대외 무역이 발전하면서 예성강 어귀의 벽란도가 국제 무역항으로 번성했으며, 대식국(大食國)으로 불리던 아라비아 상인들도 들어와 수은·향료·산호 등을 팔았다.

① 해동통보와 은병(銀瓶) 같은 화폐를 만들어 사용하였다.
② 인구·토지면적 등을 기록한 장적(帳籍, 촌락문서)이 작성되었다.
③ 개성의 송상은 전국에 송방(松房)이라는 지점을 개설해서 활동하였다.
④ 지방 장시의 객주와 여각은 상품의 매매뿐 아니라 숙박·창고·운송 업무까지 운영하였다.

11 조선시대 도성 한양에 대한 설명으로 옳지 않은 것은?

① 경복궁 근정전의 이름은 정도전이 지었다.
② 경복궁의 동쪽에 사직이, 서쪽에 종묘가 각각 배치되었다.
③ 유교사상인 인·의·예·지 덕목을 담아 도성 4대문의 이름을 지었다.
④ 도성 밖 10리 안에는 개인의 무덤을 쓰거나 벌채를 하지 못하도록 규제하였다.

12 밑줄 친 제도에 대한 설명으로 옳은 것은?

> 국왕이 말했다. "나는 일찍부터 이 제도를 시행해 여러 해의 평균을 파악하고 답험(踏驗)의 폐단을 영원히 없애려고 해왔다. 신하들부터 백성까지 두루 물어보니 반대하는 사람은 적고 찬성하는 사람이 많았으므로 백성의 뜻도 알 수 있다."

① 토지의 비옥도에 따라 조세를 차등 징수하였다.
② 풍흉에 상관없이 1결당 4~6두를 조세로 징수하였다.
③ 토지 소유자에게 1결당 미곡 12두를 조세로 징수하였다.
④ 토지 소유자에게 수확량의 10분의 1을 조세로 징수하였다.

13 다음 지시에 따라 실시된 제도로 옳은 것은?

> 왕이 양역을 절반으로 줄이라고 명령했다. "…… 호포(戶布)나 결포(結布) 모두 문제가 있다. 이제 1필을 줄이는 것으로 온전히 돌아갈 것이니 경들은 1필을 줄였을 때 생기는 세입 감소분을 보충할 방법을 강구하라."

① 지조법을 시행하고 호조로 재정을 일원화하였다.
② 토산물로 징수하던 공물을 쌀이나 무명, 동전 등으로 통일하였다.
③ 황폐해진 농지를 개간하도록 권장하고 전국적인 양전 사업을 시행하였다.
④ 일부 양반층에게 선무군관이라는 칭호를 주고 군포 1필을 납부하게 하였다.

14 임진왜란의 전개 과정에 대한 설명으로 옳지 않은 것은?

① 휴전협상이 진행되는 동안 조선은 훈련도감을 설치해 군대의 편제를 바꾸었다.
② 조선군은 명나라 지원군과 연합하여 일본군에게 뺏긴 평양성을 탈환하였다.
③ 전세가 불리해지고 도요토미 히데요시가 죽자 일본군이 철수함으로써 전란이 끝났다.
④ 첨사 정발은 부산포에서, 도순변사 신립은 상주에서 일본군과 맞서 싸웠지만 패배하였다.

15 우리나라 족보에 대한 설명으로 옳지 않은 것은?

① 조선후기에 부유한 농민들은 족보를 사거나 위조하기도 하였다.
② 조선초기의 족보는 친손과 외손을 구별하지 않고 모두 수록하였다.
③ 현존하는 가장 오래된 족보는 성종 7년에 간행된 『문화류씨 가정보』이다.
④ 조선시대에는 족보가 배우자를 구하거나 붕당을 구별하는 데 중요한 자료로 활용되기도 하였다.

16 다음 (가)~(라)를 내용으로 하는 헌법이 적용되던 시기에 일어난 사건으로 바르게 연결한 것은?

> (가) 대통령의 임기는 7년이며 중임할 수 없다.
> (나) 대통령과 부통령은 국회에서 무기명 투표로 각각 선거한다.
> (다) 대통령과 부통령의 임기는 4년으로 하며, 1차 중임할 수 있다. 단, 이 헌법 공포 당시의 대통령에 대하여 중임 제한을 적용하지 아니한다.
> (라) 6년 임기의 대통령은 통일 주체 국민회의에서 선출된다.

① (가) - 남한과 북한은 함께 유엔에 가입하였다.
② (나) - 판문점에서 휴전 협정이 체결되었다.
③ (다) - 평화통일론을 주장한 진보당의 정당등록이 취소되었다.
④ (라) - 민족 통일을 위한 남북 공동 성명이 발표되었다.

17 다음 자료가 조선 조정에 소개된 이후에 일어난 사건으로 옳지 않은 것은?

> 러시아를 막을 수 있는 조선의 책략은 무엇인가? 중국과 친하고(親中) 일본과 맺고(結日) 미국과 연합해(聯美) 자강을 도모하는 길 뿐이다.

① 육영공원(育英公院)을 설립해 서양의 새 학문을 교육했다.
② 임오군란이 일어나고 제물포조약이 체결되어 일본에 배상금을 지불하였다.
③ 개화파가 우정총국 개국 축하연을 이용해 정변을 일으켜 정권을 장악하였다.
④ 최익현은 일본과 통상을 반대하는 「오불가소(五不可疏)」를 올렸다.

18 다음 자료에 나타난 사상을 정립한 인물에 대한 설명으로 옳지 않은 것은?

> 우리나라의 건국정신은 삼균제도(三均制度)의 역사적 근거를 두었으니 선조들이 분명히 명한 바 수미균평위(首尾均平位)하야 흥방보태평(興邦保泰平)하리라 하였다. 이는 사회 각층 각급의 지력과 권력과 부력의 향유를 균평하게 하야 국가를 진흥하며 태평을 보유(保維)하려 함이니 홍익인간(弘益人間)과 이화세계(理化世界)하자는 우리 민족의 지킬 바 최고 공리(公理)임

① 한국독립당을 창당하였다.
② 임시정부의 국무위원이었다.
③ 제헌 국회의원에 당선되었다.
④ 정치·경제·교육의 균등을 주장하였다.

19 시대별 교육문화의 변화에 대한 설명으로 옳지 않은 것은?

① 미군정기 : 미국식 민주주의 교육과 6-3-3학제가 도입되었다.
② 1950년대 : 경제적 어려움 속에서도 초등학교 의무교육제가 시행되었다.
③ 1960년대 : 입시과열을 막기 위해 중학교 무시험 추첨제가 도입되었다.
④ 1970년대 : 국가주의 이념을 강조한 국민교육헌장이 제정되었다.

20 다음 법령에 대한 설명으로 옳지 않은 것은?

> 제1조 일본 정부와 통모하여 한·일 합병에 적극 협력한 자, 한국의 주권을 침해하는 조약 또는 문서에 조인한 자와 모의한 자는 사형 또는 무기 징역에 처하고, 그 재산과 유산의 전부 혹은 2분의 1 이상을 몰수한다.
> 제2조 일본 정부로부터 작위를 받은 자 또는 일본 제국의회의 의원이 되었던 자는 무기 또는 5년 이상의 징역에 처하고 그 재산과 유산의 전부 혹은 2분의 1 이상을 몰수한다.
> 제3조 일본 치하 독립운동자나 그 가족을 악의로 살상·박해한 자 또는 이를 지휘한 자는 사형, 무기 또는 5년 이상의 징역에 처하고 그 재산의 전부 혹은 일부를 몰수한다.

① 이 법령에 따라 특별 재판부가 설치되었다.
② 이 법령의 제정은 제헌헌법에 명시된 사항이었다.
③ 이 법령에 따라 반민족행위자들이 실형을 선고받았다.
④ 이 법령은 여수·순천 10·19 사건 직후에 국회에서 통과되었다.

[지방직] 12월 2017년 기출문제

01 '신라촌락(민정)문서'를 통해서 알 수 있는 내용으로 옳지 않은 것은?
① 인구를 중시하여 소아의 수까지 파악했다.
② 내시령과 같은 관료에게 토지가 지급되었다.
③ 촌락의 경제력을 파악할 때 유실수의 상황을 반영했다.
④ 촌락을 통제하기 위해서 지방관으로 촌주가 파견되었다.

02 다음과 같은 명을 내린 왕에 대한 설명으로 옳은 것은?

> 삼강은 인도의 근본이니, 군신·부자·부부의 도리를 먼저 알아야 할 것이다. 이제 내가 유신에게 명하여 고금의 사적을 편집하고 아울러 그림을 붙여 만들어 이름을 '삼강행실'이라 하고, 인쇄하게 하여 서울과 외방에 널리 펴고자 한다.

① 압록강과 두만강 지역에 4군 6진을 설치하였다.
② 훈구세력을 견제하기 위해 사림을 적극 중용하였다.
③ 『국조오례의』를 편찬하여 국가의 예법과 절차를 정하였다.
④ 토지 등급을 대부분 하등으로 정하여 전세를 경감해 주었다.

03 밑줄 친 '왕'의 재위 기간에 있었던 사실로 옳은 것은?

> 왕 30년, 달솔 노리사치계를 왜에 보내 석가여래상과 불경을 전했다.

① 불교를 공인하였다.
② 국호를 남부여로 고쳤다.
③ 평양성까지 진군하여 고국원왕을 전사시켰다.
④ 북위에 국서를 보내 고구려를 공격해줄 것을 요청했다.

04 고려시대 토지 종목 중 ⊙에 해당하는 것은?

> 원종 12년 2월에 도병마사가 아뢰기를, "근래 병란이 일어남으로 인해 창고가 비어서 백관의 녹봉을 지급하지 못하여 사인(士人)을 권면할 수 없습니다. 청컨대 경기 8현을 품등에 따라 (⊙)으로 지급하소서."라고 하였다.
> — 『고려사』 —

① 공음전　② 구분전
③ 녹과전　④ 사패전

05 다음 자료에 해당하는 나라에 대한 설명으로 옳지 않은 것은?

> • 대가(大家)들은 농사를 짓지 않고, 앉아서 먹는 자[坐食者]가 1만여 명이나 된다. 하호가 멀리서 쌀, 곡물, 물고기, 소금을 져서 날라 공급한다.
> • 큰 창고가 없고 집집마다 작은 창고가 있어 부경(桴京)이라고 부른다.
> — 『삼국지』 —

① 전쟁에 나갈 때 우제점(牛蹄占)을 쳐서 승패를 예측했다.
② 거처의 좌우에 큰 집을 지어 귀신을 제사하고, 영성과 사직에도 제사했다.
③ 금, 은의 폐물로써 후하게 장례를 치렀으며 돌무지무덤(적석총)을 만들었다.
④ 신랑은 처가 쪽에 머물며 자식이 장성한 다음에야 부인을 데리고 본가로 돌아왔다.

06 밑줄 친 '탑'에 대한 설명으로 옳은 것은?

> 신인(神人)이 말하기를, "황룡사의 호법룡은 나의 아들로서 범왕(梵王)의 명을 받아 그 절을 보호하고 있으니, 본국에 돌아가 그 절에 탑을 세우시오. 그렇게 하면 이웃 나라가 항복하고 구한(九韓)이 와서 조공하여 왕업이 길이 태평할 것이오."라고 하였다. …… 백제에서 아비지(阿非知)라는 공장을 초빙하여 이 탑을 건축하고 용춘이 이를 감독했다.
> — 『삼국유사』 —

① 자장 율사가 건의하여 세워졌다.
② 돌을 벽돌 모양으로 다듬어 쌓았다.
③ 목조탑의 양식을 간직하고 있는 석탑이다.
④ 선종이 보급되면서 승려의 사리를 봉안하기 위해 세웠다.

07 다음 사건으로 즉위한 왕의 재위 기간에 있었던 사실로 옳지 않은 것은?

> 목종의 모후(母后)인 천추태후와 김치양이 불륜 관계를 맺고 왕위를 엿보자, 서북면도순검사 강조가 군사를 일으켜 김치양 일파를 제거하고 목종을 폐위시켰다.

① 대장경 조판 사업을 시작하였다.
② 지방관이 없는 속군에 감무를 파견하였다.
③ 부모의 명복을 빌고자 현화사를 창건하였다.
④ 개성부를 경중(京中) 5부와 경기로 구획하였다.

08 『신편제종교장총록』을 편찬한 승려에 대한 설명으로 옳은 것은?

① 선종의 일파인 임제종을 들여와 전파하였다.
② 거조암, 길상사 등에서 정혜결사를 주도하였다.
③ 우리나라 천태교학의 전통을 원효에게서 찾았다.
④ 성속무애 사상을 주장하면서 종단을 통합하려 하였다.

09 발해의 통치 체제에 대한 설명으로 옳은 것은?

① 사정부를 두어 관리를 감찰하였다.
② 중앙의 핵심 군단으로 9서당이 있었다.
③ 정당성 아래에 있는 6부가 정책을 집행하였다.
④ 중앙과 지방에 각각 6부와 9주를 두어 다스렸다.

10 밑줄 친 인물들이 속한 신분층에 대한 설명으로 옳은 것은?

> • 진덕여왕 2년, 김춘추가 돌아오는 길에 고구려의 순라병을 만났는데, 종자인 온군해가 대신 피살되었고 그는 무사히 신라로 귀국했다.
> • 마침 알천의 물이 불어 김주원이 왕궁으로 건너오지 못하니, 상대등 김경신이 왕위에 올랐다.
> — 『삼국사기』 —

① 관등과 상관없이 특정 색깔의 관복을 입었다.
② 골품제의 모순을 비판하며 과거제 도입을 주장하였다.
③ 죄를 지으면 본관지로 귀향시키는 형벌이 적용되었다.
④ 중앙 관부와 지방행정 조직의 장관직에 오를 수 있었다.

11 다음 사건에 대한 설명으로 옳은 것은?

> 미군이 제너럴셔먼호 사건을 구실로 광성보를 침공하였다. 어재연이 이끄는 조선군은 격렬히 항전했지만, 미군에 패하고 말았다. 그러나 조선 정부는 굴복하지 않았고, 결국 미군은 물러갔다.

① 『조선책략』에 대한 반발로 발생한 사건이었다.
② 전국 여러 곳에 척화비가 세워지는 계기가 되었다.
③ 오페르트가 남연군묘 도굴 사건을 일으킨 원인이 되었다.
④ 이 사건 당시 정족산성에서 양헌수 부대가 승리를 거두었다.

12 다음 강령을 채택한 단체에 대한 설명으로 옳은 것은?

> • 우리는 정치적 경제적 각성을 촉구함
> • 우리는 단결을 공고히 함
> • 우리는 기회주의를 일체 부인함

① 조선 물산 장려회를 조직하였다.
② 한글 맞춤법 통일안을 제정하였다.
③ 암태도 소작 쟁의를 주도적으로 이끌었다.
④ 광주 학생 항일 운동의 진상 조사 활동을 펼쳤다.

13 다음 글의 ㉠에 해당하는 것은?

> 국내·외에서 줄기차게 전개된 독립 운동은 연합국이 한국의 독립을 약속하는 데에 영향을 미쳤다. 1943년에 미국의 루스벨트 대통령과 영국의 처칠 수상, 중국의 장제스 총통은 '한국인이 노예적 상태에 있음에 유의하여 적당한 절차(in due course)를 밟아 한국을 독립시키기로 결의한다'는 내용이 담긴 (㉠)을 발표하였다.

① 얄타 협정
② 카이로 선언
③ 포츠담 선언
④ 트루먼 독트린

14 밑줄 친 '시기'에 있었던 사실에 대한 설명으로 옳은 것은?

> 제1차 경제 개발 5개년 계획을 시행할 무렵에 우리나라 정부는 국내에서 산업 개발 자금을 확보하려 하였다. 이에 통화 개혁을 실시했으나 목적을 달성하지 못했고, 결국 외국 차관을 들여왔다. 이러한 배경 속에서 섬유·가발 등의 수출 산업이 육성되었다. 제2차 경제 개발 5개년 계획이 적용된 때에는 화학, 철강 산업에 대한 투자도 이루어졌다. 이 두 차례의 경제 개발 계획이 시행된 시기에 수출 주도 성장 전략이 자리를 잡았다.

① 경부 고속 국도가 건설되었다.
② 금융 실명제가 전격적으로 실시되었다.
③ 경제 협력 개발 기구(OECD)에 가입하였다.
④ 연간 수출 총액이 늘어나 100억 달러를 돌파하였다.

15 조선시대 의궤에 대한 설명으로 옳지 않은 것은?

① 가례도감의궤는 임진왜란 이후부터 편찬되기 시작하였다.
② 조선왕조의궤는 유네스코 세계기록유산으로 등재되었다.
③ 정조 때 화성 행차 일정, 참가자 명단, 행차 그림 등을 수록한 의궤가 편찬되었다.
④ 가례도감의궤의 말미에 그려진 반차도에는 당시 왕실 혼례의 행렬 모습이 담겨 있다.

16 조선 후기 평안도에 대한 설명으로 옳지 않은 것은?

① 평안도 사람들은 서북인이라 하여 차별을 받았다.
② 두 차례의 호란 직후 사회가 불안정해져 인구가 급감하였다.
③ 영·정조 대에 들어서 문과 합격자 중 평안도 출신자의 비중이 높아졌다.
④ 중국과의 무역량이 증가하면서 의주, 평양, 정주 등지의 상인들이 많은 부를 축적하였다.

17 (가), (나) 시기에 있었던 사실에 대한 설명으로 옳은 것은?

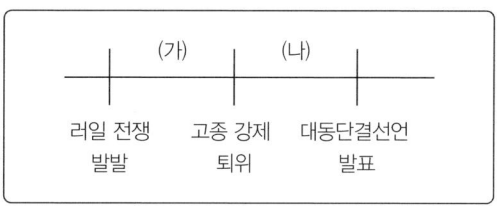

① (가) - 독립협회가 개최한 관민공동회에서 헌의 6조가 결의되었다.
② (가) - 독도를 울릉군 관할로 한다는 내용의 대한제국 칙령 제41호가 공포되었다.
③ (나) - 일제가 '105인 사건'을 일으켜 윤치호 등을 체포하였다.
④ (나) - 일본인 메가타가 재정 고문으로 부임하여 화폐 정리 사업을 시작하였다.

18 조선 후기의 사상 동향에 대한 설명으로 옳은 것만을 모두 고른 것은?

> ㄱ. 서울 부근의 일부 남인 학자는 천주교를 수용하였다.
> ㄴ. 정조는 기존의 문체에 얽매이지 않는 신문체를 장려하였다.
> ㄷ. 복상 기간에 대한 견해차로 인해 예송(禮訟)이 전개되었다.
> ㄹ. 노론과 남인 간에 인성(人性)·물성(物性) 논쟁이 전개되었다.

① ㄱ, ㄴ   ② ㄱ, ㄷ
③ ㄴ, ㄹ   ④ ㄷ, ㄹ

19 밑줄 친 '단체'의 활동에 대한 설명으로 옳은 것은?

> 1919년 김원봉, 윤세주 등이 만주 지린성에서 조직한 이 단체는 일제(日帝)의 요인 암살과 식민 지배 기관 파괴를 목표로 삼았다. 이 단체는 신채호가 작성한 조선혁명선언을 이념적 지표로 내세웠다.

① 중국 충칭에서 한국광복군을 조직하였다.
② 대한민국 임시 정부를 주도한 한국 독립당을 결성하였다.
③ 중국 의용군과 힘을 합쳐 영릉가 전투에서 일본군을 물리쳤다.
④ 이 단체에 속한 김익상이 조선총독부에 폭탄을 투척하였다.

20 다음 사실들을 시기 순으로 바르게 나열한 것은?

> ㄱ. 남북이 유엔에 동시 가입하였다.
> ㄴ. 분단 후 처음으로 금강산 관광 사업이 실현되었다.
> ㄷ. '남북 사이의 화해와 불가침 및 교류·협력에 관한 합의서'가 체결되었다.
> ㄹ. 북한 핵시설 동결과 경수로 발전소 건설 지원 등을 명시한 '북·미 제네바 기본 합의서'가 채택되었다.

① ㄱ → ㄴ → ㄷ → ㄹ
② ㄱ → ㄷ → ㄹ → ㄴ
③ ㄷ → ㄱ → ㄹ → ㄴ
④ ㄷ → ㄹ → ㄱ → ㄴ

2023~2017
[서울시]
연차별 기출문제

QUESTIONS

2023년 서울시 9급(06월)

2022년 서울시 9급(02월)

2022년 서울시 9급(06월)

2021년 서울시 9급(06월)

2020년 서울시 9급(06월)

2019년 서울시 9급(02월)

2019년 서울시 9급(06월)

2018년 서울시 9급(03월)

2018년 서울시 9급(06월)

2017년 서울시 9급(06월)

[서울시] 06월 2023년 기출문제

정답 및 해설 264p

01 청동기 시대에 대한 설명으로 옳지 않은 것은?

① 금속 도구가 만들어지면서 석기 농기구는 사라지고 농업이 발전하였다.
② 동검, 청동거울, 청동방울 등을 제작하였다.
③ 생산력이 발전하면서 사유재산제와 계급이 발생하였다.
④ 일상생활에서 민무늬토기가 이용되었다.

02 〈보기〉의 유물·유적에 대한 설명으로 가장 옳지 않은 것은?

(가) 무령왕릉   (나) 영광탑
(다) 강서대묘   (라) 미륵사지 석탑

① (가) - 중국 남조의 영향을 받은 벽돌무덤이다.
② (나) - 발해 때 세워진 5층 벽돌탑이다.
③ (다) - 도교의 영향을 받은 벽화가 그려져 있다.
④ (라) - 무구정광대다라니경이 발견되었다.

03 〈보기〉의 ㉠에 들어갈 것으로 가장 옳은 것은?

〈보기〉

고종 12년(1225)에 최우(崔瑀)가 자신의 집에 ㉠ 을 두고 백관의 인사를 다루었는데 문사(文士)를 뽑아 이에 속하게 하고 필자적(必者赤)이라 불렸다.
　　　　　　　　　　　　　　　　　－『고려사』 －

① 교정도감   ② 도방
③ 중방   ④ 정방

116

04 〈보기〉의 ㉠에 들어갈 책으로 가장 옳은 것은?

> **보기**
> 세종이 예문제학 정인지 등에 명하여 ㉠을/를 지었다. 처음에 고려 최성지가 충선왕을 따라 원나라에 들어가서 『수시력』을 얻어 돌아와서 추보하여 사용하였다. 그러나 일월교식(일식과 월식이 같이 생기는 것)과 오행성이 움직이는 도수에 관해 곽수경의 산술을 알지 못하였다. 조선이 개국해서도 역법은 『수시력』을 그대로 썼다. 『수시력』에 일월교식 등이 빠졌으므로 임금이 정인지 · 정초 · 정흠지 등에게 명하여 추보하도록 하니 ……
> – 『연려실기술』 –

① 『향약채취월령』 ② 『의방유취』
③ 『농사직설』 ④ 『칠정산내외편』

05 〈보기 1〉의 밑줄 친 '이 왕'이 시행한 정책을 〈보기 2〉에서 모두 고른 것은?

> **보기 1**
> <u>이 왕</u>은 반대 세력을 무력으로 제압하고 자신의 신변을 보호하기 위한 친위부대로 장용영을 설치하였다. 장용영은 기존에 국왕의 호위를 담당하던 숙위소를 폐지하고 새롭게 조직을 갖추어 편성된 부대다.

> **보기 2**
> ㄱ. 탕평의 의지를 반영하여 성균관 입구에 탕평비를 세웠다.
> ㄴ. 상공업을 진흥시키기 위해 통공정책을 단행하였다.
> ㄷ. 젊은 관료의 재교육을 위해 초계문신제도를 시행하였다.

① ㄴ ② ㄷ
③ ㄴ, ㄷ ④ ㄱ, ㄴ, ㄷ

06 〈보기〉의 내용과 시기적으로 가장 먼 것은?

> **보기**
> 신고산이 우루루 화물차 가는 소리에
> 금붙이 쇠붙이 밥그릇마저 모조리 긁어 갔고요
> 어랑어랑 어허야
> 이름 석 자 잃고서 족보만 들고 우누나

① 조선식량관리령을 시행하여 곡물을 강제로 공출하였다.
② 여자정신근로령을 통해 여성에 대한 강제동원이 이루어졌다.
③ 기업정비령과 기업허가령을 시행하여 기업 통제를 강화하였다.
④ 어업령, 삼림령, 광업령 등을 제정하여 각종 자원을 독점하기 시작하였다.

07 〈보기〉는 광복 전후의 사건들을 나열한 것이다. 사건을 시간순으로 바르게 나열한 것은?

> **보기**
> ㄱ. 카이로 선언
> ㄴ. 모스크바 3국 외상회의
> ㄷ. 포츠담 선언
> ㄹ. 얄타회담
> ㅁ. 5 · 10 총선거

① ㄱ - ㄷ - ㄹ - ㄴ - ㅁ
② ㄱ - ㄹ - ㄷ - ㄴ - ㅁ
③ ㄹ - ㄱ - ㄷ - ㅁ - ㄴ
④ ㄹ - ㄷ - ㄱ - ㅁ - ㄴ

08 〈보기〉의 밑줄 친 '나'에 대한 설명으로 가장 옳은 것은?

〈보기〉

지금 농사를 하고자 하는 사람은 토지를 얻고, 농사를 하지 않는 사람은 토지를 얻지 못하도록 한다. 즉 여전(閭田)의 법을 시행하면 나의 뜻을 이룰 수 있을 것이다. …… 무릇 1여의 토지는 1여의 사람들로 하여금 공동으로 경작하게 하고, 내 땅 네 땅의 구분 없이 오직 여장의 명령만을 따른다. 매 사람마다의 노동량은 매일 여장이 장부에 기록한다. 가을이 되면 무릇 오곡의 수확물을 모두 여장의 집으로 보내어 그 식량을 분배한다. 먼저 국가에 바치는 공세를 제하고, 다음으로 여장의 녹봉을 제하며, 그 나머지를 날마다 일한 것을 기록한 장부에 의거하여 여민들에게 분배한다.

① 『북학의』를 저술하였다.
② 『성호사설』을 저술하였다.
③ 『반계수록』을 저술하였다.
④ 『목민심서』를 저술하였다.

09 〈보기〉의 밑줄 친 '이 사건'에 대한 설명으로 가장 옳지 않은 것은?

〈보기〉

(가) 전에는 개화당을 꾸짖는 자도 많이 있었으나, 개화가 이롭다는 것을 말하면 듣는 사람들도 감히 크게 반대하지 않았다. 그런데 이 사건을 겪은 뒤부터 조정과 민간에서 모두 "이른바 개화당이라고 하는 자들은 충의를 모르고 외국인과 연결하여 나라를 팔고 겨레를 배반하였다."라고 말하고 있다.

– 『윤치호 일기』 –

(나) 임오군란 이후부터 청은 우리나라에 자주 내정간섭을 하였다. 나는 청나라 당으로 지목되었고, 청국이 우리의 자주권을 침해하는 데 분노해 이 사건을 일으켰던 이는 일본 당으로 지목되었다. 그 후 일이 허사로 돌아가자 세상은 그를 역적이라 하였는데, 나는 정부에 몸을 담고 있어 그를 공격할 수밖에 없었다. 그러나 그 마음은 결코 다른 나라에 있지 않았고, 애국하는 데 있었다.

– 『속음청사』 –

① 이 사건을 진압한 청은 조선과 조청상민수륙무역장정을 체결하였다.
② 우정총국의 낙성 축하연을 기회로 정변을 일으켜 새로운 정부를 수립하였다.
③ 이 사건의 주모자들은 청과 종속 관계를 청산하여 자주독립을 확고히 하고자 하였다.
④ 이 사건 이후 청과 일본은 톈진 조약을 체결해 향후 조선으로 군대 파견 시 상대국에게 알리도록 하였다.

10 〈보기〉의 밑줄 친 '법'에 대한 설명으로 가장 옳은 것은?

> **보기**
>
> 12월에 새 왕이 즉위하자, 대사헌(大司憲) 조준(趙浚) 등이 또 상소하여 토지제도에 대해 논하여 말하기를, "하늘이 재앙을 내린 것을 후회하시어 흉악한 무리들을 이미 멸망시켰으며 신돈(辛旽)이 이미 제거되었으니, 마땅히 사전(私田)을 모두 없애 이 민(民)이 부유하고 장수하는 영역을 여는 것, 이것이 그 기회입니다. …… 이를 규정된 법으로 정하셔서 백성과 더불어 다시 시작하십시오. ……"라고 하였다.
> 3년 5월 도평의사사(都評議使司)에서 토지를 지급하는 법을 정할 것을 청하니, 그 의견대로 하였다.

① 전지와 시지를 지급하였다.
② 경기 지역의 토지만 지급하였다.
③ 현직 관리에게만 토지를 지급하였다.
④ 토지에 부과하는 세금을 4~6두로 고정하였다.

11 〈보기〉의 제도를 시행한 국가에 대한 설명으로 가장 옳은 것은?

> **보기**
>
> 나라에서 장차 재상을 뽑을 때에 후보 서너 명의 이름을 써서 상자에 넣고 봉해 이를 호암사에 있는 바위에 두었다. 얼마 뒤에 가지고 와서 열어보고 이름 위에 도장이 찍혀 있는 사람을 재상으로 삼았다.

① 지방 통치를 위해 욕살과 처려근지를 파견하였다.
② 전국을 5방으로 나누고 그 책임자를 방령이라고 불렀다.
③ 각 주에 정을 두고 진골 출신의 장군이 지휘하였다.
④ 제5관등 이상의 귀족들이 모여 주요 국사를 처리하였다.

12 〈보기 1〉의 사건이 있었던 시대의 화폐를 〈보기 2〉에서 모두 고른 것은?

> **보기 1**
>
> 왕이 명령하기를, "백성들을 부유하게 하고 나라에 이익을 가져오게 하는 데 돈보다 중요한 것은 없다. …… 그러므로 이제 비로소 금속을 녹여 돈을 만드는 법령을 제정한다. 부어서 만든 돈 15,000꾸러미를 재추와 문무 양반과 군인들에게 나누어 주어 돈 통용의 시초로 삼고 돈에 새기는 글은 해동통보라 한다. ……"라고 하였다.

> **보기 2**
>
> ㄱ. 조선통보　　ㄴ. 해동중보
> ㄷ. 십전통보　　ㄹ. 삼한통보

① ㄱ, ㄷ
② ㄱ, ㄹ
③ ㄴ, ㄷ
④ ㄴ, ㄹ

13 〈보기〉에서 동학농민군의 폐정개혁 12개 조항으로 옳지 않은 것을 모두 고른 것은?

〈보기〉
ㄱ. 횡포한 부호를 엄히 다스린다.
ㄴ. 불량한 유림과 양반의 무리를 징벌한다.
ㄷ. 외국인에게 의지하지 말고 관민이 협력하여 전제황권을 공고히 한다.
ㄹ. 무명의 잡세는 모두 폐지한다.
ㅁ. 중대 범죄를 공판하되 피고의 인권을 존중한다.

① ㄱ, ㄷ
② ㄷ, ㅁ
③ ㄱ, ㄴ, ㄹ
④ ㄴ, ㄷ, ㅁ

14 〈보기〉의 기록은 독립 운동에 참여한 인물의 회고록이다. 이 인물이 소속된 단체로 가장 옳은 것은?

〈보기〉
나는 목숨을 걸고 탈출하여 …… 충칭으로 가는 길에 6,000리 장정의 길에 나섰고 …… 이범석 장군의 부관이 되어 시안에 있는 제2지대로 찾아가서 OSS 특별 훈련을 받았다. 국내 지하 공작원으로 진입하려고 하던 때에 투항을 맞이하였다.

① 조선의용군
② 한인애국단
③ 한국광복군
④ 동북항일연군

15 〈보기〉의 내용이 발표된 이후의 일제 정책으로 가장 옳은 것은?

〈보기〉
1. 우리는 황국 신민이다. 충성으로써 군국(君國)에 보답한다.
2. 우리들 황국 신민은 서로 믿고 아끼고 협력하여 단결을 공고히 한다.
3. 우리들 황국 신민은 괴로움을 참고 몸과 마음을 굳세게 하는 힘을 길러 황도(皇道)를 선양한다.

① 토지조사사업을 실시하였다.
② 치안유지법을 제정하였다.
③ 조선 사상범 예방 구금령을 제정하였다.
④ 공업화로 인한 일본 내 식량 부족 문제 해결을 위한 산미증식 계획을 실시하였다.

16 〈보기〉의 ㉠ 인물에 대한 설명으로 가장 옳은 것은?

〈보기〉
6월 27일에 사람들이 말하기를, ㉠ 의 교역선 2척이 단산포(旦山浦)에 도착했다고 한다. …… 28일 당의 천자가 보내는 사신들이 이곳으로 와 만나보았다. …… 밤에 ㉠ 의 견대당매물사(遣大唐賣物使)인 최훈(崔暈) 병마사(兵馬使)가 찾아와서 위문하였다.
- 『입당구법순례행기』 -

① 『화랑세기』를 저술하였다.
② 당의 등주를 공격하였다.
③ 적산 법화원을 건립하였다.
④ 웅천주를 근거지로 반란을 일으켰다.

17 〈보기〉의 조약이 체결된 해에 일어난 사건으로 가장 옳은 것은?

> **보기**
>
> 제3국의 침해나 내란으로 인하여 대한제국 황실의 안녕과 영토 보전에 위험이 있을 경우 대일본제국 정부는 신속하게 상황에 따라 필요한 조치를 취할 수 있다. 그리고 대한제국 정부는 이러한 대일본제국의 행동이 용이하도록 충분한 편의를 제공한다. 대일본제국 정부는 앞 조관의 목적을 성취하기 위하여 군사 전략상 필요한 지점을 상황에 따라 수용할 수 있다.

① 일본이 제물포에 있는 러시아 군함을 공격하며 러일 전쟁을 일으켰다.
② 일본이 불법으로 독도를 자국 영토로 편입하였다.
③ 일본이 대한제국 군대를 강제 해산시켰다.
④ 일본이 헤이그특사 파견을 빌미삼아 고종을 강제 퇴위시켰다.

18 〈보기〉의 인물이 활동하던 시기에 해당하는 설명으로 가장 옳은 것은?

> **보기**
>
> - 새로 창건한 귀법사의 주지가 되었다.
> - 불교 대중화에 관심이 있어 『보현십원가』를 지었다.
> - 화엄학에 대한 주석서를 쓰는 등 화엄 교학을 정비하였다.

① 강조를 토벌한다는 명분으로 거란이 침략하였다.
② 대장경에 대한 주석서인 교장을 간행하였다.
③ 중국에 승려들을 보내 법안종을 수용하였다.
④ 현화사를 창건하였다.

19 〈보기〉의 사건을 시간순으로 바르게 나열한 것은?

> **보기**
>
> ㄱ. 이여송이 거느린 5만여 명의 명나라 지원군이 조선군과 합하여 평양성을 탈환하였다.
> ㄴ. 왜군이 총공격을 가해오자 이순신 함대는 한산도 앞바다로 적을 유인하여 대파하였다.
> ㄷ. 권율이 행주산성에서 1만여 명의 병력으로 전투를 벌여 3만여 명의 병력으로 공격해 온 일본군을 물리쳤다.
> ㄹ. 진주에서 목사 김시민이 3,800여 명의 병력으로 2만여 명의 일본군을 맞아 성을 방어하는 데 성공했다.

① ㄴ - ㄹ - ㄱ - ㄷ
② ㄴ - ㄹ - ㄷ - ㄱ
③ ㄹ - ㄴ - ㄱ - ㄷ
④ ㄹ - ㄴ - ㄷ - ㄱ

20 대한민국 임시정부가 〈보기〉의 체제 개편을 하기 이전에 한 활동으로 가장 옳은 것은?

　　　　　　보기
| 대한민국 임시정부는 헌법을 개정하여 집단지도체제인 국무위원제를 채택했다. 즉, 5~11인의 국무위원 가운데 한 사람을 주석으로 선출하되, 주석은 대통령이나 국무령과 같이 특별한 권한을 갖지 않고 다만 회의를 주재하는 권한만 갖게 했다. |

① 이승만을 탄핵하고 박은식을 임시 대통령으로 추대했다.
② 조소앙의 삼균주의에 기초한 건국 강령을 반포하였다.
③ 의열 투쟁을 전개하고자 한인애국단을 조직하였다.
④ 한국 국민당을 조직하여 정당정치를 운영하였다.

[서울시] 02월 2022년 기출문제

정답 및 해설 269p

01 〈보기〉의 밑줄 친 '이 나라'에 대한 설명으로 가장 옳은 것은?

> 보기
>
> 이 나라에서는 해마다 10월이면 하늘에 제사를 지내는데, 주야로 술을 마시며 노래를 부르고 춤추니 이를 무천이라 한다. 또 호랑이를 신으로 여겨 제사지낸다.

① 마가, 우가, 저가 등 관직을 두었다.
② 철이 많이 생산되어 왜, 낙랑 등에 수출하였다.
③ 소노부를 비롯한 5부가 정치적 자치력을 갖고 있었다.
④ 다른 읍락을 함부로 침범하면 노비, 소 등으로 변상하는 책화가 있었다.

02 조선시대 지방행정에 대한 설명으로 가장 옳지 않은 것은?

① 전국 모든 군현에 수령이 파견되었다.
② 향리는 6방으로 나누어 실무를 맡았다.
③ 중앙에서 유향소를 통해 경재소를 통제하였다.
④ 인구를 늘리는 것이 수령의 중요한 임무 중 하나였다.

03 〈보기〉는 백제 어느 왕대의 사실이다. 백제의 이 왕과 대립하였던 고구려의 왕은?

> 보기
>
> 겨울 11월에 왕이 돌아가셨다. 옛 기록[古記]에 다음과 같이 전한다. "백제는 나라를 연 이래 문자로 일을 기록한 적이 없는데 이때에 이르러 박사(博士) 고흥(高興)을 얻어 『서기(書記)』를 갖추게 되었다."

① 동천왕
② 장수왕
③ 문자명왕
④ 고국원왕

04 〈보기〉 내용의 발표에 대한 설명으로 가장 옳은 것은?

> 보기
>
> 우리보다 먼저 문명개화한 나라들을 보면 남녀 평등권이 있는지라. 어려서부터 각각 학교에 다니며, 각종 학문을 다 배워 이목을 넓히고, 장성한 후에 사나이와 부부의 의를 맺어 평생을 살더라도 그 사나이에게 조금도 압제를 받지 아니한다. 이처럼 대접을 받는 것은 다름 아니라 그 학문과 지식이 사나이 못지않은 까닭에 그 권리도 일반과 같으니 어찌 아름답지 않으리오.

① 평양의 양반 부인들이 발표하였다.
② 발표를 계기로 찬양회가 조직되었다.
③ 교육입국조서 발표의 배경이 되었다.
④ 이 발표에 따라 한성사범학교가 설립되었다.

05 〈보기〉의 정책이 실시된 왕대에 대한 설명으로 가장 옳은 것은?

재위 9년 봄 정월에 교를 내려 내외 관료의 녹읍을 폐지하고, 1년 단위로 조(租)를 차등 있게 하사하는 것을 항식(恒式)으로 삼았다.

① 독서삼품과를 실시하였다.
② 유교 교육을 강화하기 위해 국학을 설치하였다.
③ 국학을 태학감으로 고치고 박사와 조교 등을 두었다.
④ 국학에 공자와 10철 등의 화상을 안치하여 유교 교육을 강화하였다.

06 〈보기〉의 밑줄 친 '이 단체'에 대한 설명으로 가장 옳은 것은?

이 단체는 조선국권회복단의 박상진이 풍기광복단과 제휴하여 조직하였다. 무력 투쟁을 통한 독립을 목표로 하였고, 군자금 모집, 독립군 양성, 무기 구입, 친일 부호 처단 등 활동을 전개하였다.

① 독립군 양성을 위한 신흥강습소를 설치하였다.
② 블라디보스토크에 최초의 임시정부를 수립하였다.
③ 무력 항쟁의 의지를 담은 대한독립선언서를 발표하였다.
④ 공화주의 이념에 따라 공화정치를 실현하는 것을 목표로 하였다.

07 〈보기〉에서 (가)의 인명과 그의 저술을 옳게 짝지은 것은?

진성왕 8년(894) 봄 2월에 __(가)__ 이 시무 10여 조를 올리자, 왕이 이를 좋게 여겨 받아들이고 아찬으로 삼았다.

① 김대문 - 『화랑세기』
② 김대문 - 『계원필경』
③ 최치원 - 『제왕연대력』
④ 최치원 - 『한산기』

08 〈보기〉의 밑줄 친 인물이 왕으로 즉위하여 활동하던 기간에 있었던 사실로 가장 옳은 것은?

개경으로 돌아온 강조(康兆)는 김치양 일파를 제거함과 동시에 국왕마저 폐한 후 살해하였다. 이 같은 소용돌이 속에서 대량원군이 임금으로 즉위하였다.

① 부모의 명복을 빌기 위해 현화사(玄化寺)를 창건했다.
② 거란의 침입에 대비하기 위하여 광군 30만을 조직했다.
③ 강동 6주의 땅을 고려 영토로 편입시켰다.
④ 재조대장경의 각판사업에 착수했다.

09 〈보기〉의 내용 중 옳은 것을 모두 고른 것은?

보기

ㄱ. 정상기는 최초로 백 리를 한 자로 축소한 「동국여지도」를 만들어 우리나라의 지도 제작 수준을 한 단계 높였다.
ㄴ. 국어에 대한 연구도 활발하여 신경준의 「고금석림」과 유희의 「언문지」가 나왔다.
ㄷ. 유득공은 「동사강목」을 지어 고조선부터 고려 말까지의 우리 역사를 체계적으로 정리하였다.
ㄹ. 이중환의 「택리지」는 각 지역의 경제생활까지 포함하여 집필되었다.
ㅁ. 허준의 「동의보감」은 우리나라뿐 아니라 중국 및 일본의 의학 발전에 큰 영향을 끼쳤는데, 예방의학에 중점을 둔 것이다.

① ㄱ, ㄴ ② ㄴ, ㅁ
③ ㄷ, ㄹ ④ ㄹ, ㅁ

10 〈보기〉와 관련된 왕에 대한 설명으로 가장 옳은 것은?

보기

- 불교의 힘으로 나라를 세웠으므로 사찰을 서로 빼앗지 말 것.
- 사찰을 지을 때에는 도선의 풍수사상에 맞게 지을 것.
- 연등회와 팔관회를 성실하게 지킬 것.
- 농민의 요역과 세금을 가볍게 하여 민심을 얻고 부국 안민을 이룰 것.

① 중국에서 귀화한 쌍기의 건의에 따라 과거(科擧) 제도를 시행하였다.
② 귀순한 호족에게 성(姓)을 내려주어 포섭하였다.
③ 경제개혁을 수행하여 전시과(田柴科)를 실시하였다.
④ 관료제도를 안정시키기 위해 공복(公服)을 등급에 따라 제정하였다.

11 〈보기〉의 (가)에 들어갈 군대로 가장 옳은 것은?

보기

"제가 전날에 패한 원인은 적들이 모두 말을 탔고, 우리는 보병으로 전투한 까닭에 대적할 수 없었기 때문입니다."라고 하자, 이때 비로소 (가) 을/를 만들기로 하였다.

– 「고려사」 –

① 광군 ② 도방
③ 별무반 ④ 삼별초

12 〈보기〉의 조선의 천주교 전파 상황을 순서대로 바르게 나열한 것은?

〈보기〉
ㄱ. 이승훈이 북경에서 서양 신부에게 영세를 받고 돌아왔다.
ㄴ. 윤지충이 모친상 때 신주를 불사르고 천주교 의식을 행하였다.
ㄷ. 이수광이 『지봉유설』에서 마테오 리치의 『천주실의』를 소개하였다.
ㄹ. 황사영이 북경에 있는 프랑스인 주교에게 군대를 동원하여 조선에서 신앙과 포교의 자유를 보장받을 수 있도록 청하는 서신을 보내려다 발각되었다.

① ㄱ - ㄴ - ㄹ - ㄷ
② ㄱ - ㄷ - ㄹ - ㄴ
③ ㄷ - ㄱ - ㄴ - ㄹ
④ ㄷ - ㄴ - ㄱ - ㄹ

14 〈보기〉의 글에 대한 설명으로 가장 옳지 않은 것은?

〈보기〉
우리나라는 실로 신종 황제의 은혜를 입어 임진왜란 때 나라가 폐허가 되었다가 다시 존재하게 되었고 백성은 거의 죽었다가 다시 소생하였으니, 우리나라의 나무 한 그루와 풀 한 포기와 백성의 터럭 하나하나에도 황제의 은혜가 미치지 않은 것이 없습니다. 그런즉 오늘날 크게 원통해 하는 것이 온 천하에 그 누가 우리와 같겠습니까?

① 송시열이 제출하였다.
② 효종에게 올린 글이다.
③ 북벌 정책에 대해 논의하였다.
④ 청의 문물 수용을 건의하였다.

13 〈보기〉의 법을 한국에 적용한 이후 일본이 벌인 일로 가장 옳지 않은 것은?

〈보기〉
· 정부는 전시에 국가 총동원상 필요할 때는 정하는 바에 따라 제국 신민을 징용하여 총동원 업무에 종사하게 할 수 있다.
· 정부는 전시에 국가 총동원상 필요할 때는 칙령이 정하는 바에 따라 물자의 생산 · 수리 · 배급 · 양도 및 기타의 처분 · 사용 · 소비 · 소지 및 이동에 관해 필요한 명령을 내릴 수 있다.

① 학도 지원병제와 징병제를 시행하였다.
② 헌병 경찰 제도를 실시하였다.
③ 국민 징용령을 공포하였다.
④ 여자 근로 정신령을 만들었다.

15 〈보기〉의 글을 저술한 인물에 대한 설명으로 가장 옳지 않은 것은?

〈보기〉
옛 사람이 이르기를, 나라는 없어질 수 있으나 역사는 없어질 수 없다고 하였으니, 그것은 나라는 형체이고 역사는 정신이기 때문이다. 이제 한국의 형체는 허물어졌으나, 정신만이라도 오로지 남아 있을 수 없는 것인가.

① 유교구신론을 써서 유교의 개혁을 주장하였다.
② 식민 사학 중 정체성론의 근거를 무너뜨리는 데에 기여하였다.
③ 대한민국 임시 정부의 2대 대통령을 역임하였다.
④ 『한국독립운동지혈사』를 저술하였다.

16 〈보기〉에서 역사적 사건을 시간순으로 바르게 나열한 것은?

보기
ㄱ. 임오군란 ㄴ. 강화도조약
ㄷ. 갑신정변 ㄹ. 톈진조약

① ㄱ – ㄴ – ㄷ – ㄹ
② ㄱ – ㄹ – ㄴ – ㄷ
③ ㄴ – ㄱ – ㄷ – ㄹ
④ ㄴ – ㄷ – ㄱ – ㄹ

17 〈보기〉에서 이름과 활동을 옳게 짝지은 것은?

보기
ㄱ. 이제현 – 만권당에서 원의 학자들과 교류하였다.
ㄴ. 안향 – 공민왕이 중영한 성균관의 대사성이 되었다.
ㄷ. 이색 – 충렬왕 때 고려에 성리학을 본격적으로 소개하였다.
ㄹ. 정몽주 – 역사서 『사략』을 저술하였다.

① ㄱ
② ㄴ
③ ㄷ
④ ㄹ

18 〈보기 1〉의 선언문을 발표한 정부 시기에 있었던 사실을 〈보기 2〉에서 모두 고른 것은?

보기 1
남과 북은 … 쌍방 사이의 관계가 나라와 나라 사이의 관계가 아닌 통일을 지향하는 과정에서 잠정적으로 형성되는 특수 관계라는 것을 인정하고, …

제1조 남과 북은 서로 상대방의 체제를 인정하고 존중한다.
제4조 남과 북은 상대방을 파괴·전복하려는 일체 행위를 하지 아니한다.

보기 2
ㄱ. 남북한 동시 유엔(UN) 가입
ㄴ. 서울올림픽 개최
ㄷ. 금융실명제 실시
ㄹ. 6·29선언

① ㄱ, ㄴ
② ㄴ, ㄷ
③ ㄴ, ㄹ
④ ㄷ, ㄹ

19 〈보기〉의 밑줄 친 '이 조직'의 활동으로 가장 옳지 않은 것은?

> 보기
> 김원봉이 이끈 이 조직은 1920년대에 국내와 상하이를 중심으로 활발한 의거 활동을 전개하였다.

① 독립지사들에게 잔인한 고문을 일삼던 종로경찰서에 폭탄을 던져 큰 피해를 주었다.
② 동양척식주식회사에 들어가 그 간부를 사살하고 경찰과 시가전을 벌이기도 하였다.
③ 상하이 홍커우 공원에서 열린 일본군의 상하이 점령 축하 기념식장에 폭탄을 던져 일본군을 살상하였다.
④ 일제 식민 지배의 중심기관인 조선총독부에 폭탄을 던졌다.

20 〈보기〉의 (가) 기구에 대한 설명으로 가장 옳은 것은?

> 보기
> 임시로 (가) 를 설치하였는데, … 이것은 일시적인 전쟁 때문에 설치한 것으로, 국가의 중요한 모든 일을 맡긴 것은 아니었다. 그런데 오늘에 와서 … 의정부는 한갓 헛이름만 지니고 6조는 모두 그 직임을 상실하였다.

① 오직 군사 문제만을 다루었다.
② 고종 대에 폐지되었다.
③ 세종 대에 설치되었다.
④ 임진왜란이 끝난 후 위상이 추락하였다.

2022년 기출문제

[서울시] 06월

정답 및 해설 274p

01 〈보기〉의 밑줄 친 '이 시대'와 가장 관련이 없는 것은?

―― 보기 ――

이 시대에는 농경이 더욱 발달하여 조, 기장, 수수 등 다양한 잡곡이 재배되었다. 한반도 남부 지역에는 벼농사도 보급되었다. 한편 돼지와 같은 가축을 우리에 가두고 기르는 일도 흔해졌다. 사람들은 농경이 이루어지는 강가나 완만한 구릉에 마을을 이루어 살았다. 농경의 발달로 생산력이 늘어나자 인구가 늘어나고 빈부 차이와 계급이 발생하였다. 또한 식량을 둘러싼 집단 간의 싸움이 자주 일어나면서 마을에는 방어 시설이 만들어지기도 하였다.

① 고인돌
② 반달 돌칼
③ 민무늬 토기
④ 슴베찌르개

02 〈보기〉의 정책을 실시한 신라의 왕에 대한 설명으로 가장 옳은 것은?

―― 보기 ――

- 병부를 설치하여 왕이 직접 병권을 장악하고, 상대등을 설치하여 재상의 지위를 부여하였다.
- 김해지역의 금관가야를 정복하여 낙동강으로 진출하는 길을 열었다.

① 백제 성왕과 동맹하여 고구려가 장악했던 한강 유역을 차지했다.
② 우산국으로 불리던 울릉도를 정복하여 영토로 편입하였다.
③ 백관의 공복을 제정하여 귀족을 관료로 등급화시켰다.
④ 신라 역사상 최대 영역을 확보했다.

03 문화통치시기 일제의 조선통치에 대한 설명으로 가장 옳은 것은?

① 토지조사사업을 실시하여 근대적 토지소유관계를 확립하고, 식민지 지주소작제를 수립하였다.
② 식량생산을 대폭 늘려 일본으로 더 많은 쌀을 가져가기 위해 이른바 산미증식계획을 세워 추진하였다.
③ 일본자본가들의 과잉자본을 조선에 투자하고, 전쟁에 필요한 필수품 조달을 위해 군수공업을 위주로 하는 공업화정책이 추진되었다.
④ 우리민족을 일본국민으로 동화시키기 위해 민족말살정책을 추진했다.

04 〈보기〉의 상황을 한국전쟁의 전개과정에 따라 순서대로 바르게 나열한 것은?

ㄱ. 유엔군이 인천 상륙 작전에 성공하였다.
ㄴ. 중국군이 대규모 병력을 파견하기 시작하였다.
ㄷ. 판문점 부근에서 휴전회담이 열리기 시작하였다.
ㄹ. 이승만 정부가 반공포로 석방 조치를 실행하였다.

① ㄱ – ㄴ – ㄷ – ㄹ
② ㄱ – ㄷ – ㄹ – ㄴ
③ ㄴ – ㄱ – ㄷ – ㄹ
④ ㄴ – ㄹ – ㄱ – ㄷ

05 고려시대 왕들의 교육제도 정비 내용으로 가장 옳은 것은?

① 숙종 대에 서적포라는 국립출판사를 두어 책을 간행하였다.
② 예종 대에는 사립학교 구재(九齋)를 설치하였다.
③ 문종은 양현고라는 장학재단을 설치하여 운영하였다.
④ 고려의 국립대학 국자감은 충선왕 대에 국학으로 개칭되었다.

06 조선시기의 과거제도에 대한 설명으로 가장 옳지 않은 것은?

① 생원과 진사를 선발하는 사마시의 1차 시험(초시)에서는 합격자의 수를 각 도의 인구 비율로 배분하였다.
② 문과의 정기시험에는 현직 관원도 응시할 수 있었고, 합격하면 관품을 1~4계 올려주었다.
③ 조선시기에는 고려시기와 달리 과거를 보지 않고 관직으로 진출할 수 있는 음서제도가 폐지되었다.
④ 무과 식년시는 3년에 한 번씩 시행했고, 서얼도 응시할 수 있었다.

07 〈보기〉의 ㉠에 들어갈 단체의 활동에 대한 설명으로 가장 옳지 않은 것은?

1896년 4월 7일에 창간된 이 신문은 1899년 12월 4일 폐간될 때까지 약 3년 8개월 동안 발간되었다. 최초의 민간신문인 동시에 처음으로 한글 전용과 띄어쓰기를 시도하며 한글판, 영문판을 발행하였다. ㉠ 와/과 만민공동회의 정치적 활동을 옹호하고 대변하였다.

① 대한국국제를 반포하였다.
② 반러운동을 적극적으로 전개하였다.
③ 독립문 건립과 독립공원 조성을 추진하였다.
④ 계몽적, 사회적, 정치적 주제의 토론회를 개최하였다.

08 〈보기〉는 어느 동포의 강제이주에 대한 회고록이다. 이 동포가 강제이주되기 전에 거주하던 '㉠지역'에 대한 설명으로 가장 옳은 것은?

> **보기**
> 우즈베키스탄의 늪 지대에 내평겨쳐진 고려인들은 땅굴 속에서 겨울을 난 후 늪지를 메워 목화 농사를 해야만 했다. 그러나 우리 가족을 먹여 살릴 삼촌 두 명은 농장에서 일한 경험도 없는 데다, ㉠ 에 살 때 광부 일을 했기 때문에 일자리를 찾아 탄광 도시 카라간다로 갔다. … 고려인들의 주식인 쌀은 물론이고 간장, 된장도 전혀 구할 수가 없었다. 할 수 없이 우즈베키스탄 사람들이 먹는 보리빵으로 끼니를 때웠다. 그것도 아주 부족했다.

① 일제는 독립군을 토벌한다는 명목으로 조선인 마을을 파괴하였으며, 경신참변을 일으켜 조선인들을 대량살육하기도 하였다.
② 1905년 이후 민족운동가들이 독립운동을 위한 정치적 망명을 시작해 여러 곳에 한인 집단촌이 형성되고 많은 민족 단체와 학교가 설립되었으며, 항일 의병 및 독립운동이 활발히 전개되었다.
③ 1923년 대지진이 발생했는데, 조선인들이 우물에 독을 탔다는 유언비어가 퍼져 적어도 6,000여 명의 조선인들이 학살당하였다.
④ 태평양전쟁 발발 후에는 수백 명의 조선인 청년들이 미군에 입대하여 일본군과 싸웠다.

09 〈보기〉와 관련된 왕에 대한 설명으로 가장 옳은 것은?

> **보기**
> - 종친을 정치에 참여시켜 왕실의 울타리를 튼튼하게 만들었다.
> - 진관체제를 실시하여 변방중심의 방어체제를 전국적인 지역중심 방어체제로 바꾸었다.
> - 퇴직관료에게도 지급하던 과전을 현직관료에게만 지급하는 직전법으로 바꾸었다.
> - 호적 사업과 호패법을 강화하고 보법을 실시하였다.

① 왕자들의 권력투쟁이 일어난 경복궁을 피하여 응봉산 자락에 창덕궁을 새로 건설하였다.
② 이종무를 파견하여 왜구의 소굴인 쓰시마(대마도)를 정벌하게 하였다.
③ 조카를 몰아내고 왕위를 차지했으나, 왕권을 안정시키고 중앙집권체제를 강화하는 데 기여하였다.
④ 『경국대전』 편찬을 완료하여 반포하고, 우리나라 통사인 『동국통감』 편찬을 완료했다.

10 〈보기〉에 해당하는 기관으로 가장 옳은 것은?

> **보기**
> - 1894년 국정 전반에 걸쳐 개혁을 수행하기 위해 신설된 기관
> - 3개월 동안 개혁법령을 토의, 공포한 입법기구
> - 총재 김홍집을 비롯하여 유길준 등 개혁관료들이 주도

① 교전소　　② 집강소
③ 군국기무처　④ 삼정이정청

11 〈보기〉에서 설명하는 기록물에 해당하는 것은?

> **보기**
> - 조선후기 국정 운영 내용을 매일 정리한 기록이다.
> - 국왕의 일기 형식으로 작성되었다.
> - 유네스코 세계기록유산으로 등재되었다.

① 승정원일기　② 비변사등록
③ 조선왕조실록　④ 일성록

12 〈보기〉의 내용과 직접적인 관련이 가장 없는 것은?

> **보기**
> 조선은 실로 아시아의 요충을 차지하여 지리적으로 반드시 쟁탈의 대상이 될 것인 바, 조선이 위태로워지면 중앙 및 동아시아의 정세도 날로 위급해질 것이므로 러시아가 영토를 확장하려 한다면 반드시 조선으로부터 시작할 것이다. … 그렇다면, 오늘날 조선의 책략은 러시아를 막는 일보다 더 급한 것이 없을 것이다. 러시아를 막는 책략은 무엇인가? 중국과 친하고 일본과 맺고, 미국과 연결함으로써 자강을 도모할 따름이다.

① 이만손 등이 만인소를 올렸다.
② 일본과 제물포 조약을 체결하였다.
③ 고종은 척사윤음을 내려 유생들의 불만을 달랬다.
④ 청나라 사람 황준헌이 작성한 『조선책략』의 내용이다.

13 고려의 중앙 정치제도에 대한 설명으로 가장 옳지 않은 것은?

① 중서문하성과 추밀원의 합좌 기구인 식목도감은 국가의 재정회계를 관장하였다.
② 상서성의 6부가 각기 국무를 분담하였지만, 중서문하성에 강하게 예속되어 있었다.
③ 추밀원은 추부라고 불렸는데 군기를 관장하고 왕명을 출납하는 등 중요한 기능을 담당했다.
④ 고려는 중서성과 문하성을 합해 중서문하성이라는 단일기구를 만들어 정치의 최고 관부로 삼았다.

14 〈보기〉의 사건을 시간순으로 바르게 나열한 것은?

> **보기**
> ㄱ. 고구려의 평양 천도
> ㄴ. 백제군의 평양성 공격
> ㄷ. 고구려의 낙랑군·대방군 축출
> ㄹ. 위군의 침략으로 환도성 함락

① ㄱ-ㄴ-ㄷ-ㄹ
② ㄴ-ㄱ-ㄹ-ㄷ
③ ㄷ-ㄹ-ㄱ-ㄴ
④ ㄹ-ㄷ-ㄴ-ㄱ

15 〈보기 1〉에서 나타나는 폐단을 해결하기 위한 정책과 관련하여 바르게 서술한 것을 〈보기 2〉에서 모두 고른 것은?

보기 1

여러 도감에 바치는 물품은 각 고을에서 현물로 바치려고 해도 여러 궁방에서 방납하는 것을 이롭게 여겨 각 고을에다 협박을 가하여 손을 쓸 수 없도록 합니다. 그러고는 그들의 사물(私物)로 자신에게 납부하게 하고 억지로 높은 값을 정하는데 거위나 오리 한 마리의 값이 소나 말 한 마리이며 조금만 시일을 지체하면 갑절로 징수합니다.
— 『선조실록』 —

보기 2

ㄱ. 풍흉에 관계없이 토지 1결당 4~6두의 세금을 징수했다.
ㄴ. 공물을 토지의 결수에 따라 쌀, 무명, 동전 등으로 납부하게 했다.
ㄷ. 이 정책의 실시로 정부에 관수품을 조달하는 공인이 등장했다.

① ㄱ
② ㄴ
③ ㄱ, ㄴ
④ ㄴ, ㄷ

16 〈보기〉의 조선 후기 호락논쟁에 대한 설명 중 성격이 다른 것은?

보기

ㄱ. 조선을 중화로, 청을 오랑캐로 보는 명분론으로 이어진다.
ㄴ. 조선후기 실학운동으로 이어지는 사상적 기반이 되었다.
ㄷ. 주로 충청도 지역의 학자들이 중심이 되었다.
ㄹ. 대표적인 학자로는 한원진이 있다.

① ㄱ
② ㄴ
③ ㄷ
④ ㄹ

17 〈보기〉의 선언문이 발표된 이후에 일어난 변화로 가장 옳은 것은?

보기

오늘 우리는 전 세계 이목이 우리를 주시하는 가운데 40년 독재정치를 청산하고 희망찬 민주 국가를 건설하기 위한 거보를 전 국민과 함께 내딛는다. 국가의 미래요 소망인 꽃다운 젊은이를 야만적인 고문으로 죽여 놓고 그것도 모자라 뻔뻔스럽게 국민을 속이려 했던 현 정권에게 국민의 분노가 무엇인지를 분명히 보여주고, 국민적 여망인 개헌을 일방적으로 파기한 4·13폭거를 철회시키기 위한 민주장정을 시작한다.

① 해방 이후 단절되었던 일본과의 국교가 정상화되었다.
② 내각 책임제와 양원제 국회를 특징으로 하는 개헌이 이루어졌다.
③ 장기적인 경제 발전을 위해 경제 개발 5개년 계획을 수립하였다.
④ 연임이 안 되는 임기 5년의 대통령을 직선제로 선출하게 되었다.

18 〈보기〉의 밑줄 친 '왕'의 재위 기간에 일어난 일이 아닌 것은?

> [보기]
> 재위 12년 신미년에 왕이 거칠부 및 대각찬 구진, 각찬 비태, 잡찬 탐지, 잡찬 비서, 파진찬 노부, 파진찬 서력부, 대아찬 비차부, 아찬 미진부 등 여덟 장군에게 명하여 백제와 더불어 고구려를 공격하도록 하였다. 백제인들이 먼저 평양을 공격하여 깨뜨리자, 거칠부 등은 승기를 타서 죽령 바깥, 고현 이내의 10군을 빼앗았다.
> - 『삼국사기』 -

① 대가야를 정벌하여 가야 연맹을 소멸시켰다.
② 인재를 양성하기 위하여 화랑도를 국가적 조직으로 개편하였다.
③ 자장의 건의를 받아들여 황룡사 9층 목탑을 건립하였다.
④ 신라의 역사를 정리하여 국사를 편찬하였다.

19 〈보기〉에서 일제 강점기의 의식주 변화에 해당하는 것을 모두 고른 것은?

> [보기]
> ㄱ. 음식 조리과정에서 왜간장, 조미료 등을 사용하였다.
> ㄴ. 도시 인구 급증의 후유증으로 토막(土幕)집이 등장하였다.
> ㄷ. 일제말 여성들이 일본식 노동복인 몸뻬의 착용을 강요당하였다.
> ㄹ. 경성의 경우, 북촌에는 조선인이, 남촌에는 일본인이 주로 거주하였다.

① ㄱ, ㄷ
② ㄱ, ㄹ
③ ㄴ, ㄷ, ㄹ
④ ㄱ, ㄴ, ㄷ, ㄹ

20 〈보기〉에서 ㉠에 들어갈 나라에 대한 설명으로 가장 옳은 것은?

> [보기]
> 신(臣) 아무개가 아룁니다. 본국 숙위원의 보고를 접하니, 지난 건녕 4년 7월에 ___㉠___ 의 하정사(賀正使)인 왕자 대봉예가 호소문을 올려 그들이 우리보다 위에 있도록 허락해 주기를 청했다고 합니다. 삼가 칙지를 받들건대, "나라 이름의 선후에는 본래 강약을 따져서 칭하는 것이 아니다. 조정 제도의 등급을 지금 어떻게 성쇠를 가지고 고칠 수가 있겠는가. 그동안의 관례대로 함이 당연하니, 이 지시를 따르도록 하라."라는 내용이었습니다.
> - 『고운집』 -

① 마진, 태봉 등의 국호를 사용하였다.
② 당으로부터 해동성국이라는 칭호를 들었다.
③ 백제의 부흥을 내걸고 완산주에 도읍을 정했다.
④ 지금의 황해도 지역에 패강진이라는 군진을 개설하였다.

[서울시] 06월 2021년 기출문제

정답 및 해설 279p

01 〈보기〉에서 설명하는 시대의 문화유산으로 옳은 것은?

보기
- 주로 움집에서 거주하였다.
- 유적은 주로 큰 강이나 해안 지역에서 발견된다.
- 농경 생활을 시작하였고, 조·피 등을 재배하였다.

① 고인돌
② 세형동검
③ 거친무늬 거울
④ 빗살무늬 토기

02 〈보기〉는 대한민국 헌법 개정을 시기순으로 나열한 것이다. (가)와 (나)에 들어갈 내용으로 옳은 것은?

	(가)	(나)
①	대통령 간선제	대통령 직선제
②	대통령 직선제	대통령 직선제
③	대통령 간선제	대통령 간선제
④	대통령 직선제	대통령 간선제

03 〈보기〉의 밑줄 친 '이 법'을 제정한 왕의 업적으로 옳은 것은?

보기
임진왜란 이후 군역 대신 군포를 징수하여 1년에 2필을 납부하게 하였다. 그런데 군적이 제대로 정리되지 않았고, 지방관의 농간까지 겹쳐 실제 납부액이 훨씬 많았다. 이에 이 법을 제정하여 군포 부담을 절반으로 줄여 주었다.

① 속대전을 편찬하였다.
② 대전통편을 편찬하였다.
③ 대전회통을 편찬하였다.
④ 경국대전을 편찬하였다.

04 〈보기〉는 동학농민전쟁에 관련된 주요 사건을 표로 나타낸 것이다. 청일전쟁이 발발된 시기는?

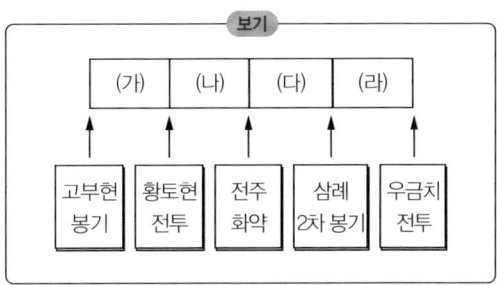

① (가)
② (나)
③ (다)
④ (라)

05 〈보기〉의 사건이 있었던 시기의 사실로 가장 옳은 것은?

> 보기
> 가을 9월에 고구려 왕 거련(巨璉)이 군사 3만 명을 이끌고 왕도(王都) 한성을 포위하였다. 왕은 성문을 닫고 나가 싸우지 않았다. …… 왕은 곤궁하여 어찌할 바를 모르다가, 기병 수십을 거느리고 성문을 나가 서쪽으로 도망쳤다. 고구려인이 쫓아가 그를 살해하였다.
> - 『삼국사기』 -

① 성왕이 신라군에게 살해되었다.
② 신라가 건원이라는 연호를 사용하였다.
③ 을지문덕이 살수에서 수의 군대를 물리쳤다.
④ 고구려가 중국의 남북조와 동시에 교류하였다.

06 〈보기〉에서 발해 문화가 고구려를 계승하였음을 보여주는 문화유산을 모두 고른 것은?

> 보기
> ㄱ. 온돌 장치   ㄴ. 벽돌무덤
> ㄷ. 굴식돌방무덤   ㄹ. 주작대로

① ㄱ, ㄴ
② ㄱ, ㄷ
③ ㄴ, ㄹ
④ ㄷ, ㄹ

07 〈보기〉의 (가)~(라)에 대한 설명으로 가장 옳은 것은?

> 보기
> (가) 한국 광복군   (나) 한인 애국단
> (다) 한국 독립군   (라) 조선 혁명군

① (가) – 미 전략 사무국(OSS)과 협력하여 국내 진공 작전을 계획하였다.
② (나) – 중국 관내 최초의 한인 무장 부대로, 중국 국민당 정부의 지원을 받았다.
③ (다) – 양세봉이 이끄는 군대로, 영릉가 전투와 흥경성 전투에서 일본군을 격퇴하였다.
④ (라) – 지청천이 이끄는 군대로, 항일 중국군과 함께 쌍성보 전투, 동경성 전투 등에서 일본군을 격퇴하였다.

08 〈보기〉와 같이 기록된 고려 무신정권기 집권자는?

> 보기
> 경주 사람이다. 아버지는 소금과 체(篩)를 파는 것을 업(業)으로 하였고, 어머니는 연일현(延日縣) 옥령사(玉靈寺)의 노비였다. … 그는 수박(手搏)을 잘했기에 의종의 총애를 받아 대정에서 별장으로 승진하였고, … 그가 무신 정변 때 참여하여 죽인 사람이 많으므로 중랑장(中郎將)으로 임명되었다가 얼마 후 장군으로 승진하였다.
> - 『고려사』 권128, 반역전 -

① 최충헌
② 김준
③ 임연
④ 이의민

09 〈보기〉의 법령이 실시된 시기에 일어난 민주화운동으로 가장 옳은 것은?

> **보기**
> 모두 9차례 발표된 법령으로 마지막으로 선포된 9호에 따르면 헌법을 부정·반대 또는 개정을 요구하거나 이를 보도하면 영장 없이 체포할 수 있었다. 이로 인해 많은 학생, 지식인, 야당 정치인, 기자 등이 구속되었다.

① 3선 개헌 반대운동이 일어났다.
② 「3·1민주구국선언」이 발표되었다.
③ 민주헌법쟁취 국민운동본부가 결성되었다.
④ 신민당이 직선제 개헌을 위한 서명운동을 전개하였다.

10 〈보기〉의 밑줄 친 '왕'이 재위하던 시기에 대한 설명으로 가장 옳은 것은?

> **보기**
> 왕이 명령하여 노비를 안검하고 시비를 살펴 분별하게 하였다. (이 때문에) 종이 그 주인을 배반하는 자가 헤아릴 수 없을 정도였다. 이 때문에 윗사람을 능멸하는 기풍이 크게 행해지니, 사람들이 모두 원망하였다. 왕비가 간절히 말렸는데도 듣지 않았다.

① 서경 천도를 추진하였다.
② 광덕, 준풍 등의 연호를 사용하였다.
③ 지방관을 파견하고 향리제도를 마련하였다.
④ 기인제도를 최초로 실시하여 호족들을 통제하였다.

11 〈보기〉의 (가), (나) 문서에 대한 설명으로 가장 옳지 않은 것은?

> **보기**
> (가) 대한제국의 정치는 이전으로 보면 500년 전래하시고 이후로 보면 만세에 걸쳐 불변하오실 전제정치니라.
> (나) 외국인에게 의부 아니하고 관민이 동심합력하여 전제황권을 견고케 할 것.

① (가)에서는 입법·사법·행정의 모든 권력이 황제에게 있음을 천명하였다.
② (나)에서는 정부의 예산과 결산을 인민에게 공표할 것을 주장하였다.
③ (나)를 수용한 고종은 「조칙 5조」를 반포하였다.
④ (가)에 따른 전제정치 선포에 반발하며 독립협회는 의회개설운동을 전개하였다.

12 〈보기〉의 (가), (나) 시기 사이에 있었던 사실로 가장 옳은 것은?

> **보기**
> (가) 고구려는 백제를 선제 공격하였다가 패하고 고국원왕이 전사하는 위기를 맞았다.
> (나) 왜의 침입을 받은 신라를 구원하기 위해 원병을 보내고 낙동강 하류까지 진출하였다.

① 수도를 평양성으로 천도하였다.
② 낙랑군을 축출하고 대동강 유역을 차지하였다.
③ 요서지역에 대해 선제공격을 감행하였다.
④ 태학을 설립하고 율령을 반포하여 체제 안정화 정책을 실시하였다.

13 〈보기〉의 (가) 인물에 대한 설명으로 가장 옳은 것은?

〈보기〉
- 태조는 정예 기병 5천 명을 거느리고 공산(公山) 아래에서 __(가)__ 을/를 맞아서 크게 싸웠다. 태조의 장수 김락과 신숭겸은 죽고 모든 군사가 패하였으며, 태조는 겨우 죽음을 면하였다.
- __(가)__ 이/가 크게 군사를 일으켜 고창군(古昌郡)의 병산 아래에 가서 태조와 싸웠으나 이기지 못하였다. 전사자가 8천여 명이었다.

① 오월에 사신을 보내 교류하였다.
② 송악에서 철원으로 도읍을 옮겼다.
③ 기훤, 양길의 휘하에서 세력을 키웠다.
④ 예성강을 중심으로 성장한 해상 세력이다.

14 〈보기〉의 사건들을 일어난 순서대로 바르게 나열한 것은?

〈보기〉
ㄱ. 동아일보와 조선일보가 창간되었다.
ㄴ. 동경 유학생들이 2·8 독립선언을 하였다.
ㄷ. 순종의 국장일에 만세 시위 사건이 일어났다.
ㄹ. 조선어학회가 한글 맞춤법 통일안을 발표하였다.

① ㄱ - ㄷ - ㄴ - ㄹ
② ㄴ - ㄱ - ㄷ - ㄹ
③ ㄷ - ㄹ - ㄴ - ㄱ
④ ㄹ - ㄱ - ㄷ - ㄴ

15 〈보기〉의 사건들을 일어난 순서대로 바르게 나열한 것은?

〈보기〉
ㄱ. 남인이 제2차 예송을 통해 집권하였다.
ㄴ. 노론과 소론이 민비를 복위하는 과정을 거쳐 집권하였다.
ㄷ. 서인은 허적이 역모를 꾸몄다고 고발하여 남인을 축출하고 집권하였다.
ㄹ. 남인은 장희빈이 낳은 왕자가 세자로 책봉되는 과정을 거쳐 집권하였다.

① ㄱ - ㄷ - ㄹ - ㄴ
② ㄴ - ㄹ - ㄷ - ㄱ
③ ㄷ - ㄱ - ㄴ - ㄹ
④ ㄹ - ㄷ - ㄱ - ㄴ

16 〈보기〉에서 고려시대 회화 작품을 모두 고른 것은?

〈보기〉
ㄱ. 고사관수도
ㄴ. 부석사 조사당 벽화
ㄷ. 예성강도
ㄹ. 송하보월도

① ㄱ, ㄷ
② ㄱ, ㄹ
③ ㄴ, ㄷ
④ ㄴ, ㄹ

17 〈보기〉에 나타난 사건과 시기상 가장 먼 것은?

─ 보기 ─

처음 충주 부사 우종주가 매양 장부와 문서로 인하여 판관 유홍익과 틈이 있었는데, 몽골군이 장차 쳐들어온다는 말을 듣고 성 지킬 일을 의논하였다. 그런데 의견상 차이가 있어서 우종주는 양반 별초를 거느리고, 유홍익은 노군과 잡류 별초를 거느리고 서로 시기하였다. 몽골군이 오자 우종주와 유홍익은 양반 등과 함께 다 성을 버리고 도주하고, 오직 노군과 잡류만이 힘을 합하여 쳐서 이를 쫓았다.

① 처인성에서 몽골 장수를 사살하였다.
② 진주의 공·사노비와 합주의 부곡민이 합세하였다.
③ 수도를 강화도로 옮기고 주민을 산성과 섬으로 피난시켰다.
④ 몽골군이 경주의 황룡사 9층탑을 불태웠다.

18 〈보기〉의 제도가 처음 시행된 시기의 군사제도에 대한 설명으로 가장 옳은 것은?

─ 보기 ─

경성과 지방의 군사에 보인을 지급하는데 차등이 있다. 장기 복무하는 환관도 2보를 지급한다. 장정 2인을 1보로 하고, 갑사에게는 2보를 지급한다. 기병, 수군은 1보 1정을 준다. 보병, 봉수군은 1보를 준다. 보인으로서 취재에 합격하면 군사가 될 수 있다.

① 중앙군을 5군영으로 편성하였다.
② 2군 6위가 중앙과 국경을 수비하였다.
③ 지방군은 진관 체제를 바탕으로 조직되었다.
④ 양반부터 노비까지 모두 속오군에 편입시켰다.

19 〈보기〉와 같은 주장을 편 인물에 대한 설명으로 가장 옳은 것은?

─ 보기 ─

토지 소유를 제한하는 법령을 세우십시오. 모년 모월 이후부터 제한된 토지보다 많은 자는 더 가질 수 없고, 그 법령 이전부터 소유한 것은 비록 광대한 면적이라 해도 불문에 부치며, 그 자손에게 분급해 주는 것은 허락하고, 혹시 사실대로 하지 않고 숨기거나 법령 이후에 제한을 넘어 더 점유한 자는 백성이 적발하면 백성에게 주고, 관아에서 적발하면 관아에서 몰수하십시오. 이렇게 한다면 수십 년이 못 가서 전국의 토지는 균등하게 될 것입니다.

– 「한민명전의」 –

① 『북학의』를 저술하여 청 문물의 수용을 역설하였다.
② 「양반전」, 「호질」 등을 지어 놀고먹는 양반을 비판하였다.
③ 화폐 제도의 문제점을 지적하며 폐전론을 주장하였다.
④ 마을 단위로 토지를 공동 경작하여 분배할 것을 제안하였다.

20 〈보기〉의 자료와 관련된 개혁의 내용으로 가장 옳은 것은?

- 청 나라에 의존하는 생각을 끊어버리고 자주 독립의 터전을 튼튼히 세운다.
- 왕실에 관한 사무와 나라 정사에 관한 사무는 반드시 분리시키고 서로 뒤섞지 않는다.
- 조세나 세금을 부과하는 것과 경비를 지출하는 것은 모두 탁지아문에서 관할한다.
- 의정부와 각 아문의 직무와 권한을 명백히 제정한다.
- 지방 관제를 빨리 개정하여 지방 관리의 직권을 제한한다.

① 지방에 진위대를 설치하고, 건양이라는 연호를 제정하였다.
② 내각 제도를 수립하고, 인민평등권 확립과 조세 개혁 등을 추진하였다.
③ 의정부를 내각으로 개편하고, 지방제도를 8도에서 23부로 바꾸었다.
④ 전라도 53군에 자치적 민정 기구인 집강소가 설치되었다.

[서울시] 06월 2020년 기출문제

01 〈보기〉의 밑줄 친 '그'의 저술로 가장 옳은 것은?

보기
그는 당나라로 가던 도중 진리는 마음속에 있음을 깨닫고 유학을 포기하였다. 여러 종파의 갈등을 보다 높은 수준에서 융화, 통일시키려 하였으므로, 훗날 화쟁국사(和諍國師)로 추앙받았다.

① 『해동고승전』
② 『대승기신론소』
③ 『왕오천축국전』
④ 『화엄일승법계도』

02 〈보기〉의 개헌 시기를 순서대로 바르게 나열한 것은?

보기
ㄱ. 대통령 3회 연임 허용
ㄴ. 대통령 직선제 및 5년 단임
ㄷ. 대통령 직선제, 국회 양원제
ㄹ. 대통령은 통일 주체 국민 회의에서 간선

① ㄱ-ㄴ-ㄹ-ㄷ
② ㄴ-ㄷ-ㄱ-ㄹ
③ ㄷ-ㄱ-ㄹ-ㄴ
④ ㄹ-ㄴ-ㄷ-ㄱ

03 〈보기〉의 글을 쓴 학자의 주장에 대한 설명으로 가장 옳은 것은?

보기
검소하다는 것은 물건이 있어도 남용하지 않는 것을 말하는 것이지 자신에게 물건이 없다 하여 스스로 단념하는 것을 말하는 것이 아니다. 지금 우리나라 안에는 구슬을 캐는 집이 없고 시장에 산호 따위의 보배가 없다. 또 금과 은을 가지고 가게에 들어가도 떡을 살 수 없는 형편이다. …… 이것은 물건을 이용하는 방법을 모르기 때문이다. 이용할 줄 모르니 생산할 줄 모르고, 생산할 줄 모르니 백성은 나날이 궁핍해지는 것이다.

① 균전론을 내세워 사농공상 직업에 따라 토지를 분배하여 자영농을 육성할 것을 주장하였다.
② 상공업을 육성하고 선박, 수레, 벽돌 등 발달된 청의 기술을 적극적으로 수용하자고 제안하였다.
③ 처음에는 여전론, 이후에는 정전제를 내세워 자영농 육성을 위한 토지제도 개혁을 주장하였다.
④ 통일 신라와 발해가 병립한 시기를 남북국 시대로 설정하여 발해를 우리 역사의 체계 속에 적극적으로 포용하였다.

04 조선 후기 광업에 대한 설명으로 가장 옳지 않은 것은?

① 정부의 통제 정책으로 잠채가 사라졌다.
② 자본과 경영이 분리된 생산 방식이었다.
③ 청과의 무역으로 은의 수요가 증가하였다.
④ 17세기 이후 민간인의 광산 채굴을 허용하였다.

05 고려의 지방제도에 대한 설명으로 옳은 것을 〈보기〉에서 모두 고른 것은?

〈보기〉

ㄱ. 양계 지역은 계수관이 관할하였다.
ㄴ. 수령이 파견된 주현보다 수령이 파견되지 않은 속현의 수가 많았다.
ㄷ. 성종 때 12목이 설치되었다.
ㄹ. 향·소·부곡 등의 특수행정조직이 있었다.

① ㄱ, ㄴ, ㄷ
② ㄱ, ㄴ, ㄹ
③ ㄱ, ㄷ, ㄹ
④ ㄴ, ㄷ, ㄹ

06 〈보기〉의 ㉠에 해당하는 인물에 대한 설명으로 가장 옳은 것은?

〈보기〉

(㉠)의 노비인 만적 등 여섯 명이 북산(北山)에 나무하러 갔다가 공사(公私) 노비들을 모아 놓고 말하기를, "장군과 재상이 어찌 타고난 씨가 따로 있겠는가? 때만 만나면 누구나 될 수 있는 것이다. 우리라고 어찌 뼈 빠지게 일만 하고 채찍 아래에서 고통만 당하겠는가?"라고 하였다. (중략) "각자 자기 주인들을 때려 죽이고 노비 문서를 불태워버리자. 이로써 이 나라에 다시는 천인이 없게 하면, 공경장상을 우리들이 모두 차지할 수 있을 것이다."라고 하였다.

① 교정도감을 설치하여 국정을 장악하는 한편 도방을 통해 군사적 기반을 강화하였다.
② 노비안검법을 실시하여 억울하게 노비가 된 자를 해방하였다.
③ 풍수지리설을 앞세워 서경천도를 적극 추진하였다.
④ 딸들을 왕에게 시집보내어 권력을 잡고 척준경과 함께 난을 일으켰다.

07 〈보기〉의 사설이 발표되는 계기가 된 사건에 대한 설명으로 가장 옳은 것은?

〈보기〉

…… 그러나 슬프도다. 저 개돼지만도 못한 이른바 우리 정부의 대신이란 자들은 자기 일신의 영달과 이익이나 바라면서 위협에 겁먹어 머뭇대거나 벌벌 떨며 나라를 팔아먹는 도적이 되기를 감수하였던 것이다. 아, 4,000년의 강토와 500년의 사직을 다른 나라에 갖다 바치고, 2,000만 국민을 타국의 노예가 되게 하였으니, …… 아! 원통한지고, 아! 분한지고. 우리 2,000만 타국인의 노예가 된 동포여! 살았는가, 죽었는가? 단군, 기자 이래 4,000년 국민 정신이 하룻밤 사이에 갑자기 망하고 말 것인가. 원통하고 원통하다. 동포여! 동포여!

① 친러 성향의 내각이 수립되어 러시아의 정치적 간섭이 강화되었고, 열강의 이권 침탈도 심해졌다.
② 러일전쟁 승리 이후 일본은 대한제국의 외교권을 박탈하는 조약을 체결하여 대한제국을 일본의 보호국으로 만들었다.
③ 일본은 헤이그 특사 파견을 문제 삼아 고종 황제를 강제로 퇴위시키고, 대한제국의 군대를 해산하는 조약을 체결했다.
④ 총리 대신 이완용과 조선 통감 데라우치 사이에 조약이 체결되어 국권을 상실하였다.

08 〈보기〉의 고려 토지제도 (가)~(라) 각각에 대한 설명으로 가장 옳지 않은 것은?

〈보기〉

(가) 조신(朝臣)이나 군사들의 관계(官階)를 따지지 않고 그 사람의 성품, 행동의 선악(善惡), 공로의 크고 작음을 보고 차등 있게 역분전을 지급하였다.
(나) 경종 원년 11월에 비로소 직관(職官), 산관(散官)의 각 품(品)의 전시과를 제정하였다.
(다) 목종 원년 12월에 양반 및 군인들의 전시과를 개정하였다.
(라) 문종 30년에 양반전시과를 다시 개정하였다.

① (가) - 후삼국 통일 전쟁에 공이 있는 사람들에게 지급하였다.
② (나) - 인품을 반영하여 토지를 지급하였다.
③ (다) - 실직이 없는 산관은 토지 지급대상에서 제외되었다.
④ (라) - 현직 관리에게만 토지가 지급되고, 문·무관의 차별이 거의 사라졌다.

09 〈보기〉의 정책이 시행된 왕대에 대한 설명으로 가장 옳은 것은?

―― 보기 ――

백성들이 육전[육의전(六矣塵)] 이외에는 허가 받은 시전 상인들과 같이 장사를 할 수 있도록 하셨다. 채제공이 아뢰기를 "(전략) 마땅히 평시서(平市署)로 하여금 20, 30년 사이에 새로 벌인 영세한 가게 이름을 조사해 내어 모조리 없애도록 하고, 형조와 한성부에 분부하여 육전이 아니라면 난전이라 하여 잡혀 오는 자들을 처벌하지 말도록 할 뿐만 아니라 잡아 온 자를 처벌하시면, 장사하는 사람들은 서로 매매하는 이익이 있을 것이고 백성들도 가난에 대한 걱정이 없어질 것입니다. 그 원망은 신이 스스로 감당하겠습니다."라고 하니 왕께서 따랐다.

① 법령을 정비하여 속대전을 편찬하였다.
② 청과 국경선을 정하고 백두산정계비를 세웠다.
③ 조세제도를 개편하여 영정법을 시행하였다.
④ 인재를 양성하기 위해 초계문신제를 시행하였다.

11 〈보기 1〉의 밑줄 친 '이 법'에 대한 옳은 설명을 〈보기 2〉에서 모두 고른 것은?

―― 보기 1 ――

영의정 이원익이 아뢰기를, "각 고을에서 바치는 공물이 각급 관청의 방납인들에 의해 중간에서 막혀 물건 하나의 가격이 몇 배 또는 몇십 배, 몇 백 배가 되어 그 폐단이 이미 고질화되었습니다. 그러니 지금 마땅히 별도로 하나의 청을 설치하여 이 법을 시행하도록 하소서." 라고 하니 왕이 따랐다.

―― 보기 2 ――

ㄱ. 이 법이 실시된 뒤 현물 징수가 완전히 없어졌다.
ㄴ. 처음에는 경기도에서 시험적으로 시행되었다.
ㄷ. 과세 기준을 가호 단위에서 토지 결수로 바꾸었다.
ㄹ. 풍흉의 정도에 따라 조세 액수를 조정하였다.

① ㄱ, ㄴ ② ㄱ, ㄷ
③ ㄴ, ㄷ ④ ㄷ, ㄹ

10 〈보기〉에서 설명하는 책의 제목으로 가장 옳은 것은?

―― 보기 ――

• 1433년(세종 15)에 편찬되었다.
• 각종 병론(病論)과 처방을 적었다.
• 전통적인 경험에 기초했다.
• 조선의 약재를 중시했다.

① 『향약집성방』 ② 『동의보감』
③ 『금양잡록』 ④ 『칠정산』

12. 〈보기〉의 유물들이 발견되는 시대에 대한 설명으로 가장 옳은 것은?

> 보기
> - 이른 민무늬 토기
> - 덧무늬 토기
> - 눌러찍기무늬 토기
> - 빗살무늬 토기

① 세형 동검, 잔무늬 거울 등을 사용하였다.
② 고인돌과 돌널무덤을 사용하였다.
③ 공주 석장리 유적과 청원 두루봉 동굴 유적이 대표적인 유적지이다.
④ 갈돌과 갈판 등 간석기를 사용하였다.

13. 〈보기〉에서 설명하는 나라의 법률로 가장 옳지 않은 것은?

> 보기
> 은력(殷曆) 정월에 하늘에 제사를 지내며 나라에서 대회를 열어 연일 마시고 먹고 노래하고 춤추는데, 영고(迎鼓)라고 한다. 이때 형옥(刑獄)을 중단하여 죄수를 풀어 주었다.
> - 『삼국지』 권30, 「위서」 30 오환선비동이전 -

① 남에게 상처를 입힌 자는 곡식으로 갚게 했다.
② 도둑질을 하면 그 물건의 12배를 변상케 했다.
③ 형벌이 매우 엄하여 사람을 죽인 사람은 사형에 처하고 그 집안사람은 노비로 삼았다.
④ 남녀 간에 간음을 하거나 투기하는 부인은 모두 죽였다.

14. 〈보기〉의 글을 쓴 인물의 주장과 같은 입장에 대한 설명으로 가장 옳은 것은?

> 보기
> 우리 조선의 역사적 발전의 전 과정은 가령, 지리적 조건, 인종학적 골상, 문화 형태의 외형적 특징 등에서 다소의 차이는 인정되더라도, 외관적인 소위 특수성은 다른 문화 민족의 역사적 발전 법칙과 구별되어야 하는 독자적인 것은 아니며, 세계사적·일원론적인 역사 법칙에 의해 다른 여러 민족과 거의 같은 궤도로 발전 과정을 거쳐 온 것이다.

① 민족 정신을 강조하여 우리의 고유한 특색과 전통을 찾았다.
② 신채호와 박은식의 사학을 계승하였다.
③ 역사학의 주관적 해석을 배제하고 문헌 고증을 중시하였다.
④ 한국사의 발전과정을 사회 경제 사학의 관점에서 서술하였다.

15. 〈보기〉의 사건들을 시간순으로 바르게 나열한 것은?

> 보기
> ㄱ. 신라 - 건원(建元)이라는 독자적인 연호를 만들었다.
> ㄴ. 가야 - 대가야가 멸망하면서 가야 연맹이 완전히 해체되었다.
> ㄷ. 고구려 - 낙랑군을 완전히 몰아내고 대동강 유역을 확보하였다.
> ㄹ. 백제 - 수도인 한성이 함락되고 왕이 죽자 도읍을 웅진으로 옮겼다.

① ㄱ - ㄴ - ㄷ - ㄹ
② ㄴ - ㄷ - ㄹ - ㄱ
③ ㄷ - ㄹ - ㄱ - ㄴ
④ ㄹ - ㄱ - ㄴ - ㄷ

16 〈보기〉의 밑줄 친 '왕'에 대한 설명으로 가장 옳은 것은?

〈보기〉
왕이 행차에서 돌아와 그 대나무로 피리를 만들어 월성의 천존고(天尊庫)에 간직하였다. 이 피리를 불면 적병이 물러가고 병이 나으며, 가뭄에는 비가 오고 장마에는 날씨가 개며, 바람이 잦아지고 물결이 평온해졌다. 이를 만파식적으로 부르고 나라의 보물이라 칭하였다.
– 『삼국유사』 –

① 녹읍을 부활시켰다.
② 9주 5소경을 설치하였다.
③ 정전을 지급하였다.
④ 고구려 부흥운동을 지원하였다.

17 〈보기〉의 조약이 체결된 이후에 일어난 사건으로 가장 옳지 않은 것은?

〈보기〉
〈제1관〉 조선국은 자주국으로서 일본국과 평등한 권리를 보유한다.
〈제7관〉 조선의 연해 도서는 지극히 위험하므로 일본의 항해자가 자유로이 해안을 측량함을 허가한다.

① 만동묘가 철폐되었다.
② 이범윤이 간도 시찰원으로 파견되었다.
③ 통리기무아문이 설치되었다.
④ 영남 유생들이 만인소를 올렸다.

18 〈보기〉의 조선시대 사건을 시간순으로 바르게 나열한 것은?

〈보기〉
ㄱ. 기묘사화   ㄴ. 을묘왜변
ㄷ. 계유정난   ㄹ. 무오사화

① ㄱ – ㄴ – ㄷ – ㄹ
② ㄴ – ㄷ – ㄹ – ㄱ
③ ㄷ – ㄹ – ㄱ – ㄴ
④ ㄹ – ㄱ – ㄴ – ㄷ

19 〈보기〉는 동학농민군이 제시한 「폐정개혁안」 12개조 중 일부이다. 이 중 갑오개혁에 반영된 것을 모두 고른 것은?

〈보기〉
ㄱ. 무명의 잡다한 세금은 일체 거두지 않는다.
ㄴ. 토지는 균등히 나누어 경작한다.
ㄷ. 왜와 통하는 자는 엄중히 징벌한다.
ㄹ. 젊어서 과부가 된 여성의 재혼을 허용한다.

① ㄱ, ㄴ   ② ㄱ, ㄹ
③ ㄴ, ㄷ   ④ ㄷ, ㄹ

20 〈보기〉의 독립운동단체 결성 시기를 순서대로 바르게 나열한 것은?

〈보기〉
ㄱ. 조선 의용대   ㄴ. 의열단
ㄷ. 참의부   ㄹ. 대한 광복회
ㅁ. 근우회

① ㄱ – ㄴ – ㄷ – ㅁ – ㄹ
② ㄴ – ㄷ – ㅁ – ㄱ – ㄹ
③ ㄷ – ㄹ – ㅁ – ㄴ – ㄱ
④ ㄹ – ㄴ – ㄷ – ㅁ – ㄱ

2019년 기출문제

[서울시] 02월

정답 및 해설 290p

01 원간섭기 고려의 국가체제에 대한 설명으로 가장 옳은 것은?

① 고려 전체가 몽골의 직할지로 편입되었다.
② 정동행성의 승상은 몽골의 다루가치가 전담하였다.
③ 관제격하의 일환으로 중서문하성과 상서성은 첨의부로 통합되었다.
④ 대막리지가 집정대신으로서 국정을 총괄하였다.

02 〈보기〉는 대한제국 시기의 국권 피탈과 관련된 사건이다. 이를 시간순으로 바르게 나열한 것은?

보기
ㄱ. 일본은 대한제국의 외교권을 박탈하고 통감부를 설치하였다.
ㄴ. 일본은 대한제국의 각 부에 일본인 차관을 두어 내정을 간섭하였다.
ㄷ. 대한제국은 재정과 외교 부문에 일본이 추천하는 외국인 고문을 두게 되었다.
ㄹ. 고종은 헤이그의 만국평화회의에 특사를 보내 억울함을 호소하려고 하였다.

① ㄱ → ㄷ → ㄴ → ㄹ
② ㄴ → ㄷ → ㄱ → ㄹ
③ ㄷ → ㄱ → ㄹ → ㄴ
④ ㄹ → ㄷ → ㄱ → ㄴ

03 〈보기〉의 밑줄 친 '왕' 대에 이루어진 내용을 옳게 고른 것은?

보기
재위 19년에는 금관국주인 김구해가 비와 세 아들을 데리고 와 항복하자 왕은 예로써 대접하고 상등(上等)의 벼슬을 주었으며, 23년에는 처음으로 연호를 칭하여 건원(建元) 원년이라 하였다.

보기
ㄱ. 국호를 사로국에서 '신라'로, 왕호를 마립간에서 '왕'으로 고쳤다.
ㄴ. 왕은 연호를 고쳐 '개국(開國)'이라 하였으며 『국사』를 편찬토록 하였다.
ㄷ. 왕호를 '성법흥대왕'이라 쓰기도 하였다.
ㄹ. '신라육부'가 새겨진 울진봉평신라비가 세워졌다.
ㅁ. 연호를 '인평(仁平)'으로 고쳤으며 분황사와 영묘사를 창건하였다.

① ㄱ, ㄴ
② ㄴ, ㄷ
③ ㄷ, ㄹ
④ ㄹ, ㅁ

04 고구려의 대중국투쟁에 대한 설명으로 가장 옳은 것은?

① 고구려는 요서지역을 선제공격함으로써 수나라를 견제하였다.
② 수 양제의 침략에 대비하기 위해 천리장성을 축조하였다.
③ 을지문덕은 당 태종의 2차 침입을 살수대첩으로 막아냈다.
④ 양만춘은 수나라의 별동대를 안시성에서 격퇴하였다.

05 밑줄 친 '이것'에 대한 설명으로 옳지 않은 것은?

> 이것은 조선시대 법령의 기본이 된 법전이다. 조선 건국 초의 법전인 『경제육전』의 원전과 속전, 그리고 그 뒤의 법령을 종합하여 만든 통치의 기본이 되는 통일 법전이다. (……) 편제와 내용은 『경제육전』과 같이 6분 방식에 따랐고, 각 전마다 필요한 항목으로 분류하여 균정하였다.

① 성종 때 완성되었다.
② 조준이 편찬을 주도하였다.
③ 이 · 호 · 예 · 병 · 형 · 공전으로 나뉘어 정리되었다.
④ 세조 때 만세불변의 법전을 만들기 위해 편찬을 시작하였다.

06 1876년 체결된 조 · 일수호조규에 들어있지 않은 조항은?

① 조선은 자주국으로 일본과 동등권을 갖는다.
② 인천과 부산에 일본공관을 둔다.
③ 일본인 거주지역 내에서의 치외법권을 인정한다.
④ 일본선박의 조선연해 측량을 인정한다.

07 영조의 정책에 대한 서술로 옳은 것을 〈보기〉에서 모두 고르면?

보기

ㄱ. 형벌 제도를 개선해 가혹한 악형을 없앴다.
ㄴ. 서얼 출신의 학자를 검서관에 기용하고 공노비의 해방을 추진하는 등 서얼과 노비에 대한 차별을 개선하기 위해 노력하였다.
ㄷ. 균역법을 시행하여 양반과 상민이 똑같이 군포를 부담하게 하였다.
ㄹ. 청계천 준설 사업으로 일자리를 만들어주고 홍수에 대비하게 하였다.

① ㄱ, ㄹ
② ㄴ, ㄷ
③ ㄱ, ㄴ, ㄷ
④ ㄱ, ㄷ, ㄹ

08 고려시대 불교문화에 대한 설명으로 가장 옳은 것은?

① 태조는 훈요십조에서 전국에 비보사찰을 제한 없이 늘려 불국토를 이루도록 당부하였다.
② 현종 대에는 거란의 대장경을 수입하여 고려의 독자적인 『초조대장경』을 만들기 시작했고, 완료한 후 흥왕사에 보관하였다.
③ 광종 대 균여는 국청사를 중심으로 해동천태종을 창시하고, 교종과 선종의 대립을 완화하기 위해 노력하였다.
④ 삼국시대부터 있어 왔던 향도를 계승하여 신앙의 결속을 다졌으며, 매향 행위를 함으로써 내세의 복을 빌기도 했다.

09 조선시대 중앙통치기구에 대한 설명으로 가장 옳지 않은 것은?

① 예문관-궁중 도서를 관리하고 국왕의 자문에 응하는 학문기관
② 사간원 - 국왕에 대한 간쟁과 논박을 담당한 언론기관
③ 승정원- 국왕의 명령을 신하들에게 전달하는 비서기관
④ 의금부-국왕의 명령을 받아 중대한 죄인을 다스리는 사법기관

10 1960년대 정부의 경제 정책에 대한 설명으로 가장 옳은 것은?

① 귀속재산처리법을 공포하였다.
② 한미경제조정협정을 체결하였다.
③ 경제협력개발기구(OECD)에 가입하였다.
④ 제1차 경제개발5개년계획이 실시되었다.

11 조선 초기의 대외관계에 대한 설명 중 가장 옳은 것은?

① 화이관(華夷觀)이라는 세계관에 바탕을 두고 사대교린(事大交隣)을 기본정책으로 삼았다.
② 북진정책 하에 고구려 고토의 회복을 도모하였다.
③ 일본과 여진에 대해서는 무력진압을 위주로 하였다.
④ 동남아시아국가와는 교류가 없었다.

12 〈보기〉의 밑줄 친 ㉠에 관한 설명으로 옳은 것은?

---보기---

신라에서는 사람을 등용하는 데에 ㉠ 을(를) 따진다. [때문에] 진실로 그 족속이 아니면, 비록 큰 재주와 뛰어난 공이 있더라도 넘을 수가 없다. 나는 원컨대, 서쪽 중국으로 가서 세상에서 보기 드문 지략을 떨쳐서 특별한 공을 세워 스스로 영광스러운 관직에 올라 고관대작의 옷을 갖추어 입고 칼을 차고서 천자의 곁에 출입하면 만족하겠다.

① 통일신라기에 성립하였다.
② 국학이 설립되면서 폐지되었다.
③ 진골은 대아찬 이상의 고위 관등만 받을 수 있었다.
④ 혈통에 따른 신분제로서 승진의 상한선을 결정했다.

13 〈보기〉에 해당하는 고대 국가에 대한 설명으로 가장 옳은 것은?

보기
• 은정월(殷正月)에 제천행사를 행하면서 국중대회를 열었다. • 전쟁이 일어났을 때는 소를 죽여 그 굽으로 길흉을 점쳤다. • 형이 죽으면 형수를 부인으로 맞아들였다. • 남의 물건을 훔쳤을 때는 물건 값의 12배를 배상하게 하였다. • 지방 행정구획으로 사출도가 있었다.

① 소와 말을 순장하였고 큰 새의 깃털을 장례에 사용하였다.
② 제천행사는 '동맹'이었으며 국동대혈에서의 제사가 있었다.
③ 천군이 신성지역인 소도에서 농경의례 등을 올렸다.
④ 재해가 발생하면 왕은 교체 혹은 죽음을 당하기도 하였다.

14 고려시대 무신정권기 정치와 문화에 관한 설명으로 옳지 않은 것은?

① 무신집권기 초반 정권을 잡은 무신들은 상장군·대장군의 회의기관이었던 기존의 회의체 중방을 권력기구로 삼았다.
② 최충헌은 군국의 정사를 관장하는 교정도감을 설치했고, 최우는 정방과 서방을 사저에 설치했다.
③ 김보당과 조위총은 최충헌의 집권에 항거하여 군사를 일으켰다.
④ 이규보는 『동명왕편』을 지어 고려가 천손의 후예인 고구려의 전통을 계승하고 있다는 자부심을 표현했다.

15 〈보기〉의 사실들을 시간순으로 나열했을 때 세 번째에 해당하는 것은?

보기
ㄱ. 제2차 미·소 공동위원회 결렬 ㄴ. 좌·우 합작 위원회, '좌·우 합작 7원칙'에 합의 ㄷ. 이승만, 정읍 발언에서 남한만의 정부 수립 주장 ㄹ. 유엔 소총회, 가능한 지역에서만 총선거 실시 결의

① ㄱ ② ㄴ
③ ㄷ ④ ㄹ

16 <보기> 자료의 민족 운동가들이 추진한 독립운동에 대한 서술로 가장 옳은 것은?

> 보기
>
> 8월 초에 여러 형제분이 모여서 같이 만주로 갈 준비를 하였다. 비밀리에 땅과 집을 파는데, 여러 집을 한꺼번에 처분하니 얼마나 어려우리요. 그때만 해도 여러 형제분 집은 예전 대갓집이 그렇듯이 종살이를 하는 사람이 수 없이 많았고 (……) 우리 집 어른(이회영)은 옛날 범절을 따지지 않고 위아래 구분 없이 뜻만 같으면 악수하여 동지로 대접하였다. (……) 1만여 석의 재산과 가옥을 모두 팔고 경술년(1910) 12월 30일에 큰집, 작은집이 함께 압록강을 건너 떠났다.
>
> – 이은숙, 『민족 운동가 아내의 수기, 서간도 시종기』 –

① 신흥강습소를 만들어 민족 교육과 독립군 양성을 추진하였다.
② 대한광복군정부, 대한국민의회 등의 독립운동 기지를 설립하였다.
③ 간민회를 기반으로 서전서숙과 명동학교 등 학교를 세워 민족 교육을 실시하였다.
④ 나라를 되찾은 후 고종을 복위시키려는 목표를 세우고 전국적인 의병 봉기를 준비하였다.

17 대한제국의 근대화 사업에 대한 설명으로 가장 옳지 않은 것은?

① 토지조사사업을 시행하여 지계를 발급하였다.
② 서북철도국을 설치해 경의철도 부설사업을 추진했다.
③ 우편학당, 전무학당, 상공업학교, 의학교, 광산학교 등을 설립하였다.
④ 고종 대에 비변사를 설치하여 근대화사업 전반을 관장하였다.

18 <보기>에 나열된 고려시대의 사건들을 시간 순으로 바르게 나열한 것은?

> 보기
>
> ㄱ. 거란의 소손녕이 수십만 대군을 이끌고 고려를 침입하여, 서희가 외교담판으로 거란군의 철수를 이끌어냈다.
> ㄴ. 노비의 신분을 조사해 본래 양인인 사람들을 환속시켰다.
> ㄷ. 송나라 사신 서긍이 고려를 방문하고 『고려도경』을 지었다.
> ㄹ. 전지(田地)와 시지(柴地)를 실직(實職)이 있는 사람과 없는 사람 모두에게 처음 지급하였다.

① ㄱ → ㄴ → ㄹ → ㄷ
② ㄱ → ㄷ → ㄴ → ㄹ
③ ㄴ → ㄱ → ㄹ → ㄷ
④ ㄴ → ㄹ → ㄱ → ㄷ

19 〈보기〉는 1927년에 창립한 어느 단체의 강령이다. 이 단체에 대한 설명으로 가장 옳지 않은 것은?

― 보기 ―
1. 우리는 정치·경제적 각성을 촉구한다.
1. 우리는 단결을 공고히 한다.
1. 우리는 기회주의를 일체 부인한다.

① 비타협적 민족주의 세력과 사회주의 세력이 연합하였다.
② 일제에 의해 조작된 소위 105인 사건으로 탄압을 받았다.
③ 전국에 140여 개소의 지회와 약 4만 명의 회원을 확보하였다.
④ 1929년에 광주학생운동이 일어나자 민중대회의 개최를 계획했다.

20 조선 초기의 과전(科田)에 대한 설명 중 가장 옳은 것은?

① 과전은 성종 대까지 경기도에 한정되었다.
② 현직 관리에게 소유권과 수조권(收租權)을 부여하였다.
③ 전직 관리와 현직 관리에게 모두 수조권을 지급하였다.
④ 과전에 대해서 상속권을 인정해 주었다.

[서울시] 06월 2019년 기출문제

01 고조선을 주제로 한 학술 대회를 개최할 경우, 언급될 내용으로 가장 적절하지 않은 것은?

① 위만의 이동과 집권 과정
② 진대법과 빈민 구제
③ 범금 8조(8조법)에 나타난 사회상
④ 비파형 동검 문화권과 국가의 성립

02 〈보기〉에서 백제의 발전 과정을 순서대로 바르게 나열한 것은?

―― 보기 ――
ㄱ. 6좌평제와 16관등제 및 백관의 공복을 제정하였다.
ㄴ. 고구려의 평양성을 공격하였다.
ㄷ. 지방에 22담로를 설치하였다.
ㄹ. 불교를 받아들여 통치이념을 정비하였다.

① ㄱ → ㄴ → ㄷ → ㄹ
② ㄱ → ㄴ → ㄹ → ㄷ
③ ㄴ → ㄹ → ㄷ → ㄱ
④ ㄹ → ㄴ → ㄷ → ㄱ

03 〈보기〉에서 밑줄 친 '이 나라'에 대한 설명으로 가장 옳은 것은?

―― 보기 ――
천지가 개벽한 뒤로 이곳에는 아직 나라가 없고 또한 왕과 신하도 없었다. 단지 아홉 추장이 각기 백성을 거느리고 농사를 지으며 살았다. …… 아홉 추장과 사람들이 노래하고 춤추면서 하늘을 보니 얼마 뒤 자주색 줄이 하늘로부터 내려와서 땅에 닿았다. 줄 끝을 찾아보니 붉은 보자기에 금빛 상자가 싸여 있었다. 상자를 열어 보니 황금색 알 여섯 개가 있었다. …… 열사흘째 날 아침에 다시 모여 상자를 열어 보니 여섯 알이 어린아이가 되어 있었다. 용모가 뛰어나고 바로 앉았다. 아이들이 나날이 자라 십수 일이 지나니 키가 9척이나 되었다. 얼굴은 한고조, 눈썹은 당의 요임금, 눈동자는 우의 순임금과 같았다. 그달 보름에 맏이를 왕위에 추대하였는데, 그가 곧 <u>이 나라</u>의 왕이다.
- 『삼국유사』 -

① 중국 동진으로부터 불교를 받아들여 왕실의 권위를 높였다.
② 재상을 뽑을 때 정사암에 후보 이름을 써서 넣은 상자를 봉해두었다.
③ 큰일이 있을 때에는 반드시 화백제도를 통해 여러 사람의 의견을 따랐다.
④ 철기를 만들 때 사용하는 덩이쇠를 화폐와 같은 교환수단으로 이용하기도 하였다.

04 발해의 사회 모습에 대한 설명으로 가장 옳지 않은 것은?

① 주민은 고구려 유민과 말갈인으로 구성되었다.
② 중앙 문화는 고구려 문화를 바탕으로 당의 문화가 가미된 형태를 보였다.
③ 당, 신라, 거란, 일본 등과 무역하였는데, 대신라 무역의 비중이 가장 컸다.
④ 유학 교육기관인 주자감을 설치하여 귀족 자제에게 유교 경전을 가르쳤다.

05 삼국의 사회·문화에 관한 설명으로 가장 옳지 않은 것은?

① 고구려는 영양왕 때 이문진이 『유기』를 간추려 『신집』 5권을 편찬했다.
② 백제의 승려 원측은 당나라에 가서 유식론(唯識論)을 발전시켰다.
③ 신라의 진흥왕은 두 아들의 이름을 동륜 등으로 짓고 자신은 전륜성왕으로 자처했다.
④ 백제 말기에는 미래에 중생을 구제한다는 미륵신앙이 유행하기도 하였다.

06 고려시대 군사제도에 대한 설명으로 가장 옳지 않은 것은?

① 북방의 양계지역에는 주현군을 따로 설치하였다.
② 2군(二軍)인 응양군과 용호군은 왕의 친위부대였다.
③ 6위(六衛) 중의 감문위는 궁성과 성문수비를 맡았다.
④ 직업군인 경군에게 군인전을 지급하고 그 역을 자손에게 세습시켰다.

07 〈보기〉의 (가), (나)와 같은 건의를 받은 국왕에 대한 설명으로 가장 옳은 것은?

보기
(가) 우리 태조께서는 나라를 통일한 뒤에 외관을 두고자 하였으나, 대개 초창기이므로 일이 번거로워 겨를이 없었습니다. 이제 가만히 보건대, 향호가 매양 공무를 빙자하여 백성을 침해하여 횡포를 부리어 백성이 견디지 못하니, 청컨대 외관을 두도록 하십시오.
(나) 겸손한 마음을 가지고 항상 조심하고 두려워하며 신하를 예로써 대우할 때 신하는 충성으로써 임금을 섬기는 것입니다.

① 호족과의 혼인정책을 적극적으로 추진하였다.
② 노비안검법을 실시하여 호족의 경제력을 약화시켰다.
③ 양현고를 설치하고 보문각과 청연각을 세워 유학을 진흥시켰다.
④ 연등회를 축소하고 팔관회를 폐지하여 국가적인 불교행사를 억제하였다.

08 고려시대 불교계의 동향과 관련된 설명으로 가장 옳지 않은 것은?

① 백련결사를 제창한 요세는 참회와 수행에 중점을 두는 등 복잡한 이론보다 종교적 실천을 강조했다.
② 재조대장경은 고려 전기에 만들어졌던 대장경 판목이 거란의 침입으로 불타버렸기 때문에 무신집권기에 다시 만든 것이다.
③ 각훈은 삼국시대 이래 승려들의 전기를 정리하여 『해동고승전』을 지었다.
④ 지눌은 깨달음과 더불어 실천을 강조하는 돈오점수를 주장했다.

09 〈보기〉에서 밑줄 친 '그'가 활동하던 시대상황에 대한 설명으로 가장 옳지 않은 것은?

> 보기
>
> 그가 북산에서 나무하다가 공, 사노비를 불러 모아 모의하기를, "나라에서 경인, 계사년 이후로 높은 벼슬이 천한 노비에게서 많이 나왔으니, 장수와 재상이 어찌 씨가 따로 있으랴. 때가 오면 누구나 할 수 있는데, 우리들이 어찌 고생만 하면서 채찍 밑에 곤욕을 당해야 하겠는가?"라고 하니, 여러 노비들이 모두 그렇게 여겼다.
>
> —『고려사』—

① 최충의 9재 학당을 비롯한 사학 12도가 융성하였다.
② 경주 일대에서 고려 왕조를 부정하는 신라부흥운동이 일어났다.
③ 정혜쌍수와 돈오점수를 주장하는 수선결사운동이 전개되었다.
④ 소(所)의 거주민은 금, 은, 철 등 광업품이나 수공업 제품을 생산하여 바치기도 하였다.

10 조선 태종 대의 주요 정책에 대한 설명으로 가장 옳은 것은?

① 사섬서를 두어 지폐인 저화를 발행하였다.
② 상평통보를 발행하여 화폐경제를 촉진하였다.
③ 지계를 발급하여 토지소유권을 공고히 하였다.
④ 연분 9등법과 전분 6등법을 시행하여 조세제도를 개편하였다.

11 〈보기〉와 같은 폐단을 해결하기 위해 실시한 제도에 대한 설명으로 가장 옳지 않은 것은?

> 보기
>
> 각 고을에서 공물을 상납하려 할 때 각 관청의 사주인들이 여러 가지로 농간을 부려 좋은 것도 불합격 처리를 하기 때문에 바칠 수가 없게 되었습니다. 이리하여 사주인은 자기가 갖고 있는 물품으로 관청에 대신 내고 그 고을 농민들에게는 자기가 낸 물건 값을 턱없이 높게 쳐서 열 배의 이득을 취하니, 이것은 백성의 피와 땀을 짜내는 것입니다.
>
> —『선조실록』—

① 광해군 시기에 실시하였다.
② 토지 결수를 기준으로 1결당 쌀 12두를 납부하게 하였다.
③ 왕실과 관청에서 필요한 수요품을 구해 납품하는 덕대가 등장하였다.
④ 물품 구매와 상품 수요가 증가하면서 상품 화폐 경제가 한층 발전하였다.

12 〈보기〉의 토지 개혁안을 주장한 조선 후기 실학자를 옳게 짝지은 것은?

보기

ㄱ. 지금 농사를 하고자 하는 사람은 토지를 얻고, 농사를 하지 않는 사람은 토지를 얻지 못하도록 한다. 즉 여전(閭田)의 법을 시행하면 나의 뜻을 이룰 수 있을 것이다. … 무릇 1여의 토지는 1여의 사람들로 하여금 공동으로 경작하게 하고, 내 땅 네 땅의 구분 없이 오직 여장의 명령만을 따른다. 매 사람마다의 노동량은 매일 여장이 장부에 기록한다. 가을이 되면 무릇 오곡의 수확물을 모두 여장의 집으로 보내어 그 식량을 분배한다. 먼저 국가에 바치는 공세를 제하고, 다음으로 여장의 녹봉을 제하며, 그 나머지를 날마다 일한 것을 기록한 장부에 의거하여 여민들에게 분배한다.

ㄴ. 국가는 마땅히 한 집의 재산을 헤아려 전(田) 몇 부(負)를 한정하여 1호(戶)의 영업전(永業田)을 삼기를 당나라의 조제(租制)처럼 해야 한다. 그렇다고 해서 많이 소유한 자의 것을 줄이거나 빼앗지 않고, 모자라게 소유한 자라고 해서 더 주지 않는다. 돈이 있어 사고자 하는 자는 비록 천백 결(結)이라도 모두 허가하고, 토지가 많아 팔고자 하는 자도 단지 영업전 몇 부 이외에는 역시 허가한다.

	ㄱ	ㄴ
①	정약용	이익
②	박지원	유형원
③	정약용	유형원
④	이익	박지원

13 〈보기〉의 의서(醫書)를 편찬된 순서대로 바르게 나열한 것은?

보기

ㄱ. 『동의보감(東醫寶鑑)』
ㄴ. 『마과회통(麻科會通)』
ㄷ. 『의방유취(醫方類聚)』
ㄹ. 『향약구급방(鄕藥救急方)』

① ㄱ - ㄴ - ㄷ - ㄹ
② ㄷ - ㄹ - ㄴ - ㄱ
③ ㄹ - ㄷ - ㄱ - ㄴ
④ ㄹ - ㄷ - ㄴ - ㄱ

14 조선 후기 지도 편찬에 대한 설명으로 가장 옳지 않은 것은?

① 김정호는 『대동여지도』를 편찬하기 이전에 이미 『청구도』 등을 제작하였다.
② 정상기는 백리척을 이용하여 『동국지도』를 제작하였다.
③ 모눈종이를 이용한 정밀한 지도도 제작되었다.
④ 『대동여지도』가 완성되자 나라의 기밀을 누설시킬 우려가 있다고 하여 판목은 압수 소각되었다.

15 위정척사 운동에 대한 설명으로 가장 옳지 않은 것은?

① 최익현은 왜양일체론을 내세우며 개항 반대 운동을 전개하였다.
② 이항로는 척화주전론을 주장하며 통상 반대 운동을 전개하였다.
③ 기정진 등 영남 유생들이 만인소를 올려 『조선책략』을 들여온 김홍집의 처벌을 요구하였다.
④ 홍재학은 주화매국의 신료를 처벌하고 서양물품과 서양서적을 불태울 것을 주장하였다.

16 〈보기〉의 밑줄 친 (가)국가에 대한 설명으로 가장 옳은 것은?

> 보기
>
> 정부는 __(가)__ 공사의 서울 부임에 답례할 겸 서구의 근대 문물을 시찰하기 위해 1883년 __(가)__ 에 보빙사를 파견하였다. 보빙사의 구성원은 민영익, 홍영식, 서광범 등 11명이었다.

① 삼국 간섭에 참여하였다.
② 용암포를 강제 점령하고 조차를 요구하였다.
③ 거문도를 불법으로 점령하였다.
④ 운산 금광 채굴권을 차지하였다.

17 〈보기〉의 협약 이후 일어난 사실로 가장 옳지 않은 것은?

> 보기
>
> 제1조 한국정부는 시정 개선에 관하여 통감의 지도를 받는다.
> 제2조 한국의 법령 제정 및 중요한 행정상의 처분은 미리 통감의 승인을 거친다.
> 제4조 한국 고등 관리의 임면은 통감의 동의로써 이를 시행한다.
> 제5조 한국정부는 통감이 추천하는 일본인을 한국 관리에 임명한다.

① 각 부의 차관에 일본인이 임명되어 이른바 차관정치가 시작되었다.
② 대한제국 군대가 해산되었다.
③ 사법권과 경찰권을 빼앗겼다.
④ 만국평화회의에 이상설 등이 파견되었다.

18 〈보기〉에서 일제강점기의 사건을 발생한 순서대로 바르게 나열한 것은?

> 보기
>
> ㄱ. 물산장려운동
> ㄴ. 3 · 1 운동
> ㄷ. 광주학생항일운동
> ㄹ. 6 · 10 만세운동

① ㄱ → ㄴ → ㄷ → ㄹ
② ㄱ → ㄷ → ㄴ → ㄹ
③ ㄴ → ㄱ → ㄹ → ㄷ
④ ㄴ → ㄹ → ㄷ → ㄱ

19 〈보기〉 선언문의 발표 후에 있었던 사건으로 가장 적합하지 않은 것은?

> 보기
>
> 상아의 진리탑을 박차고 거리에 나선 우리는 질풍과 같은 역사의 조류에 자신을 참여시킴으로써 이성과 진리, 그리고 자유의 대학정신을 현실의 참담한 박토에 뿌리려 하는 바이다. 〈중략〉 무릇 모든 민주주의 정치사는 자유의 투쟁사다. 그것은 또한 여하한 형태의 전제로 민중 앞에 군림하든 '종이로 만든 호랑이'같이 헤슬픈 것임을 교시한다. 〈중략〉 근대적 민주주의의 근간은 자유다. 〈하략〉
> ― 서울대학교 문리과대학 학생 일동 ―

① 이승만 대통령이 하야하였다.
② 장면 정권이 수립되었다.
③ 민족자주통일중앙협의회가 조직되었다.
④ 조봉암이 진보당을 결성하였다.

20 〈보기〉와 같은 내용의 헌법으로 개정된 이후 발생한 사건으로 가장 옳은 것은?

> 보기
>
> 제39조 대통령은 통일주체국민회의에서 토론없이 무기명 투표로 선거한다.
> 제40조 통일주체국민회의는 국회의원 정수의 1/3에 해당하는 수의 국회의원을 선거한다.
> 제43조 대통령은 조국의 평화적 통일을 위한 성실한 의무를 진다.

① 굴욕적인 한일회담에 반대하는 학생 시위가 전개되었다.
② 재야 인사들이 명동성당에 모여 '3·1 민주구국선언'을 발표하였다.
③ 친일파 청산을 위해 반민족행위특별조사위원회를 설치하였다.
④ 민생안정을 위해 농가 부채 탕감, 화폐 개혁 등을 실시하였다.

2018년 기출문제

[서울시] 03월

정답 및 해설 300p

01 〈보기〉는 일제가 제정한 법령의 일부이다. 이 법령에 의해 처벌된 사건이 아닌 것은?

―― 보기 ――
국체를 변혁하는 것을 목적으로 결사를 조직하는 자 또는 결사의 임원, 그의 지도자로서의 임무에 종사하는 자는 사형, 무기 또는 5년 이상의 징역 또는 금고에 처한다. (중략)
사유재산제도를 부인하는 것을 목적으로 결사를 조직하는 자, 결사에 가입하는 자, 또는 목적 수행을 위한 행위를 돕는 자는 10년 이하의 징역 또는 금고에 처한다.

① 김상옥의 종로경찰서 폭탄투척 사건
② 조선공산당 사건
③ 수양동우회 사건
④ 조선어학회 사건

02 〈보기〉의 유적들이 등장한 시대의 사회상에 대한 설명으로 가장 옳은 것은?

―― 보기 ――
• 서울 암사동 유적   • 제주 고산리 유적
• 양양 오산리 유적   • 부산 동삼동 유적

① 움집을 청산하고 지상 가옥에서 거주하기 시작하였다.
② 벼농사를 위하여 각종 수리시설이 축조되었다.
③ 조개무지(패총)를 많이 남겼다.
④ 마을을 보호하기 위한 방어시설이 발전하였다.

03 〈보기〉의 백과사전(유서)을 편찬한 순서대로 바르게 나열한 것은?

―― 보기 ――
ㄱ. 대동운부군옥   ㄴ. 지봉유설
ㄷ. 성호사설   ㄹ. 오주연문장전산고

① ㄱ → ㄴ → ㄷ → ㄹ
② ㄴ → ㄷ → ㄹ → ㄱ
③ ㄱ → ㄷ → ㄴ → ㄹ
④ ㄱ → ㄹ → ㄷ → ㄴ

04 〈보기〉는 일제강점기 당시 흥행에 성공하였던 영화의 줄거리이다. 이 영화가 상영되던 시기의 문화예술계에 대한 설명으로 가장 옳은 것은?

보기

영진은 전문학교를 다닐 때 독립만세를 부르다가 왜경에게 고문을 당해 정신이상이 된 청년이었다. 한편 마을의 악덕 지주 천가의 머슴이며, 왜경의 앞잡이인 오기호는 빚 독촉을 하며 영진의 아버지를 괴롭혔다. 더욱이 딸 영희를 아내로 준다면 빚을 대신 갚아줄 수 있다고 회유하기까지 하였다. (중략) 오기호는 마을 축제의 어수선한 틈을 타 영희를 겁탈하려 하고 이를 지켜보던 영진은 갑자기 환상에 빠져 낫을 휘둘러 오기호를 죽인다. 영진은 살인혐의로 일본 순경에게 끌려가고, 주제곡이 흐른다.

① 역사학: 민족주의 역사가들 사이에서 이른바 '조선학' 운동이 시작되었다.
② 문 학: 민중생활에 관심을 기울인 신경향파 문학이 대두하여 식민통치에 대한 저항문학으로 발전했다.
③ 음 악: 일본 주류 대중음악의 영향을 받은 트로트 양식이 정립되었다.
④ 영 화: 일제는 조선영화령을 공포하여 영화를 전시체제의 옹호와 선전의 수단으로 사용하였다.

05 〈보기〉의 사건을 시간순으로 바르게 나열한 것은?

보기

ㄱ. 일본군이 인천항에 정박한 러시아군함 2척을 공격
ㄴ. 대한제국정부의 국외중립 선언
ㄷ. 일본군이 러시아에 선전포고
ㄹ. 한일의정서 체결

① ㄱ - ㄹ - ㄴ - ㄷ
② ㄴ - ㄱ - ㄷ - ㄹ
③ ㄱ - ㄷ - ㄹ - ㄴ
④ ㄴ - ㄹ - ㄷ - ㄱ

06 〈보기〉의 그에 대한 설명으로 가장 옳지 않은 것은?

보기

그는 평안도 양덕 사람으로 (중략) 체격이 장대하고 지기가 왕성하였는데, 비록 글은 배우지 못하였으나 천성적인 의협심이 있어, 남을 돕는 일을 급무로 삼은 연유로 사람들이 많이 따랐다. 1907년 겨울에 차도선, 송상봉, 허근 등 여러 사람들과 의병을 일으켜 (중략) 전투를 벌였다.

① 산포수들을 모아 의병을 구성하였다.
② 주요 활동지는 함경도 삼수, 갑산 등지였다.
③ 1920년 청산리 전투에서 일본군을 격파하였다.
④ 13도창의군을 결성하고 서울진공작전을 개시하였다.

07 ⟨보기⟩의 선언문을 지침으로 삼은 단체의 활동에 대한 설명으로 가장 옳은 것은?

　　　　　　보기

강도 일본이 우리의 국호를 없이 하며, 우리의 정권을 빼앗으며, 우리의 생존적 필요조건을 다 박탈하였다. (중략)
혁명의 길은 파괴부터 개척할지니라. 그러나 파괴만 하려고 파괴하는 것이 아니라 건설하려고 파괴하는 것이니, 만일 건설할 줄을 모르면 파괴할 줄도 모를지며, 파괴할 줄을 모르면 건설할 줄도 모를지니라. 건설과 파괴가 다만 형식상에서 보아 구별될 뿐이요 정신상에서는 파괴가 곧 건설이니, 이를테면 우리가 일본세력을 파괴하려는 것이, (하략)

① 오성륜, 김익상, 이종암이 상해 황포탄에서 일본 육군대장 다나카 기이치를 저격하였다.
② 이봉창이 동경에서 일왕 히로히토에게 폭탄을 던졌다.
③ 백정기, 이강훈, 원심창이 상해 육삼정에서 일본공사 아리요시를 암살하려고 시도하였다.
④ 윤봉길이 상해 홍구공원에서 열린 일본의 천장절 행사에 폭탄을 던졌다.

08 고구려와 관련된 ⟨보기⟩의 사건을 시간순으로 바르게 나열한 것은?

　　　　　　보기

ㄱ. 평양천도
ㄴ. 관구검과의 전쟁
ㄷ. 고국원왕의 전사
ㄹ. 광개토왕릉비 건립

① ㄷ - ㄱ - ㄹ - ㄴ
② ㄱ - ㄷ - ㄴ - ㄹ
③ ㄴ - ㄷ - ㄹ - ㄱ
④ ㄹ - ㄴ - ㄱ - ㄷ

09 조선시대에 편찬된 서적과 관련된 설명으로 옳은 것을 ⟨보기⟩에서 모두 고른 것은?

　　　　　　보기

ㄱ. 『경국대전』: 조선의 통치 규범과 법을 정리하였다.
ㄴ. 『동문선』: 우리 풍토에 맞는 약재와 치료법을 정리하였다.
ㄷ. 『동의수세보원』: 중국과 일본의 자료를 참고하여 민족사 인식을 확대하였다.
ㄹ. 『금석과안록』: 북한산비가 진흥왕 순수비임을 밝혔다.

① ㄱ, ㄴ　　　　② ㄴ, ㄷ
③ ㄱ, ㄹ　　　　④ ㄴ, ㄹ

10 ⟨보기⟩는 개항 이후 각국과 맺은 조약이다. ㉠과 ㉡에 들어갈 용어로 옳은 것은?

　　　　　　보기

(가) 조선국은 ㉠ 으로 일본국과 평등한 권리를 보유한다. 금후 양국이 화친의 성의를 표하고자 할진대 모름지기 서로 동등한 예의로써 상대할 것이며 추호도 경계를 넘어 침입하거나 시기하여 싫어함이 있어서는 아니될 것이다.
(나) 수륙무역장정은 중국이 ㉡ 을 우대하는 후의에서 나온 것인 만큼 다른 각국과 일체 균점하는 예와는 같지 않으므로 여기에 각항 약정을 한다.

① ㉠ 인근국 - ㉡ 속방
② ㉠ 자주국 - ㉡ 우방
③ ㉠ 인근국 - ㉡ 우방
④ ㉠ 자주국 - ㉡ 속방

11 〈보기〉의 단체가 존속한 기간에 발생한 사건이 아닌 것은?

> **보기**
> - 사회주의계열과 비타협적 민족주의계열의 합작으로 구성되었다.
> - 설립 당시 회장은 이상재, 부회장은 홍명희가 맡았다.
> - 전국에 140여 개소의 지회를 두고, 약 4만 명의 회원을 확보하였다.

① 광주학생독립운동
② 원산총파업
③ 단천산림조합시행령 반대운동
④ 암태도소작쟁의

12 〈보기〉의 내용을 주장한 인물에 대한 설명으로 가장 옳은 것은?

> **보기**
> 국가는 마땅히 한 집의 생활에 맞추어 재산을 계산해서 토지 몇 부(負)를 한 호의 영업전으로 한다. 그러나 땅이 많은 자는 빼앗아 줄이지 않고 미치지 못하는 자도 더 주지 않으며, 돈이 있어 사고자 하는 자는 비록 천백 결이라도 허락해 주고, 땅이 많아서 팔고자 하는 자는 다만 영업전 몇 부 이외에는 허락한다.

① 『목민심서』를 저술하는 등 실학을 집대성하였다.
② 발해사를 우리나라 역사로 체계화할 목적으로 『발해고』를 저술하였다.
③ 전국의 자연환경과 인물, 풍속 등을 정리한 『택리지』를 저술하였다.
④ 천지·인사·만물·경사·시문 등 5개 부문으로 나누어 우리나라와 중국의 문화를 백과사전식으로 소개·비판한 『성호사설』을 저술하였다.

13 〈보기〉는 어느 책의 일부를 발췌한 것이다. 이 책을 저술한 사람은?

> **보기**
> 하늘이 재능을 균등하게 부여하는데 관리의 자격을 대대로 벼슬하던 집안과 과거 출신으로만 한정하고 있으니 항상 인재가 모자라 애태우는 것은 당연한 일이다. 어느 시대, 어느 나라에서 노비나 서얼이어서 어진 인재를 버려두고, 어머니가 개가 했으므로 재능을 쓰지 않는다는 것은 듣지 못했다.

① 이황
② 이이
③ 허균
④ 유형원

14 〈보기〉에서 조선 전기 건축물을 모두 고른 것은?

> **보기**
> ㄱ. 무위사 극락전   ㄴ. 법주사 팔상전
> ㄷ. 금산사 미륵전   ㄹ. 해인사 장경판전

① ㄱ, ㄹ
② ㄴ, ㄹ
③ ㄷ, ㄹ
④ ㄱ, ㄷ

15 고려와 조선의 지방 행정 제도에 대한 설명으로 가장 옳지 않은 것은?

① 조선에서 지방관은 행정·사법권을, 별도로 파견된 진장·영장은 군사권을 보유하였다.
② 고려에서 상급 향리는 과거 응시에 제한을 두지 않아 고위 관리가 될 수 있었다.
③ 조선에서 지역 양반은 유향소를 구성하여 향리를 규찰하고 향촌 질서를 바로잡았다.
④ 고려의 지방은 지방관이 파견된 주현과 파견되지 않은 속현으로 구성되었다.

16 〈보기〉의 선언에 대한 설명으로 가장 옳은 것은?

> **보기**
> 각 군사 사절단은 일본국에 대한 장래의 군사 행동을 협정하였다. (중략) 앞의 3대국은 조선 인민의 노예상태에 유의하여 적당한 시기에 맹세코 조선을 자주독립시킬 결의를 한다.

① 이 선언에서 연합국은 일본에 무조건 항복을 요구하였다.
② 미국, 영국, 중국의 정상이 모여 회담을 한 후 나온 선언이다.
③ 소련은 일본과의 전쟁에 참전할 것을 결정했다.
④ 미국의 루즈벨트 대통령이 20~30년간의 신탁 통치안을 처음으로 제안하였다.

17 〈보기〉의 북한정권 수립 과정을 시간순으로 바르게 나열한 것은?

> **보기**
> ㄱ. 북조선임시인민위원회 성립
> ㄴ. 조선인민군 창설
> ㄷ. 토지개혁 실시
> ㄹ. 최고인민회의 대의원 선거 실시
> ㅁ. 북조선노동당 결성
> ㅂ. 조선민주주의인민공화국 성립

① ㄱ - ㄴ - ㄷ - ㄹ - ㅁ - ㅂ
② ㄱ - ㄷ - ㅁ - ㄴ - ㄹ - ㅂ
③ ㄱ - ㅁ - ㄷ - ㄹ - ㄴ - ㅂ
④ ㄱ - ㅁ - ㄴ - ㄷ - ㄹ - ㅂ

18 〈보기〉의 왕 재위기간에 있었던 사실로 가장 옳은 것은?

> **보기**
> 나라 안의 여러 주군에서 세금을 바치지 않으니, 창고가 비고 나라의 쓰임이 궁핍하였다. 왕이 독촉하자 곳곳에서 도적이 벌떼같이 일어났다. 이에 원종, 애노 등이 사벌주(상주)에 의거하여 반란을 일으키니, 왕이 나마 벼슬의 영기를 시켜 사로잡게 하였다.
> ―『삼국사기』―

① 관직과 주현의 이름을 중국식 한자로 바꾸었다.
② 귀족과 관리에게 주던 녹읍을 폐지하였다.
③ 해적을 소탕하기 위해 청해진을 세웠다.
④ 위홍 등이 향가를 모아 『삼대목』을 편찬하였다.

19 〈보기〉의 왕에 대한 설명으로 가장 옳은 것은?

> **보기**
> 왕은 당이 내분으로 어지러워진 틈을 타서 영토를 넓히고, 수도를 중경에서 상경으로, 다시 동경으로 옮겼다. 또한 대흥, 보력 등 독자적인 연호를 사용하였다.

① 산동지방에 수군을 보내 당을 공격하였다.
② 당으로부터 해동성국이라 불렸다.
③ 전륜성왕을 자처하고 황상이라는 칭호를 사용하였다.
④ 동모산에 나라를 세웠다.

20 〈보기〉에서 설명하고 있는 기구에 대한 설명으로 가장 옳은 것은?

> **보기**
> 재신(宰臣)으로서 이 일을 맡은 사람을 지변재상(知邊宰相)이라고 불렀습니다. 그러나 이것은 일시적인 전쟁 때문에 설치한 것으로 국가의 중요한 모든 일들을 참으로 다 맡긴 것은 아니었습니다. 오늘에 와서 큰 일이건 작은 일이건 중요한 것으로 취급되지 않는 것이 없는데, 정부는 한갓 헛이름만 지니고 육조는 모두 그 직임을 상실하였습니다. 명칭은 '변방의 방비를 담당하는 것'이라고 하면서 과거에 대한 판하(判下)나 비빈(妃嬪)을 간택하는 등의 일까지도 모두 여기를 경유하여 나옵니다.
> — 『효종실록』 —

① 대원군에 의해 기능이 강화되었다.
② 의정부의 기능을 약화시켰다.
③ 붕당정치의 폐단을 막기 위해 설치되었다.
④ 왜구의 침입에 대비하여 16세기 초 상설기구로 설치되었다.

2018년 기출문제

[서울시] 06월

정답 및 해설 305p

01 고려의 문화에 대한 설명 중 가장 옳은 것은?

① 고려의 귀족문화를 대표하는 백자는 상감기법을 이용한 것이다.
② 고려는 세계 최초로 금속활자를 발명하였다.
③ 팔만대장경판은 거란의 침입을 물리치기 위한 염원을 담아 만든 것이다.
④ 고려는 불교국가여서 유교문화가 발전하지 못하였다.

02 조선 전기에 편찬된 서적으로 가장 옳지 않은 것은?

① 『본조편년강목』
② 『의방유취』
③ 『삼국사절요』
④ 『농사직설』

03 〈보기〉의 통일신라시대의 경제제도를 시간 순으로 바르게 나열한 것은?

― 보기 ―
ㄱ. 중앙과 지방의 여러 관리에게 매달 주던 녹봉을 없애고 다시 녹읍을 주었다.
ㄴ. 중앙과 지방 관리들의 녹읍을 폐지하고 해마다 조(租)를 차등 있게 주었으며 이를 일정한 법으로 삼았다.
ㄷ. 처음으로 백성들에게 정전(丁田)을 지급하였다.
ㄹ. 교서를 내려 문무 관료들에게 토지를 차등 있게 주었다.

① ㄴ → ㄱ → ㄹ → ㄷ
② ㄴ → ㄹ → ㄱ → ㄷ
③ ㄹ → ㄷ → ㄴ → ㄱ
④ ㄹ → ㄴ → ㄷ → ㄱ

04 무신집권기 지방민과 천민의 동요에 대한 설명으로 가장 옳지 않은 것은?

① 조위총은 백제 부흥을 위해 봉기하였다.
② 망이·망소이의 난은 일반 군현이 아닌 소에서 일어났다.
③ 경주를 중심으로 한 지역에서는 신라부흥을 내걸고 반란이 일어나기도 했다.
④ 만적은 노비해방을 내세우며 반란을 모의하였다.

05 〈보기〉의 사건을 시간 순으로 바르게 나열한 것은?

> 보기
> ㄱ. 아관파천
> ㄴ. 전주화약 체결
> ㄷ. 홍범 14조 발표
> ㄹ. 군국기무처 설치

① ㄱ → ㄷ → ㄴ → ㄹ
② ㄴ → ㄹ → ㄷ → ㄱ
③ ㄷ → ㄱ → ㄹ → ㄴ
④ ㄹ → ㄴ → ㄱ → ㄷ

06 1965년 6월 22일 체결된 한일기본조약에 대한 설명으로 가장 옳은 것은?

> 제2조 1910년 8월 22일 및 그 이전에 대한제국과 일본 제국 간에 체결된 모든 조약 및 협정이 이미 무효임을 확인한다.
> 제3조 대한민국 정부가 국제연합 총회의 결의 제195(Ⅲ)호에 명시된 바와 같이 한반도에 있어서의 유일한 합법정부임을 확인한다.

① 위안부 문제가 주요한 의제로 논의되었다.
② 조약에 반대하여 학생들이 6·10 민주 항쟁을 일으켰다.
③ 조약 협의를 위해 중앙정보부장 이후락이 특사로 파견되었다.
④ 재일 교포의 법적 지위 및 대우에 관한 협정도 함께 체결되었다.

07 고려시대의 경제생활에 대한 설명으로 옳은 것을 〈보기〉에서 모두 고른 것은?

> 보기
> ㄱ. 성종은 건원중보를 만들어 전국적으로 사용하게 하려 했으나 성공하지 못하였다.
> ㄴ. 고려후기 관청수공업이 쇠퇴하면서 민간수공업이 발달하였다.
> ㄷ. 예성강 어귀의 벽란도는 고려의 국제무역항이었다.
> ㄹ. 원간섭기에는 원의 지폐인 보초가 들어와 유통되기도 하였다.

① ㄱ, ㄴ, ㄷ
② ㄱ, ㄷ, ㄹ
③ ㄴ, ㄷ, ㄹ
④ ㄱ, ㄴ, ㄷ, ㄹ

08 〈보기〉의 조선시대의 국방정책을 시간 순으로 바르게 나열한 것은?

> 보기
> ㄱ. 서울 주변의 네 유수부가 서울을 엄호하는 체제를 구축하였다.
> ㄴ. 금위영을 발족시켜 5군영 제도가 성립되었다.
> ㄷ. 하멜이 가져온 조총 기술을 도입하여 서양식 무기를 제조하였다.
> ㄹ. 수도방어체계를 강화하고 『수성윤음』을 반포하였다.

① ㄱ → ㄴ → ㄷ → ㄹ
② ㄴ → ㄹ → ㄱ → ㄷ
③ ㄷ → ㄴ → ㄹ → ㄱ
④ ㄹ → ㄷ → ㄱ → ㄴ

09 구석기시대 사람들의 생활상에 대한 설명으로 가장 옳은 것은?

① 대체로 동굴이나 바위그늘에서 생활하였으며 불을 사용할 줄 알았다.
② 단양 수양개, 연천 전곡리, 공주 석장리 등 강가에 살던 사람들은 주로 고기잡이와 밭농사를 하며 생활하였다.
③ 이 시기의 대표적인 무덤 형식은 고인돌과 돌널무덤이다.
④ 주먹도끼, 가로날도끼, 민무늬토기 등의 도구를 사용했다.

10 통일신라에 대한 설명으로 가장 옳은 것은?

① 통일 후에는 주로 진골귀족으로 구성된 9서당을 국왕이 장악함으로써 왕실이 주도하는 교육제도를 구축하였다.
② 불교가 크게 융성한 통일신라의 수도인 경주에서는 주로 천태종이 권력과 밀착하며 득세하였다.
③ 신라 중대 때는 주로 원성왕의 후손들이 즉위하면서 비교적 강력한 왕권을 행사하였다.
④ 넓어진 영토를 관리하기 위해 지방행정을 구획하였는데, 5소경도 이에 해당한다.

11 〈보기〉에서 제시된 인물의 공통점으로 가장 옳은 것은?

〈보기〉
ㄱ. 김운경   ㄴ. 최치원
ㄷ. 최언위   ㄹ. 최승우

① 고려 출신으로 당나라에서 유학했다.
② 7세기와 8세기에 활약했던 신라의 대문장가이다.
③ 숙위학생으로 당 황제의 호위무사가 되었다.
④ 당나라의 빈공과에 급제한 후 귀국하였다.

12 〈보기〉의 어록을 남긴 인물의 활동으로 가장 옳은 것은?

〈보기〉
"대전자령의 공격은 이천만 대한인민을 위하여 원수를 갚는 것이다. 총알 한 개 한 개가 우리 조상 수천 수만의 영혼이 보우하여 주는 피의 사자이니 제군은 단군의 아들로 굳세게 용감히 모든 것을 희생하고 만대 자손을 위하여 최후까지 싸우라."

① 화북 조선 독립동맹의 주석으로 선출되어 활동하였다.
② 조선 혁명군을 이끌고 영릉가 전투에서 대승을 거두었다.
③ 한국 독립군을 이끌고 쌍성보 전투에서 일본군을 격파하였다.
④ 조선 의용대를 결성하고 대적 심리전 등에서 크게 활약하였다.

13 〈보기〉의 빈칸에 공통적으로 해당하는 국가와 관련하여 고려시대에 발생한 일로 가장 옳은 것은?

─ 보기 ─
- 모든 관리들을 소집해 ▢▢▢을/를 상국으로 대우하는 일의 가부를 의논하게 하자 모두 불가하다고 했으나, 이자겸과 척준경만이 찬성하고 나섰다.
- ▢▢▢은/는 전성기를 맞아 우리 조정이 그들의 신하임을 칭하도록 하고자 하였다. 여러 의견들이 뒤섞여 어지러운 가운데, 윤언이가 홀로 간쟁하여 말하기를 …… 여진은 본래 우리 조정 사람들의 자손이기 때문에 신하가 되어 차례로 우리 임금께 조공을 바쳐왔고, 국경 근처에 사는 사람들은 모두 우리 조정의 호적에 올라있는 지 오래 되었습니다. 우리 조정이 어찌 거꾸로 그들의 신하가 될 수 있겠습니까?

① 이 국가의 침입으로 인해 국왕은 나주로 피난하였다.
② 묘청 일파는 이 국가의 정벌을 주장하였다.
③ 이 국가와 함께 강동성에 포위된 거란족을 격파하였다.
④ 이 국가의 침략에 대비하여 광군을 설치하였다.

14 〈보기 1〉의 (가)와 (나)가 발표된 시기의 사이에 있었던 사실을 〈보기 2〉에서 모두 고른 것은?

─ 보기 1 ─
(가) 첫째, 통일은 외세에 의존하거나 외세의 간섭을 받음이 없이 자주적으로 해결하여야 한다.
　　둘째, 통일은 서로 상대방을 반대하는 무력행사에 의거하지 않고 평화방법으로 실현하여야 한다.
　　셋째, 사상과 이념, 제도의 차이를 초월하여 우선 하나의 민족으로서 민족적 대단결을 도모하여야 한다.
(나) 1. 남과 북은 나라의 통일 문제를 그 주인인 우리 민족끼리 서로 힘을 합쳐 자주적으로 해결한다.
　　2. 남과 북은 남측의 연합제 안과 북측의 낮은 단계의 연방제 안이 서로 공통성이 있다고 인정한다.

─ 보기 2 ─
ㄱ. 금강산 관광이 시작되었다.
ㄴ. 남북 조절 위원회를 설치하였다.
ㄷ. 경의선과 동해선 철도가 연결되었다.
ㄹ. 남과 북이 동시에 유엔에 가입하였다.

① ㄱ, ㄴ, ㄷ
② ㄱ, ㄴ, ㄹ
③ ㄱ, ㄷ, ㄹ
④ ㄴ, ㄷ, ㄹ

15 조선시대의 대외관계에 대한 설명으로 가장 옳은 것은?

① 태조는 북방의 여진족을 몰아내고 4군 6진을 개척하였다.
② 왜란이 끝난 후 조선은 일본에 통신사를 파견하여 국교재개를 요청하였다.
③ 조선후기 북학운동의 한계를 느낀 지식인들은 북벌운동을 전개하였다.
④ 조선후기 중국과의 외교와 무역에 은이 대거 소비되면서 은광이 활발하게 개발되었다.

16 두 차례의 양요에 대한 설명으로 가장 옳은 것은?

① 어재연이 이끄는 조선군은 프랑스군을 상대로 승리를 거두었다.
② 미국 상선 제너럴 셔먼 호는 평양 주민을 약탈하였다.
③ 양헌수 부대는 광성보 전투에서 결사항전 하였으나 퇴각하였다.
④ 박규수는 화공작전을 펴서 프랑스 군대를 공격하였다.

17 조선시대 신분제에 대한 설명으로 가장 옳지 않은 것은?

① 중앙관직에 진출할 수 있던 고려시대의 향리와 달리 조선의 향리는 수령을 보좌하는 아전으로 격하되었다.
② 유교의 적서구분에 의해 서얼에 대한 차별이 심했기 때문에 서얼은 관직에 진출하지 못하였다.
③ 뱃사공, 백정 등은 법적으로는 양인으로 취급되기도 했으나 노비처럼 천대받으며 특수직업에 종사하였다.
④ 순조는 공노비 중 일부를 양인으로 해방시켜 주었다.

18 근대 교육기관에 대한 설명으로 가장 옳지 않은 것은?

① 배재학당: 선교사 아펜젤러가 서울에 설립한 사립학교이다.
② 동문학: 정부가 설립한 외국어 교육 기관으로 통역관을 양성하였다.
③ 경신학교: 고종의 교육 입국 조서에 따라 설립된 관립 학교이다.
④ 원산학사: 함경도 덕원 주민들이 기금을 조성하여 설립한 학교이다.

19 왕의 수신 교과서인 『성학십도』를 집필한 인물에 대한 설명으로 가장 옳은 것은?

① 아동용 수신서인 『동몽선습』을 편찬하였다.
② 그의 학설을 따르는 이들이 처음에는 서인을 형성하였다.
③ 기(氣)보다는 이(理)를 중시했고, 예안향약을 만들었다.
④ 『주자대전』의 중요 부분을 발췌하여 『주자문록』을 편찬하였다.

20 대한민국의 민주화 여정에 대한 설명으로 가장 옳은 것은?

① 1960년대: 장기집권을 획책한 박정희의 사사오입개헌에 맞서 학생들과 재야인사들이 그 반대 투쟁을 전개하였다.
② 1970년대: 유신개헌을 통해 평화적으로 민주화를 추진할 수 있는 법률적 기틀을 제공하였다.
③ 1980년대: 6월 민주항쟁을 통해 군사정권을 종식시키고 선거를 통해 문민정부가 출범하였다.
④ 1990년대: 대선결과에 따라 평화적 정권교체가 실현되었다.

2017년 기출문제

[서울시] 06월

정답 및 해설 311p

01 조선 후기에 전개된 국학 연구에 대한 설명으로 옳지 않은 것은?

① 유희는 『언문지』를 지어 우리말의 음운을 연구하였다.
② 이의봉은 『고금석림』을 편찬하여 우리의 어휘를 정리하였다.
③ 한치윤은 『기언』을 지어 토지제도의 개혁을 주장하였다.
④ 이종휘는 『동사』를 지어 고구려사에 대한 관심을 고조시켰다.

02 다음 지도와 같이 영토 수복이 이루어진 왕대에 일어난 사실은?

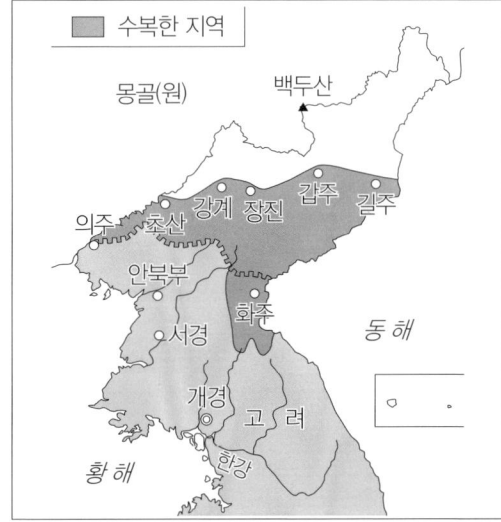

① 과전법의 시행
② 철령위의 설치
③ 이승휴의 『제왕운기』 편찬
④ 전민변정도감의 설치

03 조선 후기 경제 변화에 대한 설명으로 옳지 않은 것은?

① 소라 불리는 특수지역에서 수공업이 이루어졌다.
② 도고라 불리는 독점적 도매상인이 활동하였다.
③ 인삼·담배 등의 상품작물이 널리 재배되었다.
④ 금광·은광을 몰래 개발하는 잠채가 번창하였다.

04 고려시대 토지제도에 대한 설명으로 옳은 것은?

① 6품 이상의 관리는 전시과 이외에도 공음전을 받아 자손에게 물려줄 수 있었다.
② 전시과에서는 문무관리, 군인, 향리 등을 9등급으로 나누어, 토지를 주었다.
③ 후삼국을 통일한 태조 왕건은 공신, 군인 등을 대상으로 그들의 공로에 따라 차등을 두어 역분전을 지급하였다.
④ 국가는 왕실 경비를 마련하기 위해서 공해전을 지급하였다.

05 (가), (나) 문서에 대한 설명으로 옳은 것은?

> (가) 조선 인민의 노예 상태에 유의하여 적당한 시기에 맹세코 조선을 자주 독립시킬 것을 결의한다.
> (나) 조선 임시 정부의 구성을 원조할 목적으로 먼저 그 적절한 방안을 마련하기 위하여 남조선 합중국 관구와 북조선 소련 관구의 대표자들로 공동위원회가 설치될 것이다.

① (가)는 포츠담 회담에서 발표되었다.
② (나)의 결정에는 미국, 영국, 소련이 참여하였다.
③ (나)의 결정에 따라 좌우합작위원회가 만들어졌다.
④ (가), (나)는 8·15 해방 직전에 발표되었다.

06 거문도 사건이 전개된 동안, 당시 사람들이 볼 수 있었던 모습은?

① 당오전을 발행하는 기사
② 한성순보를 배포하는 공무원
③ 서유견문을 출간한 유길준
④ 일본과의 무관세 무역을 항의하는 동래 부민

07 다음은 『고려사』에 나타난 고려 중기 두 세력의 대표적 인물의 주장이다. 이들에 대한 설명으로 옳은 것을 <보기>에서 고르면?

> (가) 제가 보건대 서경 임원역의 땅은 풍수지리를 하는 사람들이 말하는 아주 좋은 땅입니다. 만약 이곳에 궁궐을 짓고 전하께서 옮겨 앉으시면 천하를 다스릴 수 있습니다. 또한 금나라가 선물을 바치고 스스로 항복할 것이고 주변의 36나라가 모두 머리를 조아릴 것입니다.
>
> (나) 금년 여름 서경 대화궁에 30여 개소나 벼락이 떨어졌습니다. 서경이 만일 좋은 땅이라면 하늘이 이렇게 하였을 리 없습니다. 또 서경은 아직 추수가 끝나지 않았습니다. 지금 거동하시면 농작물을 짓밟을 것이니 이는 백성을 사랑하고 물건을 아끼는 뜻과 어긋납니다.

보기

ㄱ. (가) 국호를 대위, 연호를 천개로 정하고 반란을 일으켰다.
ㄴ. (가) 칭제 건원과 요나라 정벌을 주장하였다.
ㄷ. (나) 개경 중심의 문벌 귀족세력의 대표였다.
ㄹ. (나) 편년체 역사서인 『삼국사기』를 편찬하였다.

① ㄱ, ㄷ
② ㄱ, ㄴ, ㄷ
③ ㄱ, ㄷ, ㄹ
④ ㄱ, ㄴ, ㄷ, ㄹ

08 밑줄 친 그에 대한 설명으로 옳은 것은?

> 그는 『묘종초』를 설법하기 좋아하여 언변과 지혜가 막힘이 없었고, 대중에게 참회를 닦기를 권하였다. …(중략)… 대중의 청을 받아 교화시키고 인연을 맺은 지 30년이며, 결사에 들어온 자들이 3백여 명이 되었다.

① 강진의 토호세력의 도움을 받아 백련사를 결성하였다.
② 불교계 폐단을 개혁하기 위해 9산 선문의 통합을 주장하였다.
③ 이론의 연마와 실천을 아울러 강조하는 교관겸수를 제창하였다.
④ 깨달은 후에도 꾸준한 실천이 필요하다는 돈오점수를 중시하였다.

09 다음과 같은 남북합의가 이루어진 정부에서 일어난 사실은?

> 제1조 남과 북은 서로 상대방의 체제를 인정하고 존중한다.
> 제2조 남과 북은 상대방의 내부 문제에 간섭하지 아니한다.
> 제3조 남과 북은 상대방에 대한 비방, 중상을 하지 아니한다.
> 제4조 남과 북은 상대방을 파괴, 전복하는 일체 행위를 하지 아니한다.

① 남북조절위원회 회담
② 금융실명제 전면 실시
③ 남북정상회담 개최
④ 북방외교의 적극 추진

10 다음 중 단군조선의 역사를 다룬 책으로 옳은 것은?

① 『삼국사기』
② 『표제음주동국사략』
③ 『연려실기술』
④ 『고려사절요』

11 삼국 통일 과정에서 나타난 사건을 순서대로 바르게 나열한 것은?

(가) 나·당 연합군이 평양성을 함락시켰다.
(나) 신라가 매소성에서 당군을 크게 물리쳤다.
(다) 계백의 저항에도 불구하고 사비성이 함락되었다.
(라) 백제·왜 연합군이 나·당 연합군과 백강에서 전투를 벌였다.

① (나) - (가) - (다) - (라)
② (나) - (다) - (가) - (라)
③ (다) - (라) - (가) - (나)
④ (라) - (다) - (가) - (나)

12 임진왜란으로 발생한 문제를 해결하기 위해 광해군 재위 기간 중에 추진된 정책에 해당하지 않는 것은?

① 토지 대장과 호적을 새로 정비하였다.
② 공납제도의 문제점을 보완하기 위해 대동법을 실시하였다.
③ 임진왜란 때 활약한 충신과 열녀를 조사하여 추앙하였다.
④ 진관 체제에서 제승방략 체제로 변경하였다.

13 (가)의 사건에 대한 설명으로 옳은 것은?

심문자: 작년 3개월간 무슨 사연으로 고부 등지에서 민중을 크게 모았는가?
답변자: 고부 군수의 수탈이 심하여 민심이 억울하고 통한스러워 의거를 하였다.
심문자: 흩어져 돌아간 후에는 무슨 일로 봉기하였는가?
답변자: 안핵사 이용태가 의거 참가자 대다수를 동학도로 몰아 체포하여 살육하였기 때문이다.
심문자: (가) 이후 다시 봉기를 일으킨 이유는 무엇인가?
답변자: 일본이 군대를 거느리고 경복궁을 침범하였기 때문이다.

① 일본군이 풍도의 청군을 공격하면서 성립하였다.
② 법규교정소를 설치한다는 내용이 들어 있었다.
③ 집강소 및 폐정개혁에 관한 규정이 포함되었다.
④ 제물포 조약을 근거로 실행한 것이다.

14 다음 자료와 관련된 사건을 순서대로 바르게 나열한 것은?

> ㉠ 무엇보다 우리는 이른바 4·13 대통령의 특별 조치를 국민의 이름으로 무효임을 선언한다.
> ㉡ 우리 시민군은 온갖 방해에도 불구하고 여러분의 안전을 끝까지 지킬 것입니다. 또한 협상이 올바른 방향대로 진행되면 우리는 즉각 총을 놓겠습니다.
> ㉢ 오늘의 이 시점에서 저는 사회적 혼란을 극복하고, 국민적 화해를 이룩하기 위하여 대통령 직선제를 택하지 않을 수 없다는 결론에 이르게 되었습니다.

① ㉠ - ㉡ - ㉢
② ㉡ - ㉠ - ㉢
③ ㉡ - ㉢ - ㉠
④ ㉢ - ㉡ - ㉠

15 다음의 협약 이후 일어난 일로 옳지 않은 것은?

> • 한국 정부는 시정 개선에 관하여 통감의 지도를 받을 것
> • 한국 정부의 법령 제정 및 중요한 행정상의 처분은 미리 통감의 승인을 거칠 것
> • 한국 고등 관리의 임면은 통감의 동의로써 이를 행할 것
> • 한국 정부는 통감이 추천하는 일본인을 한국 관리에 임명할 것

① 13도 창의군의 서울진공작전
② 고종의 헤이그 특사 파견
③ 대한제국 군대 해산
④ 대한제국 경찰권 박탈

16 밑줄 친 왕에 대한 설명으로 옳은 것은?

> 왕은 왕권 강화를 위해 중앙집권체제를 강화하고, 변방 중심에서 전국적인 지역 중심 방어체제로 바꾸는 등 국방을 강화하였다. 또 국가재정을 안정시키기 위해 과전을 현직 관료에게만 지급하기 시작하였다.

① 『경국대전』의 편찬을 마무리하여 반포하였다.
② 간경도감을 두어 『월인석보』를 언해하여 간행하였다.
③ 6조 직계제를 채택하고 사간원을 독립시켜 대신을 견제하였다.
④ 대마도주와 계해약조를 맺어 무역선을 1년에 50척으로 제한하였다.

17 밑줄 친 이 책의 저자에 대한 설명으로 옳은 것은?

> 이 책은 왕과 사대부를 위해 왕도정치의 규범을 체계화한 것으로 통설, 수기, 정가, 위정, 성현도통 등으로 구성되어 있다. 이 책은 성리학의 정치 이론서인 『대학연의』를 보완함으로써 조선의 사상계에 널리 영향을 미쳤다.

① 경과 의를 근본으로 하는 실천적 성리학풍을 강조하였다.
② 기대승과 8차례 편지를 통해 4단과 7정에 대한 논쟁을 벌였다.
③ 이보다 기를 중심으로 세계를 이해하고 노장사상에 개방적이었다.
④ 사림이 추구하는 왕도정치가 기자에서 시작되었다는 평가를 담은 『기자실기』를 저술하였다.

18 밑줄 친 그의 활동에 대한 설명으로 옳은 것은?

> 그는 만동묘와 폐단이 큰 서원을 철폐하도록 명령을 내렸다. 선비들 수만 명이 대궐 앞에 모여 만동묘와 서원을 다시 설립할 것을 청하니, 그가 크게 노하여 병졸로 하여금 한강 밖으로 몰아내도록 하였다.

① 갑오개혁 당시 군국기무처의 총재관으로 활동하였다.
② 갑신정변 당시 청군의 원조를 요청하였다.
③ 임오군란 직후 통리기무아문을 폐지하였다.
④ 강화도 조약 체결 직전 화서학파의 적극적인 지지를 받았다.

19 대한민국 임시 정부에 대한 설명으로 옳지 않은 것은?

① 국내 항일 세력들과 연락하기 위해 연통제를 운영하였다.
② 국외 거주 동포에게 독립 공채를 발행하였다.
③ 만주 지역의 무장 투쟁 세력들도 참여하였다.
④ 임시 정부 수립 직후 임시 의정원을 구성하였다.

20 ㉠~㉣에 대한 설명이 바르게 연결된 것은?

> ㉠ 농경이 발달하였고, 어물과 소금 등 해산물이 풍부하였다.
> ㉡ 도둑질을 하면 물건 값의 12배를 변상하게 하였다.
> ㉢ 산과 내마다 각기 구분이 있어서 함부로 들어가지 못하였다.
> ㉣ 국읍에 각각 한 사람씩 세워 천신의 제사를 주관하게 하였다.

① ㉠ - 10월에 동맹이라는 제천 행사를 실시하였다.
② ㉡ - 형이 죽으면 형수를 아내로 삼는 풍습이 있었다.
③ ㉢ - 족내혼과 함께 민며느리제라는 혼인 풍속이 있었다.
④ ㉣ - 상가, 고추가 등이 제가회의를 열어 국가 대사를 결정하였다.

정답 및 해설

ANSWER & EXPLANATION

[국가직] 2023년 04월 | 정답

01	①	02	②	03	③	04	④	05	③
06	③	07	③	08	②	09	②	10	②
11	③	12	④	13	④	14	②	15	①
16	④	17	②	18	①	19	①	20	③

[국가직] 2023년 04월 | 해설

01   정답 ①

[정답해설]
제시된 미송리식 토기, 팽이형 토기, 붉은 간 토기는 모두 청동기 시대에 사용된 유물이다. 청동기 시대에는 중국 요령(랴오닝) 지역에서 많이 발견된 요령식 동검인 비파형 동검이 사용되었다.

[오답해설]
② 오수전은 중국 한(漢) 무제 때 사용된 철기 시대의 화폐로, 우리나라에서는 창원 다호리 등에서 출토되었다.
③ 아슐리안형 주먹도끼는 주로 아프리카와 유라시아 등에서 폭넓게 발견된 구석기 시대의 유물로, 우리나라에서는 연천 전곡리에서 발견되었다.
④ 철기 시대에 변한 지역에서는 철이 많이 생산되어 낙랑과 왜에 수출되었다.

02   정답 ②

[정답해설]
제시된 사료는 「진대법」의 실시 배경을 나타낸 것으로, 밑줄 친 '왕'은 고구려 고국천왕이다. 춘궁기에 백성들에게 곡식을 빌려주었다가 추수기에 상환하도록 한 「진대법」은 고구려 고국천왕 때 을파소의 건의로 처음 마련되었다.

[오답해설]
① 고구려 미천왕은 낙랑군을 축출하고 고조선의 옛 땅인 대동강 유역을 회복하였다(313).
③ 백제 근초고왕의 침입으로 고구려의 고국원왕이 평양성 전투에서 전사하였다(371).
④ 고구려 광개토 대왕은 영락(永樂)이라는 독자적인 연호를 사용하여 중국과 대등한 자주성과 강력한 왕권을 표방하였다.

[보충해설]

> ■ 고구려 진대법
> - 고구려 고국천왕 때 을파소의 건의로 실시된 빈민 구제 제도
> - 관곡을 대여하는 제도로서, 일반 백성들이 채무 노비로 전락하는 것을 막고자 함
> - 고려 시대의 흑창(태조)과 의창(성종), 조선 시대의 의창과 사창 등으로 계승·발전

03   정답 ③

[정답해설]
제시된 사료에서 (가)는 고려 공민왕 때 권문세족을 견제하기 위해 신돈이 설치한 전민변정도감이다. 신돈은 전민변정도감을 통해 불법적으로 점유된 토지와 노비를 조사하여 본래의 소유주에게 돌려주었다.

[오답해설]
① 고려 시대에는 경시서가 수도 개성에 설치되어 시전의 물가를 감독하는 임무를 담당하였다.
② 고려 시대에는 삼사(三司)가 국가재정인 화폐와 곡식의 출납과 회계 업무를 총괄하였다.
④ 고려 원종은 몽골의 침입으로 전시과 제도가 완전히 붕괴되어 토지를 지급할 수 없게 되자, 일시적으로 관리의 생계를 위해 녹봉 대신 녹과전을 지급하였다.

04 정답 ④

[정답해설]
제시된 사료는 거란의 1차 침입 당시 고려의 서희가 거란의 소손녕과 벌인 외교 담판 내용이다. 서희는 거란의 소손녕과 담판하여 여진이 차지하고 있는 땅을 확보하여 통로가 열리면 거란과 통교하겠다는 조건으로 강동 6주를 획득하였다(993).

[오답해설]
① 고려 목종 때 강조가 정변을 일으켜 김치양을 제거한 후 목종까지 폐하고 대량군(현종)을 즉위시켰다(1009).
② 강동 6주의 반환을 요구하며 3차 침략한 소배압의 10만 대군에 맞서 고려의 강감찬은 귀주에서 거란군을 물리쳤다(1019).
③ 고려 예종 때 윤관은 별무반을 이끌고 여진을 정벌한 후 동북 9성을 쌓았다(1107).

05 정답 ③

[정답해설]
장수왕이 남진정책의 일환으로 천도한 곳은 평양이며, 묘청이 천도 운동을 통해 수도를 옮기고자 한 곳도 평양(서경)이다. 이곳 평양에서 1866년 대동강에 침입하여 통상을 요구하며 행패를 부리던 미국 상선을 박규수와 평양 관민들이 불태우는 제너럴 셔먼호 사건이 발생하였다.

[오답해설]
① 고려 후기 몽고가 화주(지금의 함경남도 영흥) 이북을 직접 통치하기 위해 쌍성총관부를 설치하였으나, 공민왕 때 수복하여 철령 이북의 땅을 되찾았다.
② 고려 무신 집권기 때 망이·망소이가 가혹한 수탈에 저항하여 반란을 일으킨 곳은 공주 명학소이다.
④ 1923년 진주에서 조선 형평사가 결성되어 백정에 대한 사회적 차별 철폐를 위한 형평 운동이 전개되었다.

06 정답 ③

[정답해설]
제시된 사료는 675년에 일어난 매소성 전투에 대한 내용으로, 나·당 전쟁 중 신라군이 매소성에서 20만의 당군을 격파하여 당나라 세력을 몰아내는 데 결정적인 계기를 마련하였다.

ㄴ. 통일 신라 신문왕 때 왕의 장인인 김흠돌이 파진찬 흥원과 대아찬 진공 등과 함께 반란을 꾀하다 처형되었다(681).
ㄷ. 통일 신라 신문왕 때 교육 기관인 국학이 설립되어 유학 교육을 진흥시키고 유교 이념을 확립하였다(682).

[오답해설]
ㄱ. 나·당 연합군이 백제를 멸망시킨 후 당나라가 백제의 옛 땅을 통치하기 위해 웅진도독부를 설치한 것은 매소성 전투 이전의 사건이다(660).
ㄹ. 백제가 멸망한 후 복신과 도침이 부여풍과 함께 백제 부흥 운동을 일으킨 것은 매소성 전투 이전의 사건이다(660).

07 정답 ③

[정답해설]
(나) **고구려의 서안평 점령(311)** : 고구려 미천왕은 서안평을 공격하고 영토를 확장하여 고조선의 옛 땅을 회복하였다.
(가) **신라의 우산국 복속(512)** : 신라 지증왕은 이사부를 보내 우산국(울릉도)과 그 부속 도서(독도)를 복속시켰다.
(라) **신라의 금관가야 병합(532)** : 신라의 법흥왕은 금관가야를 병합하고 낙동강까지 영토를 확장하였다.
(다) **백제의 대야성 점령(642)** : 백제의 의자왕은 윤충을 보내 신라를 공격하고 대야성을 비롯한 40여 개의 성을 점령하였다.

08 정답 ②

[정답해설]
월정사 팔각 9층 석탑은 강원도 평창의 월정사 대웅전 앞뜰에 있는 고려 전기의 석탑으로, 원이 아닌 송의 영향을 받은 다각 다층 석탑이다.

[오답해설]
① 황해도 사리원 성불사 응진전은 고려 후기 원나라의 영향을 받아 공포가 기둥 위뿐만 아니라 기둥 사이에도 짜인 다포식 건물로 유명하다.
③ 여주 고달사지 승탑은 고려 초의 화강석 석탑으로, 통일 신라 승탑의 전형적인 형태인 팔각원당형 양식을 계승하였다.
④ 청주 흥덕사에서 금속 활자로 간행된 『직지심체요절』은 세계기록유산으로 등재된 현존하는 가장 오래된 금속활자본으로, 현재 프랑스 국립 도서관에 소장되어 있다.

[보충해설]

■ **고려 시대 석탑**
- **월정사 팔각 구층 석탑(고려 전기)** : 송대 석탑의 영향을 받은 다각 다층 석탑으로 고구려 전통을 계승
- **경천사지 십층 석탑(고려 후기)** : 목조 건축 양식의 석탑, 화려한 조각, 원의 석탑을 본뜬 것으로 조선 시대 원각사지 십층 석탑으로 이어짐

09   정답 ②

[정답해설]
혼일강리역대국도지도는 우리나라에서 제작된 현존 최고(最古)의 세계 지도로 조선 태종 때 권근, 김사형, 이회 등에 의해 제작되었다. 반면 곤여만국전도는 천주교의 전도를 위해 중국에 온 이탈리아 선교사 마테오 리치가 제작한 세계 지도를 조선 선조 때 이광정이 전한 것이다.

[오답해설]
① 대동여지도는 조선 철종 때 김정호가 제작한 우리나라 대축척 지도로, 거리를 알 수 있도록 10리마다 눈금을 표시하였다.
③ 천상열차분야지도는 하늘을 여러 구역으로 나누고 별자리를 종이에 필사한 천문도이다.
④ 동국지도는 조선 영조 때 정상기가 제작한 지도로 최초로 100리 척의 축적 개념이 적용되었다.

10   정답 ②

[정답해설]
제시된 사료에서 (가)는 광해군 때 이원익의 건의로 선혜청을 설치하고 경기도에 한해서 처음 실시된 대동법이다. ②에서 지주에게 결작을 부과한 것은 조선 영조 때 균역법의 실시로 재정이 감소되자 부족한 재정을 보충하기 위해 실시한 것이다.

[오답해설]
①·③·④ 조선 후기에는 공납의 폐단을 시정하기 위해 대동법이 시행되었고, 관청에서 필요한 물품을 납부하는 공인(貢人)이 등장하여 이들에게 비용을 지급하고 필요 물품을 조달하였다. 또한 대동법의 시행으로 상품 화폐 경제가 발달하여 조선 후기에는 장시가 전국적으로 확대되고 1천여 곳의 시장이 개설되었다.

[보충해설]

■ **대동법의 시행 결과**
- **농민 부담 경감** : 부과가 종전 가호 단위에서 전세(토지 결수) 단위로 바뀌어, 토지 1결당 미곡 12두만을 납부
- **공납의 전세화** : 공물 대신 토지 결수에 따라 쌀을 차등 과세
- **조세의 금납화** : 종래 현물 징수에서 쌀(대동미)·베(대동포)·동전(대동전)으로 납부
- **국가 재정의 회복** : 과세 기준의 변경으로 지주 부담이 늘고, 대동법의 관리·운영과 재정 수입을 선혜청에서 담당하게 되면서 국가 재정은 어느 정도 회복됨
- **공인 등장** : 대동법이 실시되면서 등장한 관허 상인으로 이들의 활발한 활동은 상품 화폐 경제의 발달을 촉진
- **상품 화폐 경제의 발달** : 상품 수요가 증가하고 시장이 활성화, 상품 구매력의 증가로 자급자족에서 유통 경제로 변화

11   정답 ③

[정답해설]
제시된 사료에서 만동묘와 서원을 철폐한 (가)의 인물은 흥선 대원군이다. 그는 집권기에 왕권 강화의 일환으로 비변사를 혁파하고 의정부의 기능을 회복시켰다.

[오답해설]
① 흥선 대원군은 환곡의 폐단을 시정하고자 사창제를 실시하여 농민 부담을 경감하고 재정 수입을 확보하였다.
② 흥선 대원군은 기존 법전을 기본으로 각종 조례 등을 보완하여 체계적으로 정리한 조선 시대 마지막 통일 법전인 「대전회통」을 편찬하였다.
④ 흥선 대원군은 서양 제국주의 세력의 침략을 경계하기 위해 전국 각지에 척화비를 건립하고 통상 수교 거부 정책을 추진하였다.

12   정답 ④

[정답해설]
제시된 사료는 중국 상하이에서 독립운동 지사들이 임시 정부를 수립할 계획으로 1919년 4월 11일에 발표한 「대한민국 임시 헌장」이다. 한편, 전환국은 1883년에 설립된 근대식 화폐 발행 기구로 대한민국 임시 정부와는 관련이 없다.

[오답해설]
① 대한민국 임시 정부는 독립운동 자금을 마련하기 위해 국외 거주 동포들에게 독립 공채를 발행하였다.
② 대한민국 임시 정부의 기관지인 『독립신문』은 서재필의 독립협회가 창간한 근대적 민간 신문이다.
③ 대한민국 임시 정부는 국내 비밀 행정 조직인 연통부를 설치하여 문서와 명령 전달, 군자금 송부, 정보 보고 등의 업무를 수행하였다.

[보충해설]

■ 대한민국 임시 정부의 활동
- 군자금 조달 : 애국 공채 발행이나 국민의 의연금으로 마련, 국내외에서 수합된 자금은 연통제나 교통국 조직망에 의해 임시 정부에 전달되었으며, 만주의 이륭양행이나 부산의 백산 상회를 통하여 전달되기도 함
- 외교 활동 : 파리 강화 회의에 김규식을 대표로 파견하여 독립을 주장, 미국에 구미 위원부를 두어 국제 연맹과 워싱턴 회의에 우리 민족의 독립 열망을 전달
- 문화 활동 : 기관지로 독립신문을 간행하여 배포, 사료 편찬소를 두어 한·일 관계 사료집과 한국 독립 운동 지혈사(박은식) 등 간행
- 군사 활동 : 육군 무관 학교 설립, 임시 정부 직할대 결성, 한국 광복군 창설

13   정답 ④

[정답해설]
제시된 사료는 수출의 날 기념식 행사에 대한 글로, 밑줄 친 '나'는 박정희 대통령이다. 박정희 정부가 집권하면서 베트남 파병에 필요한 조건으로 국군의 전력 증강과 차관 원조를 명시한 브라운 각서가 체결되었다.

[오답해설]
① 6·25 전쟁 중에 이승만 정부와 자유당이 정권 연장을 위해 직선제 개헌안을 통과시켰고, 전두환 정부 때에 6월 민주항쟁의 결과 노태우의 6·29 민주화 선언에 따라 5년 단임의 대통령 직선제 개헌안이 통과되었다.
② 유신 체제에 항거하여 가톨릭 신부, 개신교 목사, 대학 교수 등의 재야인사들이 긴급 조치 철폐를 요구하는 3·1 민주 구국 선언을 발표하였다(1976).
③ 이승만 정부 때 제헌 국회에서 일제 강점기 친일 행위를 한 사람들을 처벌하고 공민권을 제한하기 위해 반민족 행위 특별 조사 위원회를 구성하였다(1948).

14   정답 ②

[정답해설]
제시된 사료는 조선 현종 때 발생한 기해예송 당시의 상황을 설명한 것으로, 서인인 송준길에 반하여 3년복을 주장하는 상소를 올린 인물이 속한 붕당이 남인임을 알 수 있다.

ㄱ. 조선 숙종 때 희빈 장씨 소생의 원자 책봉 문제로 기사환국이 발생하여 인현 왕후가 폐위되고 남인이 정권을 장악하였다.
ㄷ. 조선 정조 때 그동안 권력에서 배제되었던 남인(시파) 계열도 중용되어 탕평정치의 한 축을 이루었다.

[오답해설]
ㄴ. 인조반정을 주도한 서인은 인목대비를 유폐하고 영창대군을 살해한 광해군을 축출하고 집권세력이 되었다.
ㄹ. 이이와 성혼의 문인을 중심으로 형성된 붕당은 서인이다.

15   정답 ①

[정답해설]
(가) 삼포왜란(1510) : 조선 중종 때 부산포, 내이포, 염포 등의 삼포에 거주하고 있던 왜인들이 조선 정부의 통제에 반발하여 삼포왜란을 일으켰다.
(나) 을사사화(1545) : 명종을 옹립한 소윤파 윤원로·윤원형 형제가 인종의 외척 세력인 대윤파 윤임 등을 축출하면서 외척 간의 권력 다툼이 발생하였다.
(다) 임진왜란(1592) : 조선 선조 때 일본의 도요토미 정권이 정명가도(征明假道)를 내세우며 조선을 침략하여 발발한 전쟁이다.

[오답해설]
② 조선 세조 때 착수해 성종 때 『경국대전』이 완성 및 반포되었다(1485).
③ 조선 세종 때 국산 약재와 치료법을 소개한 『향약집성방』이 편찬되었다(1433).
④ 조선 세종 때 주자소에서 금속활자인 갑인자가 주조되어 활자 인쇄술을 발전시켰다(1434).

16   정답 ④

[정답해설]
제시된 법령은 일제가 무단 통치기에 제정한 회사령이다. 일제는 회사 설립 시 총독의 허가를 받도록 하는 회사령을 공포하여 민족 기업의 설립을 방해하였다(1910). 이 시기에 보통

학교 수업 연한을 4년으로 정한 제1차 「조선교육령」이 공포되었다(1911).

[오답해설]
① 일제는 문화 통치기에 쌀 수탈을 목적으로 하는 산미 증식 계획을 실시하였고(1920), 1930년대에 들어서 쌀 가격의 폭락과 조선 쌀의 수출에 따른 일본 농촌경제의 악화로 산미 증식 계획이 폐지되었다(1934).
② 일제는 민족 말살 통치기에 「국가 총동원법」을 제정하여 인력과 물자를 강제 수탈하고 전시 동원 체제를 확립하였다(1938).
③ 일제는 민족 말살 통치기에 공업 원료 확보를 위한 남면 북양 정책을 실시하여 남부에서는 면화, 북부에서는 면양의 사육을 강요하였다(1934).

[보충해설]

> **무단 통치기의 일제 정책**
> - **헌병 경찰제** : 헌병의 경찰 업무 대행, 헌병 경찰의 즉결 처분권 행사, 체포 및 구금(영장 불요)
> - **태형 처벌** : 조선 태형령 시행
> - **토지 조사 사업**(1912~1918) : 토지 조사령 발표(1912), 토지를 약탈하고 지주층을 회유하여 식민지화에 필요한 재정 수입원을 마련함
> - **회사령**(1910) : 회사 설립 허가제를 통해 민족 기업의 성장 억제 및 일제의 상품 시장화
> - **자원 약탈 및 경제활동 통제** : 산림령(1911), 어업령(1911), 광업령(1915), 임야조사령(1918)
> - **범죄 즉결례**(1910) : 일정한 범죄나 법규 위반 행위에 대해 재판을 거치지 않고 바로 처벌하도록 제정한 법령

17 정답 ②

[정답해설]
제시된 사료는 1948년 2월에 발표된 유엔 소총회의 결의문이다. 소련의 반대로 남북한 총선거가 불가능해지자 유엔은 소총회에서 선거가 가능한 지역에서만이라도 총선거를 실시하여 정부를 수립하도록 결정하였고, 이에 따라 남한만의 단독 선거인 5·10 총선거가 실시되었다(1948).

[오답해설]
① 해방 직후 미국은 연합국의 일원으로 한반도의 38도선 이남의 지역에 미 군정청을 설치하고 대한민국 정부가 수립될 때까지 군정을 실시했다(1945).

③ 이승만의 정읍 발언 후 우익 측을 대표한 김규식과 좌익 측을 대표한 여운형이 좌우 합작 위원회를 구성하고 좌우 합작 7원칙을 발표하였다(1946).
④ 모스크바 삼국 외상 회의의 결정에 따라 한국에 임시 민주 정부 수립을 목적으로 제1차 미·소 공동 위원회가 개최되었으나 결렬되었다(1946).

18 정답 ①

[정답해설]
(가) 강화도 조약(1876. 2) : 일본의 강압에 의해 체결된 최초의 근대적 조약이자 불평등 조약인 강화도 조약 중 치외법권(영사재판권)과 관련된 내용이다.

- 조·일 수호 조규 부록(1876. 7) : 강화도 조약의 부속 조약으로, 개항장에서의 일본 거류민의 거주지역이 설정되고 개항장에서 일본 화폐의 통용이 허용되었다.

(나) 조청 상민 수륙 무역 장정(1882. 8) : 조선과 청이 양국 상인의 통상에 대해 맺은 조약으로, 청 상인이 한양과 양화진에 점포를 개설하거나 지방관의 허가를 받으면 내륙 행상도 가능하게 되었다(1882).

[오답해설]
② 러시아가 압록강 유역의 산림 채벌권을 획득하였다(1896).
③ 서울의 시전 상인들이 황국 중앙 총상회를 조직하고 상권 수호 운동을 전개하여 일제의 경제적 침탈에 적극적으로 대응하였다(1898).
④ 일본으로의 지나친 곡물 반출을 막기 위해 함경도 관찰사 조병식이 선포한 방곡령에 불복하여 일본 상인이 손해 배상을 요구하였다(1889).

19 정답 ①

[정답해설]
제시된 사료의 밑줄 친 '14개 조목'은 홍범 14조이다. 고종은 제2차 갑오개혁 때 종묘에 나가 독립 서고문을 바치고 개혁의 방향을 제시한 홍범 14조를 반포하였다(1894).

ㄱ. **탁지아문에서 조세 부과** : 조세의 징수와 경비 지출은 모두 탁지(度支衙門)의 관할에 속한다.
ㄴ. **왕실과 국정 사무의 분리** : 왕실 사무와 국정 사무를 분리해 서로 혼동하지 않는다.

[오답해설]
ㄷ. 광무개혁 후 근대적 토지 소유제도의 마련을 위해 양지아문을 설치하여 양전사업을 실시하고, 지계아문에서 토지 소유자에게 지계(토지증서)를 발급하였다(1901).
ㄹ. 일본의 금융 기관 침투와 고리대금업에 대응하기 위하여 우리 자본으로 민족 은행인 대한 천일 은행 등의 금융기관을 설립하였다(1899).

[보충해설]

■ 홍범 14조
1. 청국에 의존하는 생각을 끊고 자주 독립의 기초를 세운다.
2. 왕실 전범을 제정해 왕위 계승의 법칙과 종친, 외척과의 구별을 명확히 한다.
3. 임금은 각 대신과 의논해 정사를 행하고 종실, 외척의 내정 간섭을 허용하지 않는다.
4. 왕실 사무와 국정 사무를 분리해 서로 혼동하지 않는다.
5. 의정부 및 각 아문의 직무, 권한을 명백히 규정한다.
6. 납세는 법으로 규정하고 함부로 세금을 징수하지 아니한다.
7. 조세의 징수와 경비 지출은 모두 탁지아문(度支衙門)의 관할에 속한다.
8. 왕실의 경비는 솔선해 절약하고 이로써 각 아문과 지방관의 모범이 되게 한다.
9. 왕실과 관부(官府)의 1년간의 비용을 예정해 재정의 기초를 확립한다.
10. 지방 관제를 개정해 지방 관리의 직권을 제한한다.
11. 우수한 젊은이들을 파견시켜 외국의 학술·기계를 받아들인다.
12. 장교를 교육하고 징병을 실시해 군제의 기초를 확립한다.
13. 민법·형법을 제정해 인민의 생명과 재산을 보호한다.
14. 문벌을 가리지 않고 널리 인재를 등용한다.

20　　　　　　　　　　　　　　　　　　　　**정답 ③**

[정답해설]
연표에서 만주사변은 1931년에 발발하였고, 태평양 전쟁은 1941년에 발발하였다. ③의 『제국신문』은 1898년에 발행하여 1910년에 폐간된 순한글의 계몽적 일간지로 (가) 시기에 해당되지 않는다.

[오답해설]
① 일제의 제3차 조선 교육령 실시에 따라 학제가 일원화되고 조선인이 다니는 보통학교의 명칭이 소학교로 바뀌었다(1938).
② 일제는 민족 말살 통치기에 천황에게 충성을 맹세하는 황국 신민 서사의 암송을 강요하였다(1937).
④ 지청천의 한국 독립군이 중국의 호로군과 연합하여 쌍성보 전투에서 일본군에 항전하였다(1932).

■ [국가직] 2022년 04월 정답

01	①	02	③	03	④	04	①	05	②
06	③	07	④	08	②	09	③	10	③
11	①	12	④	13	①	14	②	15	①
16	②	17	②	18	③	19	②	20	④

[국가직] 2022년 04월 해설

01　　　　　　　　　　　　　　　　　　　　**정답 ①**

[정답해설]
가족이 죽으면 시체를 가매장하였다가 나중에 그 뼈를 추려서 가족 공동 무덤인 커다란 목곽에 안치하는 풍습이 있었던 나라는 옥저이다. 옥저에는 혼인을 약속한 여자 아이를 데려다 키워서 며느리로 삼는 민며느리제라는 혼인 풍습이 있었다.

[오답해설]
② 부여는 왕 아래 가축의 이름을 딴 제가들이 별도로 사출도를 다스렸다.
③ 삼한에는 소도라는 신성 구역이 존재하여 천군이 의례를 주관하고 제사를 지냈다.
④ 동예는 10월에 무천이라는 제천행사를 열어 하늘에 제사를 지내고 춤과 노래를 즐겼다.

[보충해설]

> ■ 옥저의 생활 모습
> - 왕이 없고 각 읍락에는 읍군(邑君)·삼로(三老)라는 군장이 있어서 자기 부족을 통치하였으나, 큰 정치 세력을 형성하지는 못함
> - 소금과 어물 등 해산물이 풍부하였으며, 이를 고구려에 공납으로 바침
> - 토지가 비옥하여 농사가 잘되어 오곡이 풍부
> - 고구려와 같은 부여족 계통으로, 주거·의복·예절 등에 있어 고구려와 유사 → 혼인풍속 등에서는 차이도존재
> - 매매혼의 일종인 민며느리제(예부제)가 존재
> - 가족의 시체를 가매장하였다가 나중에 그 뼈를 추려 가족 공동묘인 커다란 목곽에 안치 → 세골장제, 두벌 묻기
> - 가족 공동묘의 목곽 입구에는 죽은 자의 양식으로 쌀을 담은 항아리를 매달아 놓기도 함

02 정답 ③

[정답해설]
능산리 고분군은 사비 시대의 백제 고분으로 규모가 작지만 세련된 굴식 돌방 무덤이다. 계단식 돌무지무덤은 고구려의 영향을 받은 백제 초기 한성 시대의 고분에서 볼 수 있다.

[오답해설]
① 익산 미륵사지에서 현존하는 삼국 시대 석탑 중 가장 규모가 큰 목탑 양식의 석탑이 발굴되었다.
② 부여 정림사지에는 당나라 장수 소정방이 백제를 정복한 후 '백제를 정벌한 기념탑'이라는 글귀가 새겨져 있는 백제의 5층 석탑이 남아 있다.
④ 공주 송산리 고분군에 위치한 백제 무령왕릉은 당시 중국 양(梁)나라 지배계층 무덤의 형식을 그대로 모방하여 축조한 벽돌무덤 양식으로, 무덤 안에 무덤의 주인공을 알려주는 지석이 있었다.

03 정답 ④

[정답해설]
승정원은 왕의 비서 기관으로 왕명의 출납을 관장하였으며, 은대라고도 불렸다. 국왕의 직속 기관으로 장은 도승지(정2품)이다.

[오답해설]
① 교지를 작성한 관청은 예문관이며, 사간원은 언관(言官)으로서 왕에 대한 간쟁을 담당하였다.
② 시정기를 편찬한 관청은 춘추관이며, 한성부는 수도의 행정과 치안을 담당하였다.
③ 외교문서를 작성한 관청은 승문원이며, 춘추관은 역사서를 편찬하고 실록을 보관 및 관리하는 업무를 담당하였다.

04 정답 ①

[정답해설]
제시된 자료에서 연통제라는 비밀 행정 조직을 만들고 국내 인사와의 연락과 이동을 위해 교통국을 둔 (가) 단체는 대한민국 임시 정부이다. 대한민국 임시 정부는 미국에 구미 위원부를 설치하여 국제 연맹과 워싱턴 회의에서 우리 민족의 독립 열망을 전달하는 외교 활동을 벌였다.

[오답해설]
② 임병찬이 고종의 복위 및 대한 제국의 재건을 목표로 비밀결사 운동을 추진하고자 독립 의군부를 조직하였다.
③ 정미의병 확산 당시 이인영, 허위 등을 중심으로 13도 창의군이 조직되어 서울 진공 작전을 추진하였다.
④ 영국인 베델과 양기탁이 함께 창간한 「대한매일신보」는 신민회의 기관지로 국채 보상 운동의 확산에 기여하였다.

05 정답 ②

[정답해설]
(가) 의상 / (나) 자장
영주에 부석사를 창건한 승려는 의상이다. 의상은 해동 화엄사의 시조로서 「화엄일승법계도」를 지어 화엄 사상을 정리하였다.

[오답해설]
① 모든 것이 한마음에서 나온다는 일심사상을 제시한 승려는 원효이다. 원효는 일심과 화쟁 사상을 중심으로 몸소 아미타 신앙을 전개하고 무애가를 지어 불교 대중화에 힘썼다.
③ 인도와 중앙아시아를 여행하고 「왕오천축국전」이라는 여행기를 남긴 승려는 혜초이다.
④ 이론과 실천을 같이 강조하는 교관겸수를 제시한 승려는 의천으로, 불교 교단을 통합하기 위해 해동 천태종을 개창하였다.

06　정답 ③

[정답해설]
대조영에 이어 발해의 2대 왕으로 인안(仁安)이라는 독자적인 연호를 사용한 (가)왕은 무왕(대무예)이다. 발해 무왕은 장문휴의 수군으로 하여금 당의 등주(산동성)를 공격하고 요서 지역에서 당과 격돌하였다.

[오답해설]
① 발해 문왕(대흠무)은 수도를 중경 현덕부에서 상경 용천부로 옮기고 '대흥'이라는 독자적인 연호를 사용하였다.
② 발해 선왕(대인수)은 대부분의 말갈족을 복속시키고 남쪽으로는 신라와 국경을 접하여 '해동성국'이라고 불릴 만큼 전성기를 이루었다.
④ 발해 고왕 대조영은 고구려 유민과 말갈족을 이끌고 동모산에 도읍을 정하여 발해를 건국하였다.

[보충해설]

> **■ 발해 무왕(대무예, 719~737)**
> • 연호를 인안(仁安)으로 하고, 부자 상속제로 왕권 강화
> • 동북방의 여러 세력을 복속하고 북만주 일대를 장악하여 동북아 세력의 균형 유지
> • 일본과 외교 관계를 맺어 신라를 견제하고, 돌궐과 연결하여 당을 견제
> • 동생 대문예로 하여금 흑수부 말갈 지역을 통합하여 영토 확장, 당이 이 지역과 직접 교류를 시도
> • 무왕은 장문휴의 수군으로 산동 지방(등주)을 공격하고 요서 지역에서 당과 격돌
> • 당은 신라로 하여금 발해를 공격하게 하고, 이후 대동강 이남 지역을 신라의 통치 지역으로 인정

07　정답 ④

[정답해설]
(가) 『경국대전』 완성 → 성종
(나) 『속대전』 편찬 → 영조
(다) 『대전통편』 편찬 → 정조
(라) 『대전회통』 편찬 → 고종(흥선 대원군 집권기)

삼정의 문란을 바로잡기 위해 삼정이정청을 설치한 것은 철종 때이다. 임술 농민 봉기가 발발하자 삼정의 문란을 해결하기 위해 안핵사 박규수의 건의로 삼정이정청이 설치되었다.

[오답해설]
① (가) 성종 – 홍문관은 집현전을 계승하여 설치된 학술·언론 기관으로 '옥당, 옥서'라고도 불렸다.
② (나) 영조 – 붕당 정치의 폐해를 경계하기 위해 성균관 입구에 탕평비를 건립하였으며, 서원을 붕당의 근거지로 인식하여 대폭 정리하였다.
③ (다) 정조 – 사도세자의 아들인 정조는 즉위 후 아버지의 무덤을 옮기고 수원에 화성을 축조하였다.

08　정답 ②

[정답해설]
기묘사화(중종, 1519) : 중종 때 위훈 삭제 등 조광조의 급격한 개혁은 공신(훈구 세력 등)의 반발을 샀는데, 남곤·심정 등의 훈구파는 주초위왕(走肖爲王)의 모략을 꾸며 조광조·김정·김식·정구·김안국 등 사림파를 제거하였다.

[오답해설]
① 갑자사화(연산군, 1504) : 연산군의 친모인 폐비 윤씨 사사 사건의 전말이 알려져 김굉필 등이 처형되는 등 관련자들이 화를 입었다.
③ 무오사화(연산군, 1498) : 연산군 때에 김종직이 지은 조의제문을 김일손이 사초(史草)에 올린 일이 발단이 되어 김일손 등이 화를 입었다.
④ 을사사화(명종, 1545) : 명종을 옹립한 소윤파 윤원로·윤원형 형제가 인종의 외척 세력인 대윤파 윤임 등을 축출하면서 외척 간의 권력 다툼이 발생하였다.

[보충해설]

■ 4대 사화

무오사화 (연산군, 1498)	사초에 올린 김종직의 조의제문이 발단 → 김일손 등의 사림파 몰락
갑자사화 (연산군, 1504)	연산군이 친모 윤씨의 폐비사건을 보복 → 일부 훈구파와 사림파의 피해
기묘사화 (중종, 1519)	위훈 삭제 등 조광조의 급격한 개혁에 대한 반발 → 주초위왕의 모략으로 조광조 등 사림파 몰락
을사사화 (명종, 1545)	명종을 옹립한 유원형의 소윤파와 인종의 외척 세력인 윤임의 대윤파간 대립 → 윤임의 대윤파가 축출됨

09 정답 ③

[정답해설]
(가) 「삼국사기」 / (나) 「발해고」
조선 후기 실학자 유득공은 「발해고」를 저술하여 발해를 북국, 신라를 남국으로 칭하며 한반도 중심의 협소한 사관을 극복하고 만주 지역까지 우리 역사의 범위를 확장하였다.

[오답해설]
① 고구려의 건국 시조인 동명왕의 업적을 칭송한 영웅 서사시는 이규보의 「동국이상국집」에 실린 「동명왕편」이다.
② 일연의 「삼국유사」에는 단군부터 고려 말까지의 불교사를 중심으로 고대의 민간 설화 등이 수록되어 있다.
④ 서거정의 「동국통감」과 안정복의 「동사강목」은 고조선부터 고려에 이르는 역사를 체계적으로 정리하였다.

10 정답 ③

[정답해설]
제시된 자료는 연암 박지원이 주장한 한전론에 관한 내용이다. 조선 후기의 실학자 박지원은 연행사를 따라 청에 다녀온 후 「열하일기」를 저술하여 청의 문물을 소개하고 이를 수용할 것을 주장하였다.

[오답해설]
① 「반계수록」은 유형원이 국가 운영과 개혁에 대한 견해를 밝힌 책으로, 신분에 따라 토지를 차등 분배하자는 균전론을 제시하였다.
② 「성호사설」에서 '성호(星湖)'는 이익의 호이며, 조선과 중국 문화에 대해 다룬 일종의 백과사전과 같은 책이다.
④ 「목민심서」는 정약용이 지방 행정의 개혁안을 제시하고 지방관(목민관)의 도리에 대해 서술한 책이다.

[보충해설]

> **■ 연암 박지원**
> - **열하일기** : 청에 다녀와 문물을 소개하고 이를 수용할 것을 주장
> - **농업 관련 저술** : 과농소초, 민명전 등에서 영농 방법의 혁신, 상업적 농업의 장려, 수리 시설의 확충 등을 통한 농업 생산력 증대에 관심
> - 한전론의 중요성을 강조하면서 농업 생산력의 향상에 관심을 가짐
> - 상공업의 진흥을 강조하면서 수레와 선박의 이용, 화폐 유통의 필요성 등을 주장
> - **양반 문벌제도 비판** : 양반전, 허생전, 호질을 통해 양반 사회의 모순과 부조리ㆍ비생산성을 비판

11 정답 ①

[정답해설]
제시된 자료에서 일제가 한국을 병합한 직후부터 3·1 운동이 벌어진 때까지인 (가)의 시기를 무단 통치라고 부른다. 이 시기에 일제는 토지 조사령을 공표하고 토지 조사 사업을 벌여 토지 약탈 및 식민지화에 필요한 재정 수입원을 마련하였다(1912).

[오답해설]
② 조선인의 성명제를 폐지하고 한국인의 성과 이름을 일본식으로 바꾸도록 한 창씨개명 조치가 시행된 것은 국민학교령이 공표된 민족 말살 통치기이다(1939).
③ 초등 교육 기관인 소학교 명칭이 국민학교로 변경된 것은 민족 말살 통치기이다(1941).
④ 민족 말살 통치기에 일제는 전쟁 물자 동원을 내용으로 하는 국가총동원법을 제정하여 인력과 물자를 강제 동원하였다(1938).

12 정답 ④

[정답해설]
제시된 자료에서 한국 국민당을 이끌고 한국 독립당을 결성하였으며, 김규식과 더불어 남북 협상을 위해 평양을 방문한 '그'는 백범 김구이다. 김구는 모스크바 3국 외상 회의의 신탁 통치 결정 사항이 알려지자 신탁통치 반대 운동을 펼쳤다.

[오답해설]
① 이승만의 정읍 발언 후 우익 측을 대표한 김규식과 좌익 측을 대표한 여운형이 좌우 합작 위원회를 구성하고 좌우 합작 7원칙을 발표하였다.
② 8·15 광복 직후 일제의 패망과 광복에 대비하여 여운형은 안재홍 등과 함께 조선 건국 준비 위원회를 조직하고 건국 작업을 진행하였다.
③ 박용만은 하와이에 독립군 사관을 양성할 목적으로 대조선 국민군단을 결성하여 무장 투쟁을 준비하였다.

13 정답 ①

[정답해설]
이승만 정부 때에 제헌 국회에서 일제의 잔재를 청산하기 위한 반민족 행위 처벌법이 제정되고, 반민족 행위 특별 조사 위원회가 구성되었다(1948).

[오답해설]
② 박정희 정부 때에 한국과 일본의 국교 정상화를 위해 김종필과 오히라 간의 한·일 회담 후 한·일 기본 조약이 체결되었다(1965).
③ 박정희 정부 때에 '자주, 평화, 민족 대단결'의 민족 통일 3대 원칙이 언급된 7·4 남북 공동 성명이 발표되었다(1972).
④ 박정희 정부의 유신 헌법에 의해 설치된 통일 주체 국민 회의에서 대통령을 뽑는다는 내용의 개헌안이 통과되었다(1972).

14 정답 ②

[정답해설]
제시된 자료에서 고종이 즉위한 직후에 실권을 장악하고 병인박해를 일으켰으며, 고종의 친정 후 물러났다가 임오군란 때 잠시 권력을 장악한 '그'는 흥선 대원군이다. 병인양요와 신미양요 발발 후 흥선 대원군은 척화교서를 내리고 종로를 비롯한 전국 여러 곳에 척화비를 건립하였다(1871).

[오답해설]
① 고종은 미국과 조·미 수호 통상 조약이 체결된 후 미국 공사의 서울 부임에 답하여 민영익, 홍영식, 서광범 등으로 구성된 보빙사를 미국에 파견하였다(1883).
③ 숙종은 청의 요구로 조선과 청의 국경을 획정하고자 백두산정계비를 세웠고, 동쪽으로 토문강과 서쪽으로 압록강을 경계로 삼았다(1712).
④ 고종은 통리기무아문을 설치하고 그 아래 12사를 두어 신문물 수용과 부국강병 도모 등의 개화 정책을 추진하였다(1880).

15 정답 ①

[정답해설]
제시된 사료에서 고구려 밀사인 승려 '도림'의 조언으로 백제 개로왕의 한성을 공격한 '이 왕'은 고구려 장수왕이다. 장수왕은 국내성에서 평양으로 도읍을 천도하고, 백제와 신라를 압박하는 남진 정책을 펼쳤다.

[오답해설]
② 고구려 고국천왕은 을파소의 건의로 빈민을 구제하기 위한 춘대추납의 진대법을 처음 시행하였다.
③ 고구려 미천왕은 낙랑군을 점령하고 한 군현 세력을 몰아냄으로써 고조선의 옛 땅인 대동강 유역을 회복하였다.

④ 고구려 광개토대왕은 신라에 침입한 왜군을 낙동강 유역에서 물리침으로써 한반도 남부에까지 영향력을 행사하였다.

[보충해설]

> **고구려 장수왕의 남진 정책이 미친 영향**
> • 신라와 백제의 나·제 동맹 체결(433~553)
> • 백제의 개로왕이 북위(후위)에 군사 원조를 요청(472)
> • 백제가 수도를 한성에서 웅진(공주)으로 천도(475)
> • 충북 중원 고구려비의 건립(5C 무렵)

16 정답 ②

[정답해설]
고려 주심포 양식의 맞배지붕 건물로, 우리나라에서 현존하는 가장 오래된 목조 건축물로 알려진 문화유산은 안동 봉정사 극락전이다.

[오답해설]
① **서울 흥인지문**: 조선 시대 한양도성의 4대문 중의 하나로 조선 태조 5년(1396)에 처음 지어졌으며, 한양도성의 동쪽에 위치하고 있어 일명 동대문이라고도 불린다.
③ **영주 부석사 무량수전**: 경북 영주시 부석사에 있는 무량수전은 배흘림기둥과 주심포 양식의 신라 양식을 계승한 고려 시대 목조 건축물이다.
④ **합천 해인사 장경판전**: 경남 합천군 가야산에 위치한 해인사 장경판전은 고려 시대에 제작된 팔만대장경을 보관하기 위해 15세기에 건축된 조선 전기의 서고이다.

17 정답 ②

[정답해설]
제시된 자료에서 서재필 등이 조직하고 만민공동회를 개최한 (가) 단체는 독립 협회이다(1896). 독립 협회는 영은문이 있던 자리 부근에 자주 독립의 상징인 독립문을 건립하였다(1897).

[오답해설]
①·③ 개혁의 기본 강령인 「홍범 14조」가 반포(1894)되고 「교육 입국 조서」가 공포(1895)된 것은 제2차 갑오개혁 때의 일로, 독립 협회가 창립되기 이전이다.
④ 일본에 진 빚을 갚자는 국채 보상 운동은 독립 협회가 해산된 이후의 사건으로, 대구에서 개최한 국민 대회에서 김광제 등의 발의로 시작되었다(1907).

[보충해설]

▌독립 협회의 활동
- **이권 수호 운동** : 러시아의 절영도 조차 요구 규탄, 한·러 은행 폐쇄
- **독립 기념물의 건립** : 자주 독립의 상징인 독립문을 세우고, 모화관을 독립관으로 개수
- **민중의 계도** : 강연회·토론회 개최, 독립신문의 발간 등을 통해 근대적 지식과 국권·민권 사상을 고취
- **만민 공동회 개최** : 우리나라 최초의 근대적 민중 대회 → 외국의 내정 간섭·이권 요구·토지 조사 요구 등에 대항하여 반환을 요구
- **관민 공동회 개최** : 만민 공동회의 규탄을 받던 보수 정부가 무너지고 개혁파 박정양이 정권을 장악하자, 정부 관료와 각계각층의 시민 등 만여 명이 참여하여 개최
- **의회 설립 추진** : 의회식 중추원 신관제를 반포하여 최초로 국회 설립 단계까지 진행(1898. 11)
- **헌의 6조** : 헌의 6조를 결의하고 국왕의 재가를 받음 → 실현되지는 못함

18   정답 ③

[정답해설]

무신정권 몰락(1270) → 공민왕 즉위(1351) → 쌍성총관부 수복(1356)
공민왕이 즉위한 후 반원 자주 정책에 따라 유인우, 이자춘 등이 쌍성총관부를 공격하여 원에 빼앗긴 철령 이북의 땅을 수복하였다.

[오답해설]
① 만권당은 고려 말 충선왕이 원의 원경에 세운 독서당으로, 이제현은 만권당에서 원의 학자들과 교유하고 성리학 전파에 이바지하였다(1314).
② 고려 충렬왕 때 원의 요청에 따라 일본 원정에 참여하기 위해 정동행성이 설치되었다(1280).
④ 고려 충렬왕 때 이승휴가 우리나라와 중국의 역사를 시로 표현한 역사서인 『제왕운기』를 저술하였다(1287).

19   정답 ②

[정답해설]
제시된 자료에서 전시과라는 토지 제도, 소를 이용한 깊이갈이, 2년 3작의 윤작법, 이앙법의 보급, 이암에 의한 『농상집요』의 소개 등은 고려 시대의 일이다. 한편, 공물 부과 기준이 가호 단위에서 전세(토지 결수)로 바뀐 것은 조선 시대 대동법의 시행 결과이다.

[오답해설]
① 고려 시대에는 삼사(三司)가 국가재정인 화폐와 곡식의 출납과 회계 업무를 총괄하였다.
③ 고려 시대에는 토지를 논과 밭으로 나누고, 비옥한 정도에 따라 3등급으로 분류한 후 생산량의 10분의 1에 해당하는 조세를 거두었다.
④ 고려 시대에는 '소(所)'라는 행정구역의 주민인 공장(工匠)들이 국가에서 필요로 공납품을 생산하였다.

20   정답 ④

[정답해설]
신미양요(1871) → 조·미 수호 통상 조약(1882) → 갑오개혁(1894)
조·미 수호 통상 조약은 청의 알선으로 서양 국가와 맺은 최초의 조약으로, 거중조정, 치외법권, 최혜국 대우 조항 등이 포함된 불평등 조약이었다(1882).

[오답해설]
① 을사늑약 체결 → 갑오개혁 이후
   러·일 전쟁에서 승리한 일본은 을사늑약(제2차 한·일 협약)을 강제로 체결하여 외교권을 박탈하고, 통감부를 설치하여 한국의 독점적 지배권을 인정받았다(1905).
② 정미 의병 발생 → 갑오개혁 이후
   일제의 정미 7조약(한·일 신협약)에 따른 대한제국 군대의 강제 해산에 맞서 정미의병이 확산되었다(1907).
③ 오페르트 도굴 미수 사건 → 신미양요 이전
   독일 상인 오페르트가 통상을 거부당하자 충청남도 덕산에 있는 남연군 묘 도굴을 시도하였다(1868).

[국가직] 2021년 04월 정답

01	③	02	②	03	③	04	①	05	①
06	④	07	④	08	③	09	③	10	①
11	④	12	③	13	②	14	④	15	②
16	①	17	④	18	②	19	②	20	③

[국가직] 2021년 04월 | 해설

01   정답 ③

[정답해설]
주어진 시가는 유리왕의 '황조가(黃鳥歌)'이다. 고구려는 압록강의 지류인 동가강 유역의 졸본(환인) 지역에 거주하던 맥족에 의해 BC 37년 건국된 후, 2대 유리왕 때인 AD 3년에 국내성(통구)으로 천도하였다.

[오답해설]
① 진대법은 고구려 고국천왕 때 을파소의 건의로 실시된 빈민 구제 제도이며, 고리대의 폐단을 막는 농민 구휼책이다.
② 미천왕 때 낙랑군(313) · 대방군을 축출(314)하여 서로는 요하, 남으로는 한강에 이르는 발판을 마련하였다.
④ 소수림왕 때 율령을 반포(373)하여 중앙 집권 국가로서의 체제를 강화(고대 국가의 완성)하였다.

02   정답 ②

[정답해설]
제시된 글의 밑줄 친 '유학자'는 안향이다. 중종 38년(1543)에 풍기군수 주세붕이 안향의 봉사를 위해 백운동 서원을 설립하였다. 안향은 원 간섭기인 충렬왕 때 성리학을 처음으로 소개한 인물이다.

[오답해설]
① 율곡 이이는 해주향약을 보급하였다.
③ 『성학십도』는 이황이 선조 1년(1568) 왕에게 올린 것으로 군왕의 도(道)에 관한 학문의 요체를 도식으로 설명하였다.
④ 『해동제국기』는 신숙주가 성종의 명을 받아 역사, 지리 등을 기술한 서적이다.

03   정답 ③

[정답해설]
밑줄 친 '왕'은 세조이다. 세조 때 원각사가 세워졌으며, 경천사 10층 석탑에 영향을 받아 원각사지 10층 석탑이 건립되었다. 세조는 6조 직계의 통치 체제로 환원하고 공신 · 언관의 견제를 위해 집현전을 폐지하였으며 종친을 등용해 왕권을 강화하였다.

[오답해설]
① 『동국병감』은 우리나라와 중국 또는 여진 사이에서 일어난 30여 차례의 전쟁을 시대 순으로 기술한 책으로 조선 문종의 명에 따라 편찬하여 선조 41년(1608)에 간행되었다.
② 성종 때 서거정, 노사신 등은 삼국 시대부터 조선 초기까지의 시와 산문 중에서 빼어난 것을 골라 『동문선』을 편찬하였다.
④ 태종 때 경복궁의 이궁인 창덕궁이 건립되었다.

[보충해설]

▌세조의 왕권 강화책
- 6조 직계의 통치 체제로 환원, 공신 · 언관의 견제를 위해 집현전을 폐지, 종친 등용
- 호적 사업을 강화하여 보법(保法)을 실시
- 직전법 실시(과전의 부족에 따라 현직 관료에게 토지를 지급)
- 『경국대전』 편찬에 착수해 호조전(戶曹典) · 형조전(刑曹典)을 완성(성종 때 전체 완수)
- 전제 왕권 강화와 부국강병을 위해 유교를 억압하고, 민족종교와 도교, 법가의 이념을 절충

04   정답 ①

[정답해설]
제시된 자료에서 현량과 실시를 건의한 것으로 보아 (가)의 인물은 조광조임을 알 수 있다. 위훈 삭제 등 조광조의 급격한 개혁은 공신의 반발을 샀는데, 남곤 · 심정 등의 훈구파는 모반 음모(주초위왕의 모략)를 꾸며 기묘사화(중종 14, 1519) 당시 조광조 · 김정 · 김안국 등 사림파 대부분을 제거하였다.

[오답해설]
② 김종직이 지은 『조의제문』은 김일손이 사초에 올렸다. 이 일을 문제 삼아 무오사화(연산군 4, 1498)가 일어났고 김일손 · 김굉필 등의 사림파가 제거되었다.

③ 명종이 어린 나이로 즉위하자 외척인 윤원형 등의 소윤 세력은 문정왕후의 수렴청정을 지지하였다.
④ 윤씨 폐비 사건과 관련된 것은 갑자사화(1504)로 임사홍 등의 궁중 세력이 연산군의 생모인 윤비 폐출 사건을 들추어 정부 세력(한명회 등의 훈구파와 김굉필 등의 사림파)을 축출한 사건을 말한다.

05 정답 ①

[정답해설]
ㄱ. 강원 양양 오산리는 신석기 시대 유적지로, 흙으로 빚어 구운 안면상, 덧무늬 토기 등이 발견되었다.
ㄴ. 서울 암사동은 신석기 시대 주요 유적지로 빗살무늬 토기 등이 발견되었다.

[오답해설]
ㄷ. 공주 석장리는 구석기 시대 유적지이고 미송리식 토기는 청동기 시대의 토기다.
ㄹ. 부산 동삼동 유적지는 패면, 민무늬 토기 등이 발견된 신석기 시대 유적지이지만 아슐리안형 주먹도끼는 구석기 시대 유적으로 연천 전곡리에서 발견되었다.

[보충해설]

■ 신석기 시대 주요 유적지와 특징

구분	유적지	특징
전기	제주 고산리	• 최고(最古)의 유적지(기원전 8천 년 무렵의 유적) • 고산리식 이른 민무늬 토기, 덧무늬 토기 출토
	강원 양양 오산리	• 최고(最古)의 집터 유적지 • 흙으로 빚어 구운 안면상, 조개더미, 덧무늬 토기 등이 출토
	강원 고성 문암리	덧무늬 토기 출토
	부산 동삼동	조개더미 유적으로, 패면(조개껍데기 가면), 이른 민무늬 토기, 덧무늬 토기, 바다 동물의 뼈 등이 출토
	웅기 굴포리	• 구석기·신석기 공통의 유적지 • 조개더미, 온돌장치
중기	서울 암사동 경기 하남 미사리 김해 수가리	빗살무늬 토기 출토
후기	황해도 봉산 지탑리	• 빗살무늬 토기 출토 • 탄화된 좁쌀(농경의 시작)
	평남 온천 궁산리	• 빗살무늬 토기 출토 • 뼈바늘(직조, 원시적 수공업의 시작)
	경기 부천 시도 강원 춘천 교동	후기의 토기 출토

06 정답 ④

[정답해설]
고구려의 침입으로 백제의 한성이 함락되자 수도를 웅진으로 천도한 것은 475년, 성왕이 사비로 도읍을 옮긴 것은 538년이다. 신라는 법흥왕 때 이차돈의 순교를 계기로 527년에 공인되었다. 신라는 불교 수용 과정에서 전통적 민간 사상과의 마찰이 심하고 보수적인 귀족 세력의 반대로 수용 후 100년이 지나서 공인되었다.

[오답해설]
① 진흥왕은 고령의 대가야를 정복하는 등 낙동강 유역을 확보하였다(561).
② 황초령순수비는 진흥왕이 원산만과 함흥 평야 등을 점령하여 함경남도에 진출한 후 세운 비석이다(568).
③ 진흥왕은 거칠부로 하여금 『국사(國史)』를 편찬하게 하였다(545).

07 정답 ④

[정답해설]
조선은 청과의 교류에서 17세기 중엽부터 대청 무역이 활발해져 의주의 중강과 중국 봉황의 책문 등 국경 지대를 중심으로 개시(공무역)와 후시(사무역)가 동시에 이루어졌다.

[오답해설]
① 백제는 성왕 때 노리사치계를 통해 일본에 불교(불경·불상·경론 등)를 전파(552)하였다.
② 통일신라 시기 8세기 이후 장보고는 완도에 청해진을 설치하여 해상 무역권을 장악하였다.
③ 고려 시대에는 예성강 하구의 벽란도가 국제 무역항으로 번성하였다.

08 정답 ③

[정답해설]
ㄱ. 공주 송산리 고분군에는 벽돌무덤(전축분)인 6호분과 무령왕릉이 있으며 중국 남조의 영향을 받았다.
ㄴ. 신라의 자장(慈藏)이 당나라에서 불법을 배우고 돌아와 황룡사 9층탑 창건을 건의하고 통도사와 금강계단을 건립하였다. 우리나라의 삼보 사찰은 통도사 · 해인사 · 송광사로 각각 불 · 법 · 승을 상징한다.
ㄷ. 병자호란(인조 14, 1636) 시기에 인조는 남한산성으로 피난하였고, 45일간 항전하다 주화파 최명길 등이 청과 강화(삼전도의 굴욕)하였다.

[오답해설]
ㄹ. 『국조보감』에 대한 내용이다. 『국조보감』은 『조선왕조실록』에서 모범이 될 만한 사실을 발췌하여 요약한 사서이다.

09 정답 ③

[정답해설]
㉠ 동모산 / ㉡ 중경 / ㉢ 상경 / ㉣ 동경
㉡ 중경 인근에 위치한 용두산 고분군의 정효공주 묘는 벽돌무덤 양식이 나타난다.
㉢ 발해의 수도인 상경성은 장안성을 모방하여 주작대로를 만들었다.

[오답해설]
㉠ 정효공주 무덤은 화룡현 서쪽의 용두산 고분군에 위치하고 있으며 묘지(墓誌)와 벽화가 발굴 되고 있다.
㉣ 정혜공주 무덤은 돈화현 육정산 고분군에 위치하고 있으며 모줄임 천장 구조가 고구려 고분과 유사하다.

10 정답 ①

[정답해설]
제시된 자료는 고려 성종에게 건의한 최승로의 시무 28조의 내용이다. 성종은 개경과 서경, 12목에 물가 조절 기관인 상평창(常平倉)을 설치하였다.

[오답해설]
② 고려 광종(4대, 949~975)는 균여로 하여금 귀법사를 창건하여 주지로 삼고 화엄종을 통합하게 하였다.
③ 예종(16대, 1105~1122)은 국자감(관학)을 재정비하여 전문 강좌인 7재(七齋)를 설치하였다.
④ 문종 30년(1076)에 현직 관료에게 전지와 시지를 차등 지급하는 경정 전시과가 실시되었다.

[보충해설]

> **고려 성종(6대, 981~997)**
> • 중앙 정치 기구 개편 : 2성 6부의 중앙 관제 마련, 6위의 군사 제도 정비
> • 지방 제도 정비 : 12목 설치, 향직 개편
> • 분사 제도 : 서경을 부도읍지로서 우대, 서경 천도 운동을 계기로 한때 폐지
> • 유학 교육의 진흥 : 국자감 개설, 지방 호족 자제 교육, 문신월과법 실시, 과거제도 정비
> • 사회 시설의 완비 : 의창, 상평창(常平倉) 설치
> • 권농 정책 : 호족의 무기를 몰수하여 농구 제작, 기곡 · 적전의 예를 실시하여 농사 권장
> • 노비환천법 실시 : 해방된 노비가 원주인을 모독하거나 불손한 때 다시 천민으로 만듦
> • 건원중보 주조 : 우리나라 최초의 화폐

11 정답 ④

[정답해설]
제1차 경제개발 5개년 계획은 박정희 군사 정부 시기인 1960년대에 추진되었다.

[오답해설]
① 이승만 정부는 1948년 12월 10일 한국의 경제적 위기를 극복하고 국력 부흥을 촉진하며 안정을 확보한다는 목적 아래 미국과 경제 원조 협정을 체결하였다.
② 이승만 정부의 농지 개혁법은 3정보를 상한으로 하여 그 이상의 농지는 유상 매입하고 지가증권을 발급하여 5년간 지급하였다.
③ 이승만 정부 시기인 1950년대 후반부터 미국의 원조 물자에 토대를 둔 제분(製粉) · 제당(製糖) 공업과 섬유 공업이 성장하였다.

12 정답 ③

[정답해설]
중일전쟁은 1937년부터 1945년 일본 항복까지 이어졌다. 남면북양 정책은 1930년대 공업 원료 증산 정책으로 남부에서는 면화, 북부에서는 면양 사육을 장려하였다(병참기지화 정책).

[오답해설]
①, ② 중일전쟁 이후 민족 말살 정책의 일환으로 우리 말·우리 역사 교육 금지, 조선·동아일보 폐간, 창씨개명, 황국신민 서사 암송, 신사 참배, 궁성 요배 등을 강요하였다.
④ 1941년 소학교를 국민 학교로 개정하였다.

13　정답 ②

[정답해설]
제시된 글의 밑줄 친 '조약'은 거중조정의 조약이 있는 1882년 체결된 조·미 수호 통상 조약이다. 임오군란을 계기로 체결된 조약은 제물포 조약, 조·청 상민 수륙 무역 장정 등이 있다.

[오답해설]
① 조·미 수호 통상 조약 제4조에 '미국 국민이 조선인을 모욕하거나 재산을 훼손하는 경우 미국 영사나 그 권한을 가진 관리만이 미국 법률에 따라 처벌한다.'라는 영사재판권(치외법권)이 규정되어 있다.
③ 조·미 수호 통상 조약 제2조에 '병권 대신을 서로 파견하여 수도에 주재시킬 수 있고, 최혜국 대우를 받는다.'라는 최혜국 대우가 규정되어 있다.
④ 제2차 수신사로 일본에 갔던 김홍집이 황준헌(황쭌셴)의 『조선책략』을 가지고 들어와 유포함으로써 조·미 통상 조약에 영향을 주었다.

[보충해설]

> **■ 조·미 수호 통상 조약 주요 내용**
> • 제1조(거중조정) : 서로 돕고 중간 역할을 잘 하며 우애 있게 지낸다.
> • 제2조(최혜국 대우) : 병권 대신을 서로 파견하여 수도에 주재시킬 수 있고, 최혜국 대우를 받는다.
> • 제4조(치외법권) : 미국 국민이 조선인을 모욕하거나 재산을 훼손하는 경우 미국 영사나 그 권한을 가진 관리만이 미국 법률에 따라 처벌한다.
> • 제5조(협정 관세율 적용) : 미국 상인과 상선이 조선에 와서 무역을 할 때 입출항하는 화물은 모두 세금을 바쳐야 하며, 세금을 거두어들이는 일은 조선이 자주적으로 한다.

14　정답 ④

[정답해설]
ㄱ. 중앙의 고관을 출신지의 사심관으로 임명하고 그 지방의 부호장 이하 관리의 임명권을 지니도록 하여 향리 감독, 풍속 교정, 부역 조달 등의 임무와 지방의 치안·행정에 책임을 지도록 하였다(사심관 제도).
ㄴ. 상층 향리(호족 출신의 향리)는 과거를 통해 관직에 진출할 수 있었고, 호장·부호장을 대대로 배출하는 지방의 실질적인 지배층이었다.
ㄷ. 향리의 자제를 인질로 뽑아 중앙(개경)에 머무르게 한 것으로, 지방 세력을 견제하고 왕권을 강화하기 위한 제도가 있었다(기인 제도).
ㄹ. 고려시대에는 현실적 여건상 모든 군현에 지방관이 파견되지 못하였다. 주현은 중앙으로부터 지방관이 파견되었고 속현은 지방관이 파견되지 않았다. 속현의 실제 행정은 그 지역의 향리가 담당하였다.

15　정답 ②

[정답해설]
제시된 글은 서유구의 『임원경제지』로 밑줄 친 '이 농법'은 이앙법이다.
ㄱ. 세종 때 편찬된 『농사직설』은 노농(老農)의 경험과 비결을 채집하여 직파법을 권장하고 하삼도의 이모작 등을 소개하고 있으며, 씨앗의 저장법이나 토질 개량법, 이앙법(모내기법) 등에 관한 내용도 담고 있다.
ㄹ. 직파법에서 이앙법으로 전환하여 제초 작업의 노동력이 줄어들고 생산량은 증대되었으며, 이모작이 가능하였다.

[오답해설]
ㄴ. 고랑에 작물을 심는 것은 이앙법이 아닌 견종법(畎種法)이다.
ㄷ. 수령 7사는 조선 시대 지방을 다스리던 수령의 7가지 의무 규정을 말한다. 수령 7사의 규정은 다음과 같다.

> 1. 농사 및 양잠을 장려할 것[농상성(農桑盛)]
> 2. 호구를 증식할 것[호구증(戶口增)]
> 3. 학교를 일으킬 것[학교흥(學校興)]
> 4. 군사 업무를 바르게 할 것[군정수(軍政修)]
> 5. 부역을 균등히 할 것[부역균(賦役均)]
> 6. 재판을 바르게 할 것[사송간(詞訟簡)]
> 7. 간사하고 교활한 자를 없앨 것[간활식(奸猾息)]

16 정답 ①

[정답해설]
제시된 글의 밑줄 친 '헌법'은 박정희 정권(제4공화국) 때 1972년 12월에 공포한 유신 헌법이다. 제시된 글에 긴급조치라는 단어를 통해 알 수 있다. 제5공화국 전까지 이어졌다. 그동안 쌓여왔던 유신 체제에 대한 국민들의 불만이 폭발하여 1979년 부·마 항쟁이 발발하는 등 시위가 연일 계속되어 집권 세력 내부에서도 갈등이 발생하였다.

[오답해설]
② 국민교육헌장은 박정희 정권(제3공화국) 시기인 1968년에 선포하였다.
③ 7·4 남북공동성명이 발표된 시기는 1972년 7월이다.
④ 6·3 시위는 박정희 정권(제3공화국) 시기인 1964년에 한·일 회담의 진행 과정에서 일제 강점기에 대한 사죄와 과거사 청산이라는 본질이 굴욕적인 청구권 교섭에 밀려 훼손된 것에 대한 분노로 일어났다.

[보충해설]

▌유신 헌법의 주요 내용
- 국회와 별도로 통일 주체 국민 회의를 대의 기구로 설정, 대통령 및 일부 국회 의원 선출권 부여
- 대통령에게 국회 해산권, 긴급 조치권 등 초헌법적 권한 부여
- 대통령은 법관 및 국회 의원의 1/3에 해당하는 임기 3년의 유신 정우회 의원을 임명
- 대통령 임기를 6년으로 연장

17 정답 ④

[정답해설]
제시된 글의 밑줄 친 '회의'는 1923년 국민 대표 회의이다. 국민 대표 회의는 독립 운동 방법을 논의하기 위해 개최되었고 참여한 세력들은 창조파와 개조파로 나뉘어 대립하였다. 신채호, 박용만 등 창조파는 임시정부를 해체하고 신정부를 수립하자는 주장을 내세웠고 안창호 등 개조파는 임시정부의 개혁과 존속을 주장하였다.

[오답해설]
① 대한민국 건국 강령은 1941년 발표되었으며 조소앙의 삼균주의에 바탕을 두었다.
② 박은식이 임시대통령으로 선출된 것은 이승만이 탄핵된 1925년 이후이다.
③ 민족유일당운동인 (조선)민족혁명당은 1935년에 한국 독립당(조소앙), 조선 혁명당(지청천), 의열단 등이 연합하여 중국 난징에서 결성하였다.

18 정답 ②

[정답해설]
제시된 글은 1910년 토지 조사 사업과 연관된 1912년 토지 조사령의 법령이다. 궁장토·역둔토, 미신고 토지, 공공 토지, 마을·문중 토지, 산림·초원·황무지 등을 조선 총독부가 소유하여 토지를 약탈하였다.

[오답해설]
① 토지 조사 사업은 조선 총독부 임시조사국(1910)에서 실시하였다.
③ 토지 조사 사업이 실시되기 전인 1908년에 동양 척식 주식회사가 설립되어 1년 만에 3만 정보의 토지를 소유하게 되었고, 국권을 빼앗길 무렵에는 1억 5천만 평에 이르는 토지를 일본인이 소유하였다.
④ 춘궁 퇴치와 농가 부채 근절을 목표로 내세운 것은 1932년부터 1940년까지 실시한 농촌 진흥 운동에 대한 내용이다.

19 정답 ②

[정답해설]
조·청 상민 수륙 무역 장정(1882) 체결 이후 청 상인의 활발한 진출로 청·일 양국의 각축이 격화되고, 청에서의 수입 비율이 점차 증가하였지만 수입액이 일본을 앞지르지는 못하였다.

[오답해설]
① 개항 초기 일본 상인의 활동 범위가 개항장 주변 10리 이내로 제한되었고 부산·원산 등 개항지를 중심으로 거류지 무역을 전개하였다. 따라서 개항장 주변의 객주, 여각, 보부상 등의 활동이 활발하게 일어났다.
③ 개항 초기 일본 상인들은 주로 영국산 면제품을 들여와 팔고, 싼값으로 쌀·콩·금·쇠가죽 등을 사들이는 중계 무역으로 막대한 이득을 취하였다.
④ 조·일 통상장정(개정)(1883. 7) 조약에는 곡물 수출 금지(방곡령) 조항이 포함되었다. 그러나 방곡령 시행 1개월 전 일본 영사관에 통고 의무 조항을 두었고 1899년 방곡령 당시 일본의 배상금 요구의 근거가 되었다.

20   정답 ③

[정답해설]
밑줄 친 '그'는 호포법을 실시한 흥선대원군이다. 흥선대원군은 임오군란 시기 구식군인들의 요구로 일시적으로 재집권하였고 통리기무아문과 별기군을 폐지하고 5군영을 부활시켰다.

[오답해설]
① 만동묘는 임진왜란 때 조선을 도와준 데 대한 보답으로 신종을 제사 지내기 위해 숙종 때에 충북 괴산군 청천면 화양동에 지은 사당이다. 흥선대원군 때 철폐되었고(1865) 그가 하야한 후 고종 11년(1874)에 다시 세워졌다.
② 갑오개혁 시기 입법권을 가진 초정부적 개혁 추진 기구인 군국기무처 총재는 김홍집이다.
④ 『만기요람』은 순조 8년(1808) 왕명에 의해 서영보 등이 편찬한 것으로 재정과 군정에 관한 내용을 모아 놓은 서적이다.

[보충해설]

■ 흥선대원군의 삼정(三政) 개혁

군정(軍政)의 개혁	• 호포법(戶布法)을 실시하여 양반에게도 군포를 징수(양반의 거센 반발을 초래) • 양반 지주층의 특권적 면세 철회 (민란 방지 목적)
환곡(還穀)의 개혁	• 가장 폐단이 심했던 환곡제를 사창제(社倉制)로 개혁하여 농민 부담을 경감하고 재정수입 확보 • 지역과 빈부에 따른 환곡의 차등 분배를 통해 불공정한 폐단이 없도록 함
전정(田政)의 개혁	양전 사업을 실시하여 양안(토지대장)에서 누락된 토지를 발굴(전국적 사결 작업(査結作業)을 통해 토호와 지방 서리의 은루결을 적발하여 수세결로 편입)

■ [국가직] 2020년 07월 정답

01	③	02	④	03	③	04	②	05	④
06	②	07	①	08	④	09	③	10	④
11	③	12	①	13	②	14	①	15	③
16	②	17	②	18	④	19	③	20	④

[국가직] 2020년 07월 | 해설

01   정답 ③

[정답해설]
함경북도 종성군 동관진은 구석기 시대의 대표적인 유적지이다. 구석기 시대에는 이동 생활을 하며 주로 사냥이나 어로, 채집 생활을 통해 식량을 얻었다.

[오답해설]
① 반달 돌칼을 농기구로 사용하여 농사를 지었던 것은 청동기 시대이다. 반달 돌칼은 주로 추수용으로 사용되었는데, 청동기 시대에도 농기구는 여전히 청동이 아닌 석기·목기로 제작된 것을 사용했었다. 청동은 주로 무기, 제기, 장신구, 거울 등을 만드는 데 쓰였다.
② 갈판은 신석기 시대에 곡물이나 야생 열매 등을 가는 데 사용했던 조리용 석기이다.
④ 사람이 죽어도 영혼은 없어지지 않는다고 생각하여 영혼 숭배 사상이 등장한 것은 신석기 시대이다. 영혼 숭배 사상 외에도 애니미즘, 샤머니즘, 토테미즘 등과 같은 원시 종교 역시 신석기 시대부터 등장하기 시작한다.

02   정답 ④

[정답해설]
(가)에 들어갈 인물은 이의민을 제거하고 무신 간의 권력 쟁탈전을 수습하여 강력한 최씨 무신 정권 시대를 연 최충헌이다. 최충헌은 고려 명종에게 봉사십조를 올렸는데, 이는 자신이 일으킨 정변을 정당화하고 당시의 폐정을 시정하기 위한 시무책(時務策)이었다.

[오답해설]
① 정방을 설치하여 문무 관직에 대한 인사권을 장악한 인물은 최우이다.
② 밤에 도적을 단속하기 위해 야별초를 설치한 인물은 최우이다. 야별초는 나라의 치안유지를 위해 조직되었으며, 후에 좌별초·우별초·신의군으로 확대되어 삼별초가 되었다.

③ 이의방을 제거하고 중방을 중심으로 정권을 독점한 인물은 정중부이다.

03 정답 ③

[정답해설]
『동문선』은 조선 전기 성종의 명으로 서거정, 노사신 등이 중심이 되어 삼국 시대부터 조선 초기까지의 시와 산문 중에서 빼어난 것을 골라 편찬한 역대 시문선집이다. 신라의 설총, 최치원을 비롯하여 약 500인에 달하는 작가의 작품을 수록하여 우리나라의 글에 대한 자주 의식과 문화유산의 보존 및 계승 의식을 반영하였다.

[오답해설]
① 『어우야담』은 조선 중기(광해군 때)에 유몽인이 지은 한국 최초의 야담집이다.
② 조선 중기(광해군 때) 이수광이 편찬한 '지봉유설'을 비롯하여 18·19세기에 백과사전이 널리 편찬되었다.
④ 조선 중기 이후 중인계층에서도 시사(시를 짓기 위해 모인 모임)가 결성되며 '위항문학'이라는 중인·서얼·서리 출신들에 의해 이루어진 문학이 발생하였다.

04 정답 ②

[정답해설]
제시된 글은 온건 개화파인 윤선학이 1882년에 올린 상소이다. 온건 개화파는 '동도서기'를 주장하였는데, 동도서기는 우리(동양)의 전통 윤리와 도덕을 유지하면서 서양의 과학 기술을 받아들여 부국강병을 이룩하자는 주장이다.

[오답해설]
① 왜양일체론은 1870년대에 최익현이 개항을 반대하는 논리로 사용한 주장으로, 왜(일본)와 양(서양)은 하나라는 의미이다.
③ 김옥균을 비롯한 급진 개화파는 문명 개화론을 바탕으로 갑신정변을 일으켰다.
④ 1870년대 이후 제국주의의 정당화에 기여한 스펜서의 사회진화론이다.

[보충해설]

▌개화파의 분화

구분	온건 개화파 (사대당, 수구당)	급진 개화파 (개화당)
주도 인물	김홍집, 김윤식, 어윤중, 민영익, 민긍식(명성황후 정권과 연결)	김옥균, 박영효, 홍영식, 서광범, 서재필(명성황후 정권에 반대, 갑신정변에 참여)
개화에 대한 관점	유교에 의한 개화 (조선은 개화된 나라)	문명개화론(조선은 야만 상태 탈피를 위해 개화가 필요)
개화 방법	• 동도서기론에 기반한 개화 • 청의 양무운동을 본받아 점진적인 개혁 추구	• 변법자강론에 따른 전면적 개화 (서양의 기술뿐만 아니라 제도, 종교 및 사상의 도입까지 주장) • 일본의 메이지유신을 본받아 급진적 개혁을 추구
외교적 입장	• 청과 사대관계의 지속·유지(친청세력) • 중화 질서 아래서 조선의 위치를 파악(양절체제의 외교론)	• 청과의 시대적 외교관계의 청산을 강조 • 청에 대한 종속에서 벗어난 조선의 완전한 자주독립을 주장

05 정답 ④

[정답해설]
구제도감은 고려 예종 4년(1109)에 병자의 치료와 병사자의 매장을 담당하던 임시 기관으로, 주로 전염병 환자들을 돌보았다.

[오답해설]
① 의창은 고려와 조선 시대에 농민의 구제와 생활 안정을 위하여 각 지방에 설치한 구휼 기관(창고)으로, 흉년이 들었을 때 빈민에게 저장했던 곡식을 대여해 주고 가을에 갚게 하였다.
② 제위보는 고려 광종 14년(963)에 시행된 빈민구제 기금으로, 빈민구휼과 질병 치료를 담당하였다.
③ 혜민국은 고려 예종 7년(1112)에 설치된 기관으로 서민의 질병 치료를 위하여 설치한 의료기관으로, 백성들에게 무

료로 약을 주고 치료해 주었다.

[보충해설]

▎**고려의 여러 가지 사회 제도**
- **의창** : 진대법(고구려) → 흑창(고려 태조) → 의창(성종) → 주창(현종)
  - 평시에 곡물을 비치하였다가 흉년에 빈민을 구제. 춘대추납
  - 유상(진대)과 무상(진급)의 두 종류가 있으며, 실제로는 농민을 대상으로 한 고리대로 전환되기 일쑤였음
- **상평창(성종)**
  - 물가 조절을 위해 개경과 서경 및 각 12목에 설치
  - 풍년이 들어 가격이 내린 곡식을 사들여 비축하였다가 값이 올랐을 때 시가보다 싼 가격으로 방출하는 방법을 통해 곡식의 가격을 조정한 농민 생활 안정책
- **국립 의료 기관**
  - 대비원(정종) : 개경에 동·서 대비원을 설치하여 환자 진료 및 빈민 구휼을 담당
  - 혜민국(예종) : 의약을 전담하기 위해 예종 때 설치. 빈민에게 약을 조제해 줌
- **재해 대비 기관** : 재해 발생 시 구제도감(예종)이나 구급도감을 임시 기관으로 설치
- **제위보** : 기금을 마련한 뒤 이자로 빈민을 구제

06   정답 ②

[정답해설]
제시된 글의 밑줄 친 '이 지역'은 고구려가 함락시킨 백제의 수도 한성(서울)이다. 남경은 고려 시대의 삼경(三京) 중 하나로, 성종 때에 동경(경주)·서경(평양)·개경(개성)을 설치한 후 문종 때 남경(서울)이 설치되었다. 사경이라고는 잘 하지 않고, 종종 개경이나 동경을 제외시킨 나머지를 삼경이라고 부른다.

[오답해설]
① 망이, 망소이가 반란을 일으킨 곳은 공주 명학소이다.
③ 지눌이 불교 신앙 결사 운동을 위해 수선사 결사를 한 곳은 순천 송광사이다.
④ 고려 태조가 북진 정책의 전진 기지로 삼은 곳은 서경(평양)이다.

07   정답 ①

[정답해설]
제시된 글은 1871년 고종 때 일어난 신미양요이다. 제너럴셔먼호 사건을 구실로 미국이 5척의 군함으로 강화도를 공격하였으나 흥선대원군의 강경한 통상수교거부정책과 조선 민중의 저항에 뜻을 이루지 못하고 물러난 사건이다. 그 결과 흥선대원군은 전국에 척화비(斥和碑)를 세우고 쇄국정책을 더욱 강화하였다. ①은 고종 때 흥선대원군이 실시한 호포법(戶布法)으로, 양반과 상민의 구분 없이 집집마다 군포를 내도록 한 제도이다. 이는 양반의 거센 반발을 초래하였으나 민생 안정에 어느 정도 기여했다.

[오답해설]
② 신해통공(1791)을 통해 육의전을 제외한 금난전권을 폐지한 왕은 조선 시대 정조이다. 금난전권이란, 시전 상인이 왕실이나 관청에 물품을 공급하는 대신에 부여받은 특정 상품에 대한 독점 판매권이다.
③ 균역법을 보완하기 위해 지주에게 토지 1결당 미곡 2두의 결작을 부과한 왕은 조선 시대 영조이다.
④ 풍흉에 관계 없이 토지 비옥도에 따라 1결당 미곡 4~6두를 징수하는 영정법(1635)을 시행한 왕은 조선 시대 인조이다. 이를 통해 전세의 비율이 이전보다 낮아져 지주나 자영농의 부담은 감소하였으나, 각종 부과세로 인해 오히려 농민의 부담은 증가하였다.

[보충해설]

▎**신미양요(1871)**
- **원인(1866)** : 미국 상선 제너럴셔먼호(General Sherman號)가 대동강에 침입하여 통상을 요구하며 행패를 부리다 평양 군민들이 반격하여 배를 불태워 침몰시킨 사건(제너럴셔먼호 사건)
- **경과** : 미국은 제너럴셔먼호 사건을 구실로 로저스 제독이 이끄는 5척의 군함으로 강화도를 공격
- **결과**
  - 어재연 등이 이끄는 조선의 수비대가 광성보와 갑곶(甲串) 등지에서 격퇴
  - 전국에 척사교서를 내리고 척화비(斥和碑)를 건립
  - 외세의 침략을 일시적으로 저지하였으나 조선의 문호 개방을 늦추는 결과를 초래
- **척화비(1871)의 내용** : 서양의 오랑캐가 침범함에 싸우지 않음은 곧 화의하는 것이요, 화의를 주장함은 나라를 파는 것이다. 우리들의 만대자손에게 경계하노라. 병인년에 만들고 신미년에 세운다.

08 정답 ④

[정답해설]
낙랑군 축출은 고구려 미천왕 313년에 있던 사건이고, 광개토 대왕릉비 건립은 장수왕 414년에, 살수 대첩은 영양왕 612년에, 안시성 전투는 보장왕 645년에, 고구려 멸망은 668년에 있던 사건이다.
(라) 신라가 매소성에서 당군을 격파한 것은 문무왕 675년의 사건으로, 고구려 멸망 이후 나당전쟁 중 신라가 당나라 세력을 몰아내는 데 결정적 역할을 한 전투이다.

[오답해설]
(가) 백제의 침류왕은 384년에 불교를 받아들였다.
(나) 고구려의 영양왕은 598년에 수나라의 요서 지방을 선제 공격하였다.
(다) 백제의 의자왕 642년에 신라의 대야성을 공격하여 함락하였다.

09 정답 ③

[정답해설]
제시된 글의 밑줄 친 '이 책'은 고려 충렬왕(1287) 때 이승휴가 지은 운율시 형식의 역사책 「제왕운기」로, 우리나라의 역사를 단군에서부터 서술하면서 우리 역사를 중국사와 대등하게 파악하는 자주성을 보여준다. 중국사와 한국사를 각 권으로 분리하여 중국과 구별되는 우리 역사가 존재함을 밝혔고, 합리주의적 인식을 바탕으로 하여 유교를 중심으로 다루면서도 불교·도교 문화까지 포괄하여 서술함으로써 대몽 항전 의식과 민족의식을 고취하였다.

[오답해설]
① 이제현의 「사략」에 대한 내용으로, 고려 후기에 성리학 수용과 더불어 정통 의식과 대의명분을 강조하는 성리학적 유교 사관이 대두되면서 개혁을 단행하여 왕권을 중심으로 국가 질서를 회복하려는 의식을 표출한 역사서이다.
② 조선 성종(1484) 때 서거정 등이 편찬한 역사서인 「동국통감」을 성종 자신과 신진사림이 참여·개편하여 1485년에 다시 편찬하였는데, 성종과 훈신, 사림의 공동 합작인만큼 대립적인 요소가 합일되어 있는 책으로 볼 수 있다.
④ 조선 세종 때 권제 등이 편찬한 역사서 「동국세년가」이다.

10 정답 ④

[정답해설]
미곡수집제 폐지와 토지개혁 실시를 주장하는 대규모 시위가 일어난 것은 1946년 9월부터이다. 1946년에 경제 정책 실패로 쌀 가격이 폭등하자 미 군정이 쌀 강제 공출 정책인 '미곡수집제'를 시행하였고 그에 맞서 좌익의 주도하에 9월 전국 총파업부터 시작하여 10월 항쟁으로까지 이어지게 된다.

[오답해설]
① 해방 직후 해외로부터 귀환인이 급증하여 식량 부족이 심화되었다.
② 남북이 분단되자 남한의 농업 생산에 어려움이 가중되었고 많은 동포들이 월남함에 따라 수요는 급증하고 공급은 부족하게 되면서 식료품 부족 현상이 일어났다.
③ 미 군정 체제 하에서 극심한 인플레이션이 일어났다.

11 정답 ③

[정답해설]
제시된 글의 밑줄 친 '왕'은 신라 진성여왕(887~897)이다. 진성여왕 때 중앙 정부의 기강이 극도로 문란해지고, 지방의 조세 납부 거부로 국가 재정이 바닥을 드러냈다. 이에 더 강압적으로 조세를 징수하자 889년에 사벌주(상주)에서 원종과 애노가 농민 봉기를 일으켰다. 최치원은 당의 빈공과에 급제하고 귀국 후 진성여왕에게 개혁안인 시무책 10여 조(894)를 올려 6두품으로서 올라갈 수 있는 최고의 관직인 아찬에 오르지만, 당시의 부패한 진골귀족들에게 개혁안이 받아들여지지는 않는다.

[오답해설]
① 발해가 멸망한 것은 926년이다.
② 국학을 설치한 왕은 신라의 신문왕(682)이다.
④ 청해진을 설치한 왕은 신라의 흥덕왕(828)이다.

12 정답 ①

[정답해설]
ㄱ. '은주시청합기'는 독도에 관한 일본 최초의 문헌으로 일본인 사이토 호센이 간행한 문헌이다. 이 자료에는 일본의 서북쪽 경계는 오키섬이며, 독도는 고려에 포함된 우리나라의 영토라고 기재되어 있다.
ㄴ. '삼국접양지도'는 일본의 하야시 시헤이가 일본을 중심으로 주변 3개국을 나타낸 지도인데, 영토의 구분을 확실히 하고자 국가별로 채색을 달리하였다. 여기서 우리나라는 노란색, 일본은 초록색으로 나타내었는데 독도는 노란색, 즉 우리나라의 영토로 표시하였고 '조선의 것'이라고 표기하였다.
ㄷ. '태정관 지령문'은 일본 메이지 정부의 최고 행정기관인

태정관에서 울릉도와 독도는 일본과 관계 없음을 내무성과 시마네 현에 명시한 지령이다.

[오답해설]
일본은 시마네현 고시(시마네현 고시 제40호)를 통해 독도를 '다케시마'라 칭하고 독도를 일방적으로 일본의 시마네현에 편입시킨 사실을 알렸다. 그러나 여러 가지 정황들을 통해 시마네현 고시는 존재 자체를 의심받고 있다.

[보충해설]

■ 독도가 우리나라 영토임을 입증하는 근거 자료
- **대한제국 칙령 제41호** : 1900년 울릉도를 울도군으로, 울릉도 도감을 울도군 군수로 격상하여 독도를 관할하게 한 조치
- **삼국접양지도** : 일본의 하야시 시헤이(林子平)가 1785년에 편찬한 「삼국통람도설(三國通覽圖說)」에 실린 부속 지도로서, 울릉도와 독도는 '조선의 것'이라고 일본인 스스로 표기함
- **은주시청합기** : 일본의 사이토 호센이 간행한 독도에 관한 일본 최초의 문헌. 1667년 일본 운주(雲州) 지방 번사(藩士)였던 사이토 호센이 일본의 은주를 관찰하고 들은 내용을 기록한 보고서로, 울릉도와 독도에 관한 기록이 상세하게 담겨 있음
- **조선국 교제시말 내탐서** : 1870년 일본 외무성에서 울릉도와 독도가 조선 부속이 된 경위를 기록한 문서로, 울릉도와 독도가 조선의 영토임을 인정하고 있음
- **죽도 도해 금지령** : 안용복의 활동으로 시작된 영유권 분쟁은 1696년에 에도 막부에서 돗토리 번에 '죽도(울릉도) 도해 금지령'을 내리면서 종결되는데, 이때 독도는 울릉도의 부속 도서로 포함되어 있음
- **태정관 지령문** : 1877년에 일본의 최고 행정기관인 태정관에서 울릉도와 독도는 일본과 관계 없음을 내무성과 시마네 현에 명시한 지령

13   정답 ②

[정답해설]
제시된 글의 (가)는 '동아일보'이다. '브나로드 운동'은 1931년 동아일보에서 전개한 농촌 계몽 운동으로, 문맹 퇴치를 목적으로 한 이 운동은 많은 학생들이 참여하여 효과를 거두었으며 1933년 계몽 운동이라 개칭하면서 폭넓게 지속되다가 1935년 조선총독부 경무국의 명령으로 중단되었다. '브나로드(Vnarod)'는 러시아어로 '민중 속으로'라는 뜻이다.

[오답해설]
① 「한글원본」은 조선일보사가 발행한 한글 교재이다.
③ 「개벽」, 「신여성」, 「어린이」 등의 잡지는 천도교단에서 만든 개벽사에서 발행한 잡지이다.
④ 조선일보의 회장을 맡았던 이상재는 1927년에 신간회가 결성되자 회장을 맡게 되었으며 조선일보는 신간회의 본부와 같은 역할을 하게 된다.

14   정답 ①

[정답해설]
제시된 글의 (가)는 김유신이다. 신라에게 한강 유역을 빼앗긴 백제는 고구려, 일본과 손을 잡고 신라를 공격하였고 이에 신라는 당나라에 원군을 요청하여 나 · 당 연합군을 결성한다. 김유신은 나 · 당 연합군을 이끌고 660년 7월 황산벌에서 계백이 이끄는 백제 결사대를 격파하고 사비성을 함락함으로써 백제를 멸망시켰다.

[오답해설]
② 세속오계는 신라 진평왕 때 승려 원광이 화랑에게 일러준 다섯 가지의 계율이다. 이는 화랑도의 신조가 되어 화랑을 발전시키는 데 크게 이바지하였다.
③ 진덕여왕의 뒤를 이어 신라왕으로 즉위한 인물은 태종 무열왕 김춘추이다.
④ 당나라에서 숙위(왕족이 황제 옆에 머물며 모시는 것)하며 신라와 당나라의 관계에서 외교가 역할을 하고 나 · 당 연합 때 부대총관이 되어 돌아온 인물은 무열왕 김춘추의 아들 김인문이다.

15   정답 ③

[정답해설]
제시된 글의 (가)는 서얼, (나)는 중인이다. ③의 유득공, 박제가, 이덕무 등은 (나)의 중인이 아니라 (가)의 서얼 출신이다.

[오답해설]
① 서얼은 조선 후기에 신분 상승 운동을 활발히 전개하였고 이는 기술직 중인에게도 자극을 주어 통청 운동이 전개되게 하였다.
② 서얼은 허통 운동을 활발히 전개하는데, 이는 신분 상승을 요구하는 서얼의 상소 운동이다.
④ 중인들은 주로 기술직에 종사하며 그로 축적된 재산과 풍부한 실무 경험을 바탕으로 중인도 청요직에 오를 수 있게 해달라는 통청 운동을 전개하였다.

16 정답 ②

[정답해설]
제시된 글은 동학에서 주장한 모든 사람이 평등하다는 '인내천(人乃天) 사상'이다. 이 사상을 바탕으로 최제우가 생전에 지은 『동경대전』과 『용담유사』를 최제우 처형 후 동학의 2대 교주 최시형이 간행하였다.

[오답해설]
① 순조 즉위 이후 대탄압이 가해진 것은 천주교이다. 천주교 4대 박해로는 순조 때 신유박해(1801)와 헌종 때 기해박해(1839), 병오박해(1846), 고종 때 병인박해(1866)가 있다.
③ 1811년에 일어난 홍경래의 난으로, 동학의 사상과 시간적 거리가 있다.
④ 1862년에 일어난 임술 농민 봉기로, 동학의 사상을 바탕으로 하진 않았다.

17 정답 ②

[정답해설]
수출액 100억 달러 돌파는 1977년, 제2차 석유파동은 1979년, 경제 협력 개발 기구(OECD) 가입은 1996년이다. 저금리, 저유가, 저달러의 3저 호황을 경험하며 우리 경제가 유례없는 호황을 누렸던 시기는 1986~88년이다.

[오답해설]
① 중화학공업 육성을 중요시 여긴 제3차 경제개발 5개년 계획은 1972~76년이다.
③ 베트남전을 치르는 미국은 한국에 파병을 요구하였고 1965년부터 전투부대를 베트남에 파병하기 시작한다. 이에 대한 보상 조치인 '브라운 각서'는 1966년에 맺어졌다.
④ 한국과 일본의 국교관계를 규정한 '한일 기본 조약'은 1965년에 맺어졌다.

[보충해설]

▌석유파동
• 제1차 석유파동(1973)
 - 경공업 위주의 경제 정책 추진으로 인해 석유 의존도가 낮음
 - 중동 특수를 통해 극복, 경제 성장
• 제2차 석유파동(1979)
 - 중화학 공업 위주의 경제 정책 추진으로 인해 경제 성장률 마이너스 기록, 물가 상승, 경기 불황, 국제 수지 악화(1980년대)
 - 3저 호황(저금리, 저유가, 저달러)으로 극복

18 정답 ④

[정답해설]
제시된 글은 1925년에 제정된 치안유지법으로, 공산주의 및 무정부주의 운동을 탄압하기 위해 제정한다고 하였으나 사실상 독립 운동에 대한 전반적 탄압을 위해 만들어진 법률이었다. 이는 식민기간 내내 적용되었다가 1945년 10월 15일에 폐지되었다. 일본은 또한 중일 전쟁과 태평양 전쟁을 치르면서 부족한 병력을 채우기 위해 1943년 학도 지원병제도를 실시하였는데, 대학과 전문학교에 재학중인 조선인 학생들이 강제적으로 징용되었다.

[오답해설]
① 「조선 태형령」은 1912년 일본이 조선인에 대하여 합법적 처벌수단으로 태형을 시행하겠다는 법령이다. 이는 3·1 운동 발생 후 1920년에 폐지되었다.
② 경성제국대학은 1924년 일본이 서울에 설립한 관립대학으로 후에 국립 서울대학교에 통합된다.
③ 물산 장려 운동은 1920년대에 민족 기업을 지원하고 민족 산업 육성을 통해 민족 경제의 자립을 달성하자는 운동으로, 1920년 조만식 등이 중심이 되어 최초 발족되며 이어서 1923년에는 조선 물산 장려회가 설립되며 전국적으로 확산되었다. 초기에는 전국적으로 확산되었으나, 일본의 탄압과 친일파의 개입, 사회주의 계열의 방해 등으로 큰 성과를 거두지는 못하였다.

19 정답 ③

[정답해설]
제시된 글은 조선 후기에 향권 장악을 목적으로 한 신향과 구향의 대립인 향전(鄕戰)에 대한 내용이다. 향전이 집중적으로 문제되었던 때는 영-정조 대인데, 경재소는 1603년 선조 때 폐지되었다.

[오답해설]
① 조선 후기 향촌 사회에서는 양반의 권위는 하락하고 수령을 중심으로 한 관권이 강화되었다.
② 신향은 조선 후기에 재력을 바탕으로 수령·향리와 결탁하며 구향을 견제하였다.
④ 동약은 조선 중기 이후 재지사족이 실분질서와 부세제(賦稅制)를 유지하기 위해 만든 동 단위의 자치 조직으로, 재지사족 간 동족적·지역적 유대를 강화하는 역할을 하였으며, 문중의 세력을 측정하는 지표로 사용되기도 하였다. 이를 통해 재지사족은 향촌사회에 대한 영향력을 유지하려 하였다.

20 정답 ④

[정답해설]
제시된 글은 1941년 12월에 발표된 대일선전포고문이다. 한국광복군이 창설(1940)되고 1941년에 태평양 전쟁이 일어나자, 대한민국 임시정부는 대일 선전 포고를 발표하며 한국광복군을 연합군으로 참전시킨다. 「대한민국 건국 강령」을 제정한 것은 1941년 11월이다.

[오답해설]
① 조선의용대가 한국광복군에 합류한 것은 1942년이다.
② 한국광복군이 영국군과 연합하여 인도, 미얀마 전선에 파견된 것은 1943년이다.
③ 조선의용군이 조직된 것은 1942년이다.

[국가직] 2019년 04월 정답

01	③	02	④	03	③	04	③	05	④
06	①	07	①	08	④	09	③	10	①
11	③	12	②	13	④	14	①	15	③
16	④	17	①	18	②	19	②	20	②

[국가직] 2019년 04월 | 해설

01 정답 ③

[정답해설]
인천광역시 강화군 하점면 부근리에서 발견된 탁자식 고인돌은 청동기 시대의 대표 유적으로, 건립에 막대한 노동력이 필요하다는 점에서 당시 계급의 분화 및 지배층의 정치권력·경제력을 반영한다. 우리나라에는 전라북도 고창군, 전라남도 화순군, 인천광역시 강화군에 나누어 위치하고 있다.

[오답해설]
① 연천군 전곡리 유적은 구석기 시대의 유적으로 주먹도끼는 사냥을 포함한 여러 용도로 사용된 구석기시대의 대표적인 유물이다.
② 창원 다호리 유적에서 발견된 붓은 초기 철기시대의 유물로서 문자가 사용되었음을 알 수 있다.
④ 서울 암사동 유적에서 발견된 빗살무늬 토기는 신석기 시대의 유물로 음식을 조리 및 저장했음을 알 수 있는 대표적인 유물이다.

02 정답 ④

[정답해설]
주어진 (가)는 초기 철기시대의 국가인 부여의 제천행사 영고를 나타낸 것이고, (나)는 동예의 제천행사 무천에 관한 내용이다. 부여는 왕 아래에 마가, 우가, 저가, 구가와 대사자·사자 등의 관리를 두었다. 동예에는 각 부족의 영역을 엄격히 구분하여 다른 부족의 생활권을 침범하면 노비와 소·말로 변상하게 하는 책화(責禍)가 존재하였다.

[오답해설]
① 부여에 5부가 있었으나, 5부가 존재하고 5부족 중 계루부에서 왕위를 차지한 것은 고구려에 관한 내용이다.
② 삼한에는 정치적 지배자로 신지, 읍차가 존재하였고, 그 외에도 제사장인 천군이 존재하였다.
③ 삼한에는 별읍의 신성 지역인 소도가 존재하여 죄를 지은 사람이 소도에 들어가면 잡지 못하였다.

[보충해설]

■ 초기 국가의 제천행사와 국가의 특징

국가	제천행사	특징
부여	영고(迎鼓)	순장, 우제점법
고구려	동맹(東盟)	데릴사위제
옥저	–	민며느리제
동예	무천(舞天)	족외혼
삼한	수릿날, 계절제	제정분리

03 정답 ③

[정답해설]
주어진 사료는 이자겸, 척준경 등의 주장으로, 금과 사대 관계를 체결했던 고려 인종 때의 사실이다. 인종 때 묘청세력이 풍수지리설을 내세워 서경으로 도읍을 옮겨, 개경의 문벌귀족의 세력을 눌러 왕권을 강화하려 하였다. 서경에 대화궁을 짓고, 황제를 칭하고, 독자적 연호를 사용하자는 칭제건원을 주장하였다. 이는 서경천도운동으로 1135년(인종 13)에 일어났다.

[오답해설]
① 재추회의인 도병마사가 도평의사사로 개편된 것은 충렬왕 때의 일이다.
② 성리학을 처음 소개한 인물은 충렬왕 때 안향이며, 신진사대부들은 성리학을 적극적으로 수용하면서 「소학」과 「주자가례」를 보급하였다.
④ 몽골의 침략을 대응하기 위해 강화도로 천도한 것은 최씨 무신정권 시대인 최우 집권 시기이다(고종 19, 1232).

04 정답 ③

[정답해설]
㉠의 '1919년의 독립만세운동'은 민족 주체성을 확인하고, 반제국적 민족 운동의 선구인 3·1 운동을 말한다. 임병찬이 독립의군부를 조직한 것은 1912년이다.

[오답해설]
① 1923년에 '암태도 소작쟁의'가 일어났다.
② 1926년에 '정우회 선언'이 발표되었다.
④ 1922년에 조선 민립대학 기성회가 창립되었다.

05 정답 ④

[정답해설]
주어진 사료는 경국대전에 관한 이야기이다. 경국대전을 완성시키고, 반포한 것은 성종이므로 밑줄 친 성상(聖上)이 가리키는 왕은 성종이다. 경국대전을 반포함으로써 조선사회의 통치 방향과 이념을 제시하였다. 뿐만 아니라 성종은 여러 국가적 차원의 편찬 작업을 완성시켰다. 「동국여지승람」, 「동국통감」, 국가행사에 필요한 의례를 정비한 의례서인 「국조오례의」는 성종 때에 편찬되었다.

[오답해설]
① 고조선에서 고려 말까지의 전쟁사를 정리한 「동국병감」은 문종 때 편찬되었다.
② 삼강오륜의 사상과 우리나라와 중국의 역사를 적은 「동몽선습」은 중종 때 박세무가 편찬한 아동 교육서이다.
③ 열녀, 충신 등의 모범적인 사례를 모아 만든 「삼강행실도」는 설순 등이 세종 때 편찬하였다.

[보충해설]

▎ 경국대전(1485)
- 세조 때 착수하여 성종 때 완성·반포
- 조선 사회의 통치 방향과 이념을 제시한 기본적 통치 규범
- 중국의 대명률과는 달리 자녀 구분 상속, 토지·자옥의 사유권 보장, 연좌제 채택
- 풍수교화를 위해 재가하거나 실행한 부녀의 자손과 서얼 자손의 문과 응시를 제한

06 정답 ①

[정답해설]
제시된 사료는 경종 때 제정된 시정전시과이다. 시정전시과는 4색 공복 및 인품을 기준으로 문반, 무반, 잡업으로 나누어 지급 결수를 정하였다.

[오답해설]
② **경정전시과** : 관리의 높고 낮음에 따라 18과로 구분(목종 원년, 998)
③ **과전법** : 관직 복무에 대한 대가(공양왕 3년, 1391)
④ **역분전** : 후삼국 통일 후 공신에게 지급(태조 23년, 940)

07 정답 ①

[정답해설]
을미사변은 1895년에 일어난 명성황후 시해사건이고, 을사조약은 1905년에 일본이 한국의 외교권을 박탈하기위해 강제로 체결한 조약이다. 13도 창의군의 서울진공작전은 1908년 정미의병 때 일어난 사건이다. 따라서 (가)는 1895년~1905년, (나)는 1905년~1908년 사이를 의미한다. 구완희가 외국상인의 침투에 대항하여 민족적 권익을 수호하면서 그 속에서 시전상인의 독점적 이익을 수호·유지하기 위해 1898년 황국중앙총상회를 조직하였다.

[오답해설]
② 일본총독부가 민족해방운동을 탄압하기 위하여 일본 총독의 암살미수사건을 조작하여 105인의 독립 운동가를 감옥에 가둔 105인 사건은 1911년에 일어났다.
③ 황해도 관찰사 조병철과 함경도 관찰사 조병식은 1889년 방곡령을 선포하였고, 1882년 체결된 '통상장정'으로 인하여 조선정부가 일본 측에 배상금을 지불하였다.
④ 보안회는 일본의 조선황무지 개간권 요구에 대항하기 위하여 1904년 서울에 조직된 항일단체이다.

08 정답 ④

[정답해설]
제시된 사료에 '흑수말갈에 대한 공격', 일본에 보낸 국서의 내용 중 "고구려의 옛 땅을 회복하고, 부여의 옛 습속을 지니고 있다."는 내용을 통해 발해 무왕임을 알 수 있다. 무왕은 영토 확장에 힘을 기울여 동북방의 여러 세력을 복속하고 북만주 일대를 장악하였다. 무왕은 장문휴의 수군으로 산동 지방(등주)을 공격하고 요서 지역에서 당과 격돌하였다(732).

[오답해설]
① 고왕(대조영)은 당에서 '발해군왕'에 봉해진 후 국호를 발해로 바꾸었다.
② 9세기 초 신라 헌덕왕 때 급찬 숭정을 발해에 사신으로 보냈다(812).
③ 문왕(대흠무)은 대흥, 보력이라는 독자적인 연호를 사용하였다.

09 정답 ③

[정답해설]
사도하자 전투는 1933년 한국독립군과 중국 구국군의 연합체인 연합토일군과 일·만 연합군이 만주의 사도하자에서 격돌하여 연합토일군이 승리를 하였다. 지청천의 한국독립군은 한국독립당의 산하 부대로 쌍성보 전투, 경박호 전투, 대전자령 전투, 동경성 전투에서도 승리하였다.

[오답해설]
① 양세봉은 조선혁명군 사령관이었다.
② 미쓰야 협정이 체결된 것은 1925년이며, 한국독립군은 주로 1930년대 초에 활약하였다.
④ 조선민족전선연맹의 김원봉은 중국 국민당의 지원을 받아 1938년 조선의용대를 창설하였다.

10 정답 ①

[정답해설]
신해통공(1791)이 반포되어 육의전을 제외한 시전상인들의 금난전권이 폐지되었다.

[오답해설]
② 담배는 일본으로부터 전래되었고, 인삼과 더불어 상업 작물로 재배되었다.
③ 고구마와 같은 구휼식량이 일본에서 전래되었고, 「감저보」·「감저신보」에 재배법이 기술되어 있다.
④ 임진왜란 이후 국내에는 볍씨를 논에 직접 뿌리던 직파법에서 종자를 모판에 자라게 한 후 물을 댄 논에 옮겨 심는 모내기법, 보리나 조·콩 등 밭농사를 지을 때 밭두둑을 높이 만들고 고랑에 씨를 뿌리는 골뿌림법이 널리 보급되어 농업 생산력의 발전을 가져왔다.

11 정답 ③

[정답해설]
고려 후기 문인 이규보가 지은 문집 「동국이상국집」에 수록된 「동명왕편」은 고구려의 시조인 동명왕(주몽)에 관해 쓴 장편 영웅 서사시이다.

[오답해설]
① 「제왕운기」는 고려 후기 1287년에 이승휴가 상·하권을 나누어 단군 신화부터 당대의 충렬왕까지의 역사를 기술한 책이다.
② 「동국역대총목」은 조선시대 1705년에 홍만종이 당시 학자들이 중국의 사실은 잘 알면서도 우리나라 역사는 잘 모르는 것을 근심해 단군부터 조선까지의 역사를 기술한 책이다.
④ 「기미독립선언서」는 1919년 3·1 운동 당시 민족 대표 33인이 한국의 독립을 선언한 글로 3·1 독립선언서라고도 한다. 독립선언서에서 세 가지 약속을 마치며 '조선을 세운 지 4252년 3월 1일'로 연도를 표기하였다.

12 정답 ②

[정답해설]
주어진 사서는 고려 충렬왕 때 일연이 지은 삼국유사의 「기이(紀異)」편에 관한 이야기이다. 고조선 이하 삼한(三韓)·부여(扶餘)·고구려와 통일 이전의 신라 등 여러 고대 국가의 흥망 및 신화·전설·신앙 등에 관한 유사(遺事)와 통일신라시대 문무왕(文武王) 이후 신라 마지막 임금인 경순왕(敬順王)까지의 신라 왕조 기사와 백제·후백제 및 가락국에 관한 약간의 유사를 불교 중심으로 수록하였다.

[오답해설]
① 주어진 내용은 고려 후기 각훈이 왕명을 받아 삼국부터 당대까지의 고승들의 전기를 정리한 「해동고승전」이다.
③ 주어진 내용은 조선 전기의 문신 서거정이 왕명을 받아 단군조선부터 고려 말까지의 역사를 엮은 사서인 「동국통감」이다.
④ 주어진 내용은 고려 1145년(인종 23)에 김부식이 왕명을 받아 삼국시대의 정사를 기술한 「삼국사기」이다.

[보충해설]

■ 삼국사기와 삼국유사

구분	삼국사기	삼국유사
시기 및 저자	고려 중기 인종 23년(1145)에 김부식이 저술	원 간섭기인 충렬왕 7년(1281)에 일연이 저술
사관	유교적·도덕적·합리주의	불교적·자주적·신이적
체제	기전체의 정사체, 총 50권	기사본말체, 총 9권
내용	· 고조선 및 삼한을 기록하지 않고, 삼국사(신라 중심)만의 단대사를 편찬 · 삼국을 모두 대등하게 다루어 각각 본기로 구성하고 본기에서 각 국가를 我(우리)로 칭함	· 단군~고려 말 충렬왕 때까지 기록, 신라 기록이 다수 수록됨 · 단군 조선과 가야 등의 기록, 수많은 민간전승과 불교 설화 및 향가 등 수록 · 단군을 민족 시조로 인식해 단군 신화를 소개했으나 이에 대한 체계화는 미흡

13 정답 ④

[정답해설]
(가)는 동학 농민 운동 중 청군, 일본군의 개입으로 사태가 악화되자, 조선 정부와 농민군 사이에서 체결된 전주화약(1894.5)이다. 이후 농민군은 전라도 일대에 집강소를 설치하고, 폐정 개혁안 12조 실시(반봉건, 반외세적 성격)를 요구하였다. 그리고 조선 정부의 철군 요구에도 불구하고, 일본이 경복궁을 점령하고 내정간섭을 강화하자, 동학 농민군이 재봉기 하였다. 남접군(전봉준)과 북접군(손병희)이 논산에 집결하여, 관군 및 일본군에 맞섰으나, 공주 우금치 전투(1894.11)에서 대패하였다.

[오답해설]
① 농민군이 황토현에서 전라 감영의 지방관군을 물리친 황토현 전투(1894.4)는 동학 농민 운동 1차 봉기 때의 일이다.
② 고부군수 조병갑이 만석보를 쌓아 수세를 강제로 거두어 전봉준을 필두로 동학 농민 운동(1894.1~3)이 일어났다.
③ 안핵사 이용태가 농민을 동학도로 몰아 처벌하여 전봉준, 김개남 등의 지도하에 농민들은 보국안민과 제폭구민을 기치로 한 무장포고문을 선포하였다(1894.1~3).

14 정답 ①

[정답해설]
9주 5소경이 설치된 것은 7세기 말 신문왕 때의 일이고, 대공의 난(768)은 혜공왕 때 일어난 사건이다. 따라서 (가)의 시기에 일어난 역사적 사실은 성덕왕 때 백성에게 정전을 처음으로 지급한 일이다(722).

[오답해설]
② 시장을 감독하는 관청인 동시전을 신설한 것은 지증왕 때의 일이다(508).
③ 백성의 구휼을 위하여 진대법을 제정한 것은 고구려 고국천왕이다(194).
④ 신라 소성왕 때 청주(淸州)의 거로현을 국학생의 녹읍으로 삼았다(799).

15 정답 ③

[정답해설]
백제 무왕의 왕후가 639년에 익산 미륵사지 석탑을 건립하면서 사리기를 넣어 봉인했다. 부여 정림사지 5층 석탑은 익산 미륵사지 석탑과 함께 백제의 대표적인 석탑으로 목조탑의 형식을 많이 보존하고 있다.

[오답해설]
① 고려시대에 지어진 개성 경천사지 10층 석탑은 최초의 대리석 석탑이고, 원의 석탑 형식인 라마탑(아래에서 위로 사각·원·삼각·반월·보주의 5가지 형태를 쌓아올린 탑으로 흔히 오륜탑(五輪塔)을 본떠 만들었다.
② 주심포식 구조양식은 주두, 소첨차, 대첨차와 소로들로 짠 공포를 기둥 위에만 올려놓아 지붕틀을 떠 받침으로써 건축의 기본 뼈대를 구성하는 양식으로 주심포식 구조양식을 가진 건축은 봉정사 극락전이 가장 오래된 건축이고, 수덕사 대웅전, 부석사 무량수전 등이 있다.
④ 김제 금산사 미륵전은 1635년에 지은 목조건물로 겉모양이 3층으로 된 한국의 유일한 법당으로 내부는 통층(通層)이다.

16 정답 ④

[정답해설]
주어진 사료는 '퇴계 이황'의 문집으로 '이황'과 '주세붕'을 통해 (가)가 서원임을 알 수 있다. 서원은 조선 중기 이후 학문 연구와 선현제향(先賢祭享)을 위하여 사림에 의해 설립된 사설 교육기관인 동시에 향촌 자치운영기구이다.

[오답해설]
① 향교에 대한 설명이다. 향교는 부, 목, 군, 현에 각각 하나씩 설치되었으며, 지방의 군현에 있던 유일한 관학이다.
② 서당에 대한 설명이다. 초등 교육 기관인 서당에서는 선비와 평민의 자제에게 「천자문」 등을 가르쳤다.
③ 성균관에 대한 설명이다. 성균관은 서울에 설치한 국립대학격의 유학교육기관으로, 성균관의 성적 우수자는 문과의 초시를 면제해주었다.

[보충해설]

> ▎서원
> • 기원 : 중종 38년 풍기 군수 주세붕이 안향의 봉사를 위해 설립한 백운동 서원
> • 보급 : 교육기관이므로 견제를 적게 받으며, 문중을 과시하는 효과가 있어 번창하다가 사림을 기반으로 임진왜란 이후 급속히 발전
> • 기능
>   – 선현의 추모, 학문의 심화, 발전 및 양반 자제 교육
>   – 사림의 농촌 지배를 보다 강화하고 향촌 사림을 결집

17   정답 ①

[정답해설]
(가)는 1876년(고종 13)에 체결된 통상장정인 조·일무역규칙으로 양곡의 무제한 유출과 무항세에 관한 조항이 규정되어 있다. (나)는 1882년(고종 19) 조선과 미국 간에 국교와 통상을 목적으로 체결된 조·미수호통상조약이다. 2차 수신사로 일본에 갔던 김홍집이 황준헌의 「조선책략」을 조선으로 가져와 유포함으로써 조·미수호통상조약 체결에 영향을 주었다. 청의 알선으로 체결된 조·미수호통상 조약에서는 거중조정, 최혜국 대우 조항, 관세 부과 등이 규정되었다.

[오답해설]
• 조·일수호조규부록은 1876년(고종 13) 8월 24일 「조·일수호조규」(강화도조약, 1876)를 보완하기 위해 조인된 조약이다.
• 조·러수호통상조약은 1884년 자유 입항을 규정하고 치외법권과 관세 규정에 관한 조약이다.

18   정답 ②

[정답해설]
이조좌랑은 이조에 둔 정6품 관직으로서, 위로는 이조판서, 이조참판, 이조참의가 있고, 이조정랑(정 5품)과 함께 이조전랑으로 불렸다. 이조전랑은 삼사의 관리(官吏)를 추천하고 자신의 후임을 추천할 수 있는 권한을 가진 조선시대의 요직이었다.

[오답해설]
㉠ 사간원은 조선시대 언론을 담당했던 기관으로 국왕에 대한 간쟁과 논박을 담당하는 관청이다. 사간원의 관원들은 관리감찰을 담당하는 사헌부 간원과 함께 왕의 정책을 간쟁하였다.
㉢ 승정원은 왕명을 출납하면서 왕의 비서기관의 업무를 하였다.
㉣ 홍문관은 조선시대에 궁중의 경서·사적의 관리, 문한의 처리 및 왕의 자문에 응하는 일을 맡아보던 관청으로, 서적 출판 및 간행의 업무를 담당하는 관청은 교서관이다.

19   정답 ②

[정답해설]
주어진 자료는 유교의 개량과 혁신을 주장한 박은식의 논문 「유교구신론」으로 '나라는 형(形)이고 역사는 신(神)'이라고 주장하며 일제가 빼앗은 것은 국백뿐 국혼은 살아있으니 광복은 이룰 수 있음을 역설하였다. 그는 「한국통사」, 「한국독립운동지혈사」를 집필하였다.

[오답해설]
① '조선얼'을 강조하며 '조선학 운동'을 펼친 인물은 '위당 정인보'이다. '정인보'는 독립운동가로 일제가 날조한 역사 대신 우리의 역사 속에 흐르는 '얼'을 강조하는 '얼사상'을 주장하였다.
③ 주석·부주석 체제하의 대한민국 임시 정부에서 주석을 역임한 인물은 '백범 김구'뿐이다.
④ 「독사신론」에서 민족을 역사서술의 주체로 설정하고 사대주의를 비판한 인물은 '단재 신채호'로 역사연구가이자 독립운동가다.

20   정답 ②

[정답해설]
(나) : 조선건국준비위원회의 결성(1945. 8. 15)
(다) : 모스크바 3국 외상회의 결정(1945. 12)
(가) : 좌우합작 7원칙의 발표(1946. 10)
(라) : 김구와 김규식의 남북협상 제의(1948. 4)

[국가직] 2018년 04월 정답

01	①	02	③	03	①	04	③	05	②
06	①	07	①	08	②	09	④	10	②
11	④	12	③	13	②	14	④	15	③
16	③	17	④	18	③	19	②	20	③

[국가직] 2018년 04월 | 해설

01   정답 ①

[정답해설]
통일신라는 통일 전 5주 2소경을 9주 5소경 체제로 정비하였고, 지방관의 감찰을 위하여 주·군에 감찰 기관인 외사정(감찰관)을 파견하였다. 또한 말단 행정 단위인 촌은 토착 세력인 촌주가 지방관의 통제를 받으며 다스렸다.

[오답해설]
② 전국 330여 개의 모든 군현에 수령을 파견한 것은 조선 시대이다. 조선 시대에는 전국을 8도로 나누고 부, 목, 군, 현에 지방관인 수령을 파견하였다.
③ 촌락 지배 방식으로 면리제가 확립된 것은 조선 시대이다. 면리제는 자연촌 단위의 몇 개의 리를 면으로 묶은 것이다. 조선 시대에는 8도의 군·현 아래 면·리·통 등을 설치하였다.
④ 향리 통제를 위하여 사심관을 파견한 것은 고려 시대이다. 사심관은 왕권 유지를 위한 호족 세력의 회유책으로, 고려 태조 때 신라의 마지막 왕인 경순왕을 경주의 사심관에 임명한 것이 시초였다.

[보충해설]

> ■ 통일 신라의 지방 통치 체제
> • 통일 전 5주 2소경을 9주 5소경 체제로 정비
> • 말단 행정 단위인 촌은 토착 세력인 촌주가 지방관의 통제를 받으며 다스림
> • 향(鄕)·부곡(部曲)의 특수 행정 구역 존재
> • 지방관의 감찰을 위하여 주·군에 감찰 기관인 외사정(감찰관)을 파견
> • 지방 세력을 견제하기 위하여 상수리 제도 실시

02   정답 ③

[정답해설]
(갑) 거란 : 소손녕 / (을) 고려 : 서희
제시된 사료는 고려 성종 때 거란의 1차 침입 시 소손녕(갑)과 서희(을)의 담판 내용이다. 서희는 소손녕과의 협상에서 흥화진, 용주, 통주, 철주, 귀주, 곽주의 강동 6주를 획득하였다(993).

[오답해설]
① 별무반은 고려 숙종 때 여진 정벌을 위해 윤관의 건의로 조직된 특수 부대로, 예종 때 윤관이 별무반을 이끌고 여진을 정벌하여 동북 9성 일대를 확보하였다(1107).
②, ④ 강동 6주의 반환 등을 요구하며 10만 대군의 소배압이 이끄는 거란의 3차 침입에 맞서 강감찬은 귀주대첩에서 대승을 거두었다(1018). 이후 고려는 개경에 나성을 축조하고, 압록강에서 동해안의 도련포에 이르는 천리장성을 쌓아 국방을 강화하였다.

03   정답 ①

[정답해설]
제시된 사료는 고구려 광개토대왕이 신라 내물왕의 요청을 받아 신라에 침입한 백제·왜·가야의 연합군을 낙동강 유역에서 토벌(400)한 내용으로, 이후 고구려는 신라에 군대를 주둔시키고 신라의 내정간섭을 강화하였다. 한편 '영락(永樂)'은 고구려 광개토대왕의 연호이다.

[오답해설]
② 백제의 전성기를 이끈 근초고왕이 고구려의 평양성을 공격하여 고국원왕이 전사하였다.
③ 나·제 동맹을 깨고 신라 진흥왕이 백제가 차지한 한강 하류 지역을 점령하자 이에 분노한 백제 성왕이 신라를 공격하다 관산성 전투에서 전사하였다.
④ 금관가야(김해)는 김수로왕을 시조로 전기 가야연맹을 주도하였으나, 신라를 후원하는 광개토대왕의 공격으로 세력이 약화되어 이후 고령의 대가야가 가야 지역의 중심 세력으로 대두되었다.

[보충해설]

■ **광개토대왕(19대, 391~412)**
- 소수림왕 때의 내정 개혁을 바탕으로 북으로 숙신(여진) · 비려(거란)를 정복하는 등 만주에 대한 대규모 정복 사업 단행으로 지배권 확대
- 남쪽으로 백제의 위례성을 공격하여 임진강 · 한강선까지 진출
- 서쪽으로 선비족의 후연(모용씨)을 격파하여 요동 지역 확보
- 신라에 침입한 왜를 낙동강 유역에서 토벌(400)함으로써 한반도 남부까지 영향력 행사
- 우리나라 최초로 '영락(永樂)'이라는 독자적 연호를 사용하여 중국과 대등함을 과시

04   정답 ③

[정답해설]
김구는 모스크바 3상 회의에서 결정된 신탁통치에 반대하여 신탁통치 반대 국민 총동원 위원회를 조직하고 반탁 운동을 전개하였다.

[오답해설]
① 단독 정부 수립에 반대하여 남한에서 시행된 5 · 10 총선거에 불참한 것은 김구이며, 이승만은 선거에 참여하여 남한만의 단독 정부 수립과 제헌 국회 구성에 관여하였다.
② 이승만의 정읍 발언 이후 우익 측을 대표한 김규식과 좌익 측을 대표한 여운형은 양측의 주장을 절충하여 좌우합작 7원칙을 발표하였으며, 김구는 이를 지지하였다.
④ 제1차 미 · 소 공동 위원회가 결렬된 후 미군정의 주도로 남조선 과도 입법 의원이 구성되어 남조선 과도 정부가 수립되었으며, 김규식이 의장을 역임하였다.

05   정답 ②

[정답해설]
고려 성종 때 최승로는 유교적 합리주의를 강조하여 불교의 폐단을 비판하고 연등회와 팔관회를 폐지하였으나, 이후 현종 때 다시 부활하였다. 한편 정월 보름에 개최된 것은 연등회이며, 팔관회는 개경에서는 11월에 그리고 서경에서는 10월에 개최되었다.

[오답해설]
① 팔관회는 송 · 여진 · 아라비아 상인들이 진상품을 바치고 국제 무역을 행하는 국제 교류의 장이었다.
③ 팔관회는 토속 신에게 제사를 지내는 제천 의식과 불교가 결합된 행사이다.
④ 고려 태조는 훈요 10조에서 숭불 정책으로 불교를 중시하고, 연등회와 팔관회의 시행을 강조하였다.

[보충해설]

■ **연등회와 팔관회**

구분	연등회	팔관회
유사점	군신이 가무와 음주를 즐기며, 부처나 천지신명에게 제사 국가와 왕실의 태평을 기원	
차이점	• 2월 15일 전국에서 개최 • 불교 행사 • 원래는 부처의 공덕에 대한 공양의 선덕을 쌓는 행사였다가 신에 대한 제사로 성격이 변화	• 개경(11월)과 서경(10월)에서 개최 • 토속 신앙(제천 행사)와 불교의 결합 • 송 · 여진 · 아라비아 상인들이 진상품을 바치고 국제 무역을 행함 → 국제적 행사

06   정답 ①

[정답해설]
제시된 사료는 정조가 군주권의 확립을 위해 직접 저술한 『만천명월옹자서』이다. 『해동농서』는 정조의 명을 받아 서호수가 편찬한 농업기술서로, 중국의 농학을 선별적으로 수용하여 우리 농학을 종합하고 체계화하였다.

[오답해설]
② 현종 때 갑인예송에서 윤후 · 허목 · 허적 등 남인 학자들은 왕권을 강조하며 기년복을 주장하였다.
③ 숙종 때 이순신 사당에 현충이라는 시호를 내리고 의주에 강감찬 사당을 건립하여 국민의 애국심을 고취시켰다.
④ 효종 때에는 민간의 광산개발 참여를 허용하고 정부에서는 별장을 파견하여 그 대가로 세금을 거두는 설점수세제(設店收稅制)를 처음 실시하였다.

07   정답 ①

[정답해설]
제시된 사료는 연장자와 연소자 및 친구 사이에서 지켜야 할 윤리를 강조한 『이륜행실도』로 중종 때 김안국이 저술하였다.

중종 때에는 풍기 군수 주세붕이 안향의 봉사를 위해 최초의 서원인 백운동 서원을 건립하였다.

[오답해설]
② 「금오신화」는 최초의 한문 소설로 세조 때에 김시습이 저술하였다.
③ 「국조오례의」는 신숙주·정척 등이 국가 왕실의 여러 행사에 필요한 의례를 정비·제정한 의례서이고, 「동국여지승람」은 서거정 등이 군현의 연혁·지세·인물·풍속·산물·교통 등을 자세히 수록한 인문지리서로 둘 다 성종 때에 저술되었다.
④ 세종은 왕실의 학술 및 정책 연구기관인 집현전을 설치하여 인재를 육성하고 편찬 사업을 추진하였다.

08   정답 ②

[정답해설]
제시된 사료는 일제가 중일전쟁 후 전쟁 물자를 통제·수탈하기 위해 제정한 국가총동원법(1938.4)의 조문 내용이다. 육군특별지원병령(1938.2)은 17세 이상의 소학교 졸업 이상 학력 소지자 중 육군 병역에 복무할 지원병을 모집한 법령으로 국가총동원법 제정 이전에 공포되었다.

[오답해설]
① 일제는 소비 규제를 목적으로 물자통제령을 공포하고 식량 배급제를 확대하였다(1941).
③ 일제는 금속류회수령을 제정하여 농기구, 식기, 제기, 교회나 사원의 종 등의 금속류를 전쟁 물자로 사용하기 위해 공출하였다(1941).
④ 일제는 조선인 근로자의 노동력을 착취하기 위해 국민징용령을 공포하여 강제적인 노무 동원을 실시하였다(1939).

09   정답 ④

[정답해설]
(상) 고부민란 후 안핵사 이용태가 동학교도를 색출·탄압하였다.
(가) 전봉준·김개남·손화중 등은 백산에 다시 집결하여 보국안민과 제폭구민을 기치로 무장 포고문을 선포하였다.
(하) 전주화약이 성립한 후 동학군들은 전라도 일대에 집강소를 설치하고 폐정 개혁 12개조를 요구하였다.

[오답해설]
① 전봉준이 이끄는 남접의 동학군과 손병희가 이끄는 북접의 동학군이 논산에서 집결하여 연합하였다.

② 남·북접의 연합군이 서울로 북진하다 공주 우금치에서 관군과 민보군, 일본군을 상대로 격전을 벌였다.
③ 동학교도들은 동학의 창시자로 처형된 최제우의 억울함을 풀고 포교의 자유를 인정받고자 궁궐 앞에서 교조 신원을 주장하는 집회를 열었다.

10   정답 ②

[정답해설]
제시된 사료에서 (가) 기구는 조선총독부 임시토지조사국으로, 토지 약탈과 식민지화에 필요한 재정 수입원을 마련하기 위해 토지조사사업을 실시하였다. 이 시기에 최초의 근대적 장편소설인 이광수의 「무정」이 발표되었다(1917).

[오답해설]
① 3·1 운동을 계기로 각지에서 설립된 청년 단체를 망라하여 역량을 결집하고 민족운동의 동력으로 활용하기 위해 조선청년연합회가 결성되었다(1920).
③ 일제는 조선 연초업의 모든 부분을 통제하기 위해 연초전매령을 제정·공포하여 연초전매를 실시하였다(1921).
④ 김원봉은 신채호의 조선혁명선언을 행동 강령으로 하여 일제의 요인암살과 식민통치기관의 파괴를 목적으로 만주 길림성에서 의열단을 조직하였다(1919).

[보충해설]

▎토지조사령(1912)
- 토지 소유권은 총독 또는 그 권한을 위촉받은 자가 결재, 확정한다.
- 소유권 주장에는 신고주의를 원칙으로 한다.
- 토지 소유자는 조선총독이 정하는 기간 내에 주소, 씨명, 명칭 및 소유지의 소재, 지목, 결수를 임시토지조사국장에게 신고해야 한다. 단, 국유지는 보관청이 임시토지국장에게 통지해야 한다.

11   정답 ④

[정답해설]
혼일강리역대국도지도는 현존하는 동양 최고(最古)의 세계지도로, 조선 태종 때 권근·김사형·이회 등이 제작하였다(1402). 우리나라에 해당하는 부분을 백리척을 사용하여 그린 지도는 동국지도로 조선 영조 때 정상기가 제작하였다.

[오답해설]
① 혼일강리역대국도지도에는 아메리카 대륙을 제외한 아시

아 · 유럽 · 아프리카 대륙이 묘사되어 있다.
② 혼일강리역대국도지도는 중국이 세계의 중심이라는 중화 사상이 반영되어 중국과 조선이 가장 크게 그려져 있다.
③ 혼일강리역대국도지도는 이슬람 지도학의 영향을 받은 원나라의 세계지도를 바탕으로 조선과 일본을 덧붙였다.

12   정답 ③

[정답해설]
제시된 사료는 소판(蘇判) 김흠돌이 파진찬 흥원(興元), 대아찬 진공(眞功) 등과 함께 모반을 꾀하다가 발각되어 처형된 김흠돌의 난과 달구벌 천도를 시도한 통일신라 신문왕의 업적이다. 신문왕은 유학 교육을 위하여 국학(國學)을 설립하고 유교 이념을 확립하였다.

[오답해설]
① 신라의 소지마립간은 도시 정비의 일환으로 사방에 우역을 설치하고 역로를 수리하였다.
② 통일신라 효소왕은 통일 이후 경주에 인구가 증가하자 동시(東市)만으로 상품 수요를 충족하지 못하여 서시(西市)와 남시(南市)를 추가로 설치하였다.
④ 신문왕 때에 녹읍이 폐지되었다가 경덕왕 때에 귀족들의 반발로 관료에게 지급하던 녹읍이 부활하였다

13   정답 ②

[정답해설]
발해의 상경성 궁전 터에서 발견된 온돌 장치는 고구려 문화가 계승된 발해의 문화유산으로, 발해사에 대해 한국사의 입장에서 중국과 러시아에 반박할 수 있는 증거로 적절하다.

[오답해설]
① 발해는 문왕(대흠무) 때 신라도라는 상설 교통로를 통해 신라와 교역하고 신라와의 관계 회복을 위해 사신을 파견하였다.
③ 주자감은 문왕(대흠무) 때 설립된 발해의 최고 교육 기관(국립대학)으로, 당의 영향을 받아 왕족과 귀족을 대상으로 유교 경전을 교육하였다.
④ 발해는 당의 제도를 수용하여 정당성 · 선조성 · 중대성의 3성과 충 · 인 · 의 · 지 · 예 · 신부의 6부를 두었다.

[보충해설]

▌발해의 고구려 계승 근거
- 건국 주도 세력과 지배층, 사신의 대부분이 고구려인
- 일본과의 외교 문서에서 고려 및 고려국왕이라는 명칭 사용
- **고구려 문화의 계승** : 발해 성터, 수도 5경, 궁전의 온돌 장치, 천장의 모줄임 구조, 사원의 불상 양식, 와당의 연화문, 이불병좌상(법화 신앙), 정혜공주 무덤 양식 등

14   정답 ④

[정답해설]
제시된 사료에서 신라 문무왕에 '@ 협조하는 무리'는 고구려 부흥 운동 세력인 검모잠을 죽이고 신라로 망명한 보장왕의 서자 안승이다. 신라는 당의 세력을 쫓아낼 생각으로 안승을 금마저(익산)에 살게 하고 고구려왕으로 봉하였으며, 후에 보덕국왕의 봉작을 받고 문무왕의 조카를 아내로 맞이하였다. 임존성(대흥)에서 저항하던 지수신은 백제 부흥 운동의 주도 세력이다.

[오답해설]
① 김유신의 신라군에 맞서 계백이 이끄는 백제의 군대가 황산벌에서 결사 항전하였으나 패배한 후 사비성이 함락되어 멸망하였다(660).
② 나 · 당 연합군이 백제를 멸망시킨 후 고구려의 평양성을 공격하여 고구려도 멸망시켰다(668).
③ 백제가 멸망한 후 복신과 도침이 왕자 부여풍을 왕으로 추대하여 주류성(한산)에서 백제 부흥 운동을 전개하였다(660).

15   정답 ③

[정답해설]
제시된 사료는 농광회사의 사업규칙으로, 일제의 황무지 개간권 요구에 대응하여 이도재 등은 농광회사를 설립하여 황무지를 우리 손에 개간할 것을 주장하였다(1904).

[오답해설]
① 외국산 면직물의 수입으로 타격을 입은 국내 직조산업을 활성화하기 위해 종로의 백목전 상인이 주도가 되어 종로직조사를 설립하고 생산활동을 전개하였다(1900).
② 동양척식주식회사는 일제가 토지조사령 발표 후 역둔토나

국유 미간지를 약탈하기 위해 세운 국책 회사이다(1908).
④ 서울의 시전 상인들은 외국 상인과의 상권 경쟁을 위해 황국중앙총상회를 만들어 상권 수호 운동을 전개함으로써 일제의 경제적 침탈에 적극적으로 대응하였다(1898).

16 정답 ③

[정답해설]
ㄹ. 조선 중종 때 조광조(1482~1519)는 향약 보급 운동과 함께 일상에서의 유교 윤리를 보급하고자 『소학』을 중시하였다.
ㄴ. 서경덕(1489~1546)은 이(理)보다는 기(氣)를 중심으로 세계를 이해하고, 우주를 무한하고 영원한 기(氣)로 보는 '태허(太虛)설'을 제기하였다.
ㄷ. 조선 명종 때 이황과 기대승은 정지운의 『천명도』 해석을 둘러싸고 주리론과 주기론 간의 사단칠정 논쟁(1553)을 벌였다.
ㄱ. 이이(1536~1584)는 현실세계를 구성하는 기(氣)를 중시하고, 경세가로서 현실 문제의 개혁 방안을 제시한 변법경장론(變法更張論)을 주장하였다.

17 정답 ④

[정답해설]
영단주택은 일본에서는 서민 계급의 주택문제를 해결하기 위해 공급한 주택유형이지만, 식민지 조선에서는 전시체제 하에서 일제가 조선의 병참기지화를 위해 건설한 군수산업체에서 근무하는 노동자의 주택부족문제를 해결하기 위해 공급된 주택이다. 그러므로 영단주택은 상류층이 한식 주택을 2층으로 개량한 주택이 아니다.

[오답해설]
① '토막'이란 집 없는 빈민들이 공터에 만들어놓은 움막이나 움집을 이르는 말로, 1920년대에 농촌을 떠나 도시로 유입되는 인구가 늘어나면서 살 집을 구하지 못한 농민들이 도시 외곽에 토막촌을 형성하여 모여 살았다.
② 1920년대에는 번화가에서 쇼핑과 외식을 즐기는 최신 유행의 모던걸과 모던보이가 등장하고, 신여성의 상징으로 단발이 유행하였다.
③ 일제는 학생과 여성 등의 노동력을 동원하기 위해 근로보국대를 만들어 일본인들이 일할 때 입던 몸뻬를 입혀 강제 노동을 시켰다.

18 정답 ③

[정답해설]
(가) 박정희 정부 때 김종필 중앙정보부장과 오히라 외상 간의 한·일 협정 기본 구상과 차관 도입에 합의한 내용이다(1962).
• 국가 기간 산업인 울산 정유 공장은 우리나라가 처음으로 외국과 합작 투자 형태로 세운 정유 공장이다(1964).
(나) 박정희 정부 때의 월남 파병과 관련된 브라운 각서로, 월남 파병을 조건으로 국군의 전력 증강과 차관 원조를 약속 받았다(1966).

[오답해설]
① 서울에서 부산을 잇는 경부 고속 국도는 박정희 정부 때인 1970년에 개통되었다.
② 수출 자유 지역은 1970년에 제정된 수출자유지역설치법에 따라 경상남도 마산과 전라북도 익산시 2곳에 지정·개발되었다.
④ 전란 후 비료 수입 의존도가 높자 1959년 국가가 유엔의 원조를 받아 비료 자급능력 향상과 고용증대 및 외화절약을 목적으로 충주에 화학비료공장을 설립하였다.

19 정답 ②

[정답해설]
진화(陳澕)는 이규보와 쌍벽을 이루는 문인으로 금나라에 사신으로 가면서 제시문의 시를 썼다. 이 시는 송이 몰락하고 금이 아직 미개한 반면 고려가 문명의 중심에 있다는 자부심을 드러내는 시로, 동명왕의 업적을 칭송한 영웅 서사시인 「동명왕편」과 동일한 자부심을 공유하고 있다. 이규보의 「동명왕편」은 명종 때에 저술되었는데, 송·금 교체기인 무신집권기 초기에 해당되므로 진화의 시에서 밝힌 송·금 교체시기와 일치한다.

[오답해설]
① 「삼국사기」는 고려 인종 때 김부식 등이 왕명을 받아 편찬한 현존하는 우리나라 최고의 역사서로, 유교적 합리주의 사관에 기초하여 신라를 중심으로 서술한 기전체(紀傳體) 사서이다.
③ 「제왕운기」는 우리나라의 역사를 단군에서부터 서술하면서 우리 역사를 중국사와 대등하게 파악하는 자주성을 보여주었다. 합리주의적 인식을 바탕으로 하여 유교를 중심으로 다루면서도 불교·도교 문화까지 포괄하여 서술하였다.
④ 「삼국유사」는 단군부터 고려 말까지의 불교사를 중심으로 서술한 기사본말체 형식의 사서이다. 단군을 우리 민족의

시조로 보아 단군의 건국 이야기를 수록하고 있으며 그 외에 가야에 대한 기록과 고대의 민간 설화나 전래 기록, 불교 설화, 향가 등을 수록하였다.

20 정답 ③

[정답해설]
ㄹ. 『해동제국기』는 신숙주가 계해약조 당시 일본에 다녀와 성종 때 저술한 책으로, 일본의 지세와 국정 등을 기록하였다(1471).
ㄱ. 『표해록』은 최부가 성종 때 제주도에서 표류한 뒤 명을 거쳐 조선에 돌아오는 과정을 서술한 표해기행록이다(1488).
ㄴ. 『열하일기』는 박지원이 정조 때 청에 다녀와 문물을 소개하고 이를 수용할 것을 주장한 견문록이다(1780).
ㄷ. 『서유견문』은 고종 때 미국에 보빙사의 일행으로 파견된 유길준이 유럽을 여행한 후 집필한 책으로, 서양 근대 문명을 소개하고 새로운 국·한문체의 보급에 공헌하였다(1895).

[국가직] 2017년 04월 정답

01	①	02	②	03	①	04	④	05	③
06	①	07	③	08	②	09	③	10	②
11	③	12	④	13	④	14	③	15	④
16	②	17	①	18	③	19	③	20	①

[국가직] 2017년 04월 | 해설

01 정답 ①

[정답해설]
㉠ 신문왕에게 화왕계를 통하여 조언한 인물은 설총이다.
㉡ 진성여왕에게 시무책 10여 조를 올린 인물은 최치원이다.

설총이나 최치원은 모두 신라 6두품 출신의 지식인으로, 관등 승진에서 중위제(重位制)를 적용받았다. 중위제는 출신별 진급 제한에 대한 보완책으로 6두품 이하의 신분을 대상으로 한 일종의 내부 승진제이다.

[오답해설]
②, ③, ④는 모두 진골 귀족에 대한 설명이다.

[보충해설]

■ 중위제(重位制)
- 의미 : 출신별 진급 제한에 대한 보완책·유인책으로 준 일종의 내부 승진제. 6두품 이하의 신분을 대상으로 함
- 내용 : 아찬은 중아찬에서 4중 아찬까지, 대나마는 중대나마에서 9중 대나마까지, 나마는 중나마에서 7중 나마까지 중위가 설정됨
- 대상 : 공훈 및 능력자
- 의의 : 높은 귀족에게만 허용되어 관등의 영역을 침범하지 못하게 함

02 정답 ②

[정답해설]
(가) 고구려가 낙랑군을 축출하여 한반도로 진출하는 발판을 마련한 시기는 미천왕 때인 313년이다.
(나) 313년 ~ 475년 사이의 역사적 사실
(다) 고구려가 평양으로 도읍을 옮기고(427년) 백제의 수도인 한성을 함락시킨 것은 장수왕 때인 475년이다.

ㄱ. 태학을 설립한 시기는 소수림왕 때인 372년이다.
ㄹ. 신라를 도와 왜를 격퇴한 시기는 광개토대왕 때인 400년이다.

[오답해설]
ㄴ. 진대법을 도입한 시기는 고국천왕 때인 194년이다.
ㄷ. 천리장성을 축조한 시기는 7세기 영양왕 때인 631~647년까지이다.

03 정답 ①

[정답해설]
첫 번째 사료는 오가작통제이며, 두 번째 사료는 면리제이다. 오가작통제는 다섯 집을 하나의 통으로 편성한 것이고, 면리제는 자연촌 단위의 몇 개의 리를 면으로 묶은 것이다. 이들

은 모두 조선 시대 농민 통제 정책의 일환으로, 농민의 도망과 이탈을 방지(ㄱ)하고 부세와 군역의 안정적 확보(ㄴ)를 목적으로 실시된 제도이다.

[오답해설]
ㄷ. 재지사족 중심의 향촌 차지 활성화는 유향소 혹은 향약의 기능이다.
ㄹ. 향권을 둘러싼 구향(기존의 향권을 장악하고 있던 사족)과 신향(소외 양반, 서얼, 부농층, 중인층 등 포함) 간의 향전 억제는 국가의 농민 통제 정책과는 직접적인 관련이 없다.

[보충해설]

▌조선 시대 농민 통제 정책
- 면리제 실시
- 호패법 실시
- 오가작통제 실시
- 농민의 자유로운 거주 이전 금지
- 3년마다 군현 단위로 호적 조사

04 정답 ④

[정답해설]
제시된 사료는 북경 군사통일회의의 국민대표회의 소집 요구 중 일부 내용으로, 1923년에 개최된 국민대표회의에서는 창조파와 개조파의 주장이 대립하여 회의는 결렬되었고 상당수 인사들이 임시정부를 탈퇴하였다. 창조파는 새 정부를 조직하고 연해주로 이동하였으나 소련의 지원을 얻지 못했고, 임시정부는 위임 통치건을 이유로 이승만을 탄핵하고 박은식을 2대 대통령으로 추대하여 2·3차 개헌을 추진하며 체제를 정비하였다.

[오답해설]
① 파리 강화회의에 김규식을 파견한 것은 신한 청년당(1918)의 일이다.
② 조소앙은 삼균주의에 따라 정치·경제·교육의 균등을 주장하고, 대한민국 건국 강령을 제정하였다(1941).
③ 김구 등이 한국국민당을 통한 정당정치의 실시를 결정하였다(1935).

05 정답 ③

[정답해설]
두 차례에 걸친 예송 논쟁이 일어난 것은 현종 때의 일이다.

제1차 예송 논쟁(기해예송)은 효종 사망 시, 제2차 예송 논쟁(갑인예송)은 효종 비의 사망 시 자의대비의 복제를 두고 벌어진 논쟁으로 (다) 시기에 해당된다.

[오답해설]
(가) 현량과는 중종 때 조광조의 건의로 실시되었으므로, (나) 시기에 해당된다.
(나) 무오사화와 갑자사화는 연산군 때에 일어났으므로, (가) 시기에 해당된다.
(라) 신해통공으로 육의전을 제외한 금난전권이 폐지된 것은 정조 때의 일이다.

06 정답 ①

[정답해설]
무천(舞天)과 책화(責禍)는 동예의 풍속으로, 동예에서는 왕이 없이 후·읍군·삼로 등의 군장이 하호(下戶)를 통치하였다.

[오답해설]
② 천군(天君) : 국읍마다 천신에 대한 제사를 주관하는 천군이 있었다. → 삼한
③ 골장제(骨葬制) : 사람이 죽으면 가매장한 다음 뼈만 추려 목곽에 안치하였다. → 옥저
④ 편두(褊頭) : 아이가 출생하면 돌로 머리를 눌러 납작하게 하는 풍습이 있었다. → 진한과 변한

[보충해설]

▌동예

정치	• 왕이 없고, 후·읍군·삼로 등의 군장이 하호를 통치 • 불내예후국이 중심 세력이었으나, 연맹체를 형성하지 못하고 고구려에 병합됨
경제	• 토지가 비옥하고 해산물이 풍부하여 농경·어로 등 경제 생활이 윤택 • 명주와 베를 짜는 등 방직 기술이 발달 • 특산물로 단궁(短弓), 과하마(果下馬), 반어피(班魚皮)가 유명
풍속	• 엄격한 족외혼으로 동성불혼 유지 • 각 부족의 영역을 엄격히 구분하여 다른 부족의 생활권을 침범하면 노비와 소·말로 변상하게 하는 책화(責禍)가 존재 • 별자리를 관찰해서 농사의 풍흉 예측(점성술의 발달) • 제천 행사 : 10월의 무천(舞天) • 농경과 수렵의 수호신을 숭배하여 제사를 지내는 풍습이 존재(호랑이 토템)

07 정답 ③

[정답해설]
제시된 사료는 독립협회가 1898년에 열린 관민공동회에서 발표한 헌의 6조로, 6개 항의 국정개혁안을 담고 있다. 원수부는 광무개혁의 일환으로 대한국제의 반포 당시 황제가 군권을 장악하기 위해 설치한 최고 군통수기관으로 1899년에 설치되었다.

[오답해설]
① 서재필을 중심으로 민중 계몽을 위한 독립신문이 창간되었다. → 1896년
② 고종이 러시아 공사관으로 거처를 옮기게 되었다(아관파천). → 1896년
④ 군국기무처를 중심으로 개혁이 추진되었다(제1차 갑오개혁). → 1894년

08 정답 ②

[정답해설]
중국의 화약 제조 기술을 터득하여 대장군포를 비롯한 20여 종의 화기를 생산하고 화약과 화포를 제작한 기구는 화통도감이다. 화통도감은 고려 우왕 때 최무선을 중심으로 설치된 기구이다(1377). 같은 시기에 청주 흥덕사에서 직지심체요절이 간행되었다. 직지심체요절(1377)은 현존하는 세계 최고(最古)의 금속 활자본으로 현재 유네스코 세계 기록 유산으로 등재되어 있다.

[오답해설]
① 복원궁을 건립하여 도교를 부흥시킨 것은 고려 예종 때의 일이다.
③ 교장도감은 고려 선종 때 의천의 요청으로 흥왕사에 설치되었고, 거란의 침입에 대비하여 속장경을 간행하였다.
④ 고려 성종 때 최승로의 시무 28조를 수용하여 유교정치를 구현하였다.

09 정답 ③

[정답해설]
조·청 상민수륙무역장정은 1882년 임오군란 직후 청의 내정 간섭이 강화된 상황에서 체결된 조약이므로, 갑신정변(1884) 이전의 일이다. 갑신정변은 급진 개화파 세력이 일으킨 사건으로, 우정국 개국 축하연을 이용해 사대당 요인을 살해하고 개화당 정부를 수립한 후 14개조의 정강을 마련하였다.

[오답해설]
① 갑신정변 직후 독일의 부영사 부들러(Budler. H.)가 조선 중립화론을 제기하였다.
② 영국이 러시아의 남하를 견제하고자 거문도를 불법 점령하였다.
④ 청·일 양국군은 조선에서 철수하고 장차 파병할 경우 상대국에 미리 알릴 것을 내용으로 하는 톈진조약을 체결하였다.

[보충해설]

▎ **갑신정변 이후의 국내외 정세**
- **러시아의 남하 정책** : 조·러 수호 통상 조약 체결(1884), 조·러 비밀 협약 추진
- **청·일 간 톈진 조약 체결** : 청·일 양국군은 조선에서 철수하고 장차 파병할 경우 상대국에 미리 알릴 것
- **거문도 사건(1885~1887)** : 영국이 러시아의 남하를 견제하고자 거문도를 불법 점령
- **조선 중립화론 제기** : 독일 부영사 부들러, 유길준
- **방곡령(1889)** : 실패

10 정답 ②

[정답해설]
- **대한제국 칙령 제41호** : 1900년 울릉도를 울도군으로, 울릉도 도감을 울도군 군수로 격상하여 독도를 관할하게 한 조치이다.
- **삼국접양지도** : 일본의 하야시 시헤이(林子平)가 1785년에 편찬한 「삼국통람도설(三國通覽圖說)」에 실린 부속 지도로서, 울릉도와 독도는 '조선의 것'이라고 일본인 스스로 표기해 놓았다.

[오답해설]
① • **이범윤의 보고문** : 이범윤은 1903년 간도관리사가 되어 간도가 한국의 영토라는 보고문과 청나라에서 간도 주민에게 변발을 강제하니 이를 금지하는 공문을 보내달라는 조회문 등을 작성하였다.
• **은주시청합기** : 「은주시청합기(隱州視聽合記)」는 사이토 호센이 간행한 독도에 관한 일본 최초의 문헌이다. 1667년 일본 운주(雲州) 지방 번사(藩士)였던 사이토 호센이 일본의 은주를 관찰하고 들은 내용을 기록한 보고서로, 울릉도와 독도에 관한 기록이 상세하게 담겨 있다.
③ • **미쓰야 협정** : 1925년 총독부 경무국장 미쓰야와 만주의 봉천성 경무처장 우징 사이에 맺어진 협정으로, 만주 지역의 한국인 독립 운동가를 체포해 일본에 인계한다는 독립군 탄압 조약이다.

- **시마네 현 고시 제40호** : 일본이 러일전쟁중인 1905년에 시마네 현 고시 제40호를 발표하여 독도를 시마네 현에 강제로 편입시킨 사실을 알린 고시이다.
④ **조선국교제시말내탐서** : 1870년 일본 외무성에서 울릉도와 독도가 조선 부속이 된 경위를 기록한 문서로, 울릉도와 독도가 조선의 영토임을 인정하고 있다.
- **어윤중의 서북경략사 임명장** : 1883년 조선이 어윤중을 서북경략사로 파견하여 청과 국경 문제를 협의하도록 하였다.

[보충해설]

▌ **정도전(1342~1398)**
- 재상 중심의 정치를 강조하고 민본적 통치 규범을 마련
- 〈불씨잡변(佛氏雜辨)〉을 통하여 불교를 비판하고 성리학을 통치 이념으로 확립
- 주요 저서 : 〈조선경국전〉, 〈경제문감〉, 〈경제육전〉, 〈불씨잡변〉, 〈고려국사〉 등
- 제1차 왕자의 난(1398)으로 제거됨

11 정답 ③

[정답해설]
제시문에서 설명한 화폐는 은병(활구)으로, 고려 숙종 때 주전도감에서 제작되었으나 일반적인 거래에는 사용되지 못하였다. 이 화폐가 통용되던 시기에는 개경·서경·동경 등의 대도시에 관영 상점을 설치하여 책, 차 등을 주로 파는 주점·다점·서적점 등을 두었다.

[오답해설]
① 청해진은 신라 하대 흥덕왕 때인 828년에 장보고의 건의로 완도에 설치되어 해상 무역권을 장악하였다.
② 동시전은 신라 지증왕 때인 509년에 설치되어 시장 관리 기관으로써의 감독 역할을 하였다.
④ 이앙법이 남부 지방에 일부 보급되기 시작한 것은 고려 말이며, 이앙법이 전국적으로 보급되기 시작한 것은 조선 후기이다.

12 정답 ④

[정답해설]
조선 왕조의 개국 1등 공신이며 재상 중심의 관료정치를 주창하고 불씨잡변을 저술한 인물은 정도전이다. 정도전은 『조선경국전』을 편찬하여 왕조의 통치 규범을 마련하였다.

[오답해설]
① 세종은 1419년 이종무로 하여금 왜구의 소굴인 쓰시마 섬을 정벌하도록 하였다.
② 『삼강행실도』는 모범적인 충신·효자·열녀 등의 행적을 그림으로 그리고 설명한 윤리서로, 세종 때인 1431년 설순 등이 편찬하였다.
③ 세종 때 김종서 등은 여진족을 두만강 밖으로 몰아내고 6진(온성·종성·경원·부령·회령·경흥)을 개척하였다.

13 정답 ④

[정답해설]
주어진 제시문의 '이곳'은 하와이로, 1903년부터 하와이에 정착한 우리나라 이주 노동자들은 한인합성협회(1907) 등과 같은 한인 단체를 결성하여 한인 사회를 형성하여 갔다. 또한 1914년에는 박용만을 중심으로 독립군사관을 양성할 목적으로 만든 군사교육 단체인 대조선 국민군단을 창설하였다.

[오답해설]
① 독립운동 기지인 한흥동은 이승희, 이상설 등이 북만주 밀산부에 건설하였다.
② 독립운동 단체인 권업회는 연해주에서 조직되어 이후 대한광복군정부의 모태가 되었다.
③ 남만주에서는 이상룡, 이시영 등의 신민회 인사들을 중심으로 독립운동 기지인 삼원보가 건설되었고, 자치기구인 경학사(부민단에서 한족회로 발전)가 만들어졌다.

14 정답 ③

[정답해설]
제시된 사료는 홍대용의 『의산문답』 중 지전설의 일부 내용으로, 김석문의 지구 회전설을 계승해 지전설을 주장하며 중국 중심의 화이관을 비판하였다. 홍대용은 『임하경륜』에서 성인 남자에게 2결의 토지를 나누어 주자는 균전론을 주장하였다.

[오답해설]
① 『우서』에서 상업적 경영을 통해 농업 생산성을 높여야 한다고 주장하였다. → 유수원
② 『반계수록』에서 신분에 따라 토지를 차등 있게 재분배하자고 주장하였다. → 유형원
④ 『북학의』에서 소비를 권장하여 생산을 촉진하자고 주장하였다. → 박제가

[보충해설]

■ 홍대용(1731~1783)
- 농업(토지) 개혁론 : 결부제를 그대로 인정한 위에서, 1호당 평균 2결씩의 농지를 배분하자는 균전론을 주장
- 임하경륜(부국론) : 기술의 혁신, 신분제 개혁 주장, 병농일치의 군대 조직, 교육 기회의 균등을 강조, 성리학의 극복이 부국강병의 근본이라 주장
- 의산문답 : 김석문의 지구 회전설을 계승해 지전설을 주장하여 화이관 비판
- 저술 : 〈임하경륜〉·〈의산문답〉·〈연기(燕記)〉 등이 〈담헌서〉에 전해짐, 수학 관계 저술로 〈주해수용〉이 있음

15 정답 ④

[정답해설]
제시된 사료는 일제가 1907년 한·일 신협약(정미 7조약)으로 고종을 강제 퇴위시키고 순종을 즉위시킨 후 순종 황제를 움직여 발표한 군대해산령이다. 이후 (ㄷ) 1908년 연합 의병 부대인 13도 창의군이 결성되어 서울 진공 작전을 계획하였으나 실패하였고, (ㄹ) 1909년 일본군의 '남한 대토벌 작전'으로 의병 부대의 근거지가 초토화되어 정미의병이 점차 소멸되고, 일부 의병은 만주와 연해주로 근거지를 옮겨 독립군으로 발전하였다.

[오답해설]
ㄱ. 신돌석과 같은 평민 출신의 의병장이 처음으로 등장한 것은 1905년 을사늑약 이후 발발한 을사의병 때이다.
ㄴ. 단발령의 실시로 위정척사 사상에 바탕을 둔 의병 운동이 시작된 것은 1895년 을미의병 때이다.

16 정답 ②

[정답해설]
ㄴ. 일본인 메가타를 재정 고문으로, 미국인 스티븐스를 외교 고문으로 임명하도록 하였다. → 제1차 한·일 협약(1904)
ㄱ. 헤이그 특사 파견을 문제 삼아 고종 황제를 강제로 퇴위시켰다. → 헤이그 특사 파견(1907)
ㄹ. 통감이 추천한 일본인을 대한제국의 관리로 임명하도록 하였다. → 한·일 신협약(1907)
ㄷ. 대한제국의 사법권을 빼앗고 감옥 사무를 장악하였다. → 기유각서(1909)

17 정답 ①

[정답해설]
제시된 사료는 〈비변사〉에 등록된 조선 후기 광산촌의 모습이다. 조선 후기에는 상업 자본의 광산 경영으로 금광의 개발이 활발해졌지만, 농민이 광산에 몰리는 것을 막기 위해 공개적 채취를 금하자 잠채(潛採)가 성행하였다. 사패전(賜牌田)은 고려 말에서 조선 초까지 지급된 사전(賜田)의 형태로, 조선 후기의 경제 상황에 해당되지 않는다.

[오답해설]
② 도조법은 대개 평년작을 기준으로 수확량의 1/3을 납부하는 정액 지대제로 조선 후기에 보급되었다.
③ 조선 후기에 이르러 인삼, 담배, 약재, 목화, 삼 등의 특용 작물의 재배가 활발해졌는데, 이렇게 시장에서 매매되기 위한 목적으로 재배되는 농작물을 상품 작물이라고 한다.
④ 조선 후기에 논농사는 직파법에서 이앙법으로, 밭농사는 농종법에서 견종법으로 변화되었다.

18 정답 ③

[정답해설]
제시된 사료는 고려 인종 때 풍수지리사상(서경길지설)에 입각한 묘청 등 서경파 세력의 '서경천도론'으로, 문종 때의 남경 설치와 공민왕과 우왕 때의 한양 천도론의 사상적 배경이 되었다. 초제는 궁중에서 하늘에 제사를 지내는 도교의 제천 행사로 풍수지리사상과는 관련이 없다.

[보충해설]

■ 묘청의 서경 천도 운동(인종 13, 1135)
- 이자겸의 난 이후 인종은 왕권 회복과 민생 안정을 위한 정치 개혁을 추진했는데, 이 과정에서 칭제건원·금국 정벌·서경 천도 등을 두고 보수와 개혁 세력 간 대립 발생
- 서경 천도를 추진하여 서경에 대화궁을 건축, 칭제건원과 금국 정벌 주장
- 서경에서 국호를 대위국, 연호를 천개, 군대를 천견충의군이라 하며 난을 일으킴
- 김부식이 이끈 관군의 공격으로 약 1년 만에 진압됨
- 자주적 국수주의의 서경파가 사대적 유학자의 세력에게 도태당한 것으로, 서경파의 몰락과 개경파의 세력 확장
- 서경의 분사 제도 및 삼경제 폐지
- 문신 우대·무신 멸시 풍조, 귀족 사회의 보수화 등 문벌 귀족 사회의 모순 심화

| 19 | 정답 ③ |

[정답해설]
『조선민족사 개론』은 손진태가 지은 저서로, 그는 신민족주의 사관 확립에 노력하였으며 진단학회의 발기인으로 활동하였다. 진단학회는 청구학회를 중심으로 한 일본 어용학자들의 왜곡된 한국사 연구에 대항하여, 이병도·손진태 등이 조직하고 『진단학보』를 발간하여 한국사를 연구하였다.

[오답해설]
① 『조선상고사』와 『조선사연구초』를 저술하였다. → 신채호
② 대동사상을 수용한 유교 구신론을 주장하였다. → 박은식
④ 『5천년간 조선의 얼』이라는 글을 동아일보에 연재하였다.
   → 정인보

[보충해설]

▎신민족주의 사학
- 실증적 토대 위에서 민족주의 사학과 사회경제 사학의 방법을 수용하였다.
- 일제 말부터 해방 직후에 체계를 갖추었다.
- 대표적 학자로는 안재홍, 손진태, 이인영, 홍이섭 등이 있다.

| 20 | 정답 ① |

[정답해설]
의주는 청천강이 아닌 압록강 하구에 위치한 지역이며, 청천강 유역에 설치된 도호부는 안북도호부로 의주가 아니라 청천강 중류의 영주(지금의 평안남도 안주)에 설치되었다.

[오답해설]
② 의주는 성종 때 서희의 담판으로 확보한 강동 6주 가운데 하나인 흥화진이 있던 곳이다.
③ 요(遼)는 물품을 거래하기 위해 보주(지금의 의주 부근)에 교역 장소인 각장을 설치하였다.
④ 고려는 요(遼)와 금(金)의 분쟁을 이용하여 요(遼)에게 빼앗긴 압록강 유역의 보주(지금의 의주 부근)를 회복하였다.

[국가직] 2017년 10월 정답

01	④	02	①	03	③	04	④	05	③
06	④	07	①	08	②	09	④	10	①
11	①	12	①	13	②	14	③	15	③
16	④	17	②	18	③	19	①	20	④

[국가직] 2017년 10월 | 해설

| 01 | 정답 ④ |

[정답해설]
반달 돌칼, 민무늬 토기, 고인돌과 돌널무덤은 모두 청동기 시대의 유물들이다. 이 시기에 목을 길게 단 미송리식 토기가 사용되었다. 미송리식 토기는 밑이 납작한 항아리 양쪽에 손잡이가 하나씩 달리고 표면에 접선 무늬가 있는 것이 특징이다.

[오답해설]
① 농경과 목축을 시작하여 식량을 생산한 시기는 신석기 시대로, 신석기 혁명을 통해 식량 채집 단계에서 식량 생산 단계로 진입하였다.
② 구석기 시대에는 주로 동굴이나 강가의 막집에서 살면서 도구를 사용하여 사냥을 하거나 어로, 채집 생활을 하였다.
③ 대전시 대덕구에 위치한 용호동 유적은 중기 구석기 시대의 유적으로 불 땐 자리와 슴베찌르개 등이 발견되었다.

| 02 | 정답 ① |

[정답해설]
고국원왕(16대) → 소수림왕(17대) → 광개토대왕(19대) → 장수왕(20대)
(가) 소수림왕은 고구려 제17대 왕으로 전진에서 불교를 받아들였고(372), 유학 교육기관으로 태학을 설립하였으며(372), 율령을 공포하였다(373).
(나) 장수왕은 고구려 제20대 왕으로 수도를 평양으로 옮기고(427), 백제의 수도 한성을 공격하여 개로왕을 죽였다(475).
고국원왕은 고구려 제16대 왕으로, 이 시기에 선비족이 세운 전연 모용황의 공격을 받아 수도가 함락되기도 하였다(342).

[오답해설]
②·③·④ 광개토대왕은 고구려 제19대 왕으로 북쪽으로는 여진족의 숙신을 정복하였고(398), 남으로는 신라를 도와 낙동강 유역에서 왜병을 대파하였다(400). 또한 선비족의 후연

을 공격하여 요동 지역에 진출하였다(406).

03　정답 ③

[정답해설]
제시된 자료는 고려 원종과 원의 세조 사이에 맺은 강화조약(1260)이며, 쌍성총관부는 그 이전에 설치되었다(1258). 쌍성총관부는 몽고가 화주(지금의 함경남도 영흥) 이북을 직접 통치하기 위해 설치한 관부로, 공민왕 때 유인우와 이자춘이 공격하여 수복하였다.

[오답해설]
① · ② 여몽연합군이 1차 일본 원정에 실패한 후 원의 요청에 따라 고려 충렬왕은 정동행성을 설치하고(1280) 2차 일본 원정에 나섰으나 실패하였다(1281).
④ 고려 충선왕은 문한서를 사림원으로 개칭하고 왕명 출납과 인사 행정을 관장하도록 하였다(1298).

04　정답 ④

[정답해설]
안동권씨 성화보는 조선 전기에 발행된 현전 최고의 족보로, 한 씨족(동족)의 계통과 혈통 관계를 기록하고 있다. 조선 전기에는 아들이 없을 경우 양자를 들이지 않았으며, 제사를 여러 자녀가 나누어 맡거나 해마다 돌아가면서 지내는 윤회봉사와 외손이 제사를 받들게 하는 외손봉사가 행해졌다.

[오답해설]
① 남자가 대개 결혼 후에 바로 친가에서 거주한 것은 조선 후기의 일이다. 조선 전기에는 사위가 처가의 호적에 입적하여 처가에서 생활하는 솔서혼 또는 남귀여가혼 등도 흔하였다.
② 자손이 없으면 무후(無後)라 하고 양자를 널리 맞아들인 것은 조선 후기의 일이다.
③ 조선 전기에는 아들과 딸 구분 없이 출생한 순서대로 기록하였으나, 조선 후기에는 아들을 먼저 기록하고 딸을 그 다음에 기록하였다.

05　정답 ③

[정답해설]
제시된 사료에서 관리에게 관료전을 지급하고 귀족의 경제 기반이었던 녹읍을 폐지한 왕은 통일 신라의 신문왕이다. 그는 중앙군을 9개의 서당으로 개편하였고, 지방군으로 10정의 군사 조직을 운영하였다.

[오답해설]
① 통일 신라의 원성왕은 인재 등용을 위해 유교 경전의 이해 수준에 따라 3등급으로 구분한 독서삼품과를 시행하였다.
② 통일 신라의 성덕왕은 백성들에게 정전을 지급하여 농민에 대한 국가의 토지 지배력을 강화하였다.
④ 통일 신라의 경덕왕은 관직과 주군현의 명칭을 중국식 한자명으로 바꾸는 한화(漢化) 정책으로 왕권 강화를 도모하였다.

[보충해설]

> ▌**신문왕(681~692)의 업적**
> - 김흠돌의 난을 계기로 귀족 세력을 숙청하면서 전제 왕권 강화 → 6두품을 조언자로 등용
> - 중앙 정치 기구를 정비(6전 제도 완성, 예작부 설치)하고 군사 조직(9서당)과 지방 행정 조직(9주 5소경)을 완비
> - 관리에게 관료전을 지급(687)하고 귀족의 경제 기반이었던 녹읍을 폐지(689)
> - 유학 교육을 위하여 국학을 설립하고 유교 이념을 확립(682)

06　정답 ④

[정답해설]
제시된 사료에서 대군장인 신지(臣智)와 소군장인 읍차(邑借)라는 장수가 있었던 나라는 삼한이다. 삼한에서는 파종한 5월 수릿날과 추수한 10월 계절제에 하늘에 제사를 지내는 제천 행사를 열었다.

[오답해설]
① 부여와 고구려에는 남의 물건을 훔친 자에게 12배를 배상케 하는 1책 12법이 존재하였다.
② 고구려의 대가들과 지배층인 형(兄)은 농사를 짓지 않는 좌식 계층으로, 집집마다 부경(桴京)이라는 창고를 두었다.
③ 동예는 특산물인 단궁(활), 과하마(조랑말), 반어피(바다표범 가죽) 등을 수출하였다.

07　정답 ①

[정답해설]
제시된 자료에서 명학소를 충순현으로 승격한 것은 고려 후

기 망이·망소이의 난 이후이며, 순비 허씨가 충선왕의 비가 된 것도 고려 후기의 일이다. 또한 매의 사냥과 사육을 담당하던 관청인 응방(鷹坊)을 둔 것도 고려 후기 원 간섭기 때의 일이다. 충선왕대 이후에는 왕실의 근친혼과 문무 양반의 동성혼이 금지되면서 왕실 족내혼이 사라졌다.

[오답해설]
② 고려 후기에는 향리 이하의 일반 양인들도 과거에 응시하여 문·무반으로 신분 상승이 가능하게 되었다.
③ 고려 말 공양왕 때에는 도당(都堂)에서 고관 부인들의 재혼을 규제하려는 움직임이 나타났다.
④ 고려 후기에는 명학소가 충순현으로 승격된 것 외에 몽골군을 물리치는 공을 세운 다인철소가 익안현으로, 처인부곡이 처인현으로 승격되었다.

08 정답 ②

[정답해설]
제시된 윤집의 상소는 병자호란(1636) 직전 청의 군신 관계 요구에 대한 척화론의 주장이다. 조선이 청과 굴욕적인 형제의 맹약을 맺은 것은 병자호란 이전인 정묘호란(1627) 때의 일이다.

[오답해설]
① 병자호란 이후 인질로 잡혀간 소현세자는 청에서 서양의 문물에 관심을 가지고, 천문관련 서적 등을 가져왔다.
③ 병자호란 이후 조선은 송시열 등을 중심으로 명의 원수를 갚고 삼전도 굴욕의 수치를 씻자는 복수설치(復讐雪恥)의 북벌론이 대두되었다.
④ 병자호란 이후 박수춘, 김시온 등의 숭정처사(崇禎處士)와 이희량 등의 대명거사(大明居士)가 출사를 거부하고 명에 대한 의리를 지켰다. '숭정'은 명나라의 마지막 연호로 숭정처사는 명나라에 대한 절의를 지키는 선비를 말하며, 대명거사는 명을 받들고 청을 배척하는 이들을 일컫는다.

[보충해설]

■ 병자호란(인조 14, 1636)
• 후금은 세력을 계속 확장하여 국호를 청으로 바꾸고 심양을 수도로 건국
• 인조의 계속적인 반청 정책
• 청의 군신 관계 요구에 대해 주화론과 주전론이 대립
• 대세가 주전론으로 기울자 청은 다시 대군을 이끌고 침입
• 인조는 남한산성으로 피난, 45일간 항전하다 주화파 최명길 등과 함께 삼전도에서 굴욕적인 강화를 맺음
• 조선은 청과 군신 관계를 맺고, 명과의 외교를 단절

• 두 왕자와 강경 척화론자(김상헌, 홍익한·윤집·오달제의 삼학사)들이 인질로 잡혀감

09 정답 ④

[정답해설]
(가) 1960년대 / (나) 1970년대 / (다) 1980년대
ㄱ. (가) 1960년대에는 5·16 군사 정변을 일으킨 박정희 군사 정부가 정권을 장악한 후 '경제개발 5개년계획'을 추진하였다.
ㄴ. (나) 1970년대에는 박정희 정부의 유신 체제가 성립되었고, 2차례의 오일쇼크와 중화학공업 과잉 중복 투자에 따른 경제 불황이 있었다.
ㄷ. (다) 1980년대에는 전두환 정부의 4·13 호헌 조치로 6월 민주 항쟁이 발발했지만 저금리, 저유가, 저달러의 3저 호황으로 물가가 안정되고 수출이 증가하였다.

10 정답 ①

[정답해설]
제시된 자료는 사회주의 세력의 활동 방향을 밝힌 정우회 선언으로, 민족주의 세력과의 연합을 도모하여 민족 유일당인 신간회 결성의 계기가 되었다. 신간회는 조선인 본위의 교육 실시 및 학교 교수의 조선어 사용 실시를 주장하였고, 1920년대 최대의 파업 투쟁인 원산 노동자 총파업을 지원하였다.

[오답해설]
② 김원봉의 의열단은 민중의 직접폭력혁명으로 강도 일본을 무너뜨리자는 신채호의 조선 혁명 선언을 활동 목표로 설정하였다.
③ 조선 교육회는 언론을 통한 국민 계몽과 문맹퇴치운동을 주도하고, 우리 손으로 대학을 설립하고자 조선 민립대학 기성회를 중심으로 민립대학 설립운동을 추진하였다.
④ 조만식이 평양에서 발기한 조선 물산 장려회는 민족자본의 육성을 위해 자급자족, 토산품 애용 등을 주장하며 물산장려운동을 벌였다.

11 정답 ①

[정답해설]
제시된 자료는 우리 풍토에 맞는 농법을 소개한 『농사직설』로 조선 세종 때 정초와 변효문 등이 편찬하였다(1429). 한편

①의 『향약제생집성방』은 조선 정종 때 김희선 등이 간행한 의학서적으로, 우리나라에서 자생하는 약초를 이용해 우리 풍토와 체질에 맞는 향약을 적용하였다(1399).

[오답해설]
② 『향약집성방』은 조선 세종 때 유효통 등이 『향약채취월령』을 토대로 국산 약재와 치료 방법 등을 정리하여 간행하였다(1433).
③ 『향약채취월령』은 조선 세종 때 유효통 등이 일반대중의 향약 채취와 활용을 위하여 간행한 의학서이다(1431).
④ 『의방유취』는 조선 세종 때 김순의 등이 중국의 의학 서적을 토대로 간행한 동양 최대의 의학 백과사전이다(1445).

12 정답 ①

[정답해설]
ㄱ. 장문휴가 당의 산동지방인 등주를 공격하여 요서 지역에서 당과 격돌한 것은 발해 무왕 때의 일이다(732).
ㄴ. 수도를 중경현덕부에서 북쪽의 상경용천부로 옮겨 지배 체제를 정비한 것은 발해 문왕 때의 일이다(755).
ㄷ. 당으로부터 '발해군왕'에서 '발해국왕'으로 봉해지고 독립 국가로 인정받은 것은 발해 문왕 때의 일이다(762).
ㄹ. '건흥'이라는 독자적인 연호를 사용하고 '해동성국'의 전성기를 맞이한 것은 발해 선왕 때의 일이다(818).

13 정답 ②

[정답해설]
상호 화해와 불가침, 교류 및 협력 확대 등을 규정한 남북 기본 합의서를 채택한 것은 김영삼 정부가 아닌 노태우 정부 때의 일이다.

[오답해설]
① 박정희 정부 때에 '자주, 평화, 민족 대단결'의 민족 통일 3대 원칙을 제시한 7·4 남북 공동 선언이 발표되었다.
③ 김대중 정부 때에 평양에서 최초로 남북 정상회담이 개최된 후 6·15 남북 공동 선언이 발표되었다.
④ 노무현 정부 때에 제2차 남북 정상회담이 개최된 후 10·4 남북 공동 선언문이 채택되어 기본 8개 조항에 합의하였다.

14 정답 ③

[정답해설]
제시된 자료는 일본이 강제로 체결한 을사늑약 중 한국의 외교권 박탈과 관련된 내용이다(1905). 명성 황후 시해 사건인 을미사변과 단발령으로 확산된 을미의병은 을사늑약 이전에 발생하였다(1895).

[오답해설]
① 일제의 대한제국 군대의 강제 해산에 맞서 정미의병이 확산되었고, 유생 출신 의병장인 이인영을 중심으로 13도 연합의병부대(13도 창의군)가 결성되었다(1907).
② 을사늑약이 체결되자 유생과 전직 관료, 평민 출신 등 다양한 계층에서 을사늑약의 폐기와 친일 내각 타도를 주장하며 을사의병을 일으켰다(1905).
④ 일제의 남한대토벌 작전 이후 의병 부대들은 간도와 연해주로 이동하여 의병 기지를 건설하였다(1909).

15 정답 ③

[정답해설]
ⓒ 고려 시대에는 양전 사업을 군현 단위로 필요에 따라 실시하였으며, 양전 사업을 20년마다 실시하여 양안을 새롭게 작성한 것은 조선 건국 초부터이다.

[오답해설]
① ㉠ 고려 시대에는 경작지를 확대하기 위해 농민이 황무지를 개간하면 일정 기간 소작료나 조세를 감면해 주었고, 벽골제와 수산제 등 여러 수리시설도 개축하였다.
② ㉡ 고려 시대에는 상업과 수공업의 체제를 확립하기 위해 개경에 시전을 만들어 관영 점포를 열었고, 소(所)의 장인들은 생산한 물품을 일정하게 공물로 납부하였다.
④ ㉢ 고려 경종 때의 시정 전시과 제도는 문무 관리의 지위와 직역, 인품에 따라 전지와 시지를 차등 지급하였다.

16 정답 ④

[정답해설]
(가) 『회사령』 / (나) 『국가총동원법』
(나)의 『국가총동원법』(1938)은 태평양전쟁(1941) 이전에 제정되었다.

[오답해설]
① (가)는 『회사령』으로, 일제는 회사 설립 시 총독의 허가를 받도록 하는 『회사령』을 공포하여 민족 기업의 설립을 방

해하였다.
② (가)의 『회사령』은 1910년에 공포되고 1920년에 폐지되었다.
③ (나)는 『국가총동원법』으로 일제는 이 법을 근거로 인력과 물자를 강제 수탈하고 전시 동원 체제를 확립하였다.

17 정답 ②

[정답해설]
주어진 자료는 백남운이 저술한 『조선사회경제사』의 일부이다. 이 책에서 백남운은 유물 사관을 토대로 일제 식민사학의 정체성론을 극복하는 근거를 제공하였다.

[오답해설]
① 신채호는 『조선사연구초』에서 낭가 사상을 강조하고 우리 고대사를 중국 민족에 필적하는 강건한 민족의 역사로 서술했다.
③ 정인보, 안재홍, 문일평 등은 조선학 운동을 통해 실학에서 자주적인 근대 사상과 우리 학문의 주체성을 찾으려 하였다.
④ 이병도, 손진태 등의 실증주의 사학자들은 진단학회를 창립하고 순수 학문을 표방하면서 식민주의 사학에 학문적으로 대항하려 하였다.

18 정답 ③

[정답해설]
주어진 사료에서 복원관(福源觀)은 고려 예종 때 왕성 북쪽 태화문에 세운 도교 사원이다. 예종은 복원관 내에 삼청상을 안치하고 직접 제를 지내며 도교를 보급시켰다. 한편, 김위제의 건의로 남경개창도감을 설치하고 남경 건설을 추진한 것은 고려 숙종 때의 일이다.

[오답해설]
① 고려 예종은 우봉·파평 등의 지역에 지방의 작은 현(縣)을 다스리기 위한 감무관을 파견하였다.
② 고려 예종은 국자감에 전문 강좌인 국학 7재(여택재, 대빙재, 경덕재, 구인재, 복응재, 양정재, 강예재)를 설치하여 관학을 진흥하였다.
④ 고려 예종 때 윤관을 원수로 한 별무반이 여진을 정벌한 후 동북 9성을 축조하였다.

19 정답 ①

[정답해설]
제시된 자료는 제헌 국회에서 제정된 농지개혁법의 일부로 농지를 유상 매입, 유상 분배의 원칙에 따라 농민에게 적절히 분배하기 위해 1949년 6월에 제정되어 1950년 3월부터 시행되었다. 「반민족행위처벌법」도 1948년 9월 제헌 국회에서 제정되었으나 이승만 정부의 소극적 태도와 국회 프락치 사건 등으로 2년의 공소시효를 채우지 못하고 1949년 8월로 그 시효가 단축되었다.

[오답해설]
② 초대 이승만 정부가 출범한 이후 임기 2년의 제헌 국회의원 임기가 만료되어 제2대 국회의원 총선거가 실시되었다(1950. 5).
③ 미국 정부가 자국의 잉여농산물을 한국을 비롯한 여러 나라에 원조하기 위해 공법480호(PL480)을 제정하였다(1955. 5).
④ 국민방위군사건은 1·4 후퇴 때 국민방위군의 일부 간부들이 방위군 예산을 부정 착복한 결과 철수 도중 많은 병력들을 병사시킨 사건이다(1951).

[보충해설]

▎반민족 행위 처벌법
- 목적 : 일제 잔재를 청산하기 위하여 제헌 국회에서 제정(1948. 9)
- 내용 : 일제 강점기 친일 행위를 한 사람들을 처벌하고 공민권을 제한
- 활동 : 반민족 행위 처벌법에 의거하여 국회의원 10명으로 구성된 반민족 행위 특별 조사 위원회에서 친일 주요 인사들을 조사
- 결과 : 반공을 우선시하던 이승만 정부의 방해로 친일파 처벌이 좌절됨
  - 친일파들은 법 제정 바로 다음 날 반공 구국 궐기 대회(1948. 9. 23)를 열었고, 이승만 정부는 이 대회를 적극 지원
  - 국회 프락치 사건(1949. 5)과 반민 특위 습격 사건(1949. 6)이 일어났고, 국론 분열과 혼란을 구실로 반민특위를 공개적으로 반대함
  - 법을 개정하여 2년으로 명시된 반민법의 시효를 1년으로 줄이고 특위 활동을 종료시킴

20 정답 ④

[정답해설]
도결(都結)은 조선 후기 수령이나 아전이 환곡, 군포를 횡령하고 그것을 보충하기 위해 마을 백성들에게 일부 또는 전부를 토지에 부과하여 화폐로 수납하는 것을 말한다. 도결은 신분제 붕괴와 화폐경제의 발전에 따른 조세 수취제도의 자연스러운 변화로, 제도적으로는 신분에 따른 부세의 차별이 거의 남지 않게 되었음을 의미한다.

[오답해설]
ㄴ. 노비신공과 결세를 그 해의 작황을 참작하여 중앙에서 일방적으로 도별 총액을 할당한 것은 영조 때에 법제화된 비총제이다.
ㄷ. 양전하는 자[尺]를 통일한 것은 효종 때 시행된 양척동일법이고, 전세율을 1결당 4말~6말로 고정시킨 것은 인조 때 시행된 영정법이다.

[지방직] 2023년 06월 | 정답

01	①	02	③	03	②	04	②	05	③
06	①	07	③	08	④	09	④	10	④
11	①	12	④	13	①	14	④	15	②
16	④	17	④	18	③	19	③	20	④

[지방직] 2023년 06월 | 해설

01 정답 ①

[정답해설]
아슐리안 계통의 주먹도끼는 주로 아프리카와 유라시아 등에서 폭넓게 발견된 구석기 시대의 유물로, 우리나라에서는 연천 전곡리에서 발견되었다. 구석기 시대에는 주로 동굴이나 바위 그늘, 강가의 막집 등에서 살면서 도구를 사용하여 사냥을 하거나 어로·채집 생활을 하였다.

[오답해설]
② 신석기 시대에는 정착 생활을 하게 되면서 주로 해안이나 강가에 화덕이 있는 움집을 만들어 거주하였다.
③ 신석기 시대에는 빗살무늬 토기를 비롯한 각종 토기를 만들어 음식을 조리하거나 식량을 저장하였다.
④ 청동기 시대에는 구릉에 마을을 형성하고 그 주변에 도랑을 판 후, 방어를 위해 주위에 말뚝을 박아 만든 울타리인 목책(木柵)을 둘렀다.

02 정답 ③

[정답해설]
몽골의 침입 때 고려 정부의 개경 환도를 반대하고 진도로 근거지를 옮겨 대몽 항쟁을 벌인 군사 조직은 삼별초이다. 도적을 잡기 위해 설치한 야별초에서 시작된 삼별초는 신의군과 합쳐 고려 최씨 무신 정권의 군사적 기반이 되었다.

[오답해설]
① 포수, 사수, 살수의 삼수병으로 편제된 훈련도감은 임진왜란 때 왜군의 조총에 대응하고 국방력을 강화하기 위해 설치되었다.
② 여진족의 세력이 커져 고려의 국경 지역을 자주 위협하자, 고려 숙종 때 여진 정벌을 위해 윤관의 건의로 기병 중심의 별무반을 편성하였다.
④ 국경 지역인 북계와 동계에 배치된 주진군은 고려 시대의 지방군으로 국경 수비를 전담하는 상비군이다.

[보충해설]

■ 고려 시대 특수군
- **광군(光軍)** : 정종 때 거란에 대비해 청천강에 배치한 상비군(30만)으로 귀족의 사병을 징발, 관장 기관은 광군사 → 뒤에 지방군(주현군·주진군)으로 편입
- **별무반** : 숙종 때 여진 정벌을 위해 윤관의 건의로 조직 → 윤관은 여진 정벌 후 9성 설치
- **도방** : 무신 정권의 사적 무력 기반
- **삼별초** : 수도의 치안 유지를 담당하던 야별초(좌·우별초)에 신의군(귀환 포로)을 합쳐 편성 → 실제로는 최씨 정권의 사병 집단의 성격이 강했음
- **연호군** : 농한기 농민과 노비로 구성된 지방 방위군으로, 여말 왜구 침입에 대비해 설치

03 정답 ②

[정답해설]
주어진 사료는 최익현의 왜양일체론이다. 최익현은 지부복궐 척화의소를 올려 일본이 서양 오랑캐와 다를 것이 없다는 왜양일체론을 주장하며 일본과의 강화도 조약을 반대하였다.

[오답해설]
① 박규수는 진주 민란 당시 안핵사로 파견되었으며, 미국 상선 제너럴 셔먼호가 통상을 요구하며 대동강에 침입할 당시 평양 관민들과 함께 불태웠다. 또한 서양 세력과의 통상을 주장하였으며 김옥균, 박영효 등의 개화 사상가들에게 큰 영향을 주었다.

③ 김홍집은 조선 말기 개화 정책을 추진했던 정치가로, 친일 내각을 구성하고 갑오개혁과 을미개혁을 추진하였다.
④ 김윤식은 개화기 때 영선사 단장으로 청에 파견되어 톈진 기기국에서 무기 제조법과 근대적 군사 훈련법을 습득하였다.

04　　정답 ②

[정답해설]
1896년 서재필이 창간한 근대적 민간 신문은 독립신문으로 독립협회의 기관지이다. 민중 계몽을 위해 순한글로 발행되었으며 외국인을 위해 영문판도 함께 제작되었다. 또한 최초로 한글에 띄어쓰기를 도입하였다.

[오답해설]
① 제국신문은 이종일이 발행한 순한글의 계몽적 일간지로, 주로 일반 대중과 부녀자를 대상으로 하였다.
③ 한성순보는 박영효 등 개화파가 창간하여 박문국에서 발간한 최초의 근대식 신문으로, 순한문판 신문이며 10일 주기로 발간되었다.
④ 황성신문은 남궁억, 유근 등 개신유학자들이 발간한 국한문 혼용 신문으로, 을사늑약의 부당성을 알리기 위해 장지연의 '시일야방성대곡'을 게재하는 등 민족주의적 성격의 항일 신문이다.

05　　정답 ③

[정답해설]
(가) 근초고왕 / (나) 진흥왕
백제에서 고흥이 『서기』를 편찬한 것은 근초고왕 때의 일이며, 신라에서 거칠부가 『국사』를 편찬한 것은 진흥왕 때의 일이다. 진흥왕은 정복 활동을 강화하기 위해 원시 청소년 집단인 화랑도를 국가적 조직으로 개편하였다.

[오답해설]
① 백제 성왕은 웅진(공주)에서 사비(부여)로 천도하고 국호를 남부여로 변경하였다.
② 백제 침류왕은 동진에서 온 마라난타를 통해 불교를 받아들이고 공인하였다.
④ 신라 법흥왕은 병부를 처음으로 설치하여 군권을 장악하고, 율령을 반포하여 통치 질서를 확립하였다.

06　　정답 ①

[정답해설]
사택지적비는 백제 의자왕 때 사택지적이라는 사람이 세월의 덧없음을 한탄하면서 만든 비로서, 도교의 노장사상을 반영하고 있다. 백제가 영산강 유역까지 영역을 확장한 것은 백제의 전성기를 이끈 근초고왕 때의 일이다.

[오답해설]
② 임신서기석은 신라의 두 화랑이 유교 경전의 학습과 인격 도야, 국가에 대한 충성 등을 맹세한 비문이다.
③ 5세기에 고구려 장수왕은 백제의 수도 한성을 함락하고, 한강 전 지역을 포함하여 죽령 일대로부터 남양만을 연결하는 선까지 장악하였는데, 충주 고구려비를 통해 이러한 고구려의 남한강 유역 진출을 확인할 수 있다.
④ 일명 호우명 그릇이라 불리는 광개토 대왕명 호우는 경주 호우총에서 발견되었는데, 그릇 밑바닥에 신라가 광개토대왕을 기리는 내용인 "을묘년국강상광개토지호태왕(乙卯年國岡上廣開土地好太王)"이라는 글씨가 새겨져 있어 5세기 초 고구려와 신라의 밀접한 관계를 유추해 볼 수 있다.

07　　정답 ③

[정답해설]
임진왜란 당시 조·명 연합군의 공격으로 평양성을 뺏기고 한양으로 퇴각하던 왜군을 행주산성에서 격퇴한 것은 권율 장군이다.

[오답해설]
①·②·④ 임진왜란 당시 최초의 의병장인 곽재우는 붉은 옷을 입고 의병 활동을 전개하여 홍의장군으로 불렸다. 경남 의령에서 거병한 곽재우는 익숙한 지리적 이점을 활용한 기습 작전으로, 일본군에 큰 타격을 주었다.

08　　정답 ④

[정답해설]
1,300만 원의 외채를 국민의 힘으로 상환하여 국권을 회복하자는 운동은 국채 보상 운동이다. 국채 보상 운동은 서상돈·김광제 등이 1907년 대구에서 개최한 국민 대회를 계기로 전국으로 확산되었다.

[오답해설]
① 갑오개혁에 의해 신분이 해방된 뒤에도 백정들이 오랜 관습 속에서 계속 차별을 받자, 이학찬을 중심으로 진주에서 조선 형평사를 조직하고 형평 운동을 전개하였다.
② 조만식은 평양에서 조선 물산 장려회 발기인 대회를 개최하고 '조선 사람 조선 것'이라는 구호 아래 물산 장려 운동을 전개하였다.
③ 일제는 중일 전쟁 이후 침략 전쟁을 확대하던 시기에 전국 각지에 신사를 증설하여 참배를 강요하였고, 이에 개신교도들은 신앙 수호를 위한 항일 운동으로 신사참배를 거부하였다.

[보충해설]

▎국채 보상 운동의 전개
- 서상돈·김광제 등이 1907년 대구에서 개최한 국민 대회를 계기로 전국으로 확산
- 국채 보상 기성회가 서울 등 전국 각지로 확대되고 대한매일신보 등 여러 신문사들도 적극 후원 → 금연 운동 전개
- 부녀자들은 비녀와 가락지를 팔아서 이에 호응했으며, 여성 단체인 진명 부인회·대한 부인회 등은 보상금 모집소를 설치하여 적극적인 활동을 전개
- 일본까지 파급되어 800여 명의 유학생들도 참여

09 정답 ④

[정답해설]
조선시대의 과거 제도는 예조에서 주관하였고, 정기 시험인 식년시는 3년마다 실시하는 것이 원칙이었다. 그 외 비정기적인 시험으로 증광시, 별시, 알성시, 백일장 등의 시험도 있었다.

[보충해설]

▎조선시대 과거 제도의 시행
① 정기 시험 : 식년시, 3년마다 실시
② 부정기 시험
- 증광시 : 나라에 큰 경사가 있을 때
- 별시 : 나라에 특별한 행사가 있을 때
- 알성시 : 왕이 성균관의 문묘를 참배한 후
- 백일장 : 시골 유학생의 학업 권장을 위한 임시 시험

10 정답 ④

[정답해설]
제시된 사료는 1946년에 발표된 좌우 합작 7원칙이다. 제1차 미·소 공동 위원회가 개최되었으나 결렬되자 이승만이 정읍에서 남한만의 단독 정부 수립을 주장하였고, 이에 우익 측을 대표한 김규식과 좌익 측을 대표한 여운형이 좌우 합작 7원칙을 발표하고 좌우 합작 운동을 전개하였다. 그러므로 제1차 미·소 공동 위원회 개최는 좌우 합작 7원칙 발표 이전의 일이다.

[오답해설]
① 자유당 정권의 3·15 부정선거 규탄 시위에 대한 유혈 진압에 항거하여 4·19 혁명이 발발하였으며, 국민들의 요구에 굴복하여 이승만 대통령이 하야하였다(1960).
② 이승만 정부 때에 제헌 국회에서 친일파를 청산하기 위한 「반민족행위처벌법」이 공포되었다(1948).
③ 남한에서 5·10 총선거가 실시되어 제헌 국회를 구성하였고 제헌 국회에서 대통령에 이승만, 부통령에 이시영을 선출하였다(1948).

[보충해설]

▎광복 이후의 현대사
8·15 광복(1945. 8) → 모스크바 3국 외상 회의 개최(1945. 12) → 제1차 미·소 공동 위원회 개최(1946. 3) → 좌·우 합작 위원회 구성(1946. 7) → 제2차 미·소 공동 위원회 개최(1947. 5) → 유엔 한국 임시 위원단 방한(1948. 1) → 김구의 남북 협상 참석(1948. 4) → 5·10 총선거 실시(1948. 5) → 대한 민국 헌법 공포(1948. 7) → 대한 민국 정부 수립(1948. 8)

11 정답 ①

[정답해설]
화엄종을 중심으로 교종을 통합하고 해동 천태종을 창시한 인물은 대각국사 의천이다. 그는 교관겸수(敎觀兼修)를 통해 이론적인 교리 공부와 실천적인 수행을 아우를 것을 주장하였다.

[오답해설]
② 조계종을 창시한 보조국사 지눌은 참선과 독경은 물론 노동에도 힘을 쓰자고 하면서 수선사 결사 운동을 주도하였다.
③ 화엄종의 대가인 각훈은 삼국시대 승려 33명의 전기를 정리한 「해동고승전」을 편찬하였다.

④ 원묘국사 요세는 법화 신앙을 바탕으로 백련사를 결성하여 극락왕생을 기원하는 참회와 염불 수행을 강조하였다.

[보충해설]

■ 대각국사 의천의 교단 통합 운동
- 흥왕사를 근거지로 삼아 화엄종을 중심으로 교종 통합을 추구 → 불완전한 교단상의 통합, 형식적 통합
- 선종을 통합하기 위하여 국청사를 창건하고 천태종을 창시 → 교종의 입장에서 선종을 통합
- 국청사를 중심으로 이론의 연마와 실천을 아울러 강조하는 교관겸수(敎觀兼修)를 제창, 지관(止觀)을 강조
- 관념적인 화엄학을 비판하고, 원효의 화쟁 사상을 중시
- 불교의 폐단을 시정하는 대책이 뒤따르지 않아 의천 사후 교단은 다시 분열 → 의천파와 균여파로 분열

12   정답 ④

[정답해설]
임진왜란(1592) → 병자호란(1636)
병자호란 때 인조가 결국 삼전도에서 굴욕적인 강화를 맺었고, 소현 세자와 봉림 대군 등이 청에 인질로 끌려갔다가 8년 뒤인 1645년에 귀국하였다. 그러므로 청에 인질로 끌려갔던 봉림 대군이 귀국한 것은 병자호란 이후의 일이다.

[오답해설]
① 인조는 서인의 주도 하에 인목대비를 유폐하고 영창대군을 살해한 광해군을 폐위시키고 정권을 장악하였다(1623).
② 광해군 때 대북파가 영창대군을 왕으로 옹립하려는 반란을 꾀했다는 구실로 반대파 세력을 제거하기 위해 벌인 계축옥사 이후 영창대군이 사망하였다(1624).
③ 명의 요청에 의해 강홍립이 이끄는 부대가 파병되었으나, 광해군의 중립 외교 정책에 따라 강홍립이 후금에 항복하였다(1619).

13   정답 ①

[정답해설]
병인양요 때 프랑스의 강화도 공격으로 외규장각 건물이 불타고 의궤가 약탈당하였다. 즉, 외규장각이 약탈당한 병인양요는 1866년에 일어났고, 동학 농민 운동은 1894년에 일어났으므로 두 사건은 연관성이 없다.

[오답해설]
② 고려의 궁궐터인 강화도의 고려궁지는 최우 집권기 때 몽골의 침입으로 수도를 천도한 대몽 항쟁의 격전지이다.
③ 유네스코 세계 문화유산으로 등재되어 있는 강화도의 고인돌은 청동기 시대의 대표적인 지배자(족장) 무덤이다.
④ 광성보는 미국이 제너럴셔먼호 사건을 구실로 강화도를 공격하여 신미양요가 발발하자 어재연 부대가 항전한 곳이다.

14   정답 ③

[정답해설]
인조 대에는 인조반정으로 광해군을 폐위시키고 권력을 잡은 서인이 정국을 주도하는 가운데 남인이 참여하는 형식으로 정국이 조성되었다.

[오답해설]
① 선조 대에 언론 삼사 요직의 인사권과 추천권을 가진 이조 전랑 임명권을 둘러싼 대립으로 사림이 동인과 서인으로 분열되었다.
② 광해군 대에 북인은 적극적 사회·경제 정책을 펴고 광해군의 중립 외교를 지지하여 서인과 남인을 배제하고 권력을 장악하였다.
④ 숙종 대에 발생한 경신환국으로 정권을 잡은 서인은 남인에 대한 처우를 둘러싸고 강경파인 노론과 온건파인 소론으로 갈라졌다.

15   정답 ②

[정답해설]
고려 말 우왕 때 최무선의 건의로 화통도감이 설치되어 화약과 화포를 제작하였다.

[오답해설]
① 세종 대에 주자소에서 금속 활자인 갑인자를 주조하여 활자 인쇄술을 발전시켰다.
③ 세종 대에 원의 수시력, 명의 대통력, 아라비아의 회회력 등을 참고하여 한양을 기준으로 한 역법서인 「칠정산」이 편찬되었다.
④ 세종 대에 장영실을 등용하여 천체 관측 기구인 간의를 비롯한 많은 과학 기구들을 제작하였다.

16 정답 ④

[정답해설]
정치·경제적 각성 촉진, 민족의 단결, 기회주의자 배격은 신간회의 강령이다. 신간회는 광주 학생 항일 운동 당시 진상 조사단을 파견하여 한·일 학생 간의 충돌 원인을 조사하였다(1929).

[오답해설]
① 총독부가 대학 설립 요구를 묵살하자 조선 교육회는 우리 손으로 대학을 설립하고자 조선 민립 대학 기성회를 창립하고 모금 운동을 전개하였다(1922).
② 상해에서 결성된 신한 청년당은 파리 강화 회의에 김규식을 대표로 파견하고 독립 청원서를 제출하였다(1918).
③ 순종의 인산(因山)일을 계기로 일어난 6·10 만세 운동은 천도교를 중심으로 한 민족주의 계열과 조선 공산당을 중심으로 한 사회주의 계열이 함께 준비하였다(1926).

17 정답 ④

[정답해설]
제시된 사료는 이규보의 『동명왕편』이다. 고구려의 건국 시조인 동명왕의 일대기를 서사시 형태로 표현한 이규보의 『동명왕편』에는 김부식의 『삼국사기』에 동명왕의 신이한 사적이 생략되어 있다고 평하였다.

[오답해설]
① 사실의 기록보다 평가를 강조한 강목체 사서는 민지의 『본조편년강목』이다.
② 단군부터 고려 충렬왕 때까지의 역사를 서사시로 기록한 것은 이승휴의 『제왕운기』이다.
③ 단군신화와 전설 등 민간에서 전승되는 자료를 광범위하게 수록한 것은 일연의 『삼국유사』이다.

18 정답 ③

[정답해설]
독립 의군부 조직(1912) : 임병찬은 고종의 밀지를 받아 복벽주의 단체인 독립 의군부를 조직하였고, 고종의 복위 및 대한제국의 재건을 목표로 항일 운동을 전개하였다.

[오답해설]
① 조선 독립 동맹 결성(1942) : 중국 화북 지방의 예안에서 김두봉을 비롯한 사회주의 세력이 대일 항전을 준비하기 위해 조선 독립 동맹을 결성하였다.
② 3부 조직(1923~1925) : 자유시 참변 이후 독립군은 만주로 다시 탈출하여 조직을 재정비하면서 역량을 강화하고 참의부, 정의부, 신민부의 3부를 조직하였다.
④ **영릉가 전투(1932)** : 양세봉의 조선 혁명군은 중국 의용군과 연합하여 영릉가 전투에서 일본군에 대승을 거두었다.

19 정답 ③

[정답해설]
제시된 자료는 백남운의 사회경제사학과 관련된 내용이다. 백남운은 『조선사회경제사』와 『조선봉건사회경제사』에서 마르크스의 유물 사관을 바탕으로 한국사를 연구하고, 일제가 강조한 식민주의 사학의 정체성 이론을 반박하였다.

[오답해설]
① 국혼을 강조하며 민족의식을 고취한 역사학자이자 독립 운동가는 박은식으로, 국권 피탈 과정을 정리한 『한국통사』와 실천적인 유교 정신을 강조한 『유교구신론』을 저술하였다.
② 정인보는 '오천 년간 조선의 얼'을 신문에 연재하여 민족의 얼을 강조하고 정약용의 여유당전서 간행 사업을 시작하면서 조선학 운동을 추진하였다.
④ 이병도, 손진태 등은 진단 학회를 조직하고 문헌 고증을 중시하는 실증주의 사학을 정립하였다.

20 정답 ④

[정답해설]
미국의 애치슨 선언은 6·25 전쟁 이전의 일이다. 미국이 한반도를 미국의 태평양 지역 방위선에서 제외한다는 애치슨 선언으로, 북한이 남침 가능성을 오판하여 6·25 전쟁이 발발하였다.

[오답해설]
① 6·25 전쟁 중에 국군과 유엔군이 맥아더 장군의 인천 상륙 작전을 계기로 전세를 역전시키고 압록강 인근까지 북진하였다.
② 이승만 정부와 자유당은 6·25 전쟁 중 부산에서 계엄령을 선포한 가운데 대통령 직선제와 양원제의 발췌 개헌안을 통과시켰다.
③ 이승만 정부는 6·25 전쟁 당시 유엔군의 휴전 협상 진행에 반대하여 거제도에 수용된 반공 포로를 석방하였다.

[지방직] 2022년 06월 정답

01	②	02	②	03	③	04	①	05	③
06	①	07	①	08	②	09	③	10	④
11	①	12	④	13	①	14	②	15	④
16	③	17	②	18	④	19	②	20	④

[지방직] 2022년 06월 해설

01 정답 ②

[정답해설]
주어진 사료는 신라군이 황산벌에서 계백이 이끄는 백제의 결사대를 격파한 뒤 기벌포에서 소정방의 당나라 군대와 합류하는 과정으로, 밑줄 친 '그'는 신라의 김유신이다. 신라 삼국 통일의 주역인 김유신은 김춘추의 중요한 지지세력 중의 하나로, 김춘추의 신라 왕위 계승을 지원하였다.

[오답해설]
① 수 양제(煬帝)가 113만 대군을 이끌고 고구려를 침입하자 을지문덕이 살수에서 수의 군대를 크게 물리쳤다.
③ 통일 신라 때 장보고가 완도에 청해진을 설치하고 해상 무역을 전개하여 국제 무역의 거점으로 번성하였다.
④ 신라의 진흥왕은 고령의 대가야를 정벌하여 낙동강 유역을 확보하였다.

02 정답 ②

[정답해설]
주어진 사료는 신라의 이사부가 우산국(울릉도)을 복속시킨 내용으로 지증왕 때의 일이다(512). 지증왕은 국호를 '사로국'에서 '신라'로 확정하였고, 또한 왕의 칭호를 '마립간'에서 '왕'으로 고쳤다(503).

[오답해설]
① 통일 신라의 원성왕은 인재 등용을 위해 유교 경전의 이해 수준에 따라 3등급으로 구분한 독서삼품과를 실시하였다(788).
③ 통일 신라 신문왕 때 관리에게 관료전을 지급하고 귀족의 경제 기반이었던 녹읍을 폐지하였다(687).
④ 발해의 제2대 왕인 무왕(대무예)은 장문휴를 보내 당의 등주를 공격하여 당과 대립하였다(732).

[보충해설]

> **▌신라 지증왕(500~514)**
> • 국호를 사로국에서 신라로, 왕의 칭호를 마립간에서 왕으로 고침(503)
> • 행정 구역을 개편하여 중국식 군현제를 도입하고, 소경제를 설치 → 지방에 주·군을 설치하고 주에 군주를 파견
> • 권농책으로 우경을 시작하고(502), 시장 관리 기관으로 동시전을 설치(509)
> • 이사부를 파견하여 우산국(울릉도)을 복속(512)
> • 순장을 금지하고 상복을 입도록 함 → 상복법 제정

03 정답 ③

[정답해설]
솔빈부의 말이 특산물로 유명했으며, 남으로 신라와 접한 나라는 발해이다. 발해는 중앙을 3성 6부로, 지방을 5경 15부 62주로 편성하였다.

[오답해설]
① 백제 고이왕은 내신 좌평 등 6좌평의 관제를 정비하고 중앙 집권 국가의 토대를 마련하였다.
② 통일 신라의 신문왕은 중앙군으로 9서당, 지방군으로 10정의 군사 조직을 운영하였다.
④ 고구려는 귀족 회의체인 제가회의에서 국가의 중대사를 결정하였다.

04 정답 ①

[정답해설]
제시된 자료에서 정초, 변효문 등이 우리 풍토에 맞는 농법을 소개한 『농사직설』을 편찬한 것은 조선 세종 때의 일이다. 세종은 토지를 비옥도에 따라 구분한 전분 6등법과 풍흉에 따라 구분한 연분 9등법의 공법을 제정하였다.

[오답해설]
② 조선을 건국한 태조 이성계는 한양으로 도읍을 옮기고 경복궁을 건설하였다.
③ 조선 성종은 세조 때 편찬을 시작한 조선의 기본 법전인 『경국대전』을 완성 및 반포하였다.
④ 조선 중종은 조광조를 등용하여 개혁 정치를 실시하였으나 훈구파의 반발로 기묘사화가 일어나 실패하였다.

05 정답 ③

[정답해설]
제시된 사료에서 과거 응시와 벼슬을 제한한 법은 서얼의 관직 진출을 법으로 제한한 서얼금고법이다. 서얼은 양반의 자손 가운데 첩의 소생을 이르는 말로 양첩의 자제는 서자, 천첩의 자제는 얼자라고 하였다. 서얼들은 조선 후기에 통청 운동으로 신분이 상승되어 청요직에 임용되기도 하였다.

[오답해설]
① 조선 시대의 향리는 수령을 보좌하는 토착 세력으로 우두머리인 호장, 지방 관청의 아전인 기관, 하급 군관인 장교, 지방 관청의 실무를 담당하던 통인 등으로 분류되었다.
② 조선 시대의 노비는 장례원(掌隷院)을 통해 국가의 관리를 받았으며, 재산으로 간주되어 매매·상속·증여의 대상이 되었다.
④ 조선 시대의 백정은 도축업에 종사하거나 짐승의 가죽으로 공예품을 만드는 천민 계층으로, 갑오개혁 이후 신분이 해방되고 차별 철폐를 위해 형평운동을 전개하기도 하였다.

06 정답 ①

[정답해설]
평농서사 권신이 대상 준홍과 좌승 왕동이 역모를 꾀한다고 참소하자 이들을 숙청하고, 후주 사람인 쌍기의 건의를 받아들여 과거를 실시한 왕은 고려 광종이다. 광종은 노비안검법을 제정하여 양인이었다가 불법으로 노비가 된 자를 조사하여 해방시켜 줌으로써, 호족·공신 세력을 약화시키고 왕권을 강화하였다.

[오답해설]
② 고려 공민왕은 권문세족을 견제하기 위해 신돈을 등용하여 전민변정도감을 설치하였다.
③ 고려 경종은 관등에 따라 관리에게 토지를 차등 지급하는 전시과 제도를 처음 시행하였다.
④ 고려 성종은 최승로의 시무 28조에 따라 전국의 주요 지역에 12목을 설치하고 지방관을 파견하였다.

[보충해설]

■ 고려 광종의 업적
- **개혁 주도 세력 강화** : 개국 공신 계열의 훈신 등을 숙청하고 군소 호족과 신진 관료 중용
- **군사 기반 마련** : 내군을 장위부로 개편하여 시위군을 강화
- **칭제 건원** : 국왕을 황제라 칭하고 광덕·준풍 등 독자적 연호를 사용, 개경을 황도라 함
- **노비안검법 실시(956)** : 양인이었다가 불법으로 노비가 된 자를 조사하여 해방시켜 줌으로써, 호족·공신 세력을 약화시키고 국가 재정 수입 기반을 확대
- **과거 제도의 실시(958)** : 후주인 쌍기의 건의로 실시, 유학을 익힌 신진 인사를 등용해 호족 세력을 누르고 신구 세력의 교체를 도모
- **백관의 공복 제정(960)** : 지배층의 위계질서 확립을 목적으로 제정, 4등급으로 구분
- **주현공부법** : 국가 수입 증대와 지방 호족 통제를 위해 주현 단위로 공물과 부역의 양을 정함
- **불교의 장려** : 왕사·국사 제도 제정(963), 불교 통합 정책 → 혜거를 최초의 국사로, 탄문을 왕사로 임명

07 정답 ①

[정답해설]
주어진 자료는 4·19 혁명 당시 대학 교수단의 시국 선언문 내용이다. 자유당 정권의 3·15 부정선거 규탄 시위에 대한 유혈 진압에 항거하여 4·19 혁명이 발발하였으며, 국민들의 요구에 굴복하여 이승만 대통령이 하야하였다(1960).

[오답해설]
② 전두환·노태우 등의 신군부 세력이 쿠데타를 일으켜 권력을 장악하고 비상계엄을 전국으로 확대하자 이에 저항하여 5·18 민주화 운동이 전개되었다(1980).
③ 박정희 정부 때에 한·일 회담에 따른 굴욕적인 한·일 국교 정상화에 반대하여 6·3 시위가 전개되었다(1964).
④ 박종철 고문치사와 전두환 정부의 4·13 호헌 조치 발표로 호헌 철폐와 독재 타도 등의 구호를 내세운 6월 민주 항쟁이 촉발되었고, 그 결과 노태우의 6·29 민주화 선언에 따라 5년 단임의 대통령 직선제 개헌이 이루어졌다(1987).

08 정답 ②

[정답해설]
하남 하사창동의 철조 석가여래 좌상과 논산 관촉사의 석조 미륵보살 입상은 모두 고려 전기의 대표적인 불교 조형품이다. 고려 초기에는 건국을 주도한 지방 호족 세력이 존재하였으며, 이들을 포섭하고 통합하기 위한 정략적 결혼과 성씨를 하사하는 사성 정책 등이 전개되었다.

[오답해설]
① 왕족인 성골 출신의 국왕이 재위한 것은 신라 상대이며, 성골인 진덕 여왕을 끝으로 진골 출신인 무열왕이 왕위에 올랐다.
③ 안동 김씨나 풍양 조씨 등 특정 가문이 정권을 장악한 것은 조선 후기 세도 정치기이다.
④ 성리학에 투철한 사림 세력이 정국을 주도한 것은 16세기 이후인 조선 중기이다.

09 정답 ③

[정답해설]
ㄴ. 고구려의 건국 시조인 동명왕의 일대기를 서사시 형태로 표현한 이규보의 『동명왕편』은 고구려 계승 의식을 강조하였다.
ㄹ. 유득공의 『발해고』에는 발해를 북국, 신라를 남국으로 칭하며 남북국이라는 용어가 처음 사용되었다.

[오답해설]
ㄱ. 김부식의 『삼국사기』에는 단군 신화가 수록되어 있지 않으며, 일연의 『삼국유사』와 이승휴의 『제왕운기』 등에 단군 신화가 수록되어 있다.
ㄷ. 안정복의 『동사강목』은 기사 본말체가 아닌 고조선부터 고려 말까지의 역사를 연·월·일순에 따라 강과 목으로 기록한 강목체로 서술되어 있다.

10 정답 ④

[정답해설]
제시된 사료에서 탕평책, 균역법, 청계천 준설 등을 통해 밑줄 친 '나'는 조선 영조임을 알 수 있다. 영조 때에는 홍봉한 등이 지리·정치·경제·문화 등 역대 문물을 정리한 한국학 백과사전인 『동국문헌비고』가 편찬되었다.

[오답해설]
① 장용영은 조선 정조 때 창설된 왕의 친위 부대로 한양에는 내영, 수원 화성에는 외영을 두었다.
② 효종 때 러시아의 남하로 청과 러시아 간 국경 충돌이 발생하자 청의 요청으로 나선정벌이 단행되고 조총 부대가 파견되었다.
③ 조선 순조 때 서북민에 대한 차별에 반발하여 홍경래 등이 난을 일으켜 정주성을 점령하였다.

[보충해설]
■ 조선 영조의 업적
• 완론 탕평 : 각 붕당의 타협적 인물들 등용
• 탕평파 육성 : 탕평파를 육성하고 탕평비를 건립
• 산림 부정, 서원 정리 : 붕당의 뿌리를 제거하기 위해 공론의 주재자로 인식되던 산림을 부정, 붕당의 본거지인 서원 대폭 정리
• 이조 전랑 권한 약화 : 붕당의 이익을 대변하던 이조 전랑의 권한을 약화
• 균역법 : 군역 부담 경감을 위해 군포를 2필에서 1필로 경감
• 가혹한 형벌 폐지 : 심한 고문, 형벌 등 폐지
• 서적 간행 : 속오례의, 속대전, 동국문헌비고 등
• 준천사 설치 : 서울 성내의 치산치수를 위해 설치

11 정답 ①

[정답해설]
을미사변 → 독립문 건립 → 러일전쟁
• 을미사변(1895) : 명성황후가 친러파와 연결하여 일본을 견제하려 하자 일제는 을미사변을 일으켜 경복궁을 침범하고 명성황후를 시해하였다.
(가) 독립문 건립(1897) : 서재필을 중심으로 창립된 독립협회는 영은문이 있던 자리 부근에 자주 독립의 상징인 독립문을 건립하였다.
• 러일전쟁(1904) : 일본 함대가 중국 뤼순 군항을 기습 공격함으로써 시작된 전쟁으로, 만주와 한반도의 지배권을 둘러싼 러시아와 일본 간 주도권 쟁탈전이었다.

[오답해설]
② 통감부 설치(1905) : 일본이 러·일 전쟁에서 승리하자 을사늑약(제2차 한·일 협약)이 강제로 체결되고 통감부가 설치되었다.
③ 동양 척식 주식회사 설립(1908) : 대한 제국의 토지와 자원을 수탈할 목적으로 일제에 의해 동양 척식 주식회사가 설립되었다.
④ 경복궁 중건(1868) : 흥선 대원군은 왕실의 권위를 세우고 국가 위신의 제고를 위해 임진왜란 때 소실된 경복궁을 중건하였다.

12 정답 ④

[정답해설]
공민왕의 사후 이인임의 추대로 왕위에 오른 왕은 고려 제 32대 우왕이다. 우왕 때 요동 정벌을 위해 출병한 이성계가 위화도에서 회군하여 최영을 제거하고 정권을 장악하였다 (1388).

[오답해설]
① 조선 세종 때 대일 강경책의 일환으로 이종무가 왜구의 소굴인 대마도를 정벌하였다.
② 고려 원종 때 배중손의 삼별초가 반란을 일으켜 강화도에서 반몽정권을 수립하고 대몽 항쟁을 계속하였다.
③ 고려 공민왕 때 유인우, 이자춘 등이 쌍성총관부를 공격하여 원에 빼앗긴 철령 이북의 지역을 수복하였다.

[보충해설]

▍위화도 회군(1388)
- 최영과 이성계 등은 개혁의 방향을 둘러싸고 갈등
- 우왕의 친원 정책에 명이 쌍성총관부가 있던 철령 이북의 땅에 철령위 설치를 통보
- 요동 정벌을 둘러싸고 최영 측과 이성계 측이 대립
- 이성계는 위화도에서 회군하여 최영을 제거하고 군사적·정치적 실권을 장악

13 정답 ③

[정답해설]
'조선물산을 팔고 사자'는 슬로건을 통해 1920년대에 전개된 물산 장려 운동임을 알 수 있다. 물산 장려 운동은 일부 상인과 자본가 중심으로 추진되어 상품 가격의 상승을 초래하였고, 일부 사회주의자는 자본가 계급을 위한 운동이라고 비판하였다.

[오답해설]
① 가뭄과 홍수로 인해 중단된 것은 민립 대학 설립 운동이다. 지역 유지들과 사회단체의 후원으로 순조롭게 진행된 민립 대학 설립 운동은 일제의 방해와 남부 지방의 가뭄 및 수해로 모금이 어려워져 결국 중단되었다.
② 물산 장려 운동은 일제의 「회사령」 시행이 아니라 회사령 폐지로 인해 일본 대기업의 조선 진출이 용이해지자 민족 기업들이 위기의식을 느끼고 전개한 것이다.
④ 물산 장려 운동은 조선 자본가들이 일본 자본에 대항하기 위해 일으킨 운동이다.

[보충해설]

▍물산 장려 운동
- **배경** : 회사령 철폐(1920)와 관세 철폐(1923) 등으로 일본 대기업의 한국 진출이 용이해지자 국내 기업의 위기감 고조
- **목적** : 민족 기업을 지원하고 민족 산업을 육성함으로써 민족 경제의 자립을 달성
- **발족** : 조선 물산 장려회(1920)가 조만식 등이 중심이 되어 평양에서 최초 발족
- **활동** : 일본 상품 배격, 국산품 애용 등을 강조
- **구호** : 내 살림 내 것으로, 조선 사람 조선 것, 우리가 만들어서 우리가 쓰자
- **확산** : 전국적 민족 운동으로 확산되면서 근검 절약, 생활 개선, 금주·단연 운동도 전개
- **문제점** : 상인, 자본가 중심으로 추진되어 상품 가격 상승 초래, 사회주의자들의 비판
- **결과** : 초기에는 전국적으로 확산되었으나, 일제의 탄압과 친일파의 개입, 사회주의 계열의 방해 등으로 큰 성과를 거두지 못함

14 정답 ②

[정답해설]
통일주체국민회의에서 재적 대의원 과반수의 찬성으로 대통령을 무기명투표에 의해 선출하는 것은 박정희 정부 때에 제정된 유신 헌법의 내용이다. 7차 개헌인 유신 헌법은 대통령의 임기를 6년으로 연장하고 중임 제한 규정을 철폐하였다(1972).

[오답해설]
① 유신 헌법에서 대통령은 국회를 해산할 수 있는 국회 해산권을 통해 대통령의 막강한 권한을 행사할 수 있었다.
③ 유신 헌법에서 대법원장은 대통령이 국회의 동의를 얻어 임명한다.
④ 유신 헌법에서 대통령은 중대한 위기나 국가의 안전보장 위협으로 신속한 조치가 필요하다고 판단될 때 국정 전반에 걸쳐 필요한 긴급조치를 할 수 있다.

[보충해설]

■ 유신 헌법의 주요 내용
- 국회와 별도로 통일 주체 국민회의를 대의 기구로 설정, 대통령 및 일부 국회의원 선출권 부여
- 대통령에게 국회해산권, 긴급조치권 등 초헌법적 권한 부여
- 대통령은 법관 및 국회의원의 1/3에 해당하는 임기 3년의 유신 정우회 의원을 임명
- 대통령 임기를 6년으로 연장

15　　　　　　　정답 ④

[정답해설]
(라) 고구려의 평양 천도(427) : 고구려 장수왕은 도읍을 국내성에서 평양으로 옮기고 백제와 신라를 압박하는 남진 정책을 펼쳤다.
(다) 백제의 웅진 천도(475) : 고구려 장수왕의 공격으로 백제의 수도 한성이 함락되고 개로왕이 전사하자, 문주왕이 즉위하여 한성에서 웅진으로 수도를 천도하였다.
(가) 신라의 한강 유역 확보(551) : 신라 진흥왕은 백제 성왕과 나·제 동맹을 맺고 고구려로부터 한강 상류 지역을 확보하였다.
(나) 관산성 전투(554) : 신라 진흥왕이 백제가 차지한 한강 유역을 점령하자 백제 성왕이 신라를 공격하다 관산성 전투에서 피살되었다.

16　　　　　　　정답 ③

[정답해설]
거란의 2차 침입 때 통주에서 패하고 거란의 포로가 되어 처형당한 (가)는 고려 무신 강조이다. 고려 목종 때 강조는 정변을 일으켜 김치양을 제거한 후 목종까지 폐하고 현종(대량군)을 옹립하였다(1009).

[오답해설]
① 고려 인종 때 김부식은 서경 천도를 주장하며 일으킨 묘청의 난을 진압하였다(1135).
② 고려 숙종 때 윤관의 건의로 신기군, 신보군, 항마군으로 조직된 별무반을 편성하여 여진족의 침입에 대비하였다(1104).
④ 거란의 1차 침입 때 서희가 거란의 소손녕과 협상하여 강동 6주 지역을 고려 영토로 확보하였다(993).

17　　　　　　　정답 ②

[정답해설]
군주가 수양해야 할 덕목과 지식을 담은 『성학집요』를 집필한 인물은 율곡 이이이다. 그는 왕도정치의 이상을 문답형식으로 서술하고 다양한 개혁 방안을 담은 「동호문답」을 저술하였다.

[오답해설]
① 퇴계 이황은 경북 안동 예안 지방에 중국 여씨 향약을 모체로 한 예안향약을 만들고 향촌 교화를 위해 노력하였다.
③ 조선 중종 때 풍기 군수 주세붕이 안향의 봉사를 위해 최초의 서원인 백운동 서원을 건립하였다.
④ 조선 태조 때 왕위 계승을 둘러싼 왕자의 난으로 개국공신 정도전이 이방원(태종)에게 죽임을 당했다.

[보충해설]

■ 율곡 이이(1536~1584)
- 성향 : 개혁적·현실적 성격(기의 역할을 강조), 일원론적 이기이원론
- 저서 : 동호문답, 성학집요, 경연일기, 만언봉사 등
- 변법경장론 : 경세가로서 현실 문제의 개혁 방안 제시
  - 대공수미법 : 공납의 폐단을 해결하기 위해 공물을 쌀로 걷자는 수미법을 주장
  - 10만 양병설 : 왜구의 침공해 대비해 10만 대군을 양성할 것을 주장

18　　　　　　　정답 ④

[정답해설]
제시된 자료는 안중근이 이토 히로부미를 사살한 후 체포되어 재판을 받는 과정으로, 범죄자가 아닌 군인의 신분이므로 적국의 포로로써 재판 받기를 요구하였다.
ㄷ. 안중근은 옥중에서 진정한 동양 평화는 한·중·일 삼국이 대등하게 상호 협력할 때 가능하다고 주장한 『동양평화론』을 집필하였다.
ㄹ. 연해주에서 의병 투쟁을 전개하던 안중근은 하얼빈 역에서 일제의 침략 원흉인 이토 히로부미를 사살하였다.

[오답해설]
ㄱ. 안중근은 일본이 아닌 중국 뤼순 감옥에서 순국하였다.
ㄴ. 안중근은 한인 애국단 소속이 아니다. 한인 애국단은 김구가 상해에서 임시 정부의 위기 타개책으로 조직하였고, 이 단체 소속의 이봉창과 윤봉길이 의거 활동을 전개하

였다.

19 정답 ②

[정답해설]
제시된 법률은 이승만 정부 때에 일제 강점기 친일 행위를 한 사람들을 처벌하고 공민권을 제한하기 위해 제정된 반민족 행위 처벌법으로 농지개혁법이 제정되기 이전에 제정되었다. 반민족 행위 처벌법은 1948년 9월에 제정되었고, 농지개혁법은 1949년 6월에 공포된 후 1950년 3월에 시행되었다.

[오답해설]
① 반민족 행위 처벌법은 일제의 잔재를 청산하기 위해 제헌 국회에서 제정되었다.
③ 반민족 행위 처벌법에 의해 반민특위(반민족 행위 특별 조사 위원회)와 특별 재판부가 구성되었다.
④ 반민족 행위 처벌법에 의해 노덕술 등 친일 경력을 지닌 고위 경찰 간부가 체포되었다.

20 정답 ④

[정답해설]
(가) 김원봉 / (나) 신채호
제시된 자료는 의열단 단장 김원봉의 요청으로 신채호가 작성한 조선 혁명 선언으로, 무장 투쟁과 민중의 직접 혁명을 주장하고 있다. (가)의 김원봉은 황포 군관 학교에 입학하여 군사 훈련을 받은 후 조선 혁명 간부 학교를 세워 군사력을 강화하였고, (나)의 신채호는 고대사 연구를 바탕으로 조선상고사를 저술하여 민족주의 역사 서술의 기본 틀을 제시하였다.

[오답해설]
① 조선 의용대를 결성한 것은 김원봉이지만, '국혼'을 강조한 것은 신채호가 아니라 박은식이다.
② 신흥 무관 학교를 설립한 것은 이회영 등이며, 형평사를 창립하고 형평운동을 전개한 것은 이학찬이다.
③ 조선 건국 동맹을 조직한 것은 여운형이며, 식민 사학의 한국사 정체성론을 반박한 대표적 인물은 백남운이다.

[지방직] 2021년 06월 | 정답

01	③	02	①	03	④	04	①	05	①
06	②	07	③	08	③	09	③	10	④
11	②	12	③	13	③	14	②	15	②
16	③	17	④	18	④	19	①	20	②

[지방직] 2021년 06월 | 해설

01 정답 ③

[정답해설]
영고라는 제천행사와 흰색의 의복을 숭상하는 것으로 보아 부여와 관련된 사료라는 것을 알 수 있다. 왕 아래에 가축의 이름을 딴 마가(馬加)·우가(牛加)·저가(猪加)·구가(狗加)와 대사자·사자 등의 관리를 두었다. 4가(加)는 각기 행정 구획인 사출도(四出道)를 다스리고 있어서, 왕이 직접 통치하는 중앙과 합쳐 5부를 구성하였다.

[오답해설]
① 옥저는 가족의 시체를 가매장하였다가 나중에 그 뼈를 추려 가족 공동묘인 커다란 목곽에 안치하는 풍속이 있었다.
② 동예와 옥저의 군장인 읍군, 삼로는 자기 부족을 통치하였다.
④ 삼한은 정치적 지배자의 권력·지배력이 강화되면서, 이와 분리하여 제사장인 천군(天君)이 따로 존재 하였다.

[보충해설]

■ 부여의 풍속
- 백의를 숭상 : 흰 옷을 입음
- 금·은의 장식
- 형사취수제(兄死娶嫂制) : 노동력 확보를 목적으로 한 근친혼제
- 순장·후장 : 왕이 죽으면 사람들을 함께 묻음(순장), 껴묻거리를 함께 묻음(후장)
- 우제점법(우제점복) : 소를 죽여 그 굽으로 길흉을 점침
- 영고(迎鼓) : 음력 12월에 개최하며 수렵 사회의 전통을 보여주는 제천 행사

02 정답 ①

[정답해설]
제시된 자료는 『삼국유사』 가락국기편에 실린 가야의 내용이

다. '수로(首露)'를 통해 (가) 나라는 금관가야임을 알 수 있다. 금관가야는 풍부한 철을 생산하였고 철기 문화가 발달하였다. 철은 무기나 농기구를 만드는 데 사용되었고 덩이쇠는 교역에서 화폐처럼 사용되기도 하였다.

[오답해설]
② 박, 석, 김씨가 교대로 왕위를 계승한 나라는 신라이다.
③ 고구려 장수왕(20대, 413~491) 때에 지방 청소년의 무예·한학 교육을 위해 우리나라 최초의 사학(私學)인 경당이 설치되었다.
④ 백제의 귀족 회의인 정사암 회의는 수상인 상좌평을 3년마다 이 회의에서 선출 하였다.

03   정답 ④

[정답해설]
고려는 2성 6부의 중앙 관제를 마련하고 중서문하성과 중추원의 고위 관료들은 도병마사와 식목도감에서 국가의 중요한 일을 논의하였다. (가)는 식목도감으로 법의 제정이나 각종 시행 규정을 다루고 국가 중요 의식을 관장하였다.

[오답해설]
① 삼사(三司)는 전곡(화폐와 곡식)의 출납에 대한 회계와 녹봉 관리를 담당하였다.
② 상서성은 실제 정무를 나누어 담당하는 육부를 두고 정책의 집행을 담당하였다.
③ 어사대(御史臺)는 정치의 잘잘못을 논하고 관리들의 비리를 감찰하는 곳이다.

04   정답 ①

[정답해설]
(가) 나라는 발해를 멸망시킨(926) 거란이다. 고려가 송과 단교하지 않고 친선 관계를 유지하고 거란과의 교류를 회피하면서 거란은 제2차 침입(현종 1, 1010)을 하였다. 거란은 강조의 정변을 구실로 강동 6주를 넘겨줄 것을 요구하며 40만 대군으로 침입하였고, 개경이 함락되어 현종은 나주로 피난을 가게 되었다. 강조가 통주에서 패했으나 양규가 귀주 전투에서 승리하였고 거란군은 퇴로가 차단될 것이 두려워 현종의 입조를 조건으로 퇴각하였다.

[오답해설]
② 여진은 동북 9성 반환을 요구했다. 예종 2년(1107), 윤관은 별무반을 이끌고 천리장성을 넘어 동북 지방 일대에 9성

을 축조 하였고 여진족의 계속된 침입과 조공 약속 등으로 1년 만에 9성을 환부하였다(1109).
③ 몽골은 서경 주위에 다루가치라는 민정 감찰관을 파견하여 내정을 간섭하였다.
④ 몽골은 고종 말년에 쌍성총관부를 설치하여 철령 이북의 땅을 직속령으로 편입하였다(1258).

05   정답 ①

[정답해설]
(가)는 사헌부이며 감찰 탄핵 기관이고 사간원과 함께 대간(臺諫)을 구성하여 서경(署經)권(정5품 당하관 이하의 임면 동의권)을 행사하였다.

[오답해설]
② 교서관은 서적을 간행하는 궁중 인쇄소다.
③ 승문원은 외교 문서를 작성하는 곳이다.
④ 승정원은 왕명을 출납하는 비서 기관(중추원의 후신)으로 국왕 직속 기관이다.

[보충해설]

▎삼사(三司)
- 사헌부: 감찰 탄핵 기관, 사간원과 함께 대간(臺諫)을 구성하여 서경(署經)권 행사(정5품 당하관 이하의 임면 동의권), 장은 대사헌(종2품)
- 사간원: 언관(言官)으로서 왕에 대한 간쟁, 장은 대사간(정3품)
- 홍문관: 경연을 관장, 문필·학술 기관, 고문 역할, 장은 대제학(정2품)

06   정답 ②

[정답해설]
밑줄 친 '그'는 연개소문으로 보장왕 때 연개소문의 요청으로 불교 세력을 누르기 위해 도교를 장려하였다. 연개소문은 대당 강경책을 추진하고, 당의 침입에 대비해 천리장성(부여성~비사성)을 쌓아 방어 체제를 강화하였다.

[오답해설]
① 당에 건너가 군사 동맹을 맺어(나·당 연합군의 결성(648)) 한반도의 통일을 기도한 사람은 김춘추다.
③ 을지문덕이 이끄는 고구려군에게 살수에서 대패하였다(살수대첩(612)).

④ 남진 정책을 추진하여 백제의 수도 한성을 함락시킨 것은 고구려 장수왕이다.

07 정답 ③

[정답해설]
(가)는 원광으로 화랑의 기본 계율인 세속 5계를 지었고, 진평왕 31년(608)에 고구려가 신라 변경을 침범했을 때 왕의 요청으로 수나라에 군사적 도움을 청하는 걸사표를 지었다.

[오답해설]
① 원효는 '모든 것이 한마음에서 나온다.'는 일심 사상(一心思想)을 바탕으로 종파들 간의 사상적 대립을 조화시키고 여러 종파의 사상을 융합하는 화쟁사상을 주창하였다.
② 의상은 화엄종을 연구하고, 『화엄일승법계도』를 저술하여 화엄 사상을 정립하였다.
④ 혜초는 인도에 가서 불교를 공부하고 『왕오천축국전』을 남겼다.

08 정답 ③

[정답해설]
(가)는 박제가(1750~1805)로 청에 다녀온 후 『북학의』를 저술하였고, 상공업의 육성, 청과의 통상 강화, 세계 무역에의 참여, 서양 기술의 습득 등을 주장하였다. (나)는 한치윤으로 단군 조선부터 고려 시대까지를 서술한 기전체 사서인 『해동역사(海東繹史)』를 편찬하였다.

[보충해설]

▍박제가(1750~1805)
- 청에 다녀온 후 『북학의』를 저술
- 상공업의 육성, 청과의 통상 강화, 세계 무역에의 참여, 서양 기술의 습득을 주장
- 선박과 수레의 이용 증가 및 벽돌 이용 등을 강조
- **소비의 권장**: 생산과 소비와의 관계를 우물물에 비유하면서 생산을 자극하기 위해서는 절약보다 소비를 권장해야 한다고 주장
- 신분 차별 타파, 양반의 상업 종사 등을 주장

09 정답 ③

[정답해설]
(라) 이자겸은 반대파(인종의 측근 세력)를 제거하고 척준경과 함께 난을 일으켜 권력을 장악 하였다(1126).
(가) 정중부·이고·이의방 등이 다수의 문신을 살해, 의종을 폐하고 명종을 옹립한 무신정변이 일어났다(1170).
(나) 최충헌이 이의민을 제거하고 무신 간의 권력 쟁탈전을 수습하여 강력한 독재 정권을 이룩하였다 (1196). 1196년부터 1258년까지 4대 60여 년간 최씨의 무단 독재 정치가 이어졌다.
(다) 몽골의 5차 침입(1253~1254)으로 충주성에서 김윤후가 이끄는 민병과 관노의 승리로 이어졌다.

10 정답 ④

[정답해설]
제시된 글은 태조의 훈요 10조로 (가) 지역은 서경이다. 1270년에 몽골은 원종 때 자비령 이북의 땅을 차지하여 서경에 동녕부를 설치하였다.

[오답해설]
① 팔만대장경(재조대장경, 1236~1251)은 몽고의 침입으로 초조대장경이 소실된 후 부처의 힘으로 이를 극복하고자 고려 고종 때 강화도에 대장도감을 설치하고, 16년 만에 조판한 후 선원사 장경도감에 보관하였다.
② 지눌은 승려 본연의 자세로 돌아가 독경과 선 수행 등에 고루 힘쓰자는 개혁 운동인 수선사 결사운동을 송광사(순천) 중심으로 전개하였다.
③ 망이·망소이는 공주 명학소(鳴鶴所)에서 주동이 되어 반란을 일으켰다(1176).

[보충해설]

▍원의 내정 간섭으로 인한 영토의 상실
- **쌍성총관부 설치(1258)**: 고종 말년에 쌍성총관부를 설치하여 철령 이북의 땅을 직속령으로 편입(공민왕 5년(1356)에 유인우가 무력으로 탈환)
- **동녕부 설치(1270)**: 원종 때 자비령 이북의 땅을 차지하여 서경에 동녕부를 설치(충렬왕 16년(1290)에 반환)
- **탐라총관부 설치(1273)**: 삼별초의 항쟁을 진압한 뒤 제주도에 설치하고 목마장을 경영(충렬왕 27년(1301)에 반환)

11   정답 ②

[정답해설]
제시된 자료의 역사서는 고려 중기 인종 23년(1145)에 김부식이 저술한 진삼국사기표(삼국사기를 올리는 글)이다. 『삼국사기』는 유교적 합리주의 사관에 기초하여 신라를 중심으로 서술하였으며 본기·열전·지·연표 등으로 구분되어 서술된 기전체(紀傳體) 사서다.

[오답해설]
① 단군부터 고려 말까지의 불교사를 중심으로 서술한 기사본말체 형식의 사서로, 단군의 건국 이야기, 가야에 대한 기록, 고대의 민간 설화, 불교 설화 등을 수록한 일연의 『삼국유사』다.
③ 성종 15년(1484)에 서거정이 왕명으로 편찬한 편년체의 사서로, 단군에서 여말까지를 기록한 최초의 통사인 『동국통감』의 설명이다.
④ 진흥왕 때 거칠부가 편찬한 책은 『국사(國史)』다.

12   정답 ②

[정답해설]
신라 문무왕의 뒤를 이어 즉위한 후 공사를 마무리 했다는 점으로 보아 밑줄 친 '이 왕'은 신문왕이다. 신문왕은 유학 교육을 위하여 국학(國學)을 설립하고 유교 이념을 확립하였다.

[오답해설]
① 신라의 법흥왕(23대, 514~540)은 건원(建元)이라는 연호를 사용함으로써 자주 국가로서의 위상을 높였다.
③ 통일 신라 성덕왕(33대, 702~737)은 백성들에게 정전을 지급(722)하여 농민에 대한 국가의 토지 지배력을 강화하였다.
④ 무열왕(29대, 654~661)은 최초의 진골 출신 왕으로서, 통일 전쟁을 치르는 과정에서 왕권을 강화하였다.

[보충해설]

■ 신문왕(31대, 681~692)
- 전제 왕권의 강화
- 김흠돌의 난을 계기로 귀족 세력을 숙청하면서 전제 왕권 강화(6두품을 조언자로 등용)
- 중앙 정치 기구를 정비(6전 제도 완성, 예작부 설치)하고 군사 조직(9서당 10정)과 지방 행정 조직(9주 5소경)을 완비
- 관리에게 관료전을 지급(687)하고 귀족의 경제 기반이었던 녹읍을 폐지(689)
- 유학 교육을 위하여 국학(國學)을 설립하고 유교 이념을 확립

13   정답 ③

[정답해설]
밑줄 친 '왕'은 초계문신제 시행, 서얼 출신의 유능한 인사를 규장각 검서관으로 등용하였다는 것을 통해 정조임을 알 수 있다. 정조는 상공업 진흥과 재정 수입 확대를 위해 육의전을 제외한 금난전권을 철폐한 신해통공(1791)을 시행하였다.

[오답해설]
① 동학은 철종 11년(1860)에 경주 출신인 최제우(崔濟愚)가 창시하였다.
② 『대전회통』은 흥선대원군 시기에 편찬된 법전이다(1865). 정조는 『대전통편』을 편찬하였다.
④ 홍경래 난(평안도 농민 전쟁)은 순조 11년(1811)에 발생하였다.

14   정답 ②

[정답해설]
제시된 글의 밑줄 친 (가)는 흥선대원군이다. 흥선대원군은 민생 안정을 위해 600여 개소의 서원 가운데 47개소만 남긴 채 철폐·정리하였고 유생의 강력한 반발을 초래하였다.

[오답해설]
① 『대한국국제』를 만들어 공포한 것은 대한 제국 수립 이후 황제로 등극한 고종이다.
③ 우정총국 개국 축하연을 이용해 사대당 요인을 살해하고 개화당 정부를 수립한 것은 김옥균 등 급진 개화파다.
④ 청의 주일 참사관인 황쭌셴의 『조선책략』은 김홍집(2차 수신사)이 도입하여 개화 정책에 영향을 미쳤다.

15   정답 ②

[정답해설]
(가) 단체는 3·1 운동을 계기로 형성된 대한민국 임시 정부이다. 대한민국 임시 정부는 국내 항일 세력들과 연락하기 위해 연통제와 교통국을 운영하였다.

[오답해설]
① 대동단결선언은 독립 운동 세력에 의한 임시 정부 수립

노력의 일환으로 대한민국 임시 정부 수립(1919) 전인 1917년에 발표되었다.
③ 신민회는 서간도에 군사교육기관인 신흥강습소를 설립하고 이후 신흥무관학교(1919)로 발전하였다.
④ 의열단은 신채호의 조선 혁명 선언(1923)을 활동 지침으로 삼아 활동하였다.

16 　　　　　　　　　　　　　　　　　　정답 ③

[정답해설]
자료의 첫 번째 제너럴 셔먼호 사건은 1866년, 마지막 광성보 공격은 1871년 신미양요와 관련되어있다. (가) 시기에 있었던 사실은 ③번으로, 1868년에 일어났다. 독일 상인 오페르트가 통상을 거부당하자 충청남도 덕산에 있는 남연군의 묘를 도굴하다가 발각한 사건으로 대원군의 쇄국 의지를 강화하고 백성들도 서양인을 야만인이라 하며 배척하였다.

[오답해설]
① 고종은 종묘에 나가 독립 서고문을 바치고 홍범 14조를 반포하였다(1895. 1).
② 운요호가 연안을 탐색하다 강화도 초지진에서 조선 측의 포격을 받았고 일본은 보복으로 영종도를 점령·약탈, 책임 추궁을 위해 춘일호를 부산에 입항시켰다(1875).
④ 임오군란은 신식 구대(별기군)우대 및 구식 군대에 대한 차별로 일어난 사건이다(1882).

[보충해설]

▌ 제너럴셔먼호 사건과 신미양요
- 제너럴셔먼호 사건(1866) : 대동강에 침입하여 통상을 요구하며 행패를 부리던 미국 상선 제너럴셔먼호(General Sherman號)를 평양군민들이 반격하여 불태워 버린 사건이다. 이 사건은 신미양요의 원인이 되었다.
- 신미양요(1871) : 미국은 제너럴셔먼호 사건을 구실로 로저스 제독이 이끄는 5척의 군함으로 강화도를 공격하였고, 어재연 등이 이끄는 조선의 수비대가 광성보와 갑곶(甲串) 등지에서 격퇴하고 척화비(斥和碑)를 건립하였다.

17 　　　　　　　　　　　　　　　　　　정답 ④

[정답해설]
제시된 글의 밑줄 친 '이 단체'는 민족주의 진영과 사회주의 진영이 민족 유일당, 민족 협동 전선의 기치 아래 결성된 신간회(1927년 결성)이다. 신간회는 광주 학생 항일 운동 조사단을 파견하고 민중 대회를 계획하였으나 일제에 의해 무산되었다.

[오답해설]
① 평양 조선물산장려회는 신간회 이전인 1920년, 서울 조선물산장려회는 1923년에 설립되어 전국으로 확산되었고 물산장려운동을 펼쳤다.
② 총독부가 대학 설립 요구를 묵살하자 조선 교육회는 우리 손으로 대학을 설립하고자 조선 민립 대학 기성 준비회(1922, 이상재)를 결성하였다.
③ 브나로드 운동은 1931년 동아일보사에서 농촌계몽운동을 전개한 것이다. 문맹 퇴치와 미신 타파를 목적으로 시작한 이 운동은 1935년 조선총독부 경무국의 명령으로 중단되었다.

18 　　　　　　　　　　　　　　　　　　정답 ④

[정답해설]
제시된 글은 외교권을 빼앗고, 통감부를 설치하여 내정까지 간섭하는 통감정치의 결과를 가져온 1905년 11월에 체결된 을사조약이다. 일본은 을사조약 제2조에 '일본 정부는 한국과 타국 간에 현존하는 조약의 실행을 완수하는 임무를 담당하고 한국 정부는 지금부터 일본 정부의 중개를 거치지 않고서는 국제적 성질을 가진 어떤 조약이나 약속을 맺지 않을 것을 서로 약속한다.'라는 내용을 넣었다.

[오답해설]
① 1910년 일제는 한국의 국권을 강탈한 이후 한·일 병합 조약에서 천황과 총독에 의한 통치의 내용을 말하였고 식민 통치의 중추 기관으로 조선 총독부를 설치하였다.
② 1907년 헤이그 특사 파견을 문제 삼아 고종 황제를 강제로 퇴위시켰고 순종을 즉위시킨 후 황제의 동의 없이 정미 7조약을 강제로 체결하였다.
③ 일제는 방곡령 시행 1개월 전에 일본 영사관에 통고해야 한다는 조·일 통상 장정(1883) 규정을 구실로 방곡령의 철회를 요구하고 거액의 배상금을 요구하였다.

19 　　　　　　　　　　　　　　　　　　정답 ①

[정답해설]
(가)는 제1차 미·소 공동위원회이다. 1946년 3월에 제1차 미·소 공동 위원회가 서울에서 개최되었으나 참여 단체를 놓고 대립하여 결렬되었다. 소련은 모스크바 3상 회의의 협

정(신탁 통치안)을 지지하는 정당·사회단체들만이 임시 정부 수립 문제를 협의할 대상이 될 수 있다고 주장하였고, 미국은 신탁통치 반대세력들도 협의대상이 되어야 한다고 주장하였다.

[오답해설]
② 조선 건국 동맹(1944)은 여운형이 위원장인 조선 건국 준비 위원회를 조직하였다(1945. 8).
③ 1948년 제헌 국회가 구성되고 민주 공화국 체제의 헌법을 제정·공포하였다(1948. 7. 17.).
④ 유엔 총회는 유엔 한국 임시 위원단의 감시 하에 인구 비례에 의한 남북한 총선거 실시를 결의하였다(1947. 11).

[보충해설]

▍ 한국에 대한 모스크바 3상 회의 결정서(1945)
• 한국을 독립 국가로 재건하기 위해 임시적인 한국 민주 정부를 수립한다.
• 한국 임시 정부 수립을 돕기 위해 미·소 공동 위원회를 설치한다.
• 미, 영, 소, 중의 4개국이 공동 관리하는 최고 5년 기한의 신탁 통치를 실시한다.
• 남북한의 행정·경제면의 항구적 균형을 수립하기 위해 2주일 이내에 미·소 양군 사령부 대표 회의를 소집한다.

20   정답 ②

[정답해설]
4·19혁명은 이승만 정부 때인 1960년, 유신헌법 공포는 박정희 정부 때인 1972년 12월이다. 7·4 남북 공동 성명은 1972년 7월에 발표되었고 남북한 모두 독재 체제 강화에 이용하였다(유신 헌법, 사회주의 헌법).

[오답해설]
① 반민족 행위 처벌법은 일제 잔재를 청산하기 위하여 제헌 국회에서 1948년 9월 제정되었다.
③ 노태우 정부 때인 1991년 남북한이 유엔에 동시 가입하였다.
④ 1980년 5·18 광주 민주화 운동이 일어났다.

▍ [지방직] 2020년 06월 | 정답

01	④	02	①	03	②	04	①	05	④
06	①	07	②	08	③	09	③	10	④
11	②	12	③	13	②	14	③	15	②
16	②	17	④	18	①	19	①	20	③

[지방직] 2020년 06월 | 해설

01   정답 ④

[정답해설]
주어진 사료는 이사부의 건의로 거칠부 등이 편찬한 역사서 '국사(國史)'에 관한 내용으로, 밑줄 친 '왕'은 신라 진흥왕을 가리킨다. 북한산 순수비(북한산비, 555)는 진흥왕 때 백제와 연합하여 한강 상류 지역을 차지하고 백제가 점유하던 한강 하류 지역을 탈취하여 한강 전 지역을 차지한 후 세운 비이다.

[오답해설]
① 정전(丁田)은 통일신라시대 성덕왕이 백성에게 나누어준 토지로, 국가의 농민(토지)에 대한 지배를 강화하기 위한 의도가 담겨 있다.
② 국학(國學)은 신문왕 때 완성된 통일신라의 중앙교육기관으로, 유교 정치이념에 대한 이해를 통해 전제왕권을 강화하고자 한 목적이 있었다.
③ 첨성대는 천체의 움직임을 관찰하던 신라시대의 천문관측대로, 신라 선덕여왕 때 건립되었다.

02   정답 ①

[정답해설]
광덕, 준풍 등의 연호를 사용하고 개경을 황도라 한 왕은 고려의 광종이다. 광종은 왕권 안정과 중앙 집권체제 확립을 위해 혁신적인 개혁정책을 추진하였는데, 노비안검법 역시 노비를 풀어주어 귀족들의 세력을 누르고 왕권을 신장시키려는 목적으로 시행한 정책이었다.

[오답해설]
② 전시과 제도는 고려시대에 관리, 공신, 관청, 기타 신분 등에 지급하던 종합적인 토지제도로, 고려 경종이 시행하였다.
③ 국자감은 고려시대 국립교육기관으로, 성종이 설치하였다.
④ 12목을 설치하고 지방관(목사)을 파견한 왕은 성종이다.

03 정답 ②

[정답해설]
제시된 글은 박은식에 대한 설명이다. 『한국통사』는 1915년 상해에서 간행된 책으로, 투철한 민족사관에 의거하여 지은 근대역사서이다. 근대 이후 일본의 한국 침략과정을 서술하고 있으며 "옛 사람이 말하기를, 나라는 가히 멸할 수 있으나 역사는 가히 멸할 수 없으니, 대개 나라는 형(形)이요, 역사는 신(神)이기 때문이다."라는 머리말에서 박은식의 역사 인식을 확인할 수 있다.

[오답해설]
① 한인애국단은 1931년 중국 상해에서 김구를 중심으로 조직된 항일독립운동 단체로, 일본의 주요인물을 암살하려는 목적을 가지고 조직되었으며 이봉창, 윤봉길 등이 단원으로 참여하였다.
③ 진단학회는 1934년 이병도, 이윤재, 손진태 등이 한국의 역사·언어·문학 및 주변국의 문화를 연구하기 위해 조직한 학술단체이다.
④ 조선혁명선언은 김원봉의 요청을 받고 1923년에 신채호가 작성한 의열단 선언서로, 민중을 일깨워 민중에 의한 직접 혁명으로 폭력 투쟁을 전개해야 독립을 이룰 수 있다는 내용을 담고 있다.

04 정답 ①

[정답해설]
제시된 글은 1927년에 조직되었던 광복운동 후원 여성단체인 '근우회'에 대한 내용이다. 근우회는 신간회의 출범과 더불어 탄생한 조직으로, 김활란 등을 중심으로 한 여성계의 민족 유일당이다.

[오답해설]
② 신간회 : 1927년에 좌우익 세력이 합작하여 결성한 대표적인 항일단체
③ 신민회 : 1907년에 사회계몽운동가들이 국권회복운동을 위해 비밀리에 조직한 항일단체
④ 정우회 : 1926년에 서울에서 조직된 합법적 사회주의 단체로, 신간회가 창립될 수 있는 토대를 마련함

05 정답 ④

[정답해설]
제시된 글에서 설명하고 있는 문화유산은 덕수궁(=경운궁)이다.

[오답해설]
① 경복궁 : 조선왕조의 건립에 따라 지어져서 정궁으로 사용되었으나 임진왜란 때 전소되어 폐허로 남아있다가 고송 때 중건되어 잠시 궁궐로 이용됨
② 경희궁 : 조선 광해군 때 창건된 궁으로, 유사시 왕이 본궁을 떠나 피우(避寓)하는 이궁(離宮)으로 지어졌음(=경덕궁)
③ 창덕궁 : 조선 태종 때 창건된 한양 북쪽에 위치한 이궁

06 정답 ①

[정답해설]
제시된 글에서 설명하는 '이 나라'는 '옥저'이다. 민며느리제는 옥저의 결혼 풍습으로, 여자가 10세 가량 되었을 때 약혼한 남자의 집에서 머물며 살다가 성인이 되면 본가로 돌아가 남자의 집으로부터 돈을 받은 후 다시 신랑집으로 가는 일종의 매매혼이다.

[오답해설]
② 위만은 연나라 장수였으나 고조선으로 넘어와 고조선의 장수로 살다가, 세력이 커지자 준왕을 몰아내고 자신이 왕이 되어 위만 조선을 세웠다.
③ 천군은 제정(祭政)이 분리되어 있던 삼한시대의 제사를 주관하는 제사장을 이르는 말이다.
④ 마가, 우가, 구가, 저가는 부여의 관직명이다.

07 정답 ②

[정답해설]
임꺽정은 조선 명종 때 황해도, 함경도 등지에서 활동하던 백정 출신의 의적이다. 명종이 어린 나이에 즉위하자 어머니인 문정왕후가 수렴청정하며 막강한 권력을 휘둘렀는데, 그중 하나가 바로 조선의 국시였던 숭유억불 정책을 무시하고 호불 정책을 폈던 것이다.

[오답해설]
① 동·서인의 붕당이 형성된 것은 선조 때이다.
③ 삼포(부산포, 내이포, 염포) 등에서 거주하던 일본인들이 대마도의 지원을 받아 일으킨 난을 삼포왜란이라 하는데 이는 중종 때 일어났다.
④ 조광조가 활동하던 시기는 중종 때이다.

08 정답 ③

[정답해설]
제시된 글은 윤관의 '별무반'에 대한 내용이다. 별무반은 고려 숙종 때 윤관이 여진을 정벌하기 위해 만든 특수 부대로 신병인 신기군, 보병인 신보군, 승병인 항마군으로 편성되어 있다.

[오답해설]
① 정종 2년에 설치된 부대는 광군으로, 고려 시대에 거란군의 침입에 대비하여 조직된 특수군단이다.
② 귀주대첩은 고려 시대 현종 때 거란 침략군을 귀주에서 강감찬 장군이 물리쳐 승리한 싸움이다.
④ 2군 6위는 고려 시대의 중앙 군사 제도로, 2군은 국왕의 친위대인 용호군과 응양군을, 6위는 수도와 변경의 방비를 맡은 좌우위·신호위·흥위위·금오위·천우위·감문위를 말한다.

09 정답 ③

[정답해설]
제시된 글은 대가야에 대한 설명이다. 가야는 유일하게 중앙집권체제로 발전하지 못하고 연맹왕국 단계에서 머문 국가로, 초기에는 금관가야가 후기에는 대가야가 가야연맹을 주도하였다. (대가야, 금관가야, 아라가야, 성산가야, 소가야 등) 일찍부터 벼농사를 짓는 등 농경문화가 발달하고, 풍부한 철의 생산으로 철기를 만들 때 사용하는 덩이쇠를 화폐와 같은 교환 수단으로 이용하기도 하는 등의 철기문화가 발달하였다. 또한 대가야는 전북도 남원, 장수 등 호남 동부 지역까지 세력을 확대하였다. 479년에 가야왕 하지의 이름으로 남제에 사신을 보내 작호를 받았고, 481년에는 백제·신라와 동맹하여 고구려를 침입하기도 했지만 결국 신라 진흥왕 때 대가야가 병합되면서(562) 결국 가야 연맹은 완전히 해체되었다.

[오답해설]
① 백제의 성왕은 신라와 관산성에서 벌어진 전투에서 전사하였다.
② 울릉도를 정복한 것은 신라 지증왕이다.
④ 신라를 도와 낙동강 유역의 왜군을 무찌른 것은 고구려 광개토대왕이다.

10 정답 ④

[정답해설]
제시된 글의 발해 왕은 문왕(737~793)이다. 문왕 재위 기간 통일 신라에서는 원성왕이 788년에 독서삼품과를 설치하였는데 독서삼품과는 관리선발제도로, 국학의 학생들을 독서능력에 따라 상중하로 구분하고 이를 관리임용에 참고한 제도이다.

[오답해설]
① 녹읍은 신라 시대 때 관료에게 직무의 대가로 지급한 논밭이었는데 이를 폐지한 것은 689년 신문왕이다. 신문왕은 관료전을 지급(687)하고 녹읍을 폐지하였다.
② 청해진은 통일 신라 828년 흥덕왕 때 장보고가 해상권을 장악하고 중국·일본과 무역을 하던 곳이다.
③ 삼대목은 신라 시대 888년 진성여왕 때 위홍과 대구화상이 왕명을 받아 편찬한 최초의 향가집이다.

[보충해설]

독서삼품과
- 원성왕 때 시행한 관리 등용 제도로, 유교 경전의 이해 수준에 따라 3등급으로 구분해 관리를 등용(상품·중품·하품)
- 골품이나 무예를 통해 관리를 등용하던 방식에서 벗어나, 유교 교양을 시험하여 관리를 등용함으로써 충효 일치를 통한 전제 왕권 강화에 기여
- 진골 귀족의 반대와 골품제로 인해 제대로 기능하지는 못했으나, 국학과 마찬가지로 학문과 유학 보급에 기여하고 무치를 문치로 전환하는 계기가 됨

11 정답 ②

[정답해설]
「양반전」을 지은 사람은 조선후기 실학자 겸 소설가인 '박지원'이다. 박지원의 저서로는 「과농소초」, 「열하일기」, 「연암집」, 「허생전」 등이 있는데 그중, 「과농소초」는 조선시대 농업기술과 농업정책에 관하여 논한 책이다.

[오답해설]
① 조선의 실학자 박제가가 청나라의 풍속과 제도를 시찰하고 돌아와서 쓴 기행문이다.
③ 조선의 실학자 홍대용이 지은 자연관 및 과학사상서이다.
④ 광해군 때의 실학자 이수광이 편찬한 한국 최초의 백과사전적인 저술이다.

12 정답 ③

[정답해설]
이종무의 대마도 정벌은 1419년 세종 때에 일어난 일이고, 전분6등법과 연분9등법은 1444년에 시행되었다. 그러므로 그 사이에 들어갈 사건은 ③의 농사직설 편찬으로, 이는 1429년에 문신인 정초, 변효문 등이 세종의 명에 의하여 편찬한 농서이다.

[오답해설]
① 과전법은 1391년 고려 공양왕 때 이성계와 신진사대부들이 주도해 실시한 토지제도로 조선 초기 양반관료사회의 경제 기반을 이루었다.
② 이시애의 반란은 1467년 세조 때 함경도의 호족 이시애가 일으킨 반란이다.
④ 정도전은 태조 때 요동 정벌을 추진하였다.

13 정답 ②

[정답해설]
강화도 조약은 1876년 고종 때 강화도에서 조선과 일본이 체결한 강압적 불평등 조약이고, 영선사는 1881년에 중국의 선진 문물을 배우기 위해 청나라에 파견했던 시찰단이다. 그러므로 그 사이에 들어갈 사건은 ②의 통리기무아문 설치이다. 통리기무아문은 고종이 개화 정책을 추진하기 위해 1880년에 설치한 최초의 근대적 개화기구로, 그 아래 12사를 두어 신문물 수용과 부국강병 도모 등의 개화 정책을 추진하였다.

[오답해설]
① 군국기무처는 1894년에 설치된 관청으로, 청·일 전쟁 때 관제를 개혁하기 위해 임시로 설치하여 여러 개혁안을 처리했다.
③ 홍범 14조는 1894년에 정치 제도의 근대화와 자주독립국가로서의 기초를 세우기 위해 제정되어 1895년에 반포되었다.
④ 대한국국제는 1899년 대한제국이 공포한 국제이다.

14 정답 ③

[정답해설]
한양도성은 세계유산으로 등재되어 있지 않다.

[오답해설]
① 종묘는 1995년에 유네스코 세계유산으로 등재됐다.
② 화성은 1997년에 유네스코 세계유산으로 등재됐다.
④ 남한산성은 2014년에 유네스코 세계유산으로 등재됐다.

15 정답 ②

[정답해설]
제시된 단체는 1896년에 지식인 계층을 중심으로 만들어진 근대적 사회단체인 '독립 협회'이다. 독립 협회는 서구 열강과 일본이 한반도 침략을 노리던 상황에서 근대화와 정치 개혁으로 나라의 힘을 길러 자주독립 국가를 만드는 것이 목적이었는데, 1897년 중반부터는 서재필, 윤치호 등을 중심으로 토론회를 개최해 신교육과 산업 개발, 미신 타파, 위생 및 치안, 신문 보급 등 근대 개혁에 필요한 것들을 알렸다. 또한 고종의 아관파천 이후에는 우리나라에서 처음으로 근대적 민중 대회인 만민공동회를 열어 러시아의 군사 교관과 재정 고문을 돌려보내기도 했다.

[오답해설]
① 헌정연구회의 활동을 계승한 단체는 1906년 서울에서 조직되었던 '대한자강회'이다. 국민 교육을 강화하고 국력을 배양하여 독립의 기초를 마련하기 위한 목적으로 조직되었다.
③ 독립협회에 대항하려고 정부가 1898년에 조직한 '황국협회'이다. 독립협회는 입헌군주제를 주장한 개혁적 정치조직이고, 황국협회는 전제군주제를 주장하는 보수세력의 집단이었다.
④ 일본의 조선황무지 개간권 요구에 대항하기 위하여 1904년에 조직된 '보안회'이다. 이들의 조직적인 반대 운동은 전국적으로 호응을 얻어 결국 정부는 일본의 요구를 거절한다고 발표하였다.

16 정답 ②

[정답해설]
제시된 글은 독립운동가 '이회영'에 대한 설명이다. 여섯 형제와 일가족 전체가 전재산을 정리하고 만주로 가서 독립운동을 펼쳤으며, 신민회의 지원을 받아 삼원보를 건설하였다. 이곳에서 경학사를 조직하고 신흥 강습소(신흥무관학교)를 설립하였다. 신흥 강습소는 훗날 신흥무관학교로 발전하여 김좌진 등 수많은 독립군을 양성해냈다.

[오답해설]
① 조선어학회 사건은 일제가 조선인 민족 말살 정책에 따라 한글 연구를 한 학자들을 탄압·투옥한 사건으로 1942년 10월부터 시작되었다.
③ 민족대표 33인은 3·1운동 때 독립선언서에 서명을 한 33인을 이른다. 여기에 이회영은 포함되지 않는다.
④ 한국국민당은 1935년 김구 등이 중국 항저우에서 만들었다.

[보충해설]

■ 1910년대 국외 독립운동 기지 건설

만주	• 1910년 삼원보에 자치 기구인 경학사(후에 부민단, 한족회로 발전)와 군사 교육 기관인 신흥 강습소 설립 • 용정에 간민회·중광단(북로 군정서로 발전), 서전 서숙·명동 학교 운영 • 소·만 국경 지역인 밀산부 한흥동에 기지 건설(대한 독립 군단 결성)
연해주	• 블라디보스토크 신한촌의 권업회(1911)·대한 광복군 정부(1914)·대한 국민 의회(1919. 3·1 운동 이후) • 활동 : 이주 한인들의 결속 도모, 교육 사업 주력, 독립군 양성 등
미국	• 단체 : 공립 협회, 대한인 국민회, 흥사단, 국민 군단, 숭무 학교 등 • 활동 : 국제 외교 활동 전개, 독립 운동 자금 모금
일본	유학생들이 중심이 되어 민족의 단결·각성 촉구
중국	한·중 간의 유대 강화 노력

17 정답 ④

[정답해설]
제시된 글은 1960년 4·19혁명 이후에 공포된 제3차 개헌(내각책임제 개헌)이다. 이 개헌안이 채택된 후 처음으로 민의원과 참의원의 선거가 실시되었다.

[오답해설]
① 1952년 부산의 피난국회에서 통과된 제1차 개헌이다.
② 1954년 사사오입(반올림)의 논리로 개헌안을 불법 통과시킨 제2차 개헌이다.
③ 1972년 평화적 통일지향 한국적 민주주의의 토착화를 내세운 제7차 개헌안이다.

18 정답 ①

[정답해설]
제시된 글은 1361년 공민왕 때의 홍건적 2차 침입이다. 홍건적이 침입하여 개경이 함락되자 공민왕은 복주(안동)으로 피난하였고 정세운·최영·이방실·안우·이성계 등이 격퇴하였다. ①은 우왕 1380년에 일어난 진포해전으로, 고려 수군이 최무선이 화통도감을 설치하여 만든 화약 무기를 이용해 진포에서 왜군을 크게 무찔렀다.

[오답해설]
② 1232년에 몽골이 2차 침입하자 처인성 전투에서 김윤후가 이끄는 민병과 승병에 의해 적장 살리타가 사살되고, 몽골군은 퇴각하였다.
③ 1356년에 고려 후기의 무신 김원봉이 기철 일파를 숙청하고 쌍성총관부 관할 지역을 수복하였다.
④ 고려 고종 때 1236~1251년에 걸쳐 만든 대장경으로, 몽골이 침입하자 부처의 힘으로 적을 물리치기 위해 총 81,258개의 목판 양면에 부처의 가르침을 새겨 넣었다.

19 정답 ①

[정답해설]
(가)는 1680년 숙종 때 일어난 경신환국, (나)는 1694년에 일어난 갑술환국이다. ①은 1689년에 있었던 기사환국으로, 처형당한 송시열, 김수항 모두 서인이었다.

[오답해설]
② 예송은 조선 현종 때 차남으로 집권한 효종의 정통성과 관련하여 일어난 두 번의 논쟁이다. 1659년에 일어난 기해예송은 제1차 예송 논쟁으로, 효종이 사망하자 자의대비의 상복 입는 기간을 두고 서인(1년설)과 남인(3년설)이 논쟁을 하였고 이는 당시 실권을 장악하고 있던 서인의 승리로 돌아간다. 그 후 1674년에 제2차 예송 논쟁인 갑인예송이 일어나는데, 효종 비가 사망하자 자의대비의 상복 입는 기간을 두고 서인(9개월)과 남인(1년)이 또 다시 대립한다. 이때는 남인의 주장이 수용되어 남인이 집권하고 서인이 약화된다.
③ 정여립은 본디 서인이었으나, 동인으로 돌아섰고 선조 1589년에 난을 일으켰다. 정여립의 난으로 인해 3년여 동안 정여립과 친분이 있거나 동인이라는 이유로 1000여 명이 처형되는 기축옥사가 일어났다.
④ 1654년 효종 때 청나라는 러시아를 격퇴하기 위해 조선의 조총부대 파견을 요청하였고 이들은 승리하여 돌아오는데 이를 제1차 나선정벌이라 한다.

20 정답 ③

[정답해설]
(다) 1945년 8월 15일 광복과 더불어 건국을 준비하기 위해 여운형을 중심으로 조선건국준비위원회가 조직되었다.
(라) 1946년 3월 20일에 한국의 임시 정부 수립을 원조하기

위하여 미·소 점령군이 제1차 미소공동위원회를 소집하였다.
(나) 1946년 7월 25일에 여운형과 김규식을 중심으로 좌우 합작에 의한 통일정부 수립을 위해 좌우합작위원회를 조직하였다.
(가) 1948년 5월 10일에 총선거로 제헌국회가 구성되고 같은 해 7월 17일에 제헌헌법을 공포하였다.

[지방직] 2019년 06월 | 정답

01	③	02	①	03	④	04	④	05	④
06	③	07	③	08	①	09	②	10	②
11	①	12	①	13	②	14	②	15	④
16	③	17	①	18	③	19	④	20	③

[지방직] 2019년 06월 | 해설

01   정답 ③

[정답해설]
(가)는 여자가 어렸을 때 남자의 집에 가서 성장한 후 결혼을 하는 민며느리제이다. 가족이 죽으면 가매장하였다가 나중에 그 뼈를 추려 함께 묻는 가족 공동묘는 민며느리제와 더불어 옥저의 대표적인 풍습이다.
(나)는 은력을 사용하여 매년 12월 영고라는 제천행사를 개최하는 부여의 풍습이다. 부여는 왕 아래 가축의 이름을 딴 마가, 우가, 저가, 구가와 대사자, 사자 등의 관리가 있고, 4가는 각기 행정 구획인 사출도를 다스렸다. 왕이 다스리는 중앙과 사출도를 합쳐 5부로 구성하였다.

[오답해설]
① 무천은 매년 10월 동예에서 열리는 제천행사이다.
② 고구려는 5부로 구성되어있고, 초기에는 소노부에서 왕이 나왔으나 태조왕 이후로 계루부가 왕위를 독점 세습하였다.
④ 삼한 중에서 변한은 철이 많이 생산되어 낙랑, 왜 등에 수출을 하였다.

02   정답 ①

[정답해설]
(가)는 4세기 중반 백제의 근초고왕의 침략을 받아 평양성에서 전사한 고구려 고국원왕의 이야기이다(371). (나)는 신라에 침입한 왜를 격퇴한 고구려 광개토대왕의 이야기이다(400). (가)와 (나) 사이의 고구려는 고국원왕의 전사로 맞이한 위기를 극복하고, 전성기를 이끌 수 있도록 국가 체제를 개혁하고 새로운 발전 토대를 마련하였다. 대표적으로 소수림왕은 태학을 설립하여(372) 인재를 양성하였으며, 율령을 반포하여(373) 중앙 집권 국가로서의 체제를 강화하였다.

[오답해설]
② 평양으로 도읍을 옮기고(427) 적극적인 남하정책을 펼쳐 백제의 도읍 한성을 함락시킨(475) 고구려의 왕은 장수왕이다.
③ 동천왕 때에는 관구검이 이끄는 위나라 군대의 침략으로 도읍이 함락되는 위기도 있었다(242).
④ 고구려의 영양왕은 남북조를 통일한 수나라의 침입을 막고 유리한 지역을 차지하기 위하여 전략적 요충지인 요서 지방을 공격하였다.

03   정답 ④

[정답해설]
통일 후 신라는 수전 농업과 목축이 발달하였으나, 농업기술이나 영농방식, 시비법 등이 발달하지 못해 휴경하는 경우가 많았다. 시비법은 소를 이용한 깊이갈이가 일반화된 고려시대에 발달하였고, 이앙법은 조선 후기에 널리 확대되었다.

[오답해설]
① 신라는 농업 생산력의 성장을 토대로 인구가 증가하고 상품 생산이 증가하였다. 이전에 설치된 동시만으로는 상품 수요를 감당할 수 없어 남시와 서시가 설치되었다. 지방에는 주의 읍치나 소경 등 지방의 중심지나 교통 요지에 시장이 발생하였다.
② 통일 후 신라는 당과의 관계가 긴밀해지면서 공무역, 사무역이 발달하였다. 수출품으로는 어아주, 조하주 등의 고급 비단과 금·은 세공품이 있다.
③ 통일 후 신라는 촌주가 3년마다 촌락의 결수, 인구 수, 소와 말의 수 등을 파악하여 민정문서를 작성하였다. 민정문서를 통하여 촌락의 경제 상황과 세무 행정을 알 수 있었다.

[보충해설]

■ 삼국시대 농업의 특징
- 시비법이 발달하지 못해 휴경지가 많음
- 4~5세기 철제농기구 보급이 점차 확대되기 시작
- 6세기에 이르러 쟁기나 호미, 괭이 등의 철제농기구가 널리 사용되었고, 우경도 확대됨

04 정답 ④

[정답해설]

「향약구급방」 → 「향약집성방」 → 「의방유취」 → 「동의보감」

고려시대 1236년(고종 23)에 간행된 「향약구급방」은 우리나라에 전해오는 가장 오래된 의방서로 각종 질병에 대한 처방과 약재를 소개하고 있다. 조선시대 1433년(세종 15)에 간행된 「향약집성방」은 우리나라 사람의 질병을 치료하는 데에는 우리나라 풍토에 적합하고 우리나라에서 생산되는 약재가 더 효과적일 것이라는 병과 약에 대한 의토성(宜土性)을 담고 있다. 그리고 12년 뒤 1445년(세종 27)에는 기존의 의서들을 모아 「의방유취」라는 의학 백과사전이 간행되었다. 「동의보감」은 조선시대 의관인 허준이 왕명을 받아 조선과 중국의 의서를 집대성하여 1610년(광해군 2)에 저술한 의학서이다.

05 정답 ④

[정답해설]

사신도가 그려진 강서대묘의 무덤 구조는 널방 남벽의 중앙에 달린 널길과 평면이 방형인 널방으로 된 외방무덤이다.

[오답해설]

① 첨성대는 선덕여왕 때 천체를 관측하기 위하여 세운 건축물이다.
② 미륵사지 석탑은 현재 남아있는 가장 오래되고 가장 큰 석탑으로 백제 무왕 때 만들어졌다. 이 석탑은 목조 건축의 기법이 반영된 독특한 양식으로서, 불탑 건축이 목탑에서 석탑으로 이향하는 과정을 충실히 보여준다.
③ 대가야의 우륵은 신라의 침공으로 조국이 멸망하자, 가야금을 가지고 신라로 귀화하였다. 가야금이 신라에 전해져 신라 음악 발전에 큰 기여를 하였다.

06 정답 ③

[정답해설]

주어진 사료는 고려의 태조가 후대의 왕들이 지켜야 할 정책 방향을 제시한 훈요 10조 중 하나이다. 태조는 거란을 배척하고 고구려의 옛 땅을 되찾고자 하는 의욕으로 강력한 북진 정책을 추진하였다. 그러기 위해서는 호족을 포섭해야 했고, 여러 호족을 포섭하기 위하여 태조는 막강한 권세를 가진 호족과 혼인 관계를 맺거나 왕씨 성을 하사하는 사성 정책을 펼치기도 하였다.

[오답해설]

① 고려 성종 때 개경과 서경 그리고 각 12목에 상평창을 두어 물가 안정을 꾀하였다(993).
② 고려 광종 때 쌍기의 건의를 받아들여 유학한 인재를 등용하고 새로운 세력의 형성을 위하여 과거제를 실시하였다(958).
④ 고려 정종 때 거란의 침입을 대비하여 특수 부대인 광군을 편성하였다(947).

07 정답 ③

[정답해설]

㉠ 의천 : 고려 문종의 넷째 아들이자 국청사의 제 1대 주지로 천태종을 개립하였다. 그는 우리나라와 중국의 불교 저술을 수집하여 「신편제종교장총록」을 편찬하였다.
㉡ 보우 : 조선의 승려로 조선 중기 선·교 양종을 부활시키고 불교계의 폐단을 바로잡기 위하여 원의 불교인 임제종을 들여와 전파시켰다.
㉢ 요세 : 고려의 승려로 천태종 중흥에 힘을 기울이고 백련사를 결사하여 법화삼매참회를 닦았다.
㉣ 지눌 : 고려시대 보조 국사로 선문에 입문한 초학자에게 선 수행의 요체가 될 핵심 내용을 저술한 지침서로 「목우자수심결」을 편찬하였다.

[오답해설]

- 수기 : 화엄종의 승려로 추정되는 고려시대의 인물이며, 고려대장경을 재조할 때 고종의 명으로 착오된 것을 교정하였다.
- 각훈 : 고려시대 화엄종의 승려로 「해동고승전(海東高僧傳)」과 「선종육조혜능대사정상동래연기(禪宗六祖慧能大師頂相東來緣起)」를 편찬하였다.

08 정답 ①

[정답해설]
주어진 사료는 조선 세종의 노비 지위 개선에 관한 내용이다. 세종은 노비를 위한 사회 정책으로, 재인·화척 등을 신백정이라 하고, 관비의 출산 휴가를 연장시켜주었다. 그 이외에도 빈민을 구제하기 위하여 의창제를 실시하였으며, 여러 사법 제도를 개선하였다. 금부 삼복법을 실시하여 사형수에 대한 복심제(3심)가 이루어졌으며, 태형 및 노비의 사형을 금지시켰다.

[오답해설]
② 태종 3년(1403)에 고려 말의 서적원제도를 본받아 주자소를 설치하였다. 이곳에서 조선의 최초 금속 활자인 계미자를 주조하였다.
③ 세조는 국방을 강화하기 위하여 변방 중심 방어 체제를 전국적인 지역 중심의 방어체제로 전환하는 진관체제를 실시하였다.
④ 정종은 도평의사사를 혁파하고 의정부를 설치하였다. 중추원을 폐지하고 직무를 삼군부에 소속시켰다.

[보충해설]

> ▌세종대왕
> • 의정부 서사제 부활 : 육조 직계제와 절충하여 운영
> • 집현전 설치 : 당의 제도와 고려의 수문전, 보문각을 참고하여 설치
> • 유교 윤리 강조 : 국가 행사를 오례에 따라 유교식으로 거행
> • 토지와 세제의 개혁 : 공법상정소와 전제상정소를 설치해 전세 인하와 공평 과세 추구

09 정답 ②

[정답해설]
자장은 진골 출신의 승려로 636년 당에 유학을 다녀온 후 대국통을 맡아 승려의 규범과 승통의 일체를 주관하였다. 그는 선덕여왕에게 주변 9개 민족의 침입을 불교의 힘으로 막기 위하여 황룡사 9층탑의 건축을 건의하였다.

[오답해설]
① 세속오계는 신라 진평왕 때 원광이 화랑에게 일러준 다섯 가지 계율을 말한다.
③ 의상은 「화엄일승법계도」를 저술하여 화엄 사상을 정립하였다. 그리고 삼국 통일 이후 사회 계층 간의 대립과 갈등을 지양하는 사회 통합 논리를 제시하였다.
④ 원효는 '모든 것이 한 마음에서 나온다'는 일심사상을 바탕으로 종파들 간의 사상적 대립을 조화시키고 여러 종파의 사상을 융합하는 화쟁 사상을 주장하였다.

10 정답 ②

[정답해설]
성혼은 조선 중기의 문신이자 학자로서, 이이와 동시대의 인물이다. 그가 직접 경험한 전란은 임진왜란이다. 또 주어진 자료에서 알 수 있듯이 경성이 점령당하고 종묘와 사직, 궁궐이 불타버린 전란은 임진왜란이다.

[오답해설]
① 병자호란은 1636년(인조 14)에 청나라가 조선을 침입한 전쟁으로 인조가 남한산성으로 피신하였으나 경성을 점령하고 만행을 저지르지는 않았다.
③ 삼포왜란은 1510년(중종 5) 부산포, 내이포, 염포 등 삼포에서 거주하고 있던 왜인들이 대마도의 지원을 받아 일으킨 난이다.
④ 이괄의 난은 1624년(인조 12) 이괄이 주동이 되어 일으킨 반란으로 인조가 공주로 피신하기도 하였지만 경성을 점령하여 만행을 저지르지는 않았다.

[보충해설]

> ▌임진왜란의 3대첩
> • 이순신의 한산도 대첩(1592) : 왜군의 수륙 병진 정책을 좌절시킨 싸움이다. 지형적 특징과 학익진을 이용하여 왜군을 섬멸하였다.
> • 김시민의 진주성 혈전(1592) : 진주 목사인 김시민과 3,800명의 조선군이 약 2만에 달하는 왜군에 맞서 진주성을 지켜낸 싸움이다. 이 싸움에서의 승리로 조선은 경상도 지역을 보존할 수 있었고 왜군은 호남을 넘보지 못하게 되었다.
> • 권율의 행주 대첩(1593) : 벽제관에서의 승리로 사기가 충천해 있던 왜군에 대항하여 행주산성을 지켜낸 싸움이다. 부녀자들까지 동원되어 돌을 날랐다는 이야기로 유명하다.

11 정답 ①

[정답해설]
주어진 사료의 그는 정도전으로 조선왕조를 설계한 인물이다. 만권당은 고려 충선왕이 원나라에 세운 독서당으로 이제

현, 박충좌 등의 학자들이 원의 학자들과 교류하면서 성리학에 대한 연구를 하였다.

[오답해설]
② 정도전은 민본사상을 중심으로 군주답지 못한 군주는 몰아내야한다는 역성혁명 사상을 가지고 이성계와 함께 조선을 건국했다.
③ 정도전은 판삼사사로 국가 재정을 총괄하였고, 경복궁 등의 궁궐과 종묘의 이름을 제정하고 위치를 정하는 등 조선의 중추역할을 했다.
④ 정도전은 「경제문감」을 저술하여 재상중심의 정치를 주장하였으나 태종 이방원에 의하여 피살당하였다.

12 정답 ③

[정답해설]
(가) 1876년에 체결된 조 · 일 무역규칙으로 양곡의 무제한 유출, 일본 선박에 대한 무항세와 일본 제품에 대한 일시적 면세에 대한 규칙이 있다.
(나) 1883년에 체결된 조 · 일 통상장정으로 관세권 설정과 방곡령에 대한 규칙이 있다.

1882년 체결된 조 · 청상민수륙무역장정은 치외법권은 물론 개항장이 아닌 서울 양화진에 청 상인이 점포를 개설할 수 있는 권리, 호조를 가진 자에게는 개항장 밖의 내륙통상권과 연안 무역권까지 인정하였다.

[오답해설]
① 재정 고문으로 부임한 메가타는 화폐정리 사업(1905)을 추진하여 황실 재정을 해체하고 한국의 금융을 장악하였다.
② 자유상업을 방해하는 보부상 보호 기구인 혜상공국의 폐지를 주장하면서 갑신정변이 일어났다(1884).
④ 함경도 방곡령 사건은 1889년 함경도 관찰사 조병식이 곡물의 무분별한 유출을 막기 위해 개정된 조 · 일통상장정에 의해 1개월 전에 외교 담당 관청에 통고하고 방곡령을 실시하였으나, 일본은 1개월 전에 자신들에게 통보하지 않았다는 이유로 오히려 손해배상을 받았다.

13 정답 ②

[정답해설]
독립신문은 1896년 김홍집 내각과 신채호의 지원을 받아 서재필 등이 창간한 우리나라의 최초의 한글 신문이다.

[오답해설]
① 황제가 군권을 장악하기 위하여 원수부를 설치하여 경군의 경우 친위대를 2개 연대로 증강하고, 시위대를 창설, 증강하였다. 지방군의 경우 진위대를 6개 연대로 증강하였다.
③ 일제의 경제 침탈에 맞서 금본위 화폐개혁과 중앙은행 설립을 시도하였다.
④ 탁지부에서 관할하던 재정업무를 궁내부 소속의 내장원으로 이관하였다.

[보충해설]

■ 대한제국의 광무개혁

정치적 측면	• 황제권의 강화(전제황권) : 복고적 개혁의 성격 • 대한국제(대한국 국제)의 반포 : 대한국제는 광무정권이 1899년 제정한 일종의 헌법으로, 대한 제국이 전제 정치 국가이며 황제권의 무한함을 강조 • 원수부 설치 : 황제가 군권을 장악하기 위해 최고 군통수기관으로 원수부를 설치 • 국방력 강화 　- 경군의 경우 친위대를 2개 연대로 증강하고 시위대를 창설 · 증강, 호위군도 호위대로 증강 · 개편 　- 지방군의 경우 진위대를 6개 연대로 증강
경제적 측면	• 근대적 토지 소유제도 마련 : 양지아문을 설치하여 양전사업을 실시(1899)하고 지계(토지증서) 발급 • 내장원의 재정업무 관할 : 탁지부에서 관할하던 재정업무를 궁내부 소속의 내장원으로 이관 • 상공업 진흥책 실시 : 황실이 직접 공장을 설립하거나 민간 회사의 설립을 지원 • 실업학교 및 기술교육기관을 설립
사회적 측면	• 종합 병원인 광제원(廣濟院)을 설치 • 신교육령에 의해 소학교 · 중학교 · 사범학교 등을 설립 • 고급장교의 양성을 위해 무관학교를 설립(1898) • 교통 · 통신 · 전기 · 의료 등 각 분야에 걸친 근대적 시설을 확충

14 정답 ②

[정답해설]
기해박해는 표면적으로는 천주교를 박해하기 위한 것이었으

나, 실제에서는 시파인 안동 김씨로부터 권력을 탈취하려는 벽파 풍양 조씨가 일으킨 것이다. 윤지충의 신주 소각 사건으로 일어난 박해사건은 신해박해이다.

[오답해설]
① 17세기 베이징을 방문하고 돌아온 사신들이 서학(천주교)을 학문의 대상으로 소개하였다. 남인 계열의 실학자 들이 천주교 서적인 『천주실의』를 읽고 신앙생활을 하였으며, 이승훈이 영세를 받고 돌아와 활발한 신앙 활동을 전개하였다.
③ 안정복은 『천학문답』을 저술하며 천주교를 비판하였다.
④ 최초의 한국인 신부 김대건이 귀국하여 포교 중 순교하였다.

[보충해설]

> **박해 사건**
> - **신유박해** : 정조 사후 정권을 잡은 보수 세력은 천주교도와 진보 세력에 대한 대대적인 숙청을 실시하였다. 이로 인해 이승훈, 이가환 등이 처형되었으며 정약용 등은 유배되었고 박지원, 박제가 등은 관직에서 쫓겨나게 되었다.
> - **병인박해** : 1864년 시베리아를 건너 남하한 러시아는 함경도에 와서 조선과의 통상을 요구하였다. 이때 몇몇 천주교도들의 건의에 따라 흥선대원군은 프랑스 선교사를 통해 프랑스와 동맹을 체결하고자 하였으나 시기가 맞지 않아 계획은 수포로 돌아갔다. 이전부터 천주교는 배척을 받고 있었는데, 이 사건으로 인해 비난이 고조되자 흥선대원군은 천주교를 탄압하기로 결심하였다. 1866년 천주교 탄압이 선포됨에 따라 프랑스 선교사 9명이 처형되고 수천 명의 천주교도들이 학살되었다. 이 박해를 피해 탈출한 리델 신부가 프랑스 해군사령관 로즈 제독에게 이 사실을 알림으로써 병인양요가 일어나게 되었다.

15 정답 ④

[정답해설]
주어진 강령은 1941년 11월 대한민국 임시 정부가 민족독립을 앞두고 정치, 경제, 교육 등의 평등을 보장하는 조소앙의 삼균주의에 입각하여 구체화시킨 것이다. 대한민국 임시 정부는 1941년 12월 8일 태평양 전쟁이 발발하자, 12월 10일 대일 선전포고를 발표하였다. 이러한 상황 속에 김원봉이 이끄는 조선의용대가 한국광복군에 편입되었다. 한국광복군은 중국에 파견되어 있던 미국전략정보국(OSS)의 지원을 받아 국내 진공작전을 펼치려하였으나 일본의 빠른 항복 선언에 계획이 무산되었다.

[오답해설]
① 1948년 5 · 10 총선거로 구성된 제헌 국회는 이승만을 대통령, 이시영을 부통령으로 선출하였다.
② 1921년 러시아령 자유시에서 홍범도가 이끄는 대한독립군, 김좌진이 이끄는 북로군정서 등의 항일 독립군 부대가 통합 조직된 대한독립군단이 러시아 적군의 공격을 받아 극심한 타격을 받았다.
③ 여운형과 김규식의 중도 세력은 좌우의 대립을 극복하기 위하여 좌우합작위원회를 구성하여 좌우합작운동을 추진하면서 좌우합작 7원칙을 발표하였다.

16 정답 ③

[정답해설]
주어진 선언문은 김원봉의 요청에 따라 1923년 신채호가 작성한 조선혁명선언으로, 의열단의 행동강령과 개인 폭력 투쟁을 통해 민중의 직접 혁명을 달성하려는 의열단의 목표가 잘 드러나 있다.
의열단은 1919년 11월 만주 길림성에서 김원봉을 중심으로 13명으로 조직되었다. 그들은 파괴의 다섯 가지 대상으로 조선총독부 · 동양척식회사 · 매일신보사, 각 경찰서 및 기타 왜적의 중요 기관으로 정했다.
1920년대 후반의 국외 독립운동은 국민대표회의와 민족유일당운동의 실패로 침체상태에 놓였다. 그러나 만주사변과 상해사변 이후 독립운동이 다시 활기를 찾게 되어 독립운동단체들의 통일 방안이 모색되었다. 그 결과 김규식은 광복동지회 대표로서 조선혁명당의 최동오, 의열단의 한일래, 한국독립당의 이유필 · 김두봉과 협의하여 1932년 한국대일전선통일동맹을 결성하였다.
이 '동맹'은 보다 효과적인 항일 투쟁을 위해 1935년 7월 5일 한국독립당 · 의열단 · 신한독립당 · 조선혁명당 · 미주대한인독립당 등 5당 대표가 난징에서 민족혁명당을 결성함으로써 대당조직으로 발전하게 되었다.

[오답해설]
① 임시 정부에 활기를 불어 넣기 위하여 대한민국 임시 정부의 국무령이었던 김구가 한인애국단을 조직하여 독립운동의 새로운 활로로서 일본의 지도자를 암살하려 하였다.
② 1920년 김좌진이 이끄는 북로군정서군과 홍범도가 이끄는 대한독립군 등이 주축이 된 독립군 부대가 만주 청산리 전투에서 일본군을 대파하였다.
④ 영국인이 경영하는 문평 라이징선 제유회사에서 일본인 감독이 조선인 노동자를 멸시 · 구타한 사건을 계기로 원산 노동자 총파업이 일어났다.

[보충해설]

■ 의열단
- 조직 : 1919년 만주 길림성에서 김원봉, 윤세주 등이 조직
- 목적 : 일제의 요인 암살, 식민 통치 기관 파괴
- 활동 지침 : 신채호의 조선 혁명 선언(1923)
- 투쟁 방향 전환
  - 배경 : 1920년대 후반 개별적인 의거의 한계를 깨닫고 대중적 무장 투쟁의 필요성을 인식
  - 독립 운동 지도자 양성 : 중국의 황포 군관 학교에 입학(1925), 조선 혁명 간부학교 설립(1932)
  - 정당 조직 : (조선) 민족 혁명당 결성(1935)
  - 군대 조직 : 조선 의용대(1938)

② 삼정이정청은 1862년(철종 13)에 삼정의 폐단을 고치기 위하여 임시로 만든 관청이다.
④ 1865년 대원군이 집정하면서 의정부와 비변사의 한계를 규정, 국정 의결권을 의정부에 이관하면서 그 기능이 약화되었다.

[보충해설]

■ 경복궁 중건을 위한 동전 주조와 세금 징수
- 당백전 : 경복궁 중건에 필요한 재원 마련을 위해 발행한 동전
- 원납전 : 경비 충당을 위해 관민에게 수취한 기부금
- 결두전 : 재원 마련을 위해 논 1결마다 100문씩 징수한 임시세
- 성문세 : 4대문을 출입하는 사람과 물품에 부과한 통행세

17 정답 ①

[정답해설]
일제는 1937년 중일전쟁 이후 1945년 태평양전쟁이 끝날 때까지 수십만 명의 한국 남성을 강제로 연행하여 노동력을 착취하였고, 전쟁이 확대되면서 부족한 노동력을 보충하기 위해서 한국의 어린 남학생, 여성들까지 징용해갔다. 1938년 국가 총동원령을 선포하며 남성은 지원병제도, 학도병제도 등을 실시하여 전쟁에 동원하였다. 여성은 정신 근로령을 제정하여, 정신대라는 이름으로 강제로 동원한 후 일본군 위안부 생활을 강요하였다.

18 정답 ③

[정답해설]
원납전은 조선 후기 흥선대원군이 경복궁 중건과 계속되는 군비 확장을 위해 강제로 걷은 기부금이다. 흥선대원군은 아들 고종이 어린 나이로 즉위하자 수렴청정을 해야 할 조대비의 위임을 받아 왕조의 위기를 극복하고 실추된 왕권을 회복하고자 여러 개혁을 추진하였다. 흥선대원군은 당파를 초월한 인재 등용과 부패 관리 척결을 하기 위하여 전국에 널리 퍼진 서원 중 47개를 제외한 모든 서원을 철폐하였다. 왕권을 강화하기 위하여 비변사를 폐지하고 양반에게 세금을 징수하였다. 또 의정부와 삼군부의 기능을 회복하였으며 대전회통의 편찬 등을 통해 왕권을 강화하였다.

[오답해설]
① 세한도는 추사 김정희가 1844년(헌종 10)에 유배 당시 그린 작품이다.

19 정답 ④

[정답해설]
주어진 법령은 농가경제 자립과 농업생산력 증진으로 인한 농민생활의 향상 및 국민경제의 균형과 발전에 기여하기 위하여 제정된 법률인 농지개혁법이다. 농지개혁법은 대한민국 정부수립 직후, 북한에서 농지를 무상몰수하여 농민에게 무상분배한 농지개혁이 실시됨에 대응하여, 대한민국에서도 농지개혁을 실시하기 위하여 제정된 법률이다. 대한민국은 자본주의체제하의 자유 민주국가이므로 북한과 같이 무상몰수와 무상분배는 허용되지 않아 소유자가 직접 경작하지 않는 농토(소작인이 경작하는 농토)에 한하여 정부가 5년 연부보상을 조건으로 소유자로부터 유상취득하여 농민에게 분배해 주고, 농민으로부터 5년 동안에 평년 생산량의 30% 농산물로써 정부에 연부로 상환하게 하는 이른바 유상몰수 · 유상분배의 농지개혁을 실시하였던 것이다.

20 정답 ③

[정답해설]
밑줄 친 파병은 베트남 파병으로 1964년 베트남 전쟁 당시 미국은 한국을 비롯한 우방국에 지원을 호소하였고, 이에 한국 정부는 의무 요원과 태권도 교관 요원을 파견하였다. 그러다 브라운 주한 미국 대사가 박정희 대통령을 방문하여 한국군 증파를 요청하였다. 이에 우리 정부는 1965년부터 전투부대를 베트남에 파병하기 시작, 1973년 철군할 때까지 8년 5개월 동안 베트남전에 참전한 인원은 32만여 명에 달한다. 우리

정부는 베트남전에 전투부대를 파병하면서 미국 측과 파병에 대한 보상 조치로 '브라운 각서'를 맺었으며, 베트남전 파병은 경제적으로는 '브라운 각서'와 '월남 특수'를 통한 고용 증대와 경제 성장을 일으키는 효과도 있었다. 그러나 미국의 권유로 시작된 베트남전 참전으로 전사 5000여 명·부상 1만 5000여 명의 큰 희생을 치렀다.

[보충해설]

▌브라운 각서(1966)
1. 한국에 있는 대한민국 국군의 현대화 계획을 위하여 앞으로 수년 동안에 상당량의 장비를 제공한다.
2. 월남 공화국에 파견되는 추가 병력에 필요한 장비를 제공하며 또한 파월 추가 병력에 따르는 일체의 추가적 원화 경비를 부담한다.
3. 파월 대한민국 부대에 소요되는 보급 물자 용역 및 장비를 실행할 수 있는 한도까지 대한민국에서 구매하며 파월 미군과 월남군을 위한 물자 중 결정된 구매품목을 한국에서 발주한다.
4. 수출 진흥의 전반 부분에 있어서 대한민국에 대한 기술 협조를 강화한다.

에는 가락바퀴(방추차)나 뼈바늘(골침)로 옷을 해 입거나 그물을 만들었다.

[오답해설]
ㄱ. 슴베찌르개의 슴베는 '자루'를 의미하며, 주로 창날이나 화살촉으로 사용된 후기 구석기 유물이다. 벼농사를 짓기 시작하고 나무로 만든 농기구를 주로 사용한 것은 청동기 시대의 일이다.
ㄷ. 반달 돌칼은 청동기 시대에 사용된 추수용 농기구이다. 청동기 시대에는 토지와 축적된 잉여 생산물을 두고 갈등이 생겨나면서 사유 재산 개념과 빈부의 차가 발생하고 계급·계층이 분화되었다.

02   정답 ②

[정답해설]
신라 하대에는 개인적 정신세계를 찾는 경향이 강하여 좌선을 중시하는 선종(禪宗)이 발달하였는데, 교종에 반대하고 반체제적 입장에서 지방의 독자적 세력을 구축하려는 호족의 성향에 부합하였다. 선종의 영향으로 쌍봉사 철감선사탑이나 4산비명 등 이름난 승려의 사리를 보존하는 승탑과 탑비가 유행하였다.

[오답해설]
① 봉덕사 종 또는 에밀레 종이라 하며, 경덕왕이 아버지인 성덕왕을 기리기 위해 만든 종으로 혜공왕 때 완성되었다. 맑고 장중한 소리와 아름다운 비천상으로 유명하다.
③ 고려 후기 충목왕 때 조성된 석탑으로 원의 영향을 받아 기존의 신라계 석탑과는 양식을 달리하는 가장 특이하고 정련한 기교를 보이는 탑이다.
④ 풍부한 조형성과 함께 뛰어난 주조기술을 선보여 동양 조각사에 있어 걸작으로 평가되는 삼국 시대의 대표적인 금동 불상이다.

▌[지방직] 2018년 05월 | 정답

01	③	02	②	03	③	04	③	05	①
06	②	07	①	08	④	09	④	10	①
11	①	12	②	13	③	14	④	15	④
16	③	17	①	18	③	19	④	20	②

▌[지방직] 2018년 05월 | 해설

01   정답 ③

[정답해설]
ㄴ. 붉은 간 토기는 고운 황토를 사용하여 표면을 매끄럽게 제작한 청동기 시대의 토기로, 청동기 시대에는 거친무늬 거울(다뉴조문경)을 사용하여 제사를 지내거나 제천의식을 거행하였다.
ㄹ. 눌러찍기무늬 토기는 손가락이나 동물뼈 또는 나뭇가지 등으로 무늬를 찍은 신석기 시대의 토기로, 신석기 시대

[보충해설]

▌선종(禪宗)의 발달
- 경주 중심의 문화를 극복하고 지방 문화의 역량을 증대
- 중국 문화에 대한 이해와 인식의 폭을 확대
- 도당 유학생인 6두품의 반신라적 움직임과 결부하여 고려 왕조 개창의 사상적 기반이 됨
- 불교 의식과 권위를 배격. 종파 불교가 본격적으로 전개됨
- 쌍봉사 철감선사 승탑, 4산비명 등 승탑과 탑비의 유행

03 정답 ③

[정답해설]
정종은 왕식렴을 통해 왕규의 난을 진압하고 서경 천도를 도모하였으나 개경 세력의 반대로 실패하였다. 문종은 경기와 유사한 서경기 4도를 신설하고 분사제도를 강화해 체제를 개경과 같게 했다. 서경 유수 조위총은 서북 지방민의 불만을 이용해 이의방 · 정중부 등의 무신 정권에 반발하여 서경에서 반란을 일으켰다.

[오답해설]
① 직지심체요절은 현존하는 세계 최고(最古)의 금속 활자로 고려 우왕 때 청주 흥덕사에서 간행되었으며, 유네스코 세계기록유산으로 등재되었다.
② 보조국사 지눌은 명리에 집착하는 무신 집권기 당시 불교계의 타락상을 비판하고 승려 본연의 자세로 돌아가 독경과 선 수행 등에 고루 힘쓰자는 개혁 운동인 수선사 결사 운동을 순천 송광사를 중심으로 전개하였다.
④ 천추태후는 외척인 김치양과 사통하여 낳은 사생아를 목종의 후사로 삼고자 음모를 꾸몄고, 이에 목종은 대량군 순(詢)을 후사로 삼고자 서북면 도순검사 강조에게 개경 호위를 명했다. 그러나 강조는 입경하여 김치양과 천추태후 일당을 제거한 후 목종까지 폐하고 대량군(현종)을 즉위시켰다.

04 정답 ③

[정답해설]
산업 장려, 토산품 애용 등을 내세운 물산장려운동은 '조선 사람 조선 것'이라는 구호 아래 조만식, 이상재 등의 주도로 평양에서 조선물산장려회가 발족된 후 전국으로 확산되었다(1920).

[오답해설]
① 물산장려운동은 조선총독부의 회사령과 관세 폐지로 일본 대기업의 한국 진출이 용이해지고 국내 기업의 위기감이 고조되어 일어났다. 즉, 회사령 폐지는 물산장려운동의 배경이지 물산장려운동으로 인해 회사령이 폐지된 것은 아니다.
② 원산총파업은 원산노동연합회 소속 노동자와 일반 노동자들이 합세하여 노동조건 개선을 요구하며 전개한 1920년대 최대의 파업 투쟁이다(1929).
④ 1924년 사회주의자를 중심으로 결성된 노동자 · 농민 운동 단체인 조선노농총동맹은 사회주의 노동자 운동으로, 상인과 자본가 중심으로 추진된 물산장려운동을 처음부터 반대하였다.

[보충해설]

■ 물산장려운동
- 배경 : 회사령 및 관세 철폐, 일본 대기업의 한국 진출로 국내 기업의 위기감 고조
- 목적 : 민족 기업을 지원하고 민족 산업을 육성함으로써 민족 경제의 자립을 달성, '내 살림 내 것으로'라는 구호를 내세움
- 발족 : 조만식 등이 중심이 되어 평양에서 조선물산장려회가 최초로 발족됨
- 활동 : 일본 상품 배격, 국산품 애용 등을 강조
- 문제점 : 상인 · 자본가 중심으로 추진되어 상품가격 상승 초래, 사회주의자들의 비판
- 결과 : 초기에는 전국적으로 확산되었으나, 일제의 탄압과 친일파의 개입 및 사회주의 계열의 방해 등으로 큰 성과를 거두지 못함

05 정답 ①

[정답해설]
ㄱ. 검모잠은 안승을 왕으로 받들고 고구려 유민들과 함께 당에 대항하였으며, 이때 안승이 신라에 원조를 청하자 신라는 당의 세력을 쫓아낼 생각으로 안승을 금마저(익산)에 살게 하고 고구려왕으로 봉하였다(670).
ㄴ. 당나라는 신라의 경주에 계림도독부를 설치하고 문무왕을 계림 도독으로 칭하였으며, 신라 귀족의 분열을 획책하였다(663).

[오답해설]
ㄷ. 김유신이 지휘한 신라군은 황산벌에서 계백이 이끄는 백제의 결사대를 물리치고 백제를 멸망시켰다(660).
ㄹ. 당나라는 과거 고구려의 중심지인 요동 지방에서 고구려 부흥운동이 거세지자 보장왕을 요동도독 조선왕에 봉하고 안동도호부에 부임시켰으나, 보장왕은 오히려 말갈과 손을 잡고 고구려 부흥을 위해 반란을 일으켰다(677).

06 정답 ②

[정답해설]
ㄱ. 신라가 관등제를 골품제와 결합하여 운영한 것처럼, 삼국의 관등제와 관직 체계의 운영은 신분에 따라 제약을 받았다.
ㄷ. 백제는 도성에 5부, 지방은 방 · 군제를 시행하여 방에는 방령, 군에는 군장, 성에는 도사를 두었다.

[오답해설]
ㄴ. 고구려는 지방에 5부의 부·성제를 시행하여 부(대성)에는 욕살, 성(소성)에는 처려근지라는 지방관을 두었다.
ㄹ. 신라는 중앙군으로 서당(誓幢)이 있고 지방군으로는 주 단위로 설치한 부대인 정(停)을 군주가 지휘하였으며, 통일 전 1서당 6정에서 통일 후 9서당 10정으로 확대 개편되었다.

07   정답 ①

[정답해설]
대대로는 고구려 제가회의의 수상으로 임기가 3년이며 귀족의 제가회의에서 선출하였고, 대내상은 발해 정당성의 수상으로 국정을 총괄하였다.

[오답해설]
② 발해의 중정대는 관리 감찰기구로 고려의 어사대, 조선의 사헌부와 유사하며, 조선 시대의 승정원은 국왕의 직속 기관으로 왕명의 출납을 맡은 비서기관이다.
③ 2성 6부는 고려 성종이 당의 관제를 모방한 중앙통치조직으로 발해의 3성 6부와 기능이 비슷하며, 5경 15부 62주는 발해의 지방 관제이다.
④ 고려의 기인 제도는 지방 호족에게 일정 관직을 주어 지방 자치의 책임을 맡기는 동시에 지방 호족과 향리의 자제를 인질로 뽑아 중앙에 머무르게 한 것으로 신라의 상수리 제도를 계승한 것이며, 신라의 녹읍 제도는 관료 귀족에게 관직복무의 대가로 지급한 토지이다.

[보충해설]

■ 삼국의 귀족 회의와 수상

국가	귀족 회의	수상
고구려	제가 회의	대대로
백제	정사암 회의	상좌평
신라	화백 회의	상대등

08   정답 ④

[정답해설]
덕수궁 석조전은 덕수궁 안에 지어진 최초의 서양식 석조 건물로 르네상스식 건물로 지어졌으며, 고딕 양식의 대표적 건축물은 명동 성당이다.

[오답해설]
① 구례 화엄사의 각황전은 조선 숙종 때 계파대사가 중건한 다층식 대불전으로 현존하는 중층 불전 중 규모가 가장 크다.
② 수덕사 대웅전은 충남 예산군 수덕사에 있는 고려 시대 주심포 양식의 건물로, 모란이나 들국화를 그린 벽화가 유명하다.
③ 경북 영주시 부석사에 있는 고려 중기의 건물로 신라 문무왕 때 의상대사가 창건하였다. 배흘림 기둥과 주심포 양식의 신라 양식을 계승한 고려 최고의 목조 건축물이다.

09   정답 ④

[정답해설]
서유구는 조선 후기 실학자로 농촌 생활에 관한 백과사전식 박물지인 「임원경제지」를 저술하였으며, 토지개혁론으로 국가 시범 농장제도인 둔전제의 실시를 주장하였다.

[오답해설]
① 「색경」은 농사 전반에 걸친 해설서로, 박세당이 「농가집성」을 비판·보완하여 기술하였다.
② 홍만선은 「산림경제」에서 농업 기술을 중심으로 섭생(攝生)·구급 치료법 등을 소백과사전처럼 기술하였다.
③ 「과농소초」는 18세기 말에 박지원이 저술한 농업 경영서이다.

[보충해설]

■ 서유구(1764~1845)
• 종저보 : 일본에서 고구마 종자를 수입하여 재배를 장려하고 그 재배법을 알림
• 임원경제지 : 이미 편찬된 농서들을 토대로 농업을 비롯한 산업 전반의 지식을 모아 편찬한 농촌 생활백과사전

10   정답 ①

[정답해설]
환구단(圜丘壇)은 대한제국의 고종이 황제 즉위식을 위하여 설치하였던 기구로, 아관파천 후 환궁한 고종이 국호를 대한제국 연호를 광무로 고치고 환구단에서 황제 즉위식을 거행하였다(1897). 한편 고려 성종은 원구에서 기곡(祈穀)의 예를

행하며 왕이 친히 적전(籍田)을 갈아 농사의 모범을 보였다.

[오답해설]
② 성종 때에 사직을 세워 토지신과 오곡의 신에게 제사를 지냈다.
③ 숙종 때에 기자의 위폐와 영정을 모신 기자 사당을 설치하고 국가에서 제사를 지냈다.
④ 예종 때에 도교 사원(도관)인 복원궁을 처음 건립하여 도교행사인 초제를 개최하였다

11 정답 ①

[정답해설]
효종은 이괄의 난을 계기로 설치된 어영군을 북벌운동 전개 시 총포병과 기병 위주로 강화하여 5군영의 중앙군으로 편성하였다(1652).

[오답해설]
② 숙종은 궁궐 수비를 담당하는 기병으로 구성된 금위영을 설치하여 훈련도감, 총융청, 수어청, 어영청과 함께 5군영 체제를 완성하였다.
③ 광해군과 북인은 명과 후금 사이에서 중립 외교를 펼쳐 명분보다는 국가적 실익을 도모하였다.
④ 호위청은 인조반정 직후에 설치된 숙위기구이며, 총융청과 수어청은 이괄의 난 이후 인조 시기에 설치되었던 부대로서 총융청은 북한산성, 수어청은 남한산성을 방비했다.

[보충해설]

▌5군영의 설치
- **훈련도감(1594)** : 임진왜란 중 왜군의 조총에 대응하고 국방력을 강화하기 위해 유성룡의 건의에 따라 용병제를 토대로 설치
- **총융청(1624)** : 이괄의 난을 진압한 직후에 설치, 북한산성 및 경기 일대의 수비 담당, 경기도 속오군에 배치, 경비는 스스로 부담
- **수어청(1626)** : 남한산성의 수비 군대, 경기도 속오군에 배치, 경비는 스스로 부담
- **어영청(1628)** : 처음에는 어영군으로 편제(1623)하였으나 인조 6년(1628) 어영청을 설치하고 효종의 북벌운동 전개 시 기능을 강화하여 5군영의 중앙군으로 편성(1652), 총포병과 기병 위주
- **금위영(1682)** : 기병으로 구성되어 궁궐 수비 담당, 번상병, 비용은 보로 충당(급료병)

12 정답 ②

[정답해설]
대한제국은 근대적 토지 소유제도 마련을 위해 양지아문을 설치(1898)하여 양전사업을 실시하고(1899), 지계아문에서 지계(토지증서)를 토지 소유자에게 발급하였다(1901).

[오답해설]
① 강화도 조약을 체결한 이후 개화정책의 일환으로 신식 군대 양성을 위해 무위영 아래 별도로 별기군을 창설하였으나(1881), 임오군란으로 흥선대원군이 재집권하면서 별기군이 폐지되고 5군영이 부활하였다(1882).
③ 통리기무아문은 고종이 개화정책을 추진하기 위해 설치한 최초의 근대적 개화기구로, 그 아래 12사를 두어 신문물 수용과 부국강병 도모 등의 개화정책을 추진하였다(1880).
④ 제1차 갑오개혁 때 신식화폐발행장정을 발표하여 은본위 화폐제도를 채택하고 조세의 금납제를 시행하였다(1894).

13 정답 ③

[정답해설]
제시된 사료는 의열단 소속의 오성륜과 김익상이 일본 육군 대장 타나카 기이치를 암살하고자 벌인 황포탄 의거(1922)에 대한 설명이다. 김원봉이 만주 길림성에서 조직한 의열단은 독립운동 지도자를 양성하기 위해 단원들을 중국의 황푸군관학교에 보내 군사훈련을 받도록 하였다.

[오답해설]
① 박은식 · 신규식 · 조소앙 등 신한 혁명당 소속의 14인은 대동단결선언을 발표하고, 융희 황제의 주권 포기를 단정하는 공화주의를 주창하였다(1917).
② 한인 애국단 소속의 이봉창은 도쿄에서 일왕의 행렬에 폭탄을 투척하였다(1932).
④ 노인동맹단 소속의 강우규는 제3대 총독으로 부임하는 사이토 총독 일행에게 폭탄을 던졌으나 뜻을 이루지 못하고 체포되었다(1919).

[보충해설]

▌의열단의 항일 의거
- **조직** : 1919년 만주 길림성에서 김원봉, 윤세주 등이 조직
- **목적** : 일제의 요인 암살, 식민 통치 기관 파괴
- **활동 지침** : 신채호의 조선 혁명 선언(1923)
- **활동** : 박재혁의 부산 경찰서 폭탄 투척(1920), 김익상

의 조선 총독부 폭탄 투척(1921), 오성륜·김익상의 황포탄 의거(1922), 김상옥의 종로 경찰서 폭탄 투척(1923), 김지섭의 일본 황궁 침입 시도(1923), 나석주의 동양 척식 주식회사 폭탄 투척(1926)

14 정답 ④

[정답해설]
안정복은 「동사강목」을 저술하고 고조선부터 고려 말까지의 우리 역사를 독자적 정통론(마한 정통론)을 통해 체계화하였으며, 사실들을 치밀하게 고증하여 고증 사학의 토대를 닦았다(1778).

[오답해설]
① 「동사(東事)」는 조선 현종 때 남인 허목이 지어 숙종에게 바친 사서로, 단군·기자·신라를 중국 삼대(三代)의 이상 시대에 비유하고 우리의 자연환경과 풍속·인성의 독자성을 강조하여 그에 맞는 정치를 촉구하였다. 북벌운동과 붕당정치를 비판한 점이 특징이다.
② 「여사제강」은 조선 현종 때 서인 유계가 고려사를 개관하여 편년체로 저술한 사서로, 북벌운동과 재상 중심의 정치를 강조하였다.
③ 한치윤의 「해동역사(海東繹史)」는 단군 조선부터 고려 시대까지를 서술한 기전체 사서로, 500여 종의 외국 자료를 인용해 고증적인 역사의식을 이해하고 민족사 인식의 폭을 확대하는 데 기여하였다.

15 정답 ④

[정답해설]
ㄷ. 벽제관에서의 승리로 사기가 충천해 있던 왜군에 대항하여 권율이 행주산성을 지켜낸 싸움으로, 부녀자들까지 동원되어 돌을 날랐다는 이야기로 유명하다(1593.2).
ㄴ. 왜군에 의해 한양이 점령당하자 의주로 피난했던 선조는 권율이 행주대첩에서 큰 승리를 거둔 후 왜군이 서울에서 철수하자 한성으로 환궁하였다(1593.10).
ㄹ. 정유재란 발발 직후 원균이 지휘하는 조선 수군이 칠천량에서 일본 수군에게 패한 전투이다(1597.7).
ㄱ. 이순신이 울돌목에서 13척으로 왜군 133척을 격퇴한 전투이다(1597.9).

16 정답 ③

[정답해설]
고려 성종은 문산계 외에 종1품에서 종9품 하(下)까지 29등급의 무산계도 설치하였으며 중앙의 문무 관리가 문산계에 제수되었다. 즉, 조선시대의 문·무산계는 문과 급제자가 문산계(동반), 무과 급제자가 무산계(서반)를 구성하였으나, 고려 전기에는 중앙 무반에게도 문산계를 제수하였다.

[오답해설]
① 고려 전기의 문·무산계는 중앙 문반이 문산계에 편입되어 중앙의 문무관리가 문산계를 부여받았다.
② 고려 성종은 관제를 정비하면서 기존의 토착적인 관제를 대신하여 당의 중국식 문·무산계를 제정하였다(995).
④ 고려는 무반에게도 문산계를 부여하고 향리, 탐라 왕족, 여진 추장, 악공, 공인, 노병에게는 무산계를 지급하여 통치체계에 편입시켰다.

17 정답 ①

[정답해설]
해당 지문의 '그'는 김구이다. 김구는 김규식과 함께 평양에서 개최된 남북 협상 회의에 참석하여 단독 정부 수립 반대와 통일 정부 구성을 위해 김일성, 김두봉과 남북 협상을 추진하였다.

[오답해설]
② 김원봉은 조선민족혁명당을 결성하여(1935) 여러 독립운동 세력을 통합하기 위해 노력하였으며, 중국 우한에서 군사 조직인 조선의용대를 창설하여(1938) 포로 심문, 요인 사살, 첩보 작전을 수행하였다.
③ 여운형은 조선건국동맹을 조직한 후 이를 토대로 지방 조직과 군사위원회 등을 통해 건국 작업을 진행하기 위해 안재홍과 함께 조선건국준비위원회를 설립하였다(1945).
④ 2대 국회에서 반이승만 성향의 무소속 의원이 대거 당선되자 간접선거 방식으로는 재선이 불가능한 이승만 정부와 자유당은 6·25 전쟁 중 부산에서 계엄령을 선포하고 대통령 직선제와 양원제 개헌안을 토론 없이 기립 투표로 통과시켰다(1952).

[보충해설]

■ 김구의 업적
- 1874년 : 동학 혁명 지휘
- 1895년 : 명성황후를 시해한 일본군 살해
- 1910년 : 신간회에 참여 후 105인 사건으로 체포

- 1911년 : 안악사건에 연루
- 1919년 : 3·1운동 후 상해로 망명하여 임시정부 수립
- 1929년 : 한인애국단 조직
- 1932년 : 이봉창·윤봉길 의사의 의거 지휘
- 1933년 : 중국 난징에 한국 무관학교 설립
- 1935년 : 한국국민당 및 한국광복군 총사령부 설치
- 1940년 : 대한민국 임시정부 주석에 선출
- 1945년 : 대한민국의 이름으로 대일 선전 포고
- 1948년 : 모스크바 3상회의에 의한 신탁통치 반대 운동 전개
- 1948년 : 통일정부 수립을 위한 남북 협상 회의 참석
- 1949년 : 경교장에서 육군 소위 안두희에게 암살

18 정답 ③

[정답해설]
한국독립당의 산하 조직인 한국독립군은 지청천의 지휘 아래 중국군과 연합하여 호로군을 조직하고 쌍성보, 동경성, 사도하자, 대전자령 전투 등에서 일본군에게 승리하였다.

[오답해설]
① 하와이에서는 독립군 사관을 양성할 목적으로 박용만이 대조선 국민군단을 결성하고 군사훈련을 실시하였다.
②, ④ 양세봉의 조선혁명군은 중국 의용군과 연합작전을 펼쳐 영릉가 전투와 흥경성 전투에서 일본군에 대승을 거두었다.

19 정답 ④

[정답해설]
제시문의 '이 협약'은 일제가 헤이그에 특사를 파견한 고종을 강제 퇴위시키고 체결한 한·일 신협약(정미 7조약)으로(1907), 제5조에 한국 정부는 통감이 추천하는 일본인을 한국 관리로 임명한다는 내용을 포함하고 있다.

[오답해설]
① 고종의 헤이그 특사 파견은 일제가 한·일 신협약을 강제로 체결한 원인이 된 사건으로, 을사늑약의 부당성을 알리기 위해 고종이 헤이그 만국평화회의에 특사를 파견하였다.
② 최익현은 흥선대원군의 하야를 요구하는 탄핵상소를 올리고 왜양일체론에 입각하여 위정척사운동을 전개한 인물로, 을사늑약 체결에 반대하여 태인에서 의병활동을 전개하다 체포되어 쓰시마 섬에서 순국하였다.
③ 일제는 러·일 전쟁의 전세가 유리하게 전개되자 한·일 협약의 체결을 강요하고 재정 고문으로 메가타를 임명하여 화폐정리사업을 실시하였다.

20 정답 ②

[정답해설]
제시된 사료는 박정희 정부 때에 발표된 7·4 남북공동성명의 내용으로, 이 성명서를 계기로 통일문제 협의를 위해 남북조절위원회가 구성되고 남북직통전화가 개설되었다(1972).

[오답해설]
① 남북기본합의서 채택은 노태우 정부 때에 남북고위급회담 후 상호 화해와 불가침, 교류 및 협력 확대 등을 규정하기 위해 작성된 문서이다(1991).
③, ④ 김대중 정부 때에는 햇볕정책의 일환으로 평양에서 최초로 남북정상회담이 개최되었고, 6·15 남북공동선언문이 채택되었다. 이를 기초로 경의선 철도 연결, 개성공단 조성, 이산가족 상봉, 금강산 관광사업 등이 이루어졌다.

[지방직] 2017년 06월 | 정답

01	①	02	②	03	②	04	③	05	④
06	④	07	②	08	③	09	②	10	①
11	②	12	①	13	④	14	④	15	③
16	③	17	④	18	④	19	④	20	④

[지방직] 2017년 06월 | 해설

01 정답 ①

[정답해설]
주먹도끼는 구석기시대 전기의 유물이지만, 슴베찌르개는 구석기시대 후기의 유물이다.

- 구석기시대 전기 : 주먹도끼, 찍게, 찌르개 등
- 구석기시대 중기 : 밀개, 긁개, 자르개, 새기개, 찌르개 등
- 구석기시대 후기 : 슴베찌르개 등

[보충해설]

■ 구석기시대 구분

전기 (대략 70만 ~ 10만 년 전)	• 큰 석기 한 개를 다양한 용도로 사용 • 주먹도끼, 찍개, 찌르개 등
중기 (대략 10만 ~ 4만 년 전)	• 큰 몸돌에서 떼어 낸 돌 조각인 격지(박편)를 잔손질하여 용도에 맞게 제작·사용(한 개의 석기가 하나의 용도로 사용됨) • 밀개, 긁개, 자르개, 새기개, 찌르개 등
후기 (대략 4만 ~ 1만 년 전)	• 쐐기 같은 것을 이용해 형태가 같은 여러 개의 돌날격지를 만드는 데까지 발달 • 슴베찌르개 등

02 정답 ②

[정답해설]
제시된 사료는 신채호의 『조선상고사』 중 일부이다. 신채호는 민족주의 역사학자로 〈을지문덕전〉, 〈이충무공전〉, 〈동국거걸최도통전〉 등 애국 명장의 전기를 저술하여 애국심을 고취하였다.

[오답해설]
① 『여유당전서』를 발간하여 조선후기 실학자들을 재평가하였다. → 정인보, 안재홍, 문일평 등
③ 『조선사회경제사』를 저술하여 세계사적 보편성 속에서 한국사를 해석하였다. → 백남운
④ '5천 년간 조선의 얼'이라는 글을 동아일보에 연재하여 민족 정신을 고취하였다. → 정인보

[보충해설]

■ 신채호의 저술 및 사상
• 조선상고사 : 역사는 아(我)와 비아(非我)의 투쟁의 기록
• 조선사연구초 : 낭가 사상을 강조하여 묘청의 서경 천도 운동을 '조선 1천년래 제일대 사건'으로 높이 평가
• 조선상고문화사 : 〈조선상고사〉에서 다루지 못한 상고사 관련 부분과 우리 민족의 전통적 풍속, 문화 등을 다룸
• 독사신론 : 일제 식민사관에 기초한 일부 국사교과서를 비판하기 위해 〈대한매일신보〉에 연재, 만주와 부여족 중심의 고대사 서술로 근대 민족주의 역사학의 초석을 다짐
• 조선혁명선언(한국독립선언서, 의열단선언) : 무장투쟁과 민중 혁명을 강조한 민중 봉기를 주장

03 정답 ②

[정답해설]
9서당 10정(통일신라) → 2군과 6위, 주현군과 주진군(고려시대) → 5위, 진관체제(조선 전기) → 5군영과 속오군(조선 후기)

04 정답 ③

[정답해설]
(가) – 부여 / (나) – 고구려
부여의 4대 금법에서는 남의 물건을 훔쳤을 때는 12배로 배상하게 하였다(1책 12법).

[오답해설]
① 민며느리제는 옥저의 혼인 풍속이다.
② 삼한에는 제사장인 천군이 다스리는 신성 지역인 소도가 있었다.
④ 동예는 단궁이라는 활과 과하마·반어피 등이 유명하였다.

05 정답 ④

[정답해설]

(가) 낭혜화상백월보광탑비문(朗慧和尙白月葆光塔碑文) : 최치원의 4산 비문 중의 하나이다.
(나) 대견훤기고려왕서(代甄萱寄高麗王書) : 최승우가 후백제의 왕 견훤을 대신하여 고려 왕건에게 보낸 서신이다.
(다) 낭원대사오진탑비명(郞圓大師悟眞塔碑銘) : 비문은 당대의 문장가 최언위가 짓고, 서예가 구족달이 글씨를 썼다.

최치원, 최승우, 최언위는 6두품 출신으로 당나라에 유학하여 빈공과(賓貢科)에 급제하였으며, 골품제와 신라 사회의 모순을 비판하며 새로운 사회로의 방향을 제시하였다.

[오답해설]
① 6두품 세력은 골품제를 비판하고, 신라 하대 때 호족 세력과 결탁하였다.
② 태학(太學)은 고구려의 국립 교육기관이다.
③ 최치원은 신라 진성여왕 때에 당에서 돌아와 벼슬을 하였으나, 개혁이 실패하자 은둔생활을 하였고 고려왕조에서 벼슬에 오르지는 않았다.

06 정답 ④

[정답해설]
제시된 사료의 밑줄 친 '대사'는 완도에 청해진을 설치(828)하여 해상무역권을 장악한 장보고이다. 웅주를 근거지로 반란을 일으켜 장안(長安)이라는 나라를 세운 인물은 김헌창으로, 김헌창의 난(822)으로 통일신라 중앙 정부의 지방 통제력이 더욱 약화되는 계기로 작용하였다.

07 정답 ②

[정답해설]
제시문의 (가)라는 바위는 '정사암'이다. 백제는 정사암 회의를 통해 국가의 중요 결정을 각 부의 귀족들로 구성된 회의체에서 행하였으며, 수상인 상좌평을 3년마다 정사암 회의에서 선출하였다. 백제는 성왕 때 중앙관청을 22개로 확대하고 수도는 5부, 지방은 5방으로 정비하였으며(ㄴ), 고이왕 때에는 16품의 관등제를 시행하고, 품계에 따라 옷의 색을 구별하여 입도록 하였다(ㄷ).

[오답해설]
ㄱ. 중앙정치는 대대로를 비롯하여 10여 등급의 관리들이 나누어 맡았다. → 고구려
ㄹ. 지방 행정 조직을 9주 5소경 체제로 정비하였다. → 통일신라
ㅁ. 중앙에 3성 6부를 두고, 정당성을 관장하는 대내상이 국정을 총괄하도록 하였다. → 발해

08 정답 ③

[정답해설]
제시된 사료는 정약용의 『목민심서』이다. 정약용은 『목민심서』를 통해 지방 행정의 개혁 및 지방관(목민관)의 도리에 대하여 서술하였다. 정약용은 홍역 관련 의서를 종합해 『마과회통』을 저술하였고, 박제가와 함께 종두법을 연구하였다.

[오답해설]
① 우리나라에서 처음으로 지전설을 주장하였다. → 김석문
② 『농가집성』을 펴내 이앙법 보급에 공헌하였다. → 신속
④ 조선시대의 역사를 서술한 『열조통기』를 편찬하였다. → 안정복

[보충해설]

▌ 정약용(1762~1836)
- 이익의 실학사상을 계승하면서 실학을 집대성
- 정조 때 벼슬길에 올랐으나 신유박해 때에 전라도 강진에 유배
- 500여 권의 저술을 〈여유당전서(與猶堂全書)〉로 남김
- 3부작 : 지방 행정의 개혁 및 지방관(목민관)의 도리에 대하여 쓴 〈목민심서〉, 중앙의 정치 조직과 행정 개혁에 대하여 쓴 〈경세유표〉, 형옥을 담당한 관리들이 유의할 사항에 대해 쓴 〈흠흠신서〉
- 3논설 : 여전제와 정전제를 논한 〈전론(田論)〉, 통치자는 백성을 위해 존재한다고 강조하여 정치의 근본을 주장한 〈원목(原牧)〉, 왕조 교체(역성혁명)의 가능성과 민권 사상의 정당성을 논증한 〈탕론(蕩論)〉
- 토지 제도의 개혁론으로 처음에는 여전론을, 후에 정전론을 주장
- 농민 생활의 안정을 토대로 향촌 단위의 방위 체제 강화를 주장

09 정답 ②

[정답해설]
(가) - 의천 / (나) - 지눌
ㄱ. 의천은 교종을 중심으로 선종을 통합하여 해동천태종을 개창하였고, 지눌은 선종을 중심으로 교종을 통합하여 조계종을 창시하였다.
ㄹ. 지눌은 수선사 결사를 제창하여 불교계의 개혁을 추진하였다.

[오답해설]
ㄴ. 선종 세력(사원 세력)은 신라 하대에 지방 호족과 연합하여 신라 정부의 권위를 약화시켰다.
ㄷ. 불교와 유교 모두 도를 추구한다는 점에서 같다는 유·불 일치설을 주장한 인물은 진각국사 혜심이다.

[보충해설]

■ 대각국사 의천(1055~1101)
- 흥왕사를 근거지로 삼아 화엄종을 중심으로 교종 통합을 추구
- 선종을 통합하기 위하여 국청사를 창건하고 천태종을 창시
- 국청사를 중심으로 이론의 연마와 실천을 아울러 강조하는 교관겸수(敎觀兼修)를 제창, 지관(止觀)을 강조
- 관념적인 화엄학을 비판하고, 원효의 화쟁 사상을 중시
- 불교의 폐단을 시정하는 대책이 뒤따르지 않아 의천 사후 교단은 다시 분열

■ 보조국사 지눌(1158~1210)
- 선·교 일치 사상의 완성 : 조계종을 창시해 선종을 중심으로 교종을 포용하여 선·교 일치 사상의 완성을 추구
- 정혜쌍수(定慧雙修) : 선정과 지혜를 같이 닦아야 한다는 것으로, 선과 교학이 근본에 있어 둘이 아니라는 사상 체계를 말함
- 돈오점수(頓悟漸修) : 인간의 마음이 곧 부처의 마음임을 깨닫고(돈오) 그 뒤에 깨달음을 꾸준히 실천하는 것(점수)을 말함
- 수선사 결사 운동 : 명리에 집착하는 무신 집권기 당시 불교계의 타락상을 비판하고 승려 본연의 자세로 돌아가 독경과 선 수행 등에 고루 힘쓰자는 개혁 운동, 송광사를 중심으로 전개

10 정답 ①

[정답해설]
제시문의 벽란도는 고려시대의 무역항으로, 고려시대에는 대외 무역을 장려하였으므로 벽란도를 통해 중국·일본·만양·아라비아 상인이 내왕하는 등 활발한 대외 무역이 이루어졌다. 고려 숙종 때에는 주전도감을 설치하여 해동통보와 은병(銀甁) 같은 화폐를 만들어 사용하였으나, 당시의 자급자족적 경제 상황에서는 불필요했으므로 주로 다점이나 주점에서 사용되었다.

[오답해설]
② 인구·토지면적 등을 기록한 장적(帳籍, 촌락문서)이 작성되었다. → 통일신라시대
③ 개성의 송상은 전국에 송방(松房)이라는 지점을 개설해서 활동하였다. → 조선시대
④ 지방 장시의 객주와 여각은 상품의 매매뿐 아니라 숙박·창고·운송 업무까지 운영하였다. → 조선시대

11 정답 ②

[정답해설]
종묘(宗廟)와 사직단(社稷壇)은 경복궁을 중심으로 좌묘우사(左廟右社)에 따라 동쪽에 종묘, 서쪽에 사직단이 배치되어 있다. 종묘는 역대 왕과 왕비의 신주를 모시는 공간이며, 사직은 토지와 곡식의 신에게 제사지내는 사당을 말한다.

12 정답 ①

[정답해설]
제시된 사료의 밑줄 친 '이 제도'는 토지의 비옥도에 따라 조세를 차등 징수한 공법(貢法, 세종 1444)이다. 공법은 토지의 비옥도에 따라 6등급으로 나누고, 그 해의 풍흉 정도에 따라 9등급으로 구분하여 조세를 차등 징수하였다.

[오답해설]
② 인조 때 영정법이 시행되면서 풍흉에 상관없이 1결당 4~6두를 조세로 징수하였다.
③ 숙종 때 황해도에서 대동법이 시행되어 토지 소유자에게 1결당 미곡 12두를 조세로 징수하였다.
④ 토지 소유자에게 수확량의 10분의 1을 조세로 징수한 것은 고려시대부터 조선 초까지의 일반적인 토지세 원칙이다.

[보충해설]

■ 공법(貢法, 세종 1444)
- 전분 6등급(결부법) : 토지의 등급(비옥도)에 따라 1결당 토지 면적을 6등전으로 차등하여 부세
- 연분 9등급 : 풍·흉의 정도에 따라 9등급(상상년~하하년)으로 구분하여 1결당 최고 20두(상상년)에서 최하 4두(하하년)를 내도록 함

上年	中年	下年
上 → 20두	上 → 14두	上 → 8두
中 → 18두	中 → 12두	中 → 6두
下 → 16두	下 → 10두	下 → 4두

13　정답 ④

[정답해설]
제시된 사료는 종전의 군적수포제에서 군포 2필을 부담하던 것을 1년에 군포 1필로 경감하도록 한 균역법이다. 균역법의 시행으로 부족한 군포 수입을 보충하기 위해 일부 양반층에게 선무군관이라는 칭호를 주고 군포 1필을 납부하게 하였다.

[오답해설]
① 지조법을 시행하고 호조로 재정을 일원화한 것은 갑신정변의 개혁 내용이다.
② 토산물로 징수하던 공물을 쌀이나 무명, 동전 등으로 통일한 것은 대동법이다.
③ 임진왜란과 같은 대규모 전란 이후 황폐해진 농지를 개간하도록 권장하고 전국적인 양전 사업을 시행하였다.

14　정답 ④

[정답해설]
임진왜란이 발발하여 부산진과 동래성에서 정발과 송상현이 분전하였으나 함락되었고, 도순변사 신립은 충주 탄금대 전투에서 일본군과 맞서 싸웠지만 패배하였다. 상주 전투에서 패배한 인물은 신립이 아니라 이일이다.

[보충해설]

> **■ 임진왜란 당시 초기의 수세**
> - 부산진과 동래성에서 정발과 송상현이 분전하였으나 함락됨
> - 왜군은 상주(이일)와 충주(신립)를 거쳐 한양을 점령하고 북상하여 평양과 함경도 지방까지 침입
> - 전쟁에 대비하지 못한 조정(선조)은 의주로 피난하여 명에 원군을 요청

15　정답 ③

[정답해설]
현존하는 가장 오래된 족보는 성종 7년(1476)에 서거정이 편찬한 『안동권씨성화보』이다.

16　정답 ③

[정답해설]

> (가) : 국가보위비상대책위원회가 주도한 8차 개헌(1980년)
> (나) : 제헌 헌법(1948년)
> (다) : 사사오입 개헌(1954년)
> (라) : 유신헌법(1972년)

(다) 평화통일론을 주장한 진보당의 정당등록이 취소된(진보당 사건) 것은 1958년이며, 이 시기는 사사오입 개헌(제2차 개헌)이 적용되고 있던 시점이다. 사사오입 개헌은 이승만 정부가 장기 집권을 위한 대통령의 중임 제한 규정 철폐를 위한 2차 개헌으로, 사사오입의 논리로 개헌안을 불법 통과시켰다.

[오답해설]
① 남한과 북한은 함께 유엔에 가입하였다(1991). → 9차 개헌(1987)이 적용되던 시기
② 판문점에서 휴전 협정이 체결되었다(1953). → 발췌개헌(1952)이 적용되던 시기
④ 민족 통일을 위한 남북 공동 성명이 발표되었다(1972). → 유신헌법 이전에 발표

[보충해설]

> **■ 사사오입 개헌(제2차 개헌, 1954. 11)**
> - 배경 : 3대 국회 의원 선거에서 관권 개입으로 자유당 압승
> - 과정 : 초대 대통령에 한해 중임 제한 규정을 철폐하는 개헌안 제출 → 부결(1표 부족) → 2일 후 사사오입의 논리로 개헌안 불법 통과
> - 결과 : 장기 집권을 위해 독재를 강화하면서 부정부패가 심화되고, 자유당 지지 세력 크게 감소. 민주당 창당

17　정답 ④

[정답해설]
제시된 사료는 2차 수신사였던 김홍집이 1880년에 국내에 소개한 황쭌셴의 〈조선책략〉이다. 최익현이 일본과의 통상을 반대하기 위해 올린 「오불가소(五不可疏)」는 강화도 조약(1876)에 반대하기 위한 상소이므로, 김홍집이 〈조선책략〉을 국내에 소개하기 이전에 일어난 사건이다.

[오답해설]
① 육영공원(育英公院)을 설립해 서양의 새 학문을 교육했다.
→ 육영공원 설립(1886)
② 임오군란이 일어나고 제물포조약이 체결되어 일본에 배상금을 지불하였다. → 제물포조약(1882)
③ 개화파가 우정총국 개국 축하연을 이용해 정변을 일으켜 정권을 장악하였다. → 갑신정변(1884)

[보충해설]

조선책략(朝鮮策略)
- 도입 : 청의 주일 참사관인 황쭌셴이 지은 책으로, 김홍집(2차 수신사)이 도입
- 내용 : 조선의 당면 외교 정책으로 친중(親中)·결일(結日)·연미(聯美)를 주장
- 목적 : 일본 견제, 청의 종주권을 국제적으로 승인
- 영향 : 미국·영국·독일 등과의 수교 알선 계기, 개화론 자극, 위정척사론의 격화 요인

[보충해설]

교육의 발전
- 미 군정 시기 : 미국식 교육 도입, 6·3·3·4제의 학제를 근간으로 하는 교육제도 마련
- 이승만 정부 : 국민학교 의무교육 실시, 국방교육 강조
- 4·19 혁명 이후 : 교육의 정치적 중립, 학원 민주화 운동
- 박정희 정부 : 국민교육헌장의 선포, 중학교 무시험 진학
- 1970년대 : 새마을 교육, 고교 평준화, 방송통신대학 설립
- 1980년대 : 국민 정신교육 강조, 입시과외의 폐해를 줄이기 위한 조치, 대학졸업 정원제
- 1990년대 이후 : 열린 교육, 평생학습, 대학 수학능력시험 도입, 중학교 의무교육 실시, 만 5세 유아에 대한 무상교육

18 정답 ③

[정답해설]
주어진 사료는 삼균주의 사상을 정립한 조소앙에 대한 설명이다. 조소앙은 독립운동 세력에 의한 임시 정부 수립의 일환으로 대동단결선언(1917)의 발기인으로 참가하였고, 1930년경 중국 상해에 민족주의 계열의 독립운동 단체인 한국독립당을 창당하였다. 또한 대한민국 임시 정부의 국무위원으로 활동하며, 삼균주의에 따라 대한민국 임시 정부의 건국강령(1941)으로 정치·경제·교육의 균등을 주장하였다. 그러나 조소앙은 제헌 국회의원 선거에는 출마하지 않았다.

20 정답 ④

[정답해설]
제시문의 법조항은 일제 잔재를 청산하기 위해 제헌국회에서 1948년 9월에 공포한 반민족행위 처벌법이다. 여수·순천 사건은 1948년 10월 19일에 일어났으므로, 반민족행위 처벌법은 여수·순천 사건 이전에 국회에서 통과되었다.

19 정답 ④

[정답해설]
국가주의 이념을 강조한 국민교육헌장이 제정된 것은 박정희 정부인 1968년이다. 1970년대에는 국사와 국민윤리 교육의 강화와 함께 새마을 교육이 실시되고 고교평준화가 추진되었다. 또한 한국교육개발원이 설립되고, 방송통신대학과 고등학교가 설치되어 사회교육을 강화하였다.

[지방직] 2017년 12월 | 정답

01	④	02	①	03	②	04	③	05	①
06	①	07	②	08	③	09	③	10	④
11	②	12	④	13	②	14	①	15	①
16	②	17	③	18	②	19	④	20	②

[지방직] 2017년 12월 | 해설

01 정답 ④

[정답해설]
일본 도다이사 쇼소인에서 발견된 '신라촌락(민정)문서'는 서원경에 속한 촌을 비롯한 4개 촌락의 경제 상황이 기록되어 있다. 촌락을 통제하기 위한 지방관은 중앙에서 파견하지 않고 그 지역의 토착 세력을 촌주로 삼았다.

[오답해설]
① 민정문서에는 인구를 남녀별·연령별 기준으로 6등급으로 분류하였으며, 인구를 중시하여 소아의 수까지 파악하였다.
② 민정문서에 기록된 토지의 종류에는 연수유답, 관모전답, 내시령답, 촌주위답, 마전(麻田) 등이 있다. 이 중 내시령답은 내시령과 같은 관료에게 지급된 토지이다.
③ 민정문서에는 촌락의 경제력을 파악할 때 뽕나무, 잣나무, 대추나무 등의 유실수 등도 기록되었다.

[보충해설]

■ 민정 문서(신라장적)의 조사 내용
- 촌락의 토지 면적 및 종류, 인구 수, 호구, 가축(소·말), 토산물, 유실수(뽕·잣·대추) 등을 파악 기록
- 인구는 남녀별·연령별 기준으로 6등급 → 총인구는 442명이며 그 중 노비는 25명, 총 호구 수는 43개
- 호구는 인정의 다과(인정 수)에 따라 9등급(上上戶~下下戶)
- 호당 10여 명의 인구로, 여자가 더 많고(남자 194명, 여자 248명), 하하호가 대부분
- 소 53마리, 말 61마리, 뽕나무 4249그루, 잣나무 230그루, 호두나무 338그루 등의 재산을 소유
- 토지의 종류와 면적을 기록 → 토지의 종류 : 연수유답, 관모전·답, 내시령답, 촌주위답, 마전(麻田)

02 정답 ①

[정답해설]
제시된 자료에서 모범적인 충신, 효자, 열녀를 알리기 위해 윤리서인 삼강행실도를 편찬하도록 명을 내린 왕은 조선 세종이다. 세종 재위 시기에 여진족을 몰아내고 최윤덕은 압록강 유역에 4군을, 김종서는 두만강 유역에 6진을 설치하였다.

[오답해설]
② 조선 성종은 훈구세력을 견제하고 유교 통치 이념을 강화하기 위해 김종직 등의 사림을 적극 중용하였다.
③ 조선 성종 때 신숙주, 정척 등이 『국조오례의』를 편찬하여 국가의 예법과 절차를 정하였다.
④ 조선 인조는 토지 등급을 대부분 하등으로 정하고, 풍흉에 관계없이 전세를 1결당 4~6두로 고정하는 영정법을 제정하여 전세를 경감하였다.

03 정답 ②

[정답해설]
달솔 노리사치계를 왜에 보내 석가여래상과 불경을 전한 왕은 백제 성왕이다. 그는 웅진(공주)에서 사비(부여)로 천도하고 국호를 남부여로 변경하였다(538).

[오답해설]
① 백제의 침류왕은 동진에서 온 마라난타를 통해 불교를 공인하였다(384).
③ 백제의 전성기를 이끈 근초고왕은 고구려의 평양성까지 진군하여 고국원왕을 전사시켰다(371).
④ 고구려의 장수왕이 평양으로 천도한 후 남진 정책을 통해 백제를 압박하자, 백제의 개로왕은 북위에 국서를 보내 고구려를 공격해줄 것을 요청하였다(472).

[보충해설]

■ 백제 성왕의 업적(523~554)
- 사비(부여)로 도읍을 옮기고, 국호를 남부여로 고침(538)
- 중앙 관청을 22부로 확대하고, 행정 조직을 5부(수도) 5방(지방)으로 정비
- 겸익을 등용하여 불교 진흥, 노리사치계를 통해 일본에 불교 전파(552)
- 중국의 남조와 활발하게 교류 및 문물 수입
- 신라 진흥왕과 연합하여 한강 일부 지역 수복
- 나·제 동맹 결렬 후 신라를 공격하다 관산성 전투에서 전사(554)

04 정답 ③

[정답해설]
제시된 사료에서 병란으로 인해 백관의 녹봉을 지급하지 못하여 임시로 지급한 토지는 녹과전이다. 고려 원종은 몽골의 침입으로 전시과 제도가 완전히 붕괴되어 토지를 지급할 수 없게 되자, 일시적으로 관리의 생계를 위해 녹봉 대신 녹과전을 지급하였다.

[오답해설]
① 공음전은 고려 시대 5품 이상의 고위 관리에게 지급한 토지로 대대로 세습이 가능하였다.
② 구분전은 고려 시대에 양반 및 군인의 유가족에게 지급하여 생활을 돕도록 한 토지이다.
④ 사패전은 공을 세운 신하에게 하사하거나 또는 개간을 목적으로 백성에게 지급한 토지이다. 고려 후기에는 사패전의 남발로 토지 제도가 문란해졌다.

05 정답 ①

[정답해설]
농사를 짓지 않는 좌식 계층인 대가(大家)들과 집집마다 부경(桴京)이라는 창고가 있었던 나라는 고구려이다. 한편, 전쟁에 나갈 때 소를 죽여 그 굽으로 전쟁의 승패를 예측하는 우제점(牛蹄占)의 풍속이 있던 나라는 부여이다.

[오답해설]
② 고구려는 궁실을 잘 지어 치장하고 거처의 좌우에 큰 집을 지어 귀신에게 제사하였으며, 영성과 사직에도 제를 올렸다.
③ 고구려는 금, 은의 폐물로써 후하게 장례를 치렀으며 돌무지무덤(적석총)을 만들었다. 장군총은 대표적인 고구려의 돌무지무덤이다.
④ 고구려에는 신랑이 처가 쪽의 서옥에 머물며 자식이 장성한 다음에야 부인을 데리고 본가로 돌아오는 서옥제라는 혼인 풍속이 있었다.

06 정답 ①

[정답해설]
제시된 사료에서 아비지(阿非知)가 황룡사에 세운 탑은 황룡사 구층 목탑이다. 선덕여왕 때 자장 율사의 건의로 경주 구황동 황룡사에 건립된 이 탑은 당시 주변 9개 나라의 침입을 부처님의 힘으로 막는다는 의미에서 9층으로 제작되었다.

[오답해설]
② 돌을 벽돌 모양으로 다듬어 쌓은 탑은 경주 분황사지에 있는 모전 석탑으로, 현재 남아 있는 신라의 석탑 중 가장 오래된 석탑이다.
③ 목조탑의 양식을 간직하고 있는 석탑은 익산 미륵사지 석탑으로, 현존하는 삼국 시대 석탑 중 가장 규모가 크며 석탑의 해체 과정에서 금제사리봉안기가 발견되었다.
④ 선종이 보급되면서 승려의 사리를 봉안하기 위해 세운 탑은 신라 하대에 유행한 승탑으로, 화순 쌍봉사 철감선사탑이 대표적이다.

07 정답 ②

[정답해설]
목종의 모후(母后)인 천추태후가 외척인 김치양과 사통하여 낳은 자식을 왕위에 올리려 하자, 서북면도순검사 강조가 군사를 일으켜 김치양 일파를 제거한 사건은 강조의 정변이다(1009). 이 사건으로 강조는 목종을 폐하고 대량군(현종)을 즉위시켰다. 한편, 지방관이 없는 속군에 감무를 파견한 것은 고려 예종 때의 일이다. 예종은 우봉·파평 등의 지역에 지방의 작은 현(縣)을 다스리기 위한 감무관을 파견하였다.

[오답해설]
① 고려 현종 때 대구 부인사에서 거란의 침략을 물리치기 위해 대장경 조판 사업을 시작하고 초조대장경을 제작하였다.
③ 고려 현종이 부모의 명복을 빌고자 경기도 개풍군 영남면 영취산에 현화사를 창건하였다.
④ 고려 현종은 5도 양계의 지방 제도를 확립하였는데, 개성부를 경중(京中) 5부와 경기로 구획하였다.

08 정답 ③

[정답해설]
『신편제종교장총록』을 편찬한 승려는 대각국사 의천으로, 송·요·일본 등 동아시아 각지의 불교 서적을 수집하여 그 목록을 정리하였다. 해동 천태종을 개창한 의천은 우리나라 천태교학의 전통을 원효에게서 찾았다.

[오답해설]
① 고려 충목왕 때 선종의 일파인 임제종을 들여와 전파한 승려는 보우선사이다.
② 거조암, 길상사 등에서 불교의 수행은 정(定)과 혜(慧)를 함께 수행하여야 한다는 정혜결사를 주도한 승려는 보조국사 지눌이다.

④ 성과 속의 차별까지도 융합한 통합 사상인 성속무애를 주장하면서 종단을 통합하려 한 승려는 균여대사이다.

09 정답 ③

[정답해설]
발해의 중앙 관제는 정당성·선조성·중대성의 3성과 충·인·의·지·예·신의 6부로 구성된 3성 6부제이다. 왕 아래 최고 권력 기구이자 귀족 합의 기구인 정당성을 두고 그 아래에 있는 6부가 정책을 집행하였다.

[오답해설]
① 통일신라 태종 무열왕은 감찰·탄핵 기구인 사정부를 두어 관리를 감찰하였다.
② 통일신라 신문왕은 중앙의 핵심 군단으로 9서당을, 지방군으로 10정의 군사 조직을 운영하였다.
④ 신라는 6촌 씨족 사회의 전통에 따라 중앙을 6부로 나누고, 통일 전 5주를 통일 후 9주로 나누어 다스렸다.

[보충해설]

■ 발해의 3성 6부
- 왕(가독부) 아래 최고 권력 기구이자 귀족 합의 기구인 정당성을 둠
- 정당성은 왕명을 반포하는 선조성(좌상)과 왕명을 작성하는 중대성(우상)과 함께 3성을 구성. 충·인·의·지·예·신부의 6부를 두어 업무 분장
- 정당성의 장관인 대내상이 수상으로 국정 총괄, 그 아래의 좌사정이 충·인·의부를, 우사정이 지·예·신부를 각각 분장 → 2원적 통치 체제

10 정답 ④

[정답해설]
김춘추와 김경신 모두 신라의 진골 귀족 출신이다. 진골은 집사부 장관인 시중(중시) 및 1관등에서 5관등까지 임명되는 각 부 장관을 독점하였으며, 태종 무열왕 이후 신라의 왕위를 계승하였다.

[오답해설]
① 진골 귀족은 관등에 따라 자색, 비색, 청색, 황색의 관복을 입었다.
② 골품제의 모순을 비판하며 과거제 도입을 주장한 신분층은 6두품으로, 신라 하대 호족과 결탁하여 반신라 세력으로 변모하였다.

③ 고려 시대에는 일정 신분 이상의 사람들이 죄를 지으면 본관지로 귀향시키는 형벌이 적용되었다.

[보충해설]

■ 신라의 골품제(骨品制)
- **성골** : 김씨 왕족 중 부모가 모두 왕족인 최고의 신분, 폐쇄적 혼인 정책(족내혼)으로 진덕 여왕을 끝으로 사라짐
- **진골** : 왕이 될 자격이 없는 왕족이었으나 중대(태종 무열왕) 이후 성골 출신의 도태로 진골에서 왕이 나옴, 집사부 장관인 시중(중시) 및 1관등에서 5관등까지 임명되는 각 부 장관을 독점 → 중대에는 무열왕계가, 하대에는 원성왕계가 왕위 계승
- **6두품(득난)** : 진골 아래 있는 두품 중 최고 상급층, 진골에 비해 관직 진출이나 신분상 제약이 크며 최고 6관등 아찬까지 진출, 가옥은 21자로 제한 → 하대에 반신라 세력으로 변모
- **5두품** : 최고 10관등 대나마까지 진출, 가옥은 18자로 제한
- **4두품** : 최고 12관등 대사까지 진출, 가옥은 15자로 제한
- **기타** : 통일 후 6·5·4두품은 귀족화되었고, 3·2·1두품은 구분이 없어져 일반 평민으로 편입 → 성씨가 있다는 점에서는 일반 농민과 차이가 있음

11 정답 ②

[정답해설]
미국이 제너럴셔먼호 사건을 구실로 강화도를 공격하여 신미양요가 발발하자 어재연 부대가 광성보에서 항전하였다. 신미양요의 결과 흥선 대원군은 척화교서를 내리고 종로를 비롯한 전국 각지에 척화비를 건립하였다(1871).

[오답해설]
① 『조선책략』에 대한 반발로 발생한 것은 위정척사 운동인 영남 만인소 사건이다. 이만손을 비롯한 영남 유생들이 김홍집의 『조선책략』 유포에 반발하여 만인소를 올리고 그의 처벌을 요구하였다(1881).
③ 오페르트의 남연군묘 도굴 사건은 신미양요 이전의 사건이다. 독일 상인 오페르트가 통상을 거부당하자 충남 덕산에 있는 흥선 대원군의 아버지인 남연군묘의 도굴을 시도하였다(1868).
④ 양헌수 부대가 정족산성에서 승리한 것은 병인양요 때의 일이다. 병인양요는 프랑스가 병인박해로 천주교 선교사와 신자들이 처형된 것을 구실로 강화도를 공격하면서 발발하였다(1866).

12   정답 ④

[정답해설]
제시된 자료는 신간회의 기본 강령이다. 민족주의 진영과 사회주의 진영의 연대에 의한 민족 유일당 운동의 일환으로 결성된 신간회는 광주 학생 항일 운동이 발발하자 진상 조사 활동을 펼쳤다.

[오답해설]
① 조만식은 평양에서 조선 물산 장려회 발기인 대회를 개최하고 '조선 사람 조선 것'이라는 구호 아래 물산 장려 운동을 전개하였다.
② 조선어 학회는 한글 맞춤법 통일안과 표준어를 제정하였으며, 우리말 큰사전 편찬 사업도 추진하였다.
③ 암태도 소작 쟁의는 전남 신안군 암태도의 소작농민들이 전개한 농민운동으로, 지주들의 고액 소작료에 반발하여 소작 쟁의가 발생하였다(1923).

[보충해설]

> **신간회 결성과 활동**
> - **결성** : 민족주의 진영과 사회주의 진영이 민족 유일당 운동의 일환으로, 조선 민흥회(비타협 민족주의 계열)와 정우회(사회주의 계열)가 연합하여 결성(1927) → 회장 이상재 · 안재홍 등이 중심
> - **조직** : 민족 운동계의 다수 세력이 참가하였으며, 전국에 약 140여 개소의 지회 설립, 일본과 만주에도 지회 설립이 시도됨
> - **강령** : 민족의 단결, 정치 · 경제적 각성 촉진, 기회주의자 배격
> - **활동** : 민중 계몽 활동, 노동 쟁의 · 소작 쟁의 · 동맹 휴학 등 대중 운동 지도, 광주 학생 항일 운동 시 조사단 파견

13   정답 ②

[정답해설]
제시된 글에서 미국 · 영국 · 중국의 3국 수뇌가 국제적으로 한국의 독립을 처음 보장한 것은 카이로 선언으로, '적당한 절차를 밟아 한국을 독립시킬 것'을 최초로 결의하고 일본의 무조건 항복을 요구하였다(1943. 11).

[오답해설]
① **얄타 협정**(1945. 2) : 미국 · 영국 · 소련의 3국 수뇌가 소련의 대일 참전을 결정하고, 독일에 대한 분할 점령과 한반도 신탁통치를 밀약하였다.
③ **포츠담 선언**(1945. 7) : 미국 · 영국 · 중국의 3개국 대표가 일본의 항복 조건과 일본 점령지 처리에 관하여 발표한 선언으로, 한국의 독립과 한반도 신탁통치를 재확인하였다.
④ **트루먼 독트린**(1947. 3) : 미국의 트루먼 대통령이 선언한 '반소반공' 외교정책으로, 당시 공산 세력의 직접적인 위협에 직면하고 있던 그리스와 터키를 미국이 경제적 · 군사적으로 원조하기 위한 것이다.

14   정답 ①

[정답해설]
제1 · 2차 경제 개발 5개년 계획(1962~1971)이 시행된 것은 박정희 정부 때의 일로, 이 시기에 서울과 부산을 연결하는 경부 고속 국도가 건설되었다(1970).

[오답해설]
② 김영삼 정부 때에 금융 거래의 투명성을 확보하고자 금융 실명제가 대통령 긴급 명령으로 전격 실시되었다(1993).
③ 김영삼 정부 때에 선진국 진입의 관문인 경제 협력 개발 기구(OECD)에 29번째 회원국으로 가입하였다(1996).
④ 연간 수출 총액이 100억 달러를 돌파한 것은 박정희 정부 때인 1977년으로, 제3 · 4차 경제 개발 5개년 계획(1972~1981)이 실시되던 시기이다.

[보충해설]

> **박정희 정부의 경제 개발 계획**
> - **제1, 2차 경제 개발 계획**(1962~1971) : 기간산업, 사회 간접 자본 확충, 경공업 중심의 수출 산업 육성, 베트남 특수로 호황, 새마을 운동 시작, 경부 고속 국도 개통
> - **제3, 4차 경제 개발 계획**(1972~1981) : 중화학 공업 육성, 중동 진출, 새마을 운동 확산, 수출 100억불 달성

15   정답 ①

[정답해설]
가례도감의궤는 조선 시대 왕실의 혼례 행사를 기록한 의궤로 조선 초기부터 제작되었다.

[오답해설]
② 조선왕조의궤는 조선 시대 국가나 왕실에서 거행한 주요 행사를 기록과 그림으로 남긴 책으로, 2007년 유네스코 세계기록유산으로 등재되었다.

③ 조선 정조 때 화성 행차 일정, 참가자 명단, 행차 그림 등을 수록한 화성성역의궤가 편찬되었다.
④ 반차도는 궁중의 각종 행사 장면을 도회한 의궤로, 가례도감의궤의 말미에 그려진 반차도에는 당시 왕실 혼례의 행렬 모습이 담겨 있다.

16 정답 ②

[정답해설]
조선 시대에 두 차례의 호란(정묘호란, 병자호란)으로 조선인이 사망하거나 포로로 잡혀가면서 인구가 급감하였지만, 평안도 지역은 조선에 귀화한 여진인 및 청나라를 피해 도망해 온 한인들이 유입되면서 비교적 인구가 줄지 않았다.

[오답해설]
① 평안도 사람들은 서북인이라 하여 차별을 받았고, 이에 대한 반발로 조선 순조 때 홍경래의 난이 일어났다.
③ 영·정조 시대에 대중 무역으로 부를 축적한 평안도 사람들이 과거에 응시하면서 문과 합격자 중 평안도 출신자의 비중이 높아졌다.
④ 중국과의 무역량이 증가하면서 의주의 만상, 평양의 유상 등이 대중 무역을 통해 많은 부를 축적하였다.

17 정답 ③

[정답해설]
러일 전쟁 발발(1904) → (가) → 고종 강제 퇴위(1907) → (나) → 대동단결선언 발표(1917)
일제가 '105인 사건'을 일으켜 윤치호 등을 체포한 것은 1911년으로 (나) 기간에 해당된다. 일제가 데라우치 총독 암살 미수 사건이라고 날조한 '105인 사건'으로 신민회 회원을 비롯한 민족주의자 6백여 명이 검거돼 고문을 당하고 105명이 기소되었다.

[오답해설]
① 독립협회가 개최한 관민공동회에서 헌의 6조가 결의된 것은 러일 전쟁 발발 이전이다(1898).
② 독도를 울릉군 관할로 한다는 내용의 대한제국 칙령 제41호가 공포된 것은 러일 전쟁 발발 이전이다(1900).
④ 일본인 메가타가 재정 고문으로 부임하여 화폐 정리 사업을 시작한 것은 고종의 강제 퇴위 이전이다(1905).

18 정답 ②

[정답해설]
ㄱ. 일부 남인 계열의 실학자들이 천주교 서적인 『천주실의』를 읽고 학문으로 연구하다가 이승훈이 북경에서 영세를 받고 돌아오면서 활발한 신앙 활동이 전개되었다.
ㄷ. 조선 현종 때 자의 대비의 복상 기간에 대한 견해차로 서인과 남인 사이에 두 차례(기해예송, 갑인예송)에 걸쳐 예송(禮訟)이 전개되었다.

[오답해설]
ㄴ. 정조는 기존의 문체에 얽매이지 않는 신문체를 장려한 것이 아니라, 문풍이 비속해진다는 이유로 억압한 문체반정의 정책을 펼쳤다.
ㄹ. 조선 후기에는 노론 내부에서 성리학 이론과 관련하여 호락논쟁, 즉 인성(人性)·물성(物性) 논쟁이 전개되었다.

19 정답 ④

[정답해설]
1919년 김원봉, 윤세주 등이 만주 지린성에서 조직한 단체는 의열단으로, 신채호의 조선혁명선언을 행동 강령으로 하여 일제의 요인 암살과 식민 지배 기관의 파괴를 목표로 하였다. 이 단체의 단원인 김익상이 조선총독부에 폭탄을 투척하였다(1921).

[오답해설]
① 중국 충칭에서 대한민국 임시 정부의 산하 단체인 한국광복군이 지청천을 총사령관으로 하여 조직되었다(1940).
② 중국의 충칭으로 이동한 대한민국 임시 정부가 한국 국민당, 조선 혁명당, 한국 독립당의 3당을 합당하여 대한민국 임시 정부를 주도한 한국 독립당을 결성하였다(1940).
③ 양세봉의 조선 혁명군은 중국 의용군과 힘을 합쳐 영릉가 전투에서 일본군을 물리쳤다(1932).

[보충해설]

■ 의열단의 독립 투쟁
- **박재혁**: 부산 경찰서 폭탄 투척(1920)
- **김익상**: 조선 총독부 폭탄 투척(1921)
- **김상옥**: 종로 경찰서 폭탄 투척(1923)
- **김지섭**: 일본 황궁 침입 시도(1923)
- **나석주**: 조선 식산 은행, 동양 척식 주식회사 폭탄 투척(1926)

20 정답 ②

[정답해설]
- ㄱ. **남북 유엔 동시 가입(1991. 9)** : 노태우 정부 때에 제46차 UN 총회에서 개별 회원국으로 남북한이 유엔에 동시 가입하였다.
- ㄷ. **남북 기본 합의서 채택(1991. 12)** : 노태우 정부 때에 상호 화해와 불가침, 교류 및 협력 확대 등을 규정한 남북 기본 합의서가 채택되었다.
- ㄹ. **북·미 제네바 기본 합의서 채택(1994. 10)** : 김영삼 정부 때에 북한 핵시설 동결과 경수로 발전소 건설 지원 등을 명시한 '북·미 제네바 기본 합의서'가 채택되었다.
- ㄴ. **금강산 관광 사업 시작(1998. 11)** : 김대중 정부 때에 평양에서 최초로 남북 정상 회담이 개최되고, 분단 후 처음으로 금강산 관광 사업이 실현되었다.

[서울시] 2023년 06월 | 정답

01	①	02	④	03	④	04	④	05	③
06	④	07	②	08	④	09	①	10	②
11	②	12	④	13	②	14	③	15	③
16	③	17	①	18	③	19	①	20	①

[서울시] 2023년 06월 | 해설

01　정답 ①

[정답해설]
금속 도구가 만들어지면서 석기 농기구가 사라진 것은 철기 시대의 일이다. 청동기 시대에는 농기구로 돌 도끼나 반달 돌칼, 홈자귀, 나무로 만든 농기구 등을 주로 사용하였다.

[오답해설]
② 청동기 시대에는 거푸집을 이용하여 청동검을 제작하였고, 의식을 행하기 위한 의례 도구로 청동 거울과 청동 방울 등도 제작하였다.
③ 청동기 시대 이전에는 계급이 없는 평등한 공동체 생활을 하였으나, 청동기 시대부터 생산력이 발전하면서 사유재산제와 계급이 발생하였다.
④ 청동기 시대부터는 일상생활에서 무늬가 없는 민무늬토기가 이용되었다.

[보충해설]
■ 청동기 시대 농기구의 개선 및 발달
• 이전 시대부터 사용되던 석기 농기구가 다양해지고 기능도 개선되었으며, 철제 농기구가 새로 도입되어 농업이 전보다 발달하고 생산 경제가 크게 향상됨
• 청동기 시대에는 농기구로 돌 도끼나 반달 돌칼, 홈자귀, 나무로 만든 농기구 등을 주로 사용하였고, 철기 시대에 접어들면서 기존의 석기나 목기 외에도 점차 낫·쟁기 등의 철제 농기구가 보급됨

02　정답 ④

[정답해설]
무구정광대다라니경이 발견된 곳은 미륵사지 석탑이 아니라 불국사 삼층 석탑이다. 경북 경주의 불국사에 있는 통일 신라의 석탑으로, 내부에서 현존하는 세계 최고(最古)의 목판 인쇄물인 무구정광대다라니경이 발견되었다.

[오답해설]
① 무령왕릉은 중국 남조의 영향을 받은 벽돌무덤 양식으로, 무덤의 주인을 알 수 있는 묘지석이 출토되었다.
② 영광탑은 중국 길림성 장백진 북서쪽 탑산에 있는 발해 시대의 누각식 전탑으로 장방형, 규형, 다각형의 벽돌로 쌓은 5층의 벽돌탑이다.
③ 강서대묘는 도교의 영향을 받은 고분벽화가 있는 고구려 무덤으로, 무덤의 사방을 수호하는 영물인 청룡·백호·주작·현무가 그려져 있다.

03　정답 ④

[정답해설]
최충헌 이후 집권한 최우는 자신의 집에 교정도감에서 인사 행정 기능을 분리한 정방을 설치하여 문무 관직에 대한 인사권을 장악하였다(1225).

[오답해설]
① 교정도감은 고려 무신 집권기 때 국정을 총괄하는 기구로 인재 천거, 조세 징수, 감찰, 재판 등 최고 집정부 역할을 수행하였다.
② 도방은 경대승이 정중부를 제거하고 집권한 후 신변 보호를 위해 만든 사병 조직으로, 이후 무신 정권의 사적 무력 기반이 되었다.

③ 중방은 고려 시대 2군 6위의 상장군·대장군 등이 모여 군사 문제를 의논하는 무신들의 최고 합좌 회의 기구이다.

[보충해설]

▌**최우의 집권(1219~1249)**
- 교정도감을 통하여 정치 권력 행사, 진양후로 봉작됨
- 정방 설치(1225) : 문무 관직에 대한 인사권 장악
- 서방 설치(1227) : 문신 숙위 기구, 문학적 소양과 행정 실무 능력을 갖춘 문신들을 등용하여 정치 고문의 역할을 수행하게 함
- 삼별초 조직 : 야별초에서 비롯하여 좌별초·우별초·신의별초(신의군)로 확대 구성

04   정답 ④

[정답해설]
조선 세종 때 원의 수시력, 명의 대통력, 아라비아의 회회력 등을 참고하여 한양을 기준으로 한 역법서인 『칠정산내외편』이 편찬되었다.

[오답해설]
① 『향약채취월령』은 조선 세종 때 유효통 등이 일반대중의 향약 채취와 활용을 위하여 간행한 의학서이다.
② 『의방유취』는 조선 세종 때 김순의가 편찬한 동양 최대의 의학 백과사전으로, 우리나라에 전해 내려오는 한방 의서들을 종류에 따라 일괄적으로 그 지식을 정리하여 집대성한 것이다.
③ 『농사직설』은 조선 세종 때 정초 등이 편찬한 우리나라 최초의 농서로서, 중국의 농업기술을 수용하면서 우리 실정에 맞는 독자적인 농법을 정리하였다.

05   정답 ③

[정답해설]
〈보기 1〉에서 국왕의 친위부대인 장용영을 설치한 것은 조선 정조이다.
ㄴ. 정조는 상공업 진흥과 재정 수입 확대를 위해 육의전을 제외한 금난전권을 철폐하는 신해통공을 단행하였다.
ㄷ. 정조는 신진 인물이나 중·하급(당하관 이하) 관리 가운데 젊고 유능한 관료의 재교육을 위해 초계문신제를 시행하였다.

[오답해설]
ㄱ. 조선 영조 때 붕당 정치의 폐해를 경계하기 위해 성균관 입구에 탕평비가 건립되었다.

06   정답 ④

[정답해설]
주어진 〈보기〉에서 금붙이, 쇠붙이, 밥그릇 등 일제가 침략 전쟁의 전개로 전쟁 물자의 조달을 위한 금속류 회수령을 공포한 것은 1940년대인 민족 말살 통치기이다.
한편, 일제가 어업령, 삼림령, 광업령 등을 제정하여 각종 자원을 독점하기 시작한 것은 1910년대인 무단 통치기이다.

[오답해설]
① 일제는 민족 말살 통치기에 침략 전쟁을 수행하기 위한 조선식량관리령을 시행하여 곡물을 강제로 공출하였다.
② 일제는 민족 말살 통치기에 일본군 위안부 등 여성 동원을 법제화하기 위해 여자 정신 근로령을 공포하였다.
③ 일제는 민족 말살 통치기에 군수물자를 조달하기 위한 목적으로 기업정비령과 기업허가령을 시행하여 기업 통제를 강화하였다.

07   정답 ②

[정답해설]
ㄱ. **카이로 선언(1943. 12)** : 미국·영국·중국의 정상이 카이로에서 모여 회담을 한 후 나온 선언으로, 국제적으로 한국의 독립을 처음 보장하였다.
ㄹ. **얄타회담(1945. 2)** : 미국·영국·소련의 3국 수뇌가 소련의 대일 참전을 결정하고, 한반도 신탁통치를 밀약하여 한국 독립에 대해 논의하였다.
ㄷ. **포츠담 선언(1945. 7)** : 독일이 항복한 후 전후 처리 문제를 협의하기 위해 미국·영국·중국 수뇌부가 회담 후 발표한 선언으로, 일본의 무조건적 항복을 요구하였다.
ㄴ. **모스크바 3국 외상회의(1945. 12)** : 모스크바에서 삼국 외상 회의가 개최되어 미·소 공동 위원회를 설치하고 최고 5년 동안 미·영·중·소 4개국이 신탁 통치를 하기로 결정하였다.
ㅁ. **5·10 총선거(1948. 5)** : 우리나라 최초의 보통 선거인 5·10 총선거가 남한 단독으로 실시되어 제헌 국회를 구성하고 헌법을 제정·공포하였다.

08 정답 ④

[정답해설]
주어진 〈보기〉는 마을 단위의 토지 분배와 공동 경작을 주장한 정약용의 여전론(閭田論)이다. 정약용은 지방 행정의 개혁안을 제시하고 지방관(목민관)의 도리에 대해 서술한 『목민심서』를 저술하였다.

[오답해설]
① 『북학의』는 박제가가 청에 다녀온 후 저술한 책으로, 재물을 우물에 비유하여 절약보다 소비를 권장하였다.
② 『성호사설』은 성호 이익이 평소에 기록해 둔 글과 제자들의 질문에 답한 내용을 그의 조카들이 정리한 백과사전식 전서이다.
③ 『반계수록』은 유형원이 국가 운영과 개혁에 대한 견해를 밝힌 책으로, 신분에 따라 토지를 차등 분배하자는 균전론을 제시하였다.

[보충해설]

■ 다산 정약용(1762~1836)
- 이익의 실학사상을 계승하면서 실학을 집대성
- 정조 때 벼슬길에 올랐으나 신유박해 때에 전라도 강진에 유배
- 500여 권의 저술을 여유당전서로 남김
- 3부작(1표 2서) : 목민심서, 경세유표, 흠흠신서
- 3논설 : 전론, 원목, 탕론
- 기예론 : 농업 기술과 공업 기술을 논의
- 여전론 : 토지 제도의 개혁론으로 처음에는 여전론을, 후에 정전론을 주장

09 정답 ①

[정답해설]
주어진 〈보기〉에서 개화당, 임오군란 이후 청의 내정간섭 등을 통해 밑줄 친 '이 사건'은 1884년에 일어난 갑신정변임을 알 수 있다.
한편, 조선과 청이 양국 상인의 통상에 대해 맺은 조약인 조청상민수륙무역장정이 체결된 것은 1882년에 일어난 임오군란의 결과이다.

[오답해설]
② 급진개혁파는 우정총국의 낙성 축하연을 기회로 사대당 요인을 살해하고 개화당 정부를 수립하기 위해 갑신정변을 일으켰다.
③ 김옥균, 박영효 등 갑신정변의 주모자들은 청과 종속 관계를 청산하여 자주독립을 확고히 하고자 하였다.
④ 갑신정변 이후 청과 일본은 톈진 조약을 체결해 향후 조선으로 군대 파견 시 상대국에게 알리도록 하였다.

10 정답 ②

[정답해설]
제시된 〈보기〉에서 조준이 건의한 토지제도는 과전법(科田法)이다. 과전법은 고려 공양왕 때 실시된 토지 정책으로, 지급 대상 토지를 원칙적으로 경기 지역에 한정하였다. 과전법의 시행은 신진 사대부들의 경제적 기반을 확대하고 농민의 지지를 확보하였다(1391).

[오답해설]
① 고려 경종 때에는 전시과 제도를 마련하여 관등에 따라 관리에게 전지와 시지를 차등 지급하였다(976).
③ 조선 세조는 과전이 부족해지자 현직 관리에게만 수조권을 지급하는 직전법을 제정하였다(1466).
④ 조선 인조는 풍흉에 관계없이 토지에 부과하는 세금을 1결당 4~6두로 고정하는 영정법을 제정하였다(1635).

[보충해설]

■ 과전법의 특성
- 신진 사대부의 경제적 기반 : 관리가 직접 수조권 행사
- 세습 불가의 원칙과 예외 : 1대(代)가 원칙이나, 수신전·휼량전·공신전 등은 세습
- 1/10세 규정 : 공·사전을 불문하고 생산량의 1/10세를 규정하여, 법적으로 병작반수제를 금지하고 농민을 보호
- 농민의 경작권 보장 : 수조권자와 소유권자가 바뀌어도 이를 보장해 농민의 지지를 유도
- 현직·전직 관리(직·산관)에게 수조권 지급
- 지급 대상 토지를 원칙적으로 경기 지역에 한정

11 정답 ②

[정답해설]
주어진 〈보기〉의 내용은 백제의 정사암 제도이다. 백제는 전국을 5방으로 나누고 그 책임자를 방령이라고 불렀으며 군에는 군장, 성에는 도사를 두었다.

[오답해설]
① 고구려는 각 지방의 성이 군사적 요지로 개별적 방위망을 형성하였고 욕살, 처려근지 등의 지방관을 두어 병권을 행사하였다.
③ 신라는 지방군으로 10정의 군사 조직을 운영하였는데, 각 주에 정을 두고 진골 출신의 장군이 지휘하도록 하였다.
④ 고구려는 귀족 회의체인 제가 회의에서 제5관등 이상의 귀족들이 모여 나라의 중대사를 결정하였다.

[보충해설]

■ 백제의 통치 체제

수도	5부
지방	5방(방·군제) : 방에는 방령, 군에는 군장, 성에는 도사를 둠
특수 행정 구역	22담로(무령왕) : 국왕의 자제 및 왕족을 파견

[보충해설]

■ 폐정 개혁 12조
1. 동학도와 정부 사이에 원한을 씻어 버리고 모든 행정을 협력할 것
2. 탐관오리는 그 죄목을 조사하여 엄징할 것
3. 횡포한 부호들을 엄징할 것
4. 불량한 양반과 유림을 징벌할 것
5. 노비 문서를 불태워 버릴 것
6. 칠반천인의 대우를 개선하고 평량갓을 없앨 것
7. 과부의 재혼을 허락할 것
8. 무명잡세를 모두 폐지할 것
9. 관리 채용 시 지벌을 타파할 것
10. 왜적과 내통하는 자는 엄징할 것
11. 공사채는 물론이고 기왕의 것을 무효로 돌릴 것
12. 토지는 평균으로 분작할 것

■ 헌의 6조
1. 외국인에게 의지하지 말고 관민이 협력하여 전제황권을 공고히 한다.
2. 외국과의 이권에 관한 조약은 각 대신과 중추원 의장이 합동 날인하여 시행한다.
3. 국가 재정은 탁지부에서 전관하고, 예산과 결산을 국민에게 공포한다.
4. 중대 범죄를 공판하되 피고의 인권을 존중한다.
5. 칙임관을 임명할 때에는 정부의 자문을 받아 다수의 의견에 따른다.
6. 정해진 규정을 실천한다.

12 정답 ④

[정답해설]
〈보기 1〉의 해동통보는 고려 숙종 때 발행된 화폐이다. 고려 숙종은 화폐 유통의 촉진을 도모하기 위해 주전도감을 설치하고 해동통보 외에 삼한통보와 해동중보도 발행하였으나 널리 사용되지는 못하였다.

[오답해설]
ㄱ. 조선통보는 조선 전기 세종 때 발행된 화폐로 당시 법화(법정통화)로 주조되었다(1427).
ㄷ. 십전통보는 조선 후기 효종 때 김육이 당시 수입청전 통용의 문제점을 해결하고 주전 통용을 위해 건의함으로써 주조되었다(1651).

13 정답 ②

[정답해설]
ㄱ, ㄴ, ㄹ → 동학농민군의 폐정개혁 12개조
ㄷ, ㅁ → 독립협회의 헌의 6조

14 정답 ③

[정답해설]
〈보기〉에서 이범석 장군은 한국광복군의 지휘관이다. 충칭 임시 정부 산하의 한국광복군은 미국 전략 정보국(OSS)의 지원을 받아 국내 진공 작전을 계획하였으나 일제의 패망으로 실현하지는 못했다.

[오답해설]
① 조선독립동맹이 조선의용대를 개편하여 조선의용군을 창설하였으며, 중국 팔로군과 함께 태평양 전쟁에 참전해 항일 전쟁을 전개하였다.
② 김구는 상해에서 임시 정부의 위기 타개책으로 한인애국단을 조직하였고, 이 단체 소속의 이봉창과 윤봉길이 의거 활동을 전개하였다.
④ 만주에서 중국 공산당과 한인 사회주의자가 연합하여 결성한 동북인민혁명군이 동북항일연군으로 개편되어 보천보 전투 등에서 활약하였다.

15 정답 ③

[정답해설]
〈보기〉의 내용은 일제의 민족 말살 통치기에 일본 천황에게 충성을 맹세하는 황국 신민 서사의 내용이다(1937). 이 시기에 일제는 우리 민족의 사상을 통제하기 위한 조선 사상범 예방 구금령을 제정하고 독립운동을 탄압하였다(1941).

[오답해설]
① 일제는 무단 통치기에 토지 약탈과 식민지화에 필요한 재정 수입원을 마련하기 위해 토지조사령을 발표하고 토지조사사업을 실시하였다(1912).
② 일제는 문화 통치기에 사상 통제법인 치안유지법을 제정하여 독립 운동가들을 탄압하였다(1925).
④ 일제는 문화 통치기에 공업화로 인한 일본 내 식량 부족 문제 해결을 위한 산미증식 계획을 실시하였다(1920).

16 정답 ③

[정답해설]
〈보기〉의 견대당매물사(遣大唐賣物使)는 신라의 장보고가 당에 파견한 무역 사절단이다. 청해진을 중심으로 해상 무역을 전개한 장보고는 항해의 안전을 기원하기 위해 산둥반도에 적산 법화원을 건립하였다.

[오답해설]
① 『화랑세기』는 통일 신라의 대표적인 문장가인 김대문이 저술한 화랑에 관한 전기이다.
② 고왕(대조영)에 이어 왕위에 오른 무왕(대무예)은 장문휴의 수군으로 하여금 당의 등주(산동지방)를 공격하도록 하였다.
④ 신라 하대 헌덕왕 때 웅천주(공주) 도독 김헌창이 아버지가 왕위 쟁탈전에서 패한 것에 대해 불만을 품고 반란을 일으켰다.

17 정답 ①

[정답해설]
일본이 제물포에 있는 러시아 군함을 공격하며 러일 전쟁을 일으켰고, 같은 해에 일본군은 한반도 내 전략상 필요한 지역을 마음대로 사용하기 위해 한·일 의정서를 체결하였다(1904).

[오답해설]
② 러·일 전쟁 중에 일본은 독도를 무주지(無主地)라고 하여 시네마현에 불법적으로 편입시켰다(1905).
③ 일본은 모든 통치권이 일제의 통감부로 이관되는 한·일 신협약(정미 7조약)을 체결하고 대한제국 군대를 강제 해산시켰다(1907).
④ 고종이 을사늑약의 무효를 선언하고 헤이그 만국 평화 회의에 특사를 파견하자, 일제는 고종을 강제 퇴위시켰다(1907).

18 정답 ③

[정답해설]
귀법사의 주지로 『보현십원가』를 저술하고 화엄 교학을 정비한 인물은 고려 광종 때 활동한 균여대사이다. 이 시기에 중국에 승려들을 보내 법안종을 수용하고 선종과의 통합을 시도하였다.

[오답해설]
① 고려 현종 때 강조가 정변을 일으켜 목종을 폐위시키자 이를 구실로 거란이 강동 6주를 넘겨줄 것을 요구하며 2차 침입을 시도하였다.
② 고려 선종 때 대각국사 의천은 교장도감을 설치하고 불교 경전에 대한 주석서인 교장을 간행하였다.
④ 고려 현종은 부모의 명복을 빌기 위해 경기도 개풍군 영남면 영취산에 현화사를 창건하였다.

19 정답 ①

[정답해설]
ㄴ. 한산대첩(1592. 7) : 왜군이 총공격을 가해오자 이순신 함대는 한산도 앞바다로 적을 유인하여 대파하였다.
ㄹ. 진주대첩(1592. 10) : 진주에서 목사 김시민이 3,800여 명의 병력으로 2만여 명의 일본군을 맞아 성을 방어하는 데 성공했다.
ㄱ. 평양성 탈환(1593. 1) : 이여송이 거느린 5만여 명의 명나라 지원군이 조선군과 합하여 평양성을 탈환하였다.
ㄷ. 행주대첩(1593. 2) : 권율이 행주산성에서 1만여 명의 병력으로 전투를 벌여 3만여 명의 병력으로 공격해 온 일본군을 물리쳤다.

20 정답 ①

[정답해설]
대한민국 임시 정부가 집단 지도 체제인 국무위원제를 채택한 것은 3차 개헌(1927) 때의 일이며, 박은식이 임시 대통령

으로 추대된 것은 2차 개헌(1925) 때의 일이다. 2차 개헌 당시 임시 정부의 대통령인 이승만의 위임 통치 청원이 알려지자, 임시 정부는 이승만을 탄핵하고 박은식을 임시 대통령으로 추대하였다.

[오답해설]
② 충칭의 대한민국 임시 정부는 조소앙의 삼균주의에 기초한 건국 강령을 반포하였다(1941).
③ 상해의 대한민국 임시 정부는 의열 투쟁을 전개하고자 한인애국단을 조직하였다(1931).
④ 김구, 이시영 등이 항저우에서 한국 국민당을 조직하여 정당정치를 운영하였다(1935).

[보충해설]

■ 대한민국 임시 정부의 개헌
- 1차 개헌(1919) : 대통령 중심제
- 2차 개헌(1925) : 국무령 중심 내각 책임제
- 3차 개헌(1927) : 국무위원 중심 집단 지도 체제
- 4차 개헌(1940) : 주석 중심제
- 5차 개헌(1944) : 주석·부주석제

[오답해설]
① 부여는 왕 아래 가축의 이름을 딴 마가, 우가, 저가, 구가 등의 4가(加)들이 별도로 사출도를 다스렸다.
② 낙동강 유역(김해, 마산)을 중심으로 발전한 변한은 철이 많이 생산되어 왜, 낙랑 등에 수출하였다.
③ 고구려는 소노부를 비롯한 계루부, 절노부, 순노부, 관노부의 5부가 정치적 자치력을 갖고 있었던 5부족 연맹체이다.

[보충해설]

■ 동예의 풍속
- 엄격한 족외혼으로 동성불혼 유지 → 씨족 사회의 유습
- 각 부족의 영역을 엄격히 구분하여 다른 부족의 생활권을 침범하면 노비와 소·말로 변상하게 하는 책화가 존재 → 씨족 사회의 유습
- 별자리를 관찰해서 농사의 풍흉 예측 → 점성술의 발달
- 제천 행사 : 10월의 무천
- 농경과 수렵의 수호신을 숭배하여 제사를 지내는 풍습이 존재 → 호랑이 토템 존재

[서울시] 2022년 02월 | 정답

01	④	02	③	03	④	04	②	05	②
06	④	07	③	08	①	09	④	10	②
11	③	12	③	13	②	14	④	15	②
16	③	17	①	18	①	19	③	20	②

[서울시] 2022년 02월 | 해설

01 정답 ④

[정답해설]
해마다 10월이면 하늘에 제사를 지내고, 주야로 술을 마시며 노래를 부르고 춤을 추는 무천이라는 제천 행사가 있던 나라는 동예이다. 읍락 간의 경계를 중시한 동예에는 다른 읍락을 함부로 침범하면 노비, 소 등으로 변상하는 책화가 있었다.

02 정답 ③

[정답해설]
조선 시대의 유향소는 지방의 수령을 보좌하고 향리를 감찰하던 향촌 자치 기구로, 중앙에서 경재소의 현직 관료로 하여금 연고지의 유향소를 통제하게 하였다.

[오답해설]
① 조선 시대에는 지방과 백성에 대한 국가의 지배력이 강화되어 속군·속현이 소멸되고 전국의 모든 군현에 수령이 파견되었다.
② 조선 시대에 향리는 이·호·예·병·형·공의 6방으로 나누어 수령의 행정 실무를 보좌하였다.
④ 조선 시대 수령의 7가지 의무를 규정한 수령 7사에 '호구의 증식'이 포함되어 있는 것으로 볼 때, 인구를 늘리는 것이 수령의 중요한 임무 중 하나였음을 알 수 있다.

03 정답 ④

[정답해설]
고흥으로 하여금 백제의 역사서인 서기(書記)를 편찬토록 한 왕은 근초고왕이다. 백제의 전성기를 이끈 근초고왕은 고구려의 평양성을 공격하여 곡국원왕을 전사시켰다(371).

04　정답 ②

[정답해설]
제시된 〈보기〉의 내용은 서울 북촌의 양반 여성들이 주축이 되어 여성 교육의 중요성을 강조하기 위해 발표한 여권통문이다(1898). 여권통문은 대한민국 최초의 여성 권리 선언문으로, 이 발표를 계기로 한국 최초의 여성 운동 단체인 찬양회가 조직되었다.

[오답해설]
① 여권통문은 평양의 양반 부인들이 아닌 서울 북촌의 양반 여성들이 발표하였다.
③ 교육입국조서의 발표는 갑오개혁 이후인 1895년으로, 여권통문 발표 이전의 일이다.
④ 교육입국조서 발표에 따라 교원 양성을 위해 한성사범학교가 설립되었다. 여권통문의 발표는 한국 최초의 여학교인 순성 여학교 설립에 영향을 미쳤다.

05　정답 ②

[정답해설]
관리에게 관료전을 지급하고 귀족의 경제 기반이었던 녹읍을 폐지한 왕은 통일 신라 신문왕이다. 그는 유교 교육을 강화하기 위해 국학을 설립하고 유교 이념을 확립하였다.

[오답해설]
① 통일 신라의 원성왕은 인재 등용을 위해 유교 경전의 이해 수준에 따라 3등급으로 구분한 독서삼품과를 실시하였다.
③ 통일 신라의 경덕왕은 국학을 태학감으로 고치고 박사와 조교 등을 두어 논어와 효경 등의 유교 경전을 교육하였다.
④ 통일 신라 성덕왕 때 당나라에서 들여온 공자와 10철 등의 화상을 국학에 안치하여 유교 교육을 강화하였다.

[보충해설]

> ■ 신문왕(681~692)의 업적
> • 김흠돌의 난을 계기로 귀족 세력을 숙청하면서 전제 왕권 강화 → 6두품을 조언자로 등용
> • 중앙 정치 기구를 정비(6전 제도 완성, 예작부 설치)하고 군사 조직(9서당)과 지방 행정 조직(9주 5소경)을 완비
> • 관리에게 관료전을 지급(687)하고 귀족의 경제 기반이었던 녹읍을 폐지(689)
> • 유학 교육을 위하여 국학을 설립하고 유교 이념을 확립

06　정답 ④

[정답해설]
박상진이 주도한 대한 광복회는 풍기의 대한광복단과 대구의 조선국권회복단의 일부 인사가 모여 군대식으로 조직한 단체이다(1915). 이 단체는 공화주의 이념에 따라 공화정치를 실현하는 것을 목표로 하며, 군자금을 모아 만주에 독립사관학교를 설립하고 독립군을 양성하여 친일파를 처단하였다.

[오답해설]
① 신민회는 서간도 삼원보의 경학사에 독립군 양성을 위한 신흥강습소를 설치하였고 이후 신흥무관학교로 발전시켰다.
② 블라디보스토크에 설립된 대한 국민 의회는 상하이 임시 정부, 한성 임시 정부를 포함한 3개의 임시 정부 중 가장 먼저 설립된 최초의 임시 정부이다.
③ 중국 길림에서 39명의 독립 운동가가 무력 항쟁의 의지를 담은 대한독립선언서를 조소앙의 작성 후 발표하였다.

07　정답 ③

[정답해설]
신라 하대 진성 여왕 때 시무 10여 조를 올린 인물은 최치원이다. 그는 당의 빈공과(賓貢科)에 급제하고 귀국한 6두품 출신으로, 당에서 배운 역사 지식을 토대로 신라의 역사 연표인 『제왕연대력』을 저술하였다. 그 외 『계원필경』, 『법장화상전』, 『4산 비명』 등을 저술하였다.

[오답해설]
① 진골 귀족 출신의 김대문은 성덕왕 때 주로 활약한 통일 신라의 대표적 문장가로 『화랑세기』, 『고승전』 등을 저술하였다.
② 『계원필경』은 최치원의 대표적인 시문집이다.
④ 『한산기』는 김대문이 한산 지방의 풍물이나 사정을 기록한 지리지이다.

08　정답 ①

[정답해설]
제시된 〈보기〉에서 강조가 김치양 일파를 제거한 후 목종마저 폐한 후 살해한 사건은 강조의 정변(1009)이며, 밑줄 친 '대량원군'은 고려 현종이다. 현종은 부모의 명복을 빌기 위해 경기도 개풍군 영남면 영취산에 현화사(玄化寺)를 창건하였다.

[오답해설]
② 고려 정종 때 거란의 침입에 대비하기 위하여 상비군인 광군 30만을 조직하고 청천강에 배치하였다(947).
③ 고려 성종 때 서희가 거란의 소손녕과 외교 담판을 벌여 강동 6주의 땅을 고려 영토로 편입시켰다(993).
④ 고려 고종 때 최우가 강화도에 대장도감을 설치하고 재조대장경(팔만대장경)의 각판사업에 착수하였다(1236).

09　　　　　　　　　　　　　정답 ④

[정답해설]
ㄹ. 이중환은 30년간의 현지답사를 통해 각 지역의 지리와 경제생활까지 포함한 『택리지』를 집필하였다.
ㅁ. 광해군 때 저술된 허준의 『동의보감』은 예방의학에 중점을 둔 의학서로, 우리나라뿐 아니라 중국 및 일본의 의학 발전에 큰 영향을 미쳤다.

[오답해설]
ㄱ. 「동국여지도」 → 「동국지도」
　조선 영조 때 정상기는 최초로 100리 척의 축척 개념을 사용하여 「동국지도」를 제작하였다.
ㄴ. 신경준 → 이의봉
　이의봉은 우리나라의 방언과 언어를 정리한 『고금석림』을 저술하였고, 유희는 우리말 음운 연구서인 『언문지』를 저술하였다.
ㄷ. 유등곡 → 안정복
　안정복은 고조선부터 고려 말까지의 역사를 강목체(역사를 연·월·일순에 따라 강과 목으로 기록하는 체제)로 정리한 『동사강목』을 저술하였다.

10　　　　　　　　　　　　　정답 ②

[정답해설]
제시된 〈보기〉는 고려 태조 왕건이 자신의 사후 후대 왕들이 지켜야 할 정책 방향을 제시한 『훈요 10조』이다. 고려 태조는 호족을 포섭하고 왕권을 안정시키기 위해 귀순한 호족에게 성(姓)씨를 하사하는 사성 정책을 시행하였다.

[오답해설]
① 고려 광종은 중국에서 귀화한 쌍기를 지공거(知貢擧)로 임명하고 과거 제도를 시행하였다.
③ 고려 경종은 경제개혁을 수행하여 모든 전·현직 관리에게 등급에 따라 토지를 차등 지급하는 전시과 제도를 실시하였다.
④ 고려 광종은 관료제도를 안정시키고 지배층의 위계질서를 확립하기 위해 자색·단색·비색·녹색의 4색 공복(公服)을 등급에 따라 제정하였다.

[보충해설]

> ▌ 고려 태조의 정책
> • **민족 융합 정책** : 호족 세력의 포섭·통합, 통혼 정책(정략적 결혼), 사성 정책(성씨의 하사), 사심관 제도와 기인 제도, 역분전 지급, 본관제, 정계와 계백료서, 훈요 10조
> • **민생 안정책** : 취민유도, 조세 경감, 흑창, 노비 해방, 민심의 수습
> • **숭불 정책** : 불교 중시, 연등회·팔관회, 사찰의 건립(법왕사, 왕수사, 흥국사, 개태사 등), 승록사 설치
> • **북진 정책** : 고구려 계승 및 발해 유민 포용, 서경 중시, 거란에 대한 강경 외교(국교 단절, 만부교 사건), 여진족 축출

11　　　　　　　　　　　　　정답 ③

[정답해설]
기병 중심의 여진족에 패한 고려는 숙종 때 윤관이 기병인 신기군, 보병인 신보군, 승병인 항마군으로 편성된 별무반을 조직하였다(1104).

[오답해설]
① 광군은 고려 정종 때 거란의 침입에 대비하기 위하여 창설된 상비군이다.
② 도방은 경대승이 정중부를 제거하고 집권한 후 신변 보호를 위해 처음으로 만든 사병 조직이다.
④ 삼별초는 고려 무신 집권기 때 최우가 몽골의 침입에 대비하기 위하여 좌·우별초와 신의군으로 구성한 군사 조직이다.

12　　　　　　　　　　　　　정답 ③

[정답해설]
ㄷ. 『지봉유설』은 조선 중기의 실학자 이수광이 저술한 백과사전식 저서로, 이탈리아 선교사 마테오 리치의 『천주실의』를 소개하고 있다(1614).
ㄱ. 이승훈은 조선인 최초로 천주교 세례를 받은 인물로, 북경에서 서양 신부 그리몽에게 영세를 받고 돌아와 활발한 포교 활동을 전개하였다(1783).
ㄴ. 전라도 진산의 양반 윤지충이 조상의 신주를 불태우고 모

친상을 천주교식으로 지내자 천주교에 대해 비교적 관대했던 정조도 사학(邪學)이라 하여 이들을 처형하는 신해박해가 일어났다(1791).

ㄹ. 신유박해 당시 황사영이 북경에 있는 프랑스인 주교에게 군대를 동원하여 조선에서 신앙과 포교의 자유를 보장받을 수 있도록 청하는 서신을 보내려다 발각되었다(1801).

13 정답 ②

[정답해설]
제시된 〈보기〉의 법은 일제가 한국의 인적·물적 자원을 강제 동원하기 위해 제정한 국가 총동원법으로 민족 말살 통치기에 해당된다(1938). 한편, 일제가 강압적 통치를 목적으로 헌병이 경찰 업무를 대행하는 헌병 경찰 제도를 실시한 것은 1910년대인 무단 통치기이다.

[오답해설]
① 일제는 민족 말살 통치기에 조선인들을 강제로 병력에 동원시키기 위해 조선인과 조선인 학생들을 대상으로 징병제와 학도 지원병제를 실시하였다(1943).
③ 일제는 민족 말살 통치기에 조선인 근로자의 노동력을 착취하기 위해 국민 징용령을 공포하였다(1939).
④ 일제는 민족 말살 통치기에 일본군 위안부 등 여성 동원을 법제화하기 위해 여자 근로 정신령을 제정하였다(1944).

14 정답 ④

[정답해설]
제시된 〈보기〉의 내용은 노론의 영수 송시열이 효종에게 올린 기축봉사의 일부이다. 송시열은 효종에게 장문의 상소인 기축봉사를 올려 명에 대한 의리를 강조하고 청에 당한 치욕을 갚자는 북벌론을 주장하였다. ④에서 청의 문물 수용을 주장한 것은 노론 중심의 북학파이다. 효종의 요절로 북벌은 큰 성과를 거두지 못하고 쇠퇴하다 18세기 후반부터 청의 선진 문물을 배우자는 북학론이 대두되었다.

[보충해설]

▎**북벌론(北伐論)**
- **의미** : 오랑캐에게 당한 수치를 씻고, 조선을 도운 명에 대한 의리를 지킴
- **형식적 외교** : 군신 관계를 맺은 후 청에 사대하는 형식의 외교를 추진하나, 내심으로는 은밀하게 국방에 힘을 기울이면서 청에 대한 북벌을 준비
- **실질적 배경** : 왕권 강화와 서인 정권 유지를 위한 수단
- **북벌론 초기** : 효종은 청에 반대하는 송시열·송준길·이완 등을 중용하여 군대를 양성(어영청 등)하고 성곽을 수리
- **북벌론 후기** : 숙종 때 윤휴를 중심으로 북벌의 움직임이 제기됨
- **경과** : 효종의 요절 등으로 북벌은 큰 성과를 거두지 못하고 쇠퇴하다 18세기 후반부터 청의 선진 문물을 배우자는 북학론이 대두

15 정답 ②

[정답해설]
제시된 〈보기〉의 글은 민족주의 사학자 박은식이 저술한 「한국통사」의 일부로, 민족정신을 혼(魂)으로 파악하고 혼이 담긴 민족사의 중요성을 강조하였다. ②에서 식민 사학 중 정체성론의 근거를 무너뜨리는 데에 기여한 인물은 백남운으로, 「조선사회경제사」에서 유물 사관을 토대로 식민주의 사학의 정체성 이론을 반박하였다.

[오답해설]
① 박은식은 실천적인 유교 정신을 강조한 「유교구신론」을 저술하고 유교의 개혁을 주장하였다.
③ 박은식은 대한민국 임시 정부의 초대 대통령인 이승만이 탄핵된 이후 2대 대통령으로 취임하였다.
④ 박은식은 일제 침략에 대항하여 한민족의 독립 투쟁 과정을 서술한 「한국독립운동지혈사」를 저술하였다.

[보충해설]

▎**민족주의 사학자 박은식**
- 민족정신을 혼(魂)으로 파악하고, 혼이 담긴 민족사의 중요성을 강조
- **한국통사** : 근대 이후 일본의 침략 과정을 밝힘 → "나라는 형(形)이요, 역사는 신(神)이다."
- **한국독립운동지혈사** : 일제 침략에 대항하여 투쟁한 한민족의 독립 운동을 서술
- **유교구신론** : 양명학을 기초로 유교를 개혁하기 위해 저술
- **기타** : 천개소문전, 동명왕실기 등을 저술, 서사건국지 번역
- 서북학회(1908)의 기관지인 서북학회월보의 주필로 직접 잡지를 편집하고 다수의 애국계몽 논설을 게재
- 임시 정부의 대통령 지도제하에서 제2대 대통령을 지냄

16 정답 ③

[정답해설]
- ㄴ. 강화도조약(1876) : 운요호 사건이 있은 후 일본의 강압에 의해 불평등 조약인 강화도 조약이 연무당에서 체결되었다.
- ㄱ. 임오군란(1882) : 신식 군대인 별기군과의 차별에 반발하여 구식 군대가 선혜청과 일본 공사관을 공격하는 임오군란을 일으켰다.
- ㄷ. 갑신정변(1884) : 김옥균을 중심으로 한 급진개혁파가 우정총국 개국 축하연을 이용해 사대당 요인을 살해하고 개화당 정부를 수립하였으나, 청의 무력 개입으로 3일 만에 실패로 끝났다.
- ㄹ. 텐진조약(1885) : 갑신정변의 결과 청·일 양국 간에 조선에서 철수하고 장차 파병할 경우 상대국에 미리 알릴 것을 내용으로 하는 텐진조약이 체결되었다.

17 정답 ①

[정답해설]
원의 만권당에서 원의 학자들과 교류한 인물은 고려 충선왕 때의 학자 이제현이다. 그는 귀국 후 이색 등에게 영향을 주어 성리학 전파에 이바지하였고 고려국사, 역옹패설 등을 비롯해 역사서인 사략을 저술하였다.

[오답해설]
- ㄴ. 공민왕이 중영한 성균관의 대사성이 된 인물은 이색으로 정몽주, 정도전 등의 신진 사대부를 길러냈다.
- ㄷ. 충렬왕 때 원으로부터 고려에 성리학을 본격적으로 소개한 인물은 안향이다.
- ㄹ. 역사서 『사략』을 저술한 인물은 이제현으로, 고려 말 성리학이 전래되면서 정통 의식과 대의명분을 중시하는 성리학적 유교 사관에 입각하여 저술하였다.

18 정답 ①

[정답해설]
제시된 〈보기 1〉의 선언문은 노태우 정부 시기에 발표된 남북 기본 합의서의 내용으로 상호 화해와 불가침, 교류 및 협력 확대 등을 규정하고 있다(1991).
- ㄱ. 노태우 정부 때에 제46차 유엔 총회에서 개별 회원국으로 남북한이 유엔(UN)에 동시 가입하였다(1991).
- ㄴ. 노태우 정부 때에 동서 양 진영 160개국이 참가한 제24회 서울 올림픽 대회가 개최되었다(1988).

[오답해설]
- ㄷ. 김영삼 정부 때에 금융 거래의 투명성을 확보하고자 금융 실명제가 대통령 긴급 명령으로 실시되었다(1993).
- ㄹ. 전두환 정부 때에 6월 민주항쟁의 결과 노태우의 6·29 민주화 선언에 따라 5년 단임의 대통령 직선제 개헌안이 통과되었다(1987).

19 정답 ③

[정답해설]
김원봉이 이끈 조직은 신채호의 조선 혁명 선언을 활동 지침으로 한 의열단으로, 1920년대 국내와 상하이를 중심으로 활발한 의거 활동을 전개하였다. 한편, 상하이 훙커우 공원에서 열린 일본군의 상하이 점령 축하 기념식장에 폭탄을 던져 일본군을 살상한 인물은 한인 애국단 소속의 윤봉길이다.

[오답해설]
① 독립지사들에게 잔인한 고문을 일삼던 종로경찰서에 폭탄을 던져 큰 피해를 준 인물은 의열단 소속의 김상옥이다.
② 동양척식주식회사에 들어가 그 간부를 사살하고 경찰과 시가전을 벌이기도 한 인물은 의열단 소속의 나석주이다.
④ 일제 식민 지배의 중심기관인 조선총독부에 폭탄을 던진 인물은 의열단 소속의 김익상이다.

20 정답 ②

[정답해설]
조선 고종 때 흥선 대원군은 왕권 강화의 일환으로 비변사를 폐지한 후 일반 정무는 의정부가, 국방 문제는 삼군부가 전담하게 하였다.

[오답해설]
① 비변사는 임진왜란 이후 군사 문제뿐만 아니라 행정·외교 등 국정 전반을 총괄하였다.
③ 비변사는 조선 중종 때 3포 왜란을 계기로 여진족과 왜구에 대비하기 위하여 설치되었다.
④ 비변사는 임진왜란을 계기로 기능 및 구성원이 확대되고 국정 전반을 총괄하는 국정 최고 기구로 성장하였다.

[보충해설]

비변사의 기능 변화
- **설치** : 3포 왜란(중종 5, 1510)을 계기로 여진족과 왜구에 대비하기 위하여 설치
- **상설** : 을묘왜변(명종 10, 1555)을 계기로 상설 기구화되어 군사 문제를 처리
- **강화** : 임진왜란을 계기로 기능 및 구성원이 확대
- **변질** : 19세기 세도 가문의 권력 유지 기반으로서 세도 정치의 중심 기구로 작용
- **폐지** : 1865년 흥선 대원군의 개혁 정책으로 비변사는 폐지되고, 일반 정무는 의정부, 국방 문제는 삼군부가 담당

[서울시] 2022년 06월 | 정답

01	④	02	③	03	②	04	①	05	①
06	③	07	①	08	②	09	③	10	③
11	④	12	②	13	①	14	④	15	④
16	②	17	④	18	③	19	④	20	②

[서울시] 2022년 06월 | 해설

01   정답 ④

[정답해설]
제시된 〈보기〉에서 벼농사가 보급되고 빈부 차이와 계급이 발생한 것은 청동기 시대의 특징이다. ④의 '슴베찌르개'는 '자루'를 의미하는 슴베가 달린 찌르개로, 주로 사냥을 하는데 사용된 구석기 시대의 유물이다.

[오답해설]
① 청동기 시대에는 많은 인력을 동원하여 지배자(족장)의 무덤인 고인돌을 축조하였다.
② 청동기 시대에는 벼농사가 시작되어 반달 돌칼을 이용하여 곡식을 수확하였다.
③ 민무늬 토기는 청동기 시대의 대표적인 토기로, 모두 납작바닥이며 그릇에 목이 달려 있는 토기가 많은 점이 특징이다.

02   정답 ③

[정답해설]
병부와 상대등을 설치하고 금관가야를 정복한 신라의 왕은 법흥왕이다. 법흥왕은 백관의 공복(公服)을 제정하여 귀족을 관료로 등급화시켰다.

[오답해설]
① 신라 진흥왕은 백제 성왕과 동맹하여 고구려가 장악했던 한강유역을 차지했다.
② 신라 지증왕은 이사부를 보내 우산국으로 불리던 울릉도를 정복하여 신라의 영토로 편입하였다.
④ 신라의 전성기를 이끈 진흥왕은 신라 역사상 최대의 영역을 확보하고 마운령, 황초령 등에 순수비를 세웠다.

[보충해설]

신라 법흥왕의 업적
- **제도 정비** : 병부 설치(517), 상대등 제도 마련, 율령 반포, 공복 제정(530) 등을 통하여 통치 질서를 확립하였으며, 각 부의 하급 관료 조직을 흡수하여 17관등제를 완비
- **불교 공인** : 불교식 왕명 사용, 골품제를 정비하고 불교를 공인(527)하여 새롭게 성장하는 세력들을 포섭
- **연호 사용** : 건원(建元)이라는 연호를 사용함으로써 자주 국가로서의 위상을 높임
- **영토 확장** : 대가야와 결혼 동맹을 체결하고(522), 금관가야를 정복하여 낙동강까지 영토를 확장(532)

03   정답 ②

[정답해설]
일본은 문화통치기인 1920년대부터 식량생산을 대폭 늘려 일본으로 더 많은 쌀을 가져가기 위해 이른바 산미증식계획을 세워 추진하였다. 그러나 증산량보다 훨씬 많은 쌀을 수탈하여 만주산 잡곡의 수입이 증가하는 등 식량 사정이 악화되고 농촌 경제가 파탄에 빠졌다.

[오답해설]
① 일본은 1910년대인 무단통치기에 토지 약탈과 식민지화에 필요한 재정 수입원을 마련하기 위해 토지 조사령을 발표하고 토지 조사 사업을 실시하였다.
③ 일본은 1930년대인 민족말살통치기에 침략 전쟁을 확대하고 전쟁에 필요한 필수품 조달을 위해 군수공업을 위주로 하는 공업화정책을 추진하였다.

④ 일본은 1930년대에 우리민족을 일본국민으로 동화시키기 위해 창씨개명, 신사참배, 황국신민서사 암송 등의 민족말살정책을 추진하였다.

04   정답 ①

[정답해설]
ㄱ. 국군과 유엔군은 맥아더 장군의 인천 상륙 작전을 계기로 전세를 역전시키고 압록강 인근까지 북진하였다(1950. 9).
ㄴ. 유엔군의 인천 상륙 작전으로 서울이 수복되자 중공군이 개입하여 대규모 병력을 파견하기 시작하였다(1950. 10).
ㄷ. 소련이 유엔 대표를 통해 휴전을 제의하자 미국이 이를 받아들이고 중국과 북한에 휴전 회담을 제의함으로써 판문점 부근에서 휴전회담이 열리기 시작하였다(1951. 6).
ㄹ. 이승만 정부는 6·25 전쟁 당시 유엔군의 휴전 협상 진행에 반대하여 거제도에 수용된 반공 포로를 석방하였다(1953. 6).

[보충해설]
■ 6·25 전쟁의 경과
전쟁 발발(1950. 6. 25) → 서울 함락(1950. 6. 28) → 한강 대교 폭파(1950. 6. 28) → 낙동강 전선 후퇴(1950. 7) → 인천 상륙 작전(1950. 9. 15) → 서울 수복(1950. 9. 28) → 중공군 개입(1950. 10. 25) → 압록강 초산까지 전진(1950. 10. 26) → 흥남 철수(1950. 12) → 서울 철수(1951. 1. 4) → 서울 재수복(1951. 3. 14) → 정전 회담(1951. 6. 23) → 정전 협정 체결(1953. 7. 27)

05   정답 ①

[정답해설]
숙종 대에 국자감에 목판 인쇄 기관인 서적포를 두어 출판을 담당하게 하였다.

[오답해설]
② 구재(九齋) → 칠재(七齋)
  예종 대에는 관학 진흥을 위해 국자감에 전문 강좌인 7재(여택재, 대빙재, 경덕재, 구인재, 복응재, 양정재, 강예재)가 설치되어 운영되었다.
③ 문종 → 예종
  예종은 국립 교육 기관인 국자감 내에 관학을 진흥하고자 장학재단인 양현고를 설치하여 운영하였다.
④ 충선왕 → 충렬왕

성종 대에 설립된 국립대학인 국자감은 충렬왕 대에 국학으로 개칭되었다.

06   정답 ③

[정답해설]
조선 시대에도 고려 시대와 마찬가지로 음서제도가 있었으나 2품 이상 관리의 자손으로 그 대상이 축소되었다. 또한 음서제도로 뽑힌 관리는 관직 승진에 제한을 두어 고위 관리직 진출이 어려웠다.

[오답해설]
① 생원과 진사를 선발하는 사마시의 1차 시험(초시)에서는 각각 700명을 각 도의 인구에 비례해 뽑았다.
② 문과의 정기시험에는 이미 관품을 가진 현직 관원도 응시할 수 있었으며, 장원으로 합격하면 관품을 4계까지 올려주었다.
④ 무과 식년시는 3년에 한 번씩 시행하였고, 문과와 달리 서얼도 응시할 수 있었다.

07   정답 ①

[정답해설]
최초의 민간신문인 동시에 처음으로 한글 전용과 띄어쓰기를 시도한 신문은 독립협회가 발간한 독립신문이다. 또한 우리나라 최초의 근대적 민중대회인 만민공동회를 개최한 단체도 독립협회이다. 한편, ①의 대한국국제는 아관파천 후 환궁한 고종이 대한 제국을 선포한 후 반포한 대한 제국의 헌법이다.

[오답해설]
② 러시아가 저탄소 설치를 위해 절영도의 조차를 요구하자 독립협회는 만민 공동회를 개최하고 반려운동을 적극적으로 전개하였다.
③ 독립협회는 자주 독립의 상징인 독립문 건립과 독립공원 조성을 추진하였다.
④ 독립협회는 민중 계몽을 위해 계몽적, 사회적, 정치적 주제의 토론회와 강연회를 개최하였다.

[보충해설]

▌독립협회의 활동
- **이권 수호 운동** : 러시아의 절영도 조차 요구 규탄, 한·러 은행 폐쇄
- **독립 기념물의 건립** : 자주 독립의 상징인 독립문을 세우고, 모화관을 독립관으로 개수
- **민중의 계도** : 강연회·토론회 개최, 독립신문의 발간 등을 통해 근대적 지식과 국권·민권 사상을 고취
- **만민 공동회 개최** : 우리나라 최초의 근대적 민중 대회 → 외국의 내정 간섭·이권 요구·토지 조사 요구 등에 대항하여 반환을 요구
- **관민 공동회 개최** : 만민 공동회의 규탄을 받던 보수 정부가 무너지고 개혁파 박정양이 정권을 장악하자, 정부 관료와 각계각층의 시민 등 만여 명이 참여하여 개최
- **의회 설립 추진** : 의회식 중추원 신관제를 반포하여 최초로 국회 설립 단계까지 진행(1898. 11)
- **헌의 6조** : 헌의 6조를 결의하고 국왕의 재가를 받음 → 실현되지는 못함

08 정답 ②

[정답해설]
만주가 일본의 지배 하에 놓이자 일본이 연해주 한인(고려인)들을 밀정으로 포섭할 것을 염려한 소련의 스탈린이 고려인들을 연해주에서 우즈베키스탄과 카자흐스탄 등의 중앙아시아로 강제 이주시켰다. 그러므로 〈보기〉의 ㉠은 연해주(블라디보스토크)이다. 연해주에는 1905년 이후 민족운동가들이 독립운동을 위한 정치적 망명을 시작해 여러 곳에 한인 집단촌이 형성되었다. 또한 대한 광복군 정부가 수립되고 권업회가 조직되는 등 많은 민족 단체와 학교가 설립되었으며, 항일 의병 및 독립운동이 활발히 전개되었다.

[오답해설]
① 봉오동 전투와 청산리 전투에서 패배한 일본군이 독립군을 토벌한다는 명목으로 조선인들을 대량학살한 경신(간도)참변이 일어난 곳은 만주이다.
③ 1923년 일본의 관동 대지진 때 계엄령이 시행되는 사회 혼란 속에서, 조선인들이 우물에 독을 탔다는 유언비어로 적어도 6,000여 명의 조선인이 학살당했다.
④ 태평양전쟁 발발 후 수백 명의 조선인 청년들이 하와이 미국 본토에서 미군에 입대하여 일본군과 싸웠다.

09 정답 ③

[정답해설]
주어진 〈보기〉에서 종친 등용, 진관체제, 직전법, 호패법 등은 모두 조선 세조와 관련된 내용이다. 세조는 계유정난 때 조카인 단종을 폐위시키고 왕위를 차지했으나, 육조 직계제를 부활하여 왕권을 안정시키고 중앙집권체제를 강화하였다.

[오답해설]
① 조선 태종 이방원은 왕자들의 권력투쟁이 일어난 경복궁을 피하여 응봉산 자락에 이궁인 창덕궁을 새로 건설하였다.
② 조선 세종 때 대일 강경책의 일환으로 이종무를 파견하여 왜구의 소굴인 쓰시마(대마도)를 정벌하게 하였다.
④ 조선 성종 때 조선의 기본 법전인 『경국대전』 편찬을 완성·반포하고, 우리나라 통사인 『동국통감』 편찬을 서거정이 완료했다.

[보충해설]

▌세조의 왕권 강화 정책
- 육조 직계의 통치 체제로 환원, 공신·언관의 견제를 위해 집현전을 폐지, 종친 등용
- 호적 사업을 강화하여 보법을 실시
- 직전법 실시 → 과전의 부족에 따라 현직 관료에게 토지를 지급
- 경국대전 편찬에 착수해 호조전, 형조전을 완성 → 성종 때 전체 완수
- 전제 왕권 강화와 부국강병을 위해 유교를 억압하고, 민족종교와 도교, 법가의 이념을 절충

10 정답 ③

[정답해설]
1894년 1차 갑오개혁 때 국정 전반에 걸쳐 개혁을 수행하기 위해 신설된 기관은 군국기무처이다. 1차 갑오개혁 때 김홍집 친일 내각은 초정부적 정책 의결 기구인 군국기무처를 설치하고 과거제 폐지, 공사 노비법 혁파 등의 개혁을 추진하였다.

[오답해설]
① 교전소는 고종 황제가 대한국 국제를 반포함에 따라 근대의 법제 도입으로 인한 혼란을 해결하기 위해 중추원에 설치한 기관이다.
② 동학 농민 운동 당시 청·일군의 개입으로 전주 화약이

성립한 후, 농민군은 전라도 일대에 집강소를 설치하고 폐정 개혁안을 실천하였다.
④ 임술 농민 봉기가 발발하자 삼정의 폐단을 시정하기 위해 안핵사 박규수의 건의로 삼정이정청이 설치되었다.

11   정답 ④

[정답해설]
조선 후기 일기 형식으로 국정 운영의 내용을 매일 정리한 기록물은 일성록이다. 정조가 세손 시절부터 쓴 일기에서 유래한 일성록은 영조 때부터 기록되기 시작하였으며, 조선의 역대 임금의 동정과 국정을 기록하였다. 일성록은 현재 유네스코 세계기록유산으로 등재되어 있다.

[오답해설]
① 승정원일기는 국왕의 비서 기관인 승정원에서 조선 시대 왕명의 출납, 행정 사무, 의례 등에 관해 기록한 일기로 현재 세계 기록 유산에 등재되어 있다.
② 비변사등록은 조선 중기 이후 비변사에서 논의 · 결정된 사항을 날마다 기록한 책으로 비국등록이라고도 불렸다.
③ 조선왕조실록은 조선 태조 때부터 철종 때까지 472년의 역사를 편년체 형식으로 기록한 것으로, 왕의 사후 사초(史草)와 시정기(時政記) 등을 바탕으로 춘추관에서 편찬되었다.

12   정답 ②

[정답해설]
주어진 〈보기〉에서 조선이 러시아를 막을 책략으로 중국과 친하고 일본과 맺고, 미국과 연결함으로써 자강을 도모할 것을 주장한 것은 황준헌의 『조선책략』이다(1880). 한편, 제물포 조약은 임오군란으로 조선이 일본 공사관 경비병의 주둔을 인정하고 배상금 지불과 군란 주동자의 처벌을 약속한 조약으로, 황준헌의 『조선책략』과는 직접적인 관련이 없다(1882).

[오답해설]
① 이만손을 비롯한 영남 유생들이 김홍집의 조선책략 유포에 반발하여 만인소를 올리고 그의 처벌을 요구하였다(1881).
③ 고종은 영남 만인소와 유생들의 상소를 무마하기 위해 척사윤음을 내려 유생들의 불만을 달랬다(1881).
④ 『조선책략』은 청의 주일 참사관인 황준헌이 지은 책으로, 2차 수신사인 김홍집이 일본에 갔다가 귀국할 때 반입하였다(1880).

[보충해설]

▮ 황준헌의 『조선책략』
- 도입 : 청의 주일 참사관인 황준헌이 지은 책으로, 김홍집(2차 수신사)이 도입
- 내용 : 조선의 당면 외교 정책으로 친중(親中) · 결일(結日) · 연미(聯美)를 주장
- 목적 : 일본 견제, 청의 종주권을 국제적으로 승인
- 영향 : 미국 · 영국 · 독일 등과의 수교 알선 계기, 개화론 자극, 위정척사론의 격화 요인

13   정답 ①

[정답해설]
고려의 식목도감은 중서문하성의 재신과 중추원의 추밀의 합좌 기구로 구성되어 법제 논의와 각종 시행 규정을 다루고 국가 중요 의식을 관장하였다. 고려 시대 국가의 재정회계를 관장한 기관은 삼사(三司)로, 화폐와 곡식의 출납 및 회계 그리고 녹봉 관리를 담당하였다.

[오답해설]
② 고려는 상서성의 6부(이부 · 병부 · 호부 · 형부 · 예부 · 공부)가 각기 국무를 분담하였지만, 국정 총괄 기구인 중서문하성에서 국가의 중요한 정책을 결정하였다.
③ 추부라고도 불린 추밀원은 고려의 중추원으로 군사 기밀을 담당하는 2품 이상의 추밀과 왕명의 출납을 담당하는 3품 이하의 승선으로 구성되어 있다.
④ 고려는 중서성과 문하성을 합해 중서문하성이라는 단일기구를 만들어 국정을 총괄하는 최고 관부로 삼았다.

14   정답 ④

[정답해설]
ㄹ. 위군의 침략으로 환도성 함락(246) : 고구려 동천왕 때 위(魏)의 관구검이 이끄는 군대의 공격을 받아 한때 수도 환도성이 함락되었으나 밀우 · 유유의 결사 항쟁으로 극복하였다.
ㄷ. 고구려의 낙랑군 · 대방군 축출(313~314) : 고구려 미천왕은 낙랑군과 대방군을 축출하여 서로는 요하, 남으로는 한강에 이르는 영토를 확장하였다.
ㄴ. 백제군의 평양성 공격(371) : 백제의 전성기를 이끈 근초고왕의 평양성 공격으로 고구려의 고국원왕이 전사하였다.
ㄱ. 고구려의 평양 천도(427) : 장수왕은 도읍을 국내성에서

평양으로 옮기고 백제와 신라를 압박하는 남진 정책을 펼쳤다.

15 정답 ④

[정답해설]
제시된 〈보기 1〉은 『선조실록』에 수록된 방납의 폐단과 관련된 내용이다.
ㄴ. 광해군은 방납의 폐단을 바로잡고자 공물을 토지의 결수에 따라 쌀, 무명, 동전 등으로 납부하게 하는 대동법을 경기도에 처음 시행하였다.
ㄷ. 대동법의 실시로 조선 후기에는 정부에 관수품을 조달하는 공인(貢人)이 등장하였다.

[오답해설]
ㄱ. 조선 인조는 풍흉에 관계없이 전세를 토지 1결당 4~6두로 고정하는 영정법을 제정하였다.

16 정답 ②

[정답해설]
조선 후기 호락논쟁은 심성론 문제를 둘러싸고 전개된 노론 내부의 성리학 이론 논쟁이다. 인물성동론(人物性同論)을 주장한 낙론은 자연과학을 중시하는 북학과 이용후생 사상을 바탕으로 조선 후기 실학운동으로 이어지는 사상적 기반이 되었다.

[오답해설]
ㄱ. 호론은 조선을 중화로, 청을 오랑캐로 보는 화이론과 대의명분론을 강조하여 북벌론과 위정척사 사상으로 연결되었다.
ㄷ·ㄹ. 호론은 충청도 지역을 중심으로 송시열의 제자인 권상하, 한원진, 윤봉구 등이 주도하였다.

[보충해설]

■ 호락논쟁(湖洛論爭)

구분	호론(湖論)	낙론(洛論)
주도세력	충청도 지역을 중심으로 송시열의 제자인 권상하·한원진·윤봉구 등이 주도	서울·경기 지역을 중심으로 김창협·이간·이재·어유봉·박필주·김원행 등이 주도
본성론	• 인간과 사물의 본성이 다르다는 인물성이론(人物性異論)을 주장 • 기(氣)의 차별성 강조(주기론) • 성인과 범인의 마음이 다르다는 성범심이론(聖凡性異論) 강조 → 신분제·지주전호제 등 지배 질서 인정	• 인간과 사물의 본성이 같다는 인물성동론(人物性同論)을 주장 • 이(理)의 보편성 강조 • 인간의 본성을 지연에까지 확대 • 성범성동론(聖凡性同論) 강조 → 일반인 중시, 신분 차별 개혁
계승	화이론·대의명분론을 강조하여 북벌론과 위정척사 사상으로 연결	화이론 비판, 자연 과학 중시, 북학 사상·이용후생 사상으로 연결

17 정답 ④

[정답해설]
제시된 〈보기〉의 선언문은 '국민적 여망인 개헌을 일방적으로 파기한 4·13 폭거'를 통해 1987년 6월 민주항쟁 당시 발표된 6·10 국민대회 선언문임을 알 수 있다. 국민들의 대통령 직선제 요구를 거부하는 전두환 정부의 4·13 호헌 조치 발표로 호헌 철폐, 독재 타도를 요구하는 6·10 국민 대회가 개최되었고, 그 결과 노태우의 6·29 선언으로 5년 단임의 대통령 직선제 개헌이 이루어졌다.

[오답해설]
① 박정희 정부 때에 김종필과 오히라 간의 한·일 회담 후 해방 이후 단절되었던 일본과의 국교가 정상화되었다.
② 4·19 혁명으로 이승만 대통령이 하야한 후 민의원과 참의원의 양원제 국회와 내각 책임제인 장면 내각이 출범하였다.
③ 박정희 정부 때에 장기적인 경제 발전을 위해 4차에 걸쳐 경제 개발 5개년 계획이 수립되었다.

18 정답 ③

[정답해설]
제시된 〈보기〉에서 백제와 더불어 고구려를 공격한 왕은 신라의 전성기를 이끈 진흥왕이다. 황룡사는 진흥왕 때 건립되었지만, 자장의 건의를 받아들여 황룡사 9층 목탑이 건립된 것은 선덕여왕 때의 일이다.

[오답해설]
① 진흥왕은 고령의 대가야를 정벌하여 가야 연맹을 소멸시키고 낙동강 유역까지 영토를 확장하였다.
② 진흥왕은 원시 청소년 집단인 화랑도를 공인하고 인재를 양성하기 위해 국가 조직으로 개편하였다.
④ 진흥왕은 거칠부로 하여금 신라의 역사를 정리하여 국사(國史)를 편찬하였으나 현재 전하지는 않는다.

▍신라 진흥왕(540~576)의 업적
- 남한강 상류 지역인 단양 적성을 점령하여 단양 적성비를 설치(551)
- 백제 성왕과 연합하여 고구려가 점유하던 한강 상류 지역을 차지(551)
- 백제가 점유하던 한강 하류 지역 차지(553)
- 북한산비 설치(561)
- 고령의 대가야를 정복하는 등 낙동강 유역을 확보 → 창녕비(561)
- 원산만과 함흥평야 등을 점령하여 함경남도 진출 → 황초령비·마운령비(568)
- 화랑도를 공인(제도화)하고, 거칠부로 하여금 국사를 편찬하게 함 → 전하지 않음
- 황룡사·흥륜사를 건립하여 불교를 부흥하고, 불교 교단을 정비하여 주통·승통·군통제를 시행
- 최고 정무기관으로 품주를 설치하여 국가기무와 재정을 담당하게 함

19   정답 ④

[정답해설]
ㄱ. 일제 강점기 때 음식 조리과정에서 일본식 제조 간장인 왜간장과 음식의 맛을 내는 조미료 등을 사용하였다.
ㄴ. 일제 강점기 때 도시 인구 급증의 후유증으로 빈민과 걸인들의 거처인 토막(土幕) 집이 등장하였다.
ㄷ. 일제 강점기 때 일본식 노동복인 몸뻬를 입은 여성들이 근로보국대에서 강제 노동을 하였다.
ㄹ. 일제 강점기 때 경성의 인구가 폭발적으로 증가하였고, 일종의 불문율처럼 북촌에는 조선인이, 남촌에는 일본인이 주로 거주하였다.

20   정답 ②

[정답해설]
제시된 <보기>의 내용은 당나라에서 벌어진 발해와 신라 간의 외교상 서열 다툼인 쟁장 사건으로, ㉠은 발해이다. 대조영이 동모산에서 건국한 발해는 선왕(대인수) 때 발해 최대의 영토를 형성하고 중흥기를 이루어 당으로부터 해동성국이라는 칭호를 들었다.

[오답해설]
① 양길(梁吉)을 몰아내고 송악에서 후고구려를 건국한 궁예는 마진, 태봉 등의 국호를 사용하였다.
③ 상주 지방의 호족인 견훤이 전라도 지역의 군사력과 호족 세력을 중심으로 완산주(전주)에서 후백제를 건국하였다.
④ 통일신라는 지금의 황해도 지역인 한반도 서북부에 패강진이라는 군진을 개설하였다.

▍[서울시] 2021년 06월 | 정답

01	④	02	①	03	①	04	③	05	④
06	②	07	①	08	④	09	②	10	②
11	④	12	④	13	①	14	②	15	①
16	③	17	②	18	③	19	②	20	③

[서울시] 2021년 06월 | 해설

01   정답 ④

[정답해설]
<보기>에서 설명하는 시대는 신석기 시대이다. 신석기 시대에는 주로 해안이나 강가에 움집을 짓고 생활하고 농경생활을 시작하였다. 신석기 시대의 대표적 토기인 빗살무늬 토기는 회색으로 된 사토질의 토기로, V자형의 토기이다.

[오답해설]
① 고인돌은 청동기 시대의 대표적인 무덤으로 지배층의 무덤이다.
② 청동기 시대 후반 이후 비파형동검은 세형동검으로 발전하였다.
③ 거친무늬 거울은 청동기 시대의 주요 예술품이다.

02 정답 ①

[정답해설]
(가) 대통령 간선제 / (나) 대통령 직선제
1980년 제8차 개헌은 대통령 간선제와 7년 단임제를 시행하였다. 1987년 제9차 개헌은 6월 민주 항쟁의 결과로 대통령 직선제와 5년 단임제가 이루어졌다.

[보충해설]

▎6월 민주 항쟁
- 원인 : 4·13 호헌 조치
- 전개 과정 : 박종철·이한열 사망 → 전국적 시위 → 계엄령 발동 안 함
- 결과 : 대통령 직선제, 정권 교체 실패(노태우 정부)

03 정답 ①

[정답해설]
이 법은 군적수포제에서 1년에 군포 2필을 부담하던 것을 1년에 군포 1필로 경감한 균역법이다. 균역법은 영조 26년 1750년에 시행되었다. 영조는 1746년에 『경국대전』을 개정하여 편찬한 법전인 『속대전』을 편찬하였다.

[오답해설]
② 정조 때 『경국대전』을 원전으로 하여 통치 규범을 전반적으로 재정리하기 위하여 『대전통편』을 편찬하였다.
③ 고종 집권 시기에 흥선대원군은 『대전회통』을 『경국대전』, 『속대전』, 『대전통편』 등을 보완하는 의미에서 편찬하였고, 이들 법전의 모든 내용에 새로운 내용을 추가하였다.
④ 『경국대전』은 세조 때 편찬되기 시작하였고 성종 때 반포되었다.

04 정답 ③

[정답해설]
청·일 전쟁(1894)은 주도권을 잡은 일본이 내정 간섭을 강화하자, 이에 대항해 대규모로 제 2차 동학농민전쟁이 일어났다. 따라서 청·일 전쟁이 발발한 시기는 (다)시기이다.

[보충해설]

▎동학농민운동

구분	중심 세력	활동 내용	성격
1차 봉기 (고부 민란~전주 화약)	남접 (전봉준, 김개남, 손화중 등)	• 황토현 전투 • 집강소 설치, 폐정 개혁안	반봉건적 사회 개혁 운동
2차 봉기	남접(전봉준) + 북접(손병희)	공주 우금치 전투	반외세, 항일 구국 운동

05 정답 ④

[정답해설]
백제의 수도 한성을 함락한 것은 고구려 장수왕(20대, 413~491) 때이다. 장수왕은 남진 정책을 추진하여 백제의 수도인 한성을 점령하고 백제 개로왕이 전사하였다. 이 시기에 장수왕은 중국 남북조와 교류하는 외교 정책을 펼쳤다.

[오답해설]
① 성왕은 신라 진흥왕과 연합하여 한강 유역을 부분적으로 수복하였지만 곧 신라에 빼앗기고, 성왕 자신도 554년 관산성(옥천)에서 전사하였다.
② 법흥왕(23대, 514~540) 때 건원(建元)이라는 연호를 사용함으로써 자주 국가로서의 위상을 높였다.
③ 을지문덕이 이끄는 고구려군은 612년 살수에서 수의 군대를 물리쳤다.

06 정답 ②

[정답해설]
발해는 건국 주도 세력과 지배층, 사신이 대부분 고구려인이고 일본과의 외교 문서에서 고려 및 고려 국왕이라는 명칭을 사용하기도 하는 등 고구려 계승 근거를 보여준다.
ㄱ. 발해 궁전의 온돌 장치는 고구려 계승 근거를 보여준다.
ㄷ. 대표적인 굴식 돌방무덤인 정혜 공주 묘는 고구려 양식을 계승한 것이다.

[오답해설]
ㄴ. 벽돌무덤인 정효 공주 묘는 당의 영향을 받은 것이다.
ㄹ. 당의 수도인 장안성을 모방하여 주작대로를 건설하였다.

07 정답 ①

[정답해설]
(가)는 1945년 미 전략 사무국(OSS)의 지원과 국내 정진군의 특수 훈련을 통해 국내 진공 작전을 계획하지만 일제의 패망으로 실현하지 못하였다.

[오답해설]
② (나)는 김구가 조직한 의열단체이며, 중국 관내 최초의 한인 무장 부대는 조선 의용대로 1938년 한커우에서 창설되었다.
③ (다)는 지청천이 인솔하며, 중국의 호로군과 한·중 연합군을 편성하여 쌍성보 전투(1932)·사도하자 전투(1933)·동경성 전투(1933)·대전자령 전투(1933)에서 승리하였다.
④ (라)는 양세봉의 지휘로 중국 의용군과 연합, 영릉가 전투(1932)·흥경성 전투(1933)에서 대승을 거두었다.

08 정답 ④

[정답해설]
〈보기〉와 관련된 집권자는 노비 출신으로 정계에 진출한 이의민이다. 이의민은 경대승 이후 정권을 잡았지만 최씨 형제(최충헌·최충수)에게 피살되었다.

[오답해설]
① 최충헌은 이의민을 제거한 후 무신 간의 권력 쟁탈전을 수습하여 강력한 독재 정권을 이룩하였다.
② 김준은 최의를 제거한 후 최씨 무단 정치를 타도하였다.
③ 임연은 고려시대 무신이자 권신이었고 김준 이후 정권을 잡았다.

[보충해설]

▌무신정변의 전개
- 무신정변의 발발(의종 24, 1170)
- 이의방(1171~1174) : 중방 강화
- 정중부(1174~1179) : 이의방 제거, 중방을 중심으로 정권 독점
- 경대승(1179~1183) : 정중부 제거, 사병 집단인 도방 설치
- 이의민(1183~1196) : 경대승 병사 후 정권을 잡음, 최씨 형제에게 피살
- 최충헌(1196~1219) : 이의민 제거, 1196년부터 1258년까지 4대 60여 년간 최씨 무단 독재 정치

09 정답 ②

[정답해설]
〈보기〉는 유신 헌법의 긴급 조치권에 대한 것임을 알 수 있다. 유신 헌법에 반대하는 재야 인사들은 명동성당에 모여 「3·1민주구국선언」을 발표하였다(1976).

[오답해설]
① 3선 개헌 반대운동은 박정희 정부의 장기 집권을 위해 3선 개헌이 강행되자 학생들의 시위가 거세게 전개되고, 여·야 국회의원들 사이에는 극심한 대립과 갈등이 발생하였다.
③ 4·13 호헌 조치에 반대하고, 6월 민주 항쟁을 주도하였다.
④ 대통령 간선제를 반대하기 위해 신민당은 서명운동을 전개하였다.

10 정답 ②

[정답해설]
〈보기〉의 밑줄 친 왕은 노비 안검을 통해 고려 광종임을 알 수 있다. 노비 안검법은 양인이었다가 불법으로 노비가 된 자를 해방시켜 줌으로써, 호족·공신 세력을 약화시키고 국가 재정 수입 기반을 확대한 것을 말한다. 광종은 국왕을 황제라 칭하고 광덕·준풍 등의 독자적 연호를 사용하였다.

[오답해설]
① 고려 정종(3대, 945~949)은 서경 천도 계획을 세워 풍수 도참을 명분으로 훈신 세력의 제거를 시도하였으나, 공신의 반대와 정종의 병사로 실현하지는 못하였다.
③ 고려 성종(6대, 981~997)은 12목을 설치하여 지방관(목사)을 파견하고 향리 제도를 정비하였다.
④ 고려 태조(1대, 918~943)는 지방 호족 세력의 회유·견제를 위해 기인 제도를 활용하였다.

[보충해설]

▌광종(4대, 949~975)의 왕권 강화 정책
- 개혁 주도 세력 강화
- 군사 기반 마련
- **칭제 건원** : 국왕을 황제라 칭함, 광덕·준풍 등 독자적 연호 사용, 개경을 황도라 함
- 노비 안검법 실시
- **과거 제도 실시** : 후주 사람 쌍기의 건의로 실시
- **백관의 공복 제정** : 지배층의 위계 질서 확립을 목적으로 제정, 4등급으로 구분
- 주현공부법, 불교의 장려

11 정답 ④

[정답해설]
(가)는 대한제국, 전제정치를 통해 대한국제(대한국국제)임을 알 수 있고, (나)는 관민이 동심합력과 전제황권을 견고케 할 것을 통해 독립협회의 헌의 6조임을 알 수 있다.
대한국제는 1899년에 공포되었고, 독립협회는 1898년에 이미 해산되었다.

[오답해설]
① 대한국제(대한국국제)는 광무정권이 1899년 제정한 일종의 헌법으로, 대한제국이 전제정치 국가이며 황제권의 무한함을 강조하였다.
② 헌의 6조 중 제3조에 '국가 재정은 탁지부에서 전관(專管)하고, 예산과 결산을 국민에게 공표할 것'이 있다.
③ 독립협회가 제시한 헌의 6조를 보완 및 수정하여 「조칙 5조」를 반포하였다.

12 정답 ④

[정답해설]
(가)의 고국원왕 전사는 371년이고, (나)는 신라에 침입한 왜를 낙동강 유역에서 토벌한 400년이라고 볼 수 있다. 고국원왕 뒤를 이은 왕은 소수림왕으로 태학을 설립(372)하고, 율령을 반포(373)하여 중앙 집권 국가로서의 체제를 강화하였다.

[오답해설]
① 장수왕은 수도를 통구(국내성)에서 평양성으로 천도(427)하여 안으로 귀족 세력을 억제하여 왕권을 강화하고 밖으로 백제와 신라를 압박하였으며, 서쪽 해안으로 적극 진출하는 계기를 마련하였다.
② 미천왕 때 낙랑군 축출(313)과 대방군을 축출(314)하여 서로는 요하, 남으로는 한강에 이르는 발판을 마련하였다.
③ 영양왕 때 수의 세력 확대에 위협을 느껴 요서 지방을 공략(598)하였다.

[보충해설]

■ **소수림왕(17대, 371~384)의 업적**
• 국가 체제를 개혁하고 새로운 발전 토대를 마련해 고대 국가를 완성
• **전진과 수교** : 백제 견제를 위해 전진(前秦)과 수교하고 대외 관계를 안정시킴
• **불교 수용(372)** : 전진의 순도가 전래(삼국 중 최초로 수용), 고대 국가의 사상적 통일에 기여
• **태학 설립(372)** : 중앙의 최고 학부(국립대학)로서, 인재 양성·유학 보급 및 문화 향상에 기여
• **율령 반포(373)** : 중앙 집권 국가로서의 체제를 강화 (고대 국가의 완성)

13 정답 ①

[정답해설]
(가)의 인물은 후백제를 건국하였던 견훤이다. 견훤은 신라 경애왕을 제거하고 고려와 공산 전투에서 승리하였으며 고창 전투에서 고려에게 패하였다. 견훤은 중국 오월(吳越)·후당(後唐)과 통교(적극적 대중국 외교)하였다.

[오답해설]
② 궁예는 송악에서 철원으로 도읍을 옮겼다.
③ 궁예는 기훤, 양길을 몰아내고 세력을 키웠다.
④ 태조 왕건은 예성강을 중심으로 성장하였다.

14 정답 ②

[정답해설]
ㄴ. 1919년 2월 8일 최팔용을 중심으로 조선 청년 독립단을 구성하여 2·8 독립선언을 발표하였다.
ㄱ. 1920년 조선·동아일보의 발행을 허가하였으나 검열, 기사 삭제, 발행 정지를 당하였다.
ㄷ. 1926년 순종의 사망을 계기로 민족 감정이 고조되고 일제의 수탈 정책과 식민지 교육에 대한 반발로 6·10만세 운동이 일어났다.
ㄹ. 1933년 조선어학회는 한글 맞춤법 통일안을 발표하였다.

15 정답 ①

[정답해설]
ㄱ. 현종 15, 1674년 제2차 예송 논쟁인 갑인예송은 효종 비의 사망 시 남인과 서인이 자의대비의 복상 기간을 두고 벌어졌다. 남인의 주장이 수용되어 남인이 집권하고 서인이 약화되었다.
ㄷ. 숙종 6, 1680년 서인이 허적(남인)의 서자 허견 등이 역모를 꾀했다 고발하여 남인을 대거 숙청한 경신환국이 일어났다.
ㄹ. 숙종 15, 1689년 숙종이 희빈 장씨 소생인 연령군(경종)의 세자 책봉에 반대하는 서인(송시열, 김수항 등)을 유배·사사하고, 인현왕후를 폐비시켜 남인이 재집권된 기사환국이 일어났다.

ㄴ. 숙종 20, 1694년 폐비 민씨 복위 운동을 저지하려던 남인이 실권하고 서인이 집권하여 남인은 재기 불능이 되고, 서인(노론과 소론) 간에 대립하는 일당 독재 정국이 전개된 갑술환국이 일어났다.

16 정답 ③

[정답해설]
ㄴ. 부석사 조사당 벽화의 사천왕상은 고려시대 대표적인 불화이다.
ㄷ. 예성강도는 고려시대의 회화로 이령과 그의 아들 이광필, 고유방 등이 그렸다.

[오답해설]
ㄱ. 고사관수도는 조선 전기의 강희안의 작품으로 선비가 무념무상에 빠진 모습을 담고 있는데, 세부 묘사는 생략하고 간결하고 과감한 필치로 인물의 내면세계를 표현하였다.
ㄹ. 송하보월도는 조선 중기의 노비 출신으로 화원에 발탁한 이상좌의 작품이다.

17 정답 ②

[정답해설]
'몽골군, 충주, 오직 노군과 잡류만이 힘을 합하여 쳐서 이를 쫓았다.'를 통해 몽골의 침입시기를 보여준다. 진주 공·사노비의 반란군이 합주의 부곡 반란군과 연합한 것은 1200년 무신집권기의 봉기이다.

[오답해설]
① 몽골의 2차 침입(1232) 당시 처인성 전투에서 살리타가 김윤후가 이끄는 민병과 승병에 의해 사살되었다.
③ 몽골의 2차 침입(1232) 당시 몽골의 무리한 조공 요구와 내정 간섭에 반발한 최우는 다루가치를 사살하고 강화도로 천도하여 방비를 강화하였다.
④ 몽골의 3차 침입(1235~1239) 당시 속장경과 황룡사 9층탑을 불태워 소실시켰다.

[보충해설]

■ 몽골의 침입
- 1차 침입(고종 18, 1231)
  - 몽고 사신 일행의 피살을 구실로 침입
  - 고려가 몽고의 요구 수용, 몽고군 퇴각
- 2차 침입(1232)
  - 몽고의 무리한 조공 요구와 내정 간섭에 반발한 최

우는 다루가치를 사살, 강화도로 천도
  - 처인성 전투에서 살리타가 사살되자 퇴각
- 3차 침입(1235~1239)
  - 최우 정권에 대한 출륙 항복 요구
  - 안성의 죽주산성에서 민병이 승리
  - 팔만대장경 조판 착수
- 4차 침입(1247~1248) : 원 황제의 사망으로 철수
- 5차 침입(1253~1254) : 충주성에서 김윤후가 이끄는 민병과 관노의 승리
- 6차 침입(1254~1259) : 6년간의 전투로 20여만 명이 포로가 되는 등 최대의 피해가 발생

18 정답 ③

[정답해설]
〈보기〉는 보법으로, 보인 지급과 정남 2명을 1보로 한다는 점에서 조선 전기의 군사제도임을 알 수 있다. 지방군은 세조 이후 실시된 지역(군·현) 단위의 방위 체제(요충지의 고을에 성을 쌓아 방어 체제를 강화)인 진관 체제(鎭管體制)를 바탕으로 조직되었다.

[오답해설]
① 조선 후기 서울과 외곽지역을 방어하기 위해 편제된 5개의 군영이다. 훈련도감, 총융청, 수어청, 어영청, 금위영이 이에 해당한다.
② 고려 시대의 군사 제도로서 2군은 응양군·용호군, 6위는 좌우위·신호위·흥위위·금오위·천우위·감문위로 구성되어있다.
④ 조선후기 지방 군사 제도로 양반부터 노비까지 향민 전체가 속오군으로 편제되었고 후기로 갈수록 양반의 회피가 증가하였다.

19 정답 ②

[정답해설]
〈보기〉는 박지원의 '한전론'이며 토지 소유의 상한선을 설정하여 일정 이상의 토지를 소유하지 못하게 하는 토지 개혁론이다. 박지원은 「양반전」, 「허생전」, 「호질」을 통해 양반 사회의 모순과 부조리·비생산성을 비판하였다.

[오답해설]
① 박제가는 청에 다녀온 후 「북학의」를 저술하여 상공업의 육성, 청과의 통상을 강화하였다.
③ 이익은 「곽우록」에서 화폐가 고리대로 이용되는 폐단을

지적하며 폐전론을 주장하기도 하였다.
④ 정약용은 한 마을(1여)을 단위로 하여 토지를 공동으로 소유하고 경작하여 수확량을 노동량에 따라 분배하는 일종의 공동 농장 제도인 여전론을 주장하였다.

[보충해설]

▎박지원(1737~1805)
- 열하일기(熱河日記) : 청에 다녀와 문물을 소개하고 이를 수용할 것을 주장
- 농업 관련 저술 : 「과농소초(課農小抄)」·「한민명전의(限民名田議)」 등에서 영농 방법의 혁신, 상업적 농업의 장려, 수리 시설의 확충 등을 통한 농업 생산력 증대에 관심
- 한전론의 중요성을 강조하면서 농업 생산력의 향상에 관심을 가짐
- 상공업의 진흥을 강조하면서 수레와 선박의 이용, 화폐 유통의 필요성 등을 주장
- 양반 문벌 제도 비판 : 「양반전」, 「허생전」, 「호질」을 통해 양반 사회의 모순과 부조리·비생산성을 비판

20   정답 ③

[정답해설]
〈보기〉는 제2차 갑오개혁 때 발표한 홍범 14조의 내용이다. 고종은 종묘에 나가 독립 서고문을 바치고 홍범 14조를 반포하였다(1895. 1). 제2차 개혁의 내용은 의정부 80아문을 7부로(내각으로) 개편하고, 지방관제를 8도에서 23부 337군으로 개편하였다.

[오답해설]
① 훈련대를 폐지하고 중앙군(친위대 2개)과 지방군(진위대)의 설치, 건양(建陽)이라는 연호의 사용은 을미개혁의 내용이다.
② 내각 제도를 수립하고, 문벌의 폐지와 사민평등, 조세제도의 개혁을 추진한 것은 갑신정변의 내용이다.
④ 동학 농민 운동에서 전주 화약의 성립 후 농민군은 전라도 일대의 민정 기관인 집강소를 설치하였다.

[서울시] 2020년 06월 | 정답

01	②	02	③	03	②	04	①	05	④
06	①	07	②	08	③	09	④	10	①
11	③	12	④	13	①	14	④	15	③
16	②	17	①	18	③	19	②	20	④

[서울시] 2020년 06월 | 해설

01   정답 ②

[정답해설]
제시된 글의 '그'는 신라시대의 명승, 원효대사이다. 의상과 함께 당나라로 가던 중 해골에 고인 물을 마시고 진리는 밖에서 찾는 것이 아니라 자기 자신에게서 찾아야 한다는 깨달음을 얻고 의상과 헤어져서 다시 돌아온다. 그 후 요석공주와 결혼하여 아들 설총을 낳고 서민들과 쉽게 어울려 다니며 불교의 대중화에 힘썼다. 저서로는 「대승기신론소」, 「금강삼매경론」, 「화엄경소」 등이 있다.

[오답해설]
① 고려의 승려 각훈이 지은 역사서로, 삼국시대부터 당대까지의 고승들의 전기를 정리하여 편찬한 불교 인물 역사서이다.
③ 신라의 승려 혜초가 고대 인도의 5천축국을 답사하고 나서 쓴 여행기로, 당시 인도와 서역 각국의 종교·문화·풍속 등에 대한 글이다.
④ 신라의 승려 의상이 지은 시로, 화엄사상을 간결한 시로 축약하여 사각인(四角印) 속에 새겨 넣은 것이다.

[보충해설]

▎원효(元曉, 617~686)
- 모든 불교 서적을 폭넓게 이해하고 「대승기신론소」, 「금강삼매경론」, 「십문화쟁론」 등을 저술(불교의 사상적 이해 기준을 확립)
- 「대승기신론소」에서 대승 불교의 중관파와 유식파의 대립 문제를 연구·비판하고 일심사상으로 체계화
- '모든 것이 한마음에서 나온다'는 일심사상(一心思想)을 바탕으로 종파들 간의 사상적 대립을 조화시키고, 여러 종파의 사상을 융합하는 화쟁 사상을 주창
- 파계하고 대중 속에 들어가 극락에 가고자 하는 아미타 신앙을 전도하며 정토종을 보급하여 불교 대중화의 길을 엶(고려 시대 의천과 지눌에 영향을 미침)
- 경주 분황사에서 법성종(法性宗)을 개창

02 정답 ③

[정답해설]
ㄷ. 1952년에 있었던 제1차 개헌(발췌개헌)에서 대통령 직선제와 국회 양원제가 통과되었다.
ㄱ. 1969년에 있었던 제6차 개헌(3선개헌)에서 박정희의 3선을 목적으로 추진되었던 대통령 3회 연임 허용이 통과되었다.
ㄹ. 1972년에 있었던 제7차 개헌(유신헌법)에서 조국의 평화적 통일을 추진하기 위해 '통일 주체 국민회의'를 설치하였고, 토론 없이 무기명 투표로 대통령을 선출하였다.
ㄴ. 1987년에 있었던 제9차 개헌(직선제개헌)에서 대통령 직선제와 5년 단임제가 통과되어 지금까지 이어지고 있다.

03 정답 ②

[정답해설]
제시된 글은 조선의 실학자 박제가가 쓴 〈북학의〉의 일부이다. 박제가는 조선 후기의 대표적인 실학자로, 생산과 소비와의 관계를 우물물에 비유하면서 생산을 자극하기 위해서는 절약보다 소비를 권장해야 한다고 주장하였다. 청에 네 차례나 다녀오며 청의 문물을 받아들이고 상공업을 육성하고자 하였다.

[오답해설]
① 균전론을 내세워 자영농 육성을 위한 토지 제도의 개혁을 주장했던 학자는 유형원이다. 유형원은 그의 저서 〈반계수록〉에서 균전제 실시를 주장하였는데, 이는 토지를 국유화하고 백성들에게 신분에 따라 차등적으로 재분배하여 자영농을 육성하기 위함이었다. 지주제를 타파하려는 개혁안이었으나, 사농공상이라는 직업적 우열을 인정하고 상민과 노비를 차별하는 등의 한계를 벗어나지는 못하였다.
③ 토지제도의 개혁론으로 처음에는 여전론을, 후에는 정전론을 주장한 학자는 정약용이다. 여전론은 한 마을(1여)을 단위로 하여 토지를 공동 소유·경작한 후 노동량에 따라 수확량을 분배하는 일종의 공동 농장 제도로, 토지의 사유화를 인정하지 않고 농자수전(農者受田)의 원칙에 따라 농사를 짓는 사람만이 토지를 소유하도록 하는 제도이다. 그러나 정약용은 이 여전론이 현실적으로 실현 불가함을 인정하고 정전론을 주장하게 되는데, 원래 중국의 정전론은 한 토지 구역을 정(井)자로 9등분하여 8호의 농가가 각각 한 구역씩 농작하고 가운데 구역은 공동으로 농작하여 수확물을 조세로 내는 제도였다. 이것을 그대로 조선에 시행하기엔 토지적 한계가 있어, 8결의 사전(私田)과 1결의 공전(公田)을 갖는 형식으로 도입하고자 하였다.
④ 발해가 고구려의 후계임을 밝혀 적극적으로 우리 역사에 포함시키려 한 학자는 〈발해고〉를 쓴 유득공이다. 유득공은 조선의 북학파 학자로, 〈발해고〉를 저술하여 발해사 연구를 심화하고 한반도 중심의 협소한 사관을 극복하고자 하였다.

04 정답 ①

[정답해설]
18세기 중엽 이후 농민이 광산에 몰리는 것을 막기 위해 공개적으로 채취를 금하자 잠채가 성행하였다.

[오답해설]
② 18세기 중엽부터는 국가의 감독을 받지 않고 자본(상인 물주)과 경영(덕대)이 분리된 광산 경영 형태가 일반화되며 금광 개발이 더욱 활발해졌다.
③ 청과의 무역에서는 은이 화폐로서의 기능을 하였기 때문에 청과의 교역이 활성화됨에 따라 은광의 개발도 활발해졌다.
④ 17세기에 민간인들이 금광·은광 등을 운영하는 것을 허가하고 그 대가로 세금을 거두는 '설점수세제'가 실시되면서 민간인의 광산 채굴이 허용되었다.

[보충해설]

▎광업의 발달

- 15세기 : 정부의 광산 독점으로 사적인 광산 경영은 통제, 농민을 동원해 운영
- 16세기 : 농민들이 광산으로의 강제 부역을 거부하기 시작함
- 17세기
  - 광산 개발 촉진 : 청과의 무역으로 은광의 개발이 활기
  - 설점수세(효종 2, 1651) : 민간의 사채(私採)를 허가, 정부에서는 별장을 파견하여 수세를 독점
  - 정부의 감독 아래 허가를 받은 민간인이 광산 채굴 가능
  - 호조의 별장제(숙종 13, 1687) : 별장이 호조의 경비로 설점을 설치하고 수세를 관리
- 18세기
  - 호조의 수세 독점 : 18세기 초에는 호조가 수세를 독점하였으나, 관찰사와 수령의 방해로 점차 쇠퇴
  - 덕대제와 수령수세 : 18세기 중엽부터는 국가의 감독을 받지 않고 자본(상인 물주)과 경영(덕대)이 분리된 광산 경영 형태가 일반화됨, 수령이 수세를 관리
  - 잠채 성행 : 18세기 중엽 이후 농민이 광산에 몰리는 것을 막기 위해 공개적 채취를 금하자 잠채가 성행
  - 자유로운 채광 허용 : 18세기 후반부터는 민간인의 자유로운 채광을 허용하여 광업이 활기를 띰

05 정답 ④

[정답해설]
ㄴ. 주현은 중앙에서 지방관(수령)이 파견된 곳을, 속현은 지방관(수령)이 파견되지 않은 곳을 말하는데 주현보다 속현이 더 많아 인근의 주현을 통하여 간접적으로 속현을 통제하였다.
ㄷ. 성종은 시무 28조에 따라 전국에 12목을 설치하고 지방관(목사)을 파견하였다.
ㄹ. 고려에는 농민들이 주로 거주하는 향과 부곡, 공납품을 만들어 바치는 공장(工匠)들이 집단 거주하던 소라는 특수 행정 구역이 있었다.

[오답해설]
ㄱ. 양계 지역은 북방 국경 지대의 군사 중심지인 동계·북계를 말하는데, 병마사가 파견되어 관리하였다.

06 정답 ①

[정답해설]
㉠에 들어갈 인물은 고려시대 무신 최충헌이다. 최충헌은 이의민을 제거하고 무신 간의 권력 쟁탈전을 수습하여 4대에 걸친 강력한 최씨 무신 정권 시대를 열었다. 최충헌은 무신 정권 최고의 정치 기관인 '교정도감'을 설치하여 인재 천거·조세 징수·감찰·재판 등 국정 전반에 걸친 정치 기관이 되게 하였다. 또한 사병 기관인 도방을 통해 최씨 정권의 군사적 기반을 다졌다.

[오답해설]
② 노비안검법을 실시한 이는 고려 광종이다.
③ 풍수지리설을 앞세워 서경천도를 추진한 이는 고려시대의 승려 묘청이다.
④ 이자겸은 척준경과 함께 반대파를 제거하고 궁궐을 장악하는 이자겸의 난을 일으켰다.

07 정답 ②

[정답해설]
제시된 글은 〈황성신문〉에 실린 장지연의 사설, '시일야방성대곡(오늘 목 놓아 통곡하노라)'이다. 시일야방성대곡은 을사조약(을사늑약)의 부당성을 알리고 조정 대신들을 비판하는 내용을 담고 있다. 을사조약(을사늑약)은 1905년 11월, 러일전쟁에서 승리한 일본이 보호국이라는 명목 아래에 대한제국의 외교권을 빼앗고 식민지화 시키기 위해 강제로 맺은 조약이다.

[오답해설]
① 아관파천(1896)
③ 한·일 신협약(정미 7조약, 1907.7)
④ 한·일 병합 조약(1910.8.22.)

08 정답 ③

[정답해설]
목종의 개정 전시과는 전·현직 관리(직·산관) 모두에게 토지를 지급하였다.

[오답해설]
① 태조의 역분전은 후삼국 통일 과정에서 공을 세운 사람들에게 인품(공로)에 따라 토지를 지급하였다.
② 경종의 시정 전시과는 관품 이외에 인품도 고려하여 전국적 규모로 전·현직의 모든 관리에게 등급에 따라 토지를 차등 지급하였다.
④ 문종의 경정 전시과는 현직 관리에게만 토지를 지급하였고, 문관과 무관의 차별을 완화하였다.

[보충해설]

> ■ 전시과 제도의 변화
> • 시정(始定) 전시과(경종 1, 976)
>   – 모든 전·현직 관리를 대상으로 관품과 인품·세력을 반영하여 토지(전지와 시지)를 지급(공복 제도와 역분전 제도를 토대로 만듦)
>   – 역분전의 성격을 벗어나지 못함
> • 개정(改定) 전시과(목종 1, 998)
>   – 관직만을 고려하여 18품 관등에 따라 170~17결을 차등 지급(토지 분급에 따른 관료 체제 확립)
>   – 전·현직 관리(직·산관) 모두에게 지급하나 현직자를 우대
>   – 문·무관에게 모두 지급하나 문관을 우대
>   – 군인층도 토지 수급 대상으로 편성하여 군인전 지급
> • 경정(更定) 전시과(문종 30, 1076)
>   – 토지가 부족하게 되어 현직 관리에게만 지급(170~15결)
>   – 전시과의 완성 형태로, 5품 이상에게 공음전을 지급하였으므로 공음 전시과라고도 함
>   – 문·무관의 차별을 완화(무인의 지위 향상)

09 정답 ④

[정답해설]
제시된 글의 정책은 조선 정조가 시행한 신해통공(1791)으로, 신해통공은 상공업 진흥과 재정 수입 확대를 위해 육의전을 제외한 금난전권을 철폐한 제도이다. 정조는 또한 '초계문신 제'를 시행하였는데, 신진 인물이나 중·하급(당하관 이하) 관리 가운데 능력 있는 자들을 재교육시키고 시험을 통해 승진시켜주는 제도였다.

[오답해설]
① 속대전(1746)은 영조가 〈경국대전〉을 개정하여 편찬한 법전이다.
② 백두산정계비(1712)는 숙종이 청과 백두산 일대를 답사하여 국경을 확정하고 세운 경계비이다.
③ 영정법(1635)은 인조가 풍흉에 관계없이 전세를 고정하기로 한 전세 징수법이다.

10 정답 ①

[정답해설]
제시된 글은 세종 때 유효통, 노중례 등이 편찬한 의서 『향약집성방』이다. 『향약집성방』은 우리 풍토에 맞는 약재 개발과 1천여 종의 병명 및 치료방법을 개발·정리하여 조선의학을 학문적으로 체계화한 책이다.

[오답해설]
② 『동의보감』(1610)은 선조의 명으로 허준이 편찬하기 시작하여 광해군 2년에 완성한 의학서이다.
③ 『금양잡록』(1492)은 성종 때 강희맹의 저서로 토성에 맞추어 적합한 품종과 특성, 내풍성, 농법의 차이 등을 설명한 책이다.
④ 『칠정산』(1444)은 세종 때 이순지와 김담이 중국의 선명력, 수시력 등을 참조하여 우리나라의 새로운 역법(曆法)을 정리하여 만든 책이다.

11 정답 ③

[정답해설]
제시된 글의 밑줄 친 '이 법'은 광해군 때에 시행한 대동법이다. 대동법은 방납의 폐해를 시정하고 농민부담을 경감시키며 국가재정을 확충하기 위해 시행되었는데, 그때까지 가호(家戶) 단위로 부과하던 토산물을 토지 결수에 따라(ㄷ) 쌀 등으로 받고 그 쌀을 공인에게 공가로 지급하여 그들을 통해 물품을 구입하게 하는 제도이다. 경기도에서 처음 시행되었으며(ㄴ) 양반 지주의 반대로 전국적으로 실시되기까지 100년이라는 기간이 소요되었다.

[오답해설]
ㄱ. 대동법이 실시된 후에도 별공·진상 등의 현물이 존속하였다.
ㄹ. 풍흉에따라 조세 액수를 결정했던 세율법은 답험손실법으로, 1391년 공양왕의 과전법 실시 이후 1444년 세종의 전세제도 개정 때까지 시행되었다.

[보충해설]

▎대동법(광해군 1, 1608)
- 내용 : 가호마다 부과하던 토산물을 토지 결수에 따라 쌀 등으로 납부하게 함
- 실시목적 : 지방관리의 폐해 시정, 왜란 후 농민 부담을 경감
- 국가수요품과 공물의 불일치 문제 개선, 국가재정 확충, 군량미 부족 해결
- 경과 : 양반지주의 반대로 전국적인 실시에 100년이 소요됨
  - 광해군 1년(1608) : 이원익, 한백겸의 주장으로 선혜청 설치, 경기도에서 첫 실시(1결당 16두)
  - 인조 1년(1623) : 조익의 주장으로 강원도에서 실시
  - 효종 : 김육의 주장으로 충청도(효종 2, 1651), 전라도(효종 9, 1658)에서 실시
  - 숙종 34년(1708) : 황해도에서 실시(평안·함경도를 제외한 전국적 실시, 1결당 12두)
- 결과 : 농민부담 경감, 공납의 전세화, 조세의 금납화, 국가재정 회복, 공인의 등장으로 상품화폐 경제의 발달 촉진
- 한계 : 별공·진상 등 현물징수 존속, 지주가 전세를 소작농에게 전가, 가혹한 수탈

12 정답 ④

[정답해설]
제시된 글의 토기들은 신석기 시대의 대표적 유물이다. 신석기에 접어들면서 농경과 목축을 시작하고 토기를 제작·사용하였으며 정착 생활을 통해 촌락 공동체를 형성하였다. 또한 돌을 갈아 여러 가지 형태와 용도를 가진 간석기를 만들어 사용하였는데, 갈돌과 갈판 등은 신석기 시대에 사용되었던 조리용 석기이다.

[오답해설]
① 세형동검, 잔무늬 거울 등은 철기 시대의 주요 유물이다.

② 고인돌과 돌널무덤은 청동기 시대의 대표적인 무덤 양식이다.
③ 공주 석장리 유적과 청원 두루봉 동굴 유적은 구석기 시대의 주요 유적지이다.

13   정답 ①

[정답해설]
제시된 글은 부여의 제천 행사인 '영고'에 대한 설명이다. 남에게 상처를 입힌 자가 곡식으로 갚게 한 나라는 고조선이다.

[오답해설]
부여에서는 물건을 훔쳤을 경우 그 물건의 12배를 배상하는 1책 12법이 있었고, 살인을 하거나 간음을 한 자는 사형에 처하였는데, 특히 살인자의 가족들은 노비로 삼는 연좌제도 있었다. 또한 투기죄가 따로 있어, 부녀가 투기를 하면 사형에 처하고, 그 시체를 수도 남쪽 산에 버려 썩게 하였으며 시체를 가져가려면 소나 말을 바쳐야 했다.

14   정답 ④

[정답해설]
제시된 글은 백남운이 지은 〈조선 봉건 사회 경제사〉로, 한국의 고대 경제사를 체계적으로 서술한 연구서이다. 백남운은 사적 유물론을 도입하여 일본의 정체성론에 대항하였으며 사회 경제의 역사적 발전 과정을 본질적으로 분석, 비판, 총관하고자 하였다.

[오답해설]
① 민족 정신을 혼(魂)으로 파악하고, 혼이 담긴 민족사의 중요성을 강조한 것은 민족주의 사학이다.
② 신채호와 박은식 모두 민족주의 사관을 가졌다.
③ 문헌 고증에 의한 실증적인 방법으로 한국사를 연구하여 역사 상황을 정확하고 올바르게 인식하고자 한 것은 실증 사학이다.

15   정답 ③

[정답해설]
ㄷ. 고구려가 낙랑군을 몰아낸 것은 313년 미천왕 때이다.
ㄹ. 백제의 수도 한성이 고구려 장수왕에 의해 함락되자 웅진으로 천도한 것은 475년이다.
ㄱ. 신라가 독자적인 연호를 사용한 것은 536년 법흥왕 때이다.

ㄴ. 대가야가 멸망하면서 가야 연맹이 완전히 해체된 것은 562년 신라 진흥왕에 의해서이다.

[보충해설]
■ 삼국의 국가별 발전 순서
• 고대 국가의 기틀 마련(중앙 집권적 토대 구축) : 고구려(태조왕) → 백제(고이왕) → 신라(내물왕)
• 율령의 반포 : 백제(고이왕) → 고구려(소수림왕) → 신라(법흥왕)
• 고대 국가의 완성(중앙 집권 체제의 완성) : 백제(근초고왕) → 고구려(소수림왕) → 신라(법흥왕)
• 한강 유역의 점령 : 백제(고이왕) → 고구려(장수왕) → 신라(진흥왕)

16   정답 ②

[정답해설]
제시된 글은 만파식적에 대한 내용이며, 밑줄 친 '왕'은 통일 신라의 신문왕이다. 신문왕은 중앙 정치 기구를 정비(6전 제도 완성, 예작부 설치)하고 군사 조직(9서당)과 지방 행정 조직(9주 5소경)을 완비하였다. 9주 5소경이란, 전국을 9주로 먼저 나누고 주 밑에 군과 현을 두어 지방관을 파견하고, 주요 지방에는 특별 행정 구역인 5소경을 두어 일부 중앙 귀족이나 고구려·백제의 옛 귀족들을 살게 하였던 지방 행정 구획을 말한다. 5소경을 둔 이유는 수도인 금성(경주)이 한반도 남동쪽에 치우쳐 있어 지방에 대한 중앙 정부의 지배력이 떨어진다는 지리적 단점을 보완하기 위함이었다.

[오답해설]
① 녹읍을 부활시킨 왕은 경덕왕(757)이다. 신문왕은 관료전을 지급(687)하고 녹읍을 폐지(689)하였다.
③ 정전을 지급한 왕은 성덕왕(722)이다.
④ 고구려 부흥운동을 지원한 왕은 신라의 문무왕이다. 신라는 당의 세력을 쫓아낼 생각으로 안승을 고구려 왕(보덕국왕)으로 봉하고 그들을 지원하였다.

17   정답 ①

[정답해설]
제시된 글의 조약은 1876년에 체결된 '강화도 조약'이다. 만동묘는 임진왜란 때 조선을 도와준 데 대한 보답으로 명의 신종을 제사 지내기 위해 숙종 때에 충북 괴산군 청천면 화양동에 지은 사당이다. 노론의 소굴이 되어 상소와 비판을 올리

고 양민을 수탈하는 등 폐해가 심했다. 흥선 대원군 때 철폐되었으나(1865) 그가 하야한 후인 고종 11년(1874) 다시 세워졌다. 일제강점기에 유생들이 모여 명의 신종에게 제사를 지내므로 조선 총독부가 강제 철거하였다.

[오답해설]
② 이범윤이 간도 시찰원으로 파견된 해는 1902년이다.
③ 통리기무아문이 설치된 해는 1880년이다.
④ 영남 만인소 사건이 일어난 해는 1881년이다.

18   정답 ③

[정답해설]
ㄷ. 계유정난은 1453년에 수양대군이 단종의 왕위를 빼앗기 위하여 일으킨 사건이다.
ㄹ. 무오사화는 1498년 연산군 때 일어난 사건으로, 4대 사화 중 첫 번째 사화이다. 김종직이 지은 〈조의제문〉을 김일손이 사초(史草)에 올린 일을 문제 삼아 유자광, 윤필상 등의 훈구파가 김일손, 김굉필 등의 사림파를 제거한 사건이다.
ㄱ. 기묘사화는 1519년 중종 때 일어난 사건으로, 4대 사화 중 세 번째 사화이다. 조광조의 급격한 개혁(공신의 위훈 삭제)은 공신(훈구 세력 등)의 반발을 샀는데 남곤, 심정 등의 훈구파가 모반 음모(주초위왕)를 꾸며 조광조, 김정, 김식 등 사림파 대부분을 제거한 사건이다.
ㄴ. 을묘왜변은 1555년 명종 때 왜선 70여 척이 전라남도 영암·강진·진도 일대를 습격한 사건이다.

[보충해설]

> ■ 사화의 발생과 전개
> • 사화의 배경
> - 훈구세력과 신진 세력인 사림의 대립(사회·경제적 이해관계의 대립, 정치적·학문적 관점의 차이)
> - 양반계층 증가에 따른 권력다툼과 양반계층의 양극화 현상
> • 사화의 전개
> - 무오사화(연산군 4, 1498) : 김종직이 지은 '조의제문'을 김일손이 사초(史草)에 올린 일을 문제삼아 훈구파가 사림파를 제거
> - 갑자사화(연산군 10, 1504) : 임사홍 등의 궁중 세력이 연산군의 생모인 윤비의 폐출 사건을 들추어 훈구파와 신진 사림 세력의 다수를 축출
> - 기묘사화(중종 14, 1519) : 위훈삭제 등 조광조의 급진 개혁은 공신(훈구세력)의 반발을 샀는데, 남곤 등 훈구파는 모반 음모를 꾸며 조광조를 비롯한 사림파의 대부분을 제거

> - 을사사화(명종 1, 1545) : 외척(대윤파와 소윤파)의 권력다툼에 휩쓸려 사림 세력이 다시 정계에서 밀려남(명종을 옹립한 소윤파 윤원로·윤원형 형제가 인종을 옹호하던 대윤파 윤임 일파를 축출하고, 대윤파에 동조하던 사림파를 함께 숙청)

19   정답 ②

[정답해설]
ㄱ. 제2차 갑오개혁(1894.12~1895.7) 때 발표한 홍범 14조의 6조에 '납세는 법으로 정하고 함부로 세금을 징수하지 아니한다.'가 있다. 이는 세금을 법대로 공정하게 거두어 기존의 세금 제도를 개선하고자 한 것이다.
ㄹ. 제1차 갑오개혁(1894.7~1894.12) 때 전통적 폐습을 타파하는 개혁이 이루어졌는데, 조혼의 금지와 과부의 개가 허용 등의 내용이 포함되어 있다.

[오답해설]
갑오개혁의 한계는 일본의 강요에 의해 타율적으로 시작되었다는 점과 토지 제도 개혁에 대한 내용이 없다는 점이다. 그러므로 ㄴ과 ㄷ은 갑오개혁에 반영된 것이라고 볼 수 없다.

20   정답 ④

[정답해설]
ㄹ. 대한 광복회는 1915년에 결성된 독립운동단체로, 무기를 구입하고 만주에 독립 사관 학교를 설립하려는 목적으로 군자금을 모으는 등 무장 투쟁을 통한 국권 회복을 목표로 한 단체이다.
ㄴ. 의열단은 1919년에 김원봉, 윤세주 등이 조직한 단체로, 일제의 요인 암살과 식민 통치 기관의 파괴를 목적으로 하였다.
ㄷ. 참의부는 1923년에 만들어진 단체로, 독립운동 세력 사이에 내분이 일어나자 만주의 독립군을 통합하기 위해 만들어져 임시정부의 직할부대로 활동하였다.
ㅁ. 근우회는 1927년에 신간회의 출범과 더불어 김활란 등을 중심으로 결성된 여성계의 민족 유일당이다.
ㄱ. 조선 의용대는 1938년에 김원봉이 중국의 한커우에서 조직한 독립무장부대로, 중일전쟁(1937)이 일어나자 군사 조직의 필요성이 대두되어 만들어졌다.

289

[서울시] 2019년 02월 | 정답

01	③	02	③	03	③	04	①	05	②
06	②	07	①	08	④	09	①	10	④
11	①	12	④	13	④	14	③	15	①
16	①	17	④	18	④	19	②	20	③

[서울시] 2019년 02월 | 해설

01 정답 ③

[정답해설]
몽골의 간섭이 본격화된 원 간섭기에는 관제격하의 일원으로 중서문하성과 상서성이 첨의부로 통합되었다.

[오답해설]
① 원 간섭기에는 고려 전체가 몽골의 직할지로 편입된 것이 아니라 쌍성총관부, 탐라총관부와 같은 원의 직속령이 설치되었다.
② 정동행성은 원의 요청에 따라 일본 원정에 참여하기 위해 설치된 것으로, 몽골의 다루가치가 아니라 고려왕이 승상을 맡았다.
④ 대막리지가 집정대신으로서 국정을 총괄한 것은 고구려의 연개소문 집권기이다.

[보충해설]

■ 원 간섭기에 격하된 관제 및 왕실 용어
• 왕의 호칭에 조와 종을 사용하지 못하고 왕을 사용
• 원으로부터 충성을 강요받으면서 왕의 호칭에 충이 사용됨
• 짐 → 고, 폐하 → 전하, 태자 → 세자
• 중서문하성 + 상서성 → 첨의부, 6부 → 4사, 중추원 → 밀직사

02 정답 ③

[정답해설]
ㄷ. 일제에 의해 제1차 한·일 협약이 강제 체결된 후 일제는 재정고문으로 메가타를, 외교고문으로 스티븐슨을 임명하여 대한제국에 대한 고문 정치를 시작하였다(1904. 8).
ㄱ. 일제에 의해 제2차 한·일 협약(을사늑약)이 강제 체결된 후 일제는 대한제국의 외교권을 박탈하고 통감부를 설치하였으며, 이토 히로부미가 초대 통감으로 부임하였다 (1905. 11).
ㄹ. 고종은 헤이그의 만국평화회의에 이준, 이상설, 이위종 등의 특사를 보내 을사늑약의 억울함을 호소하려고 하였다 (1907).
ㄴ. 헤이그 만국 평화 회의에 특사를 파견한 일로 고종을 강제 퇴위시킨 일제는 한·일 신협약(정미 7조약)을 체결한 후 대한제국의 각 부에 일본인 차관을 두어 내정을 간섭하였다(1907. 7).

03 정답 ③

[정답해설]
제시된 〈보기〉에서 금관가야를 복속시키고 건원(建元)이라는 연호를 사용한 왕은 신라 법흥왕이다.
ㄷ. 울주 천전리 비석의 을묘명(乙卯銘)에 '성법흥대왕'이란 법흥왕의 왕호가 새겨져 있다.
ㄹ. '신라육부'가 새겨진 울진봉평신라비는 당시 신라의 영토 확장으로 주민들의 항쟁 사태가 일어나자 법흥왕이 이를 응징하기 위해 육부회의를 열고 관련자를 처벌하는 내용이 기록되어 있다.

[오답해설]
ㄱ. 신라 지증왕은 국호를 사로국에서 '신라'로, 왕호를 마립간에서 '왕'으로 고쳤다.
ㄴ. 신라 진흥왕은 독자적인 연호를 사용하여 '개국(開國)'이라 하였으며, 거칠부로 하여금 『국사』를 편찬토록 하였다.
ㅁ. 신라 선덕여왕은 '인평(仁平)'이라는 독자적인 연호를 사용하였으며, 분황사와 영묘사를 창건하였다.

04 정답 ①

[정답해설]
고구려 영양왕 때 수나라의 압박으로 돌궐이 약화되고 신라가 친수 정책을 취하자 이에 위기의식을 느낀 고구려가 먼저 중국의 요서 지방을 선제공격하였다(598).

[오답해설]
② 고구려 영류왕 때 연개소문은 대당 강경책을 추진하고, 당의 침입에 대비해 부여성에서 비사성에 이르는 천리장성을 축조하였다(647).
③ 고구려 영양왕 때 수 양제(煬帝)가 고구려를 2차 침입하자 을지문덕은 우중문의 30만 별동대를 살수로 유인하여 대승을 거두었다(612).
④ 당 태종이 연개소문의 정변을 빌미로 고구려에 침입하자 양만춘이 안시성 전투에서 당의 군대를 격퇴하였다(645).

05   정답 ②

[정답해설]
조선시대 법령의 기본이 된 법전은 『경국대전』으로 노사신, 강희맹, 서거정 등이 편찬을 주도하였다. 조준이 편찬을 주도한 법전은 『경제육전』이다.

[오답해설]
① 조선의 기본 법전인 『경국대전』을 완성하고 반포한 왕은 성종이다.
③ 『경국대전』은 『경제육전』과 같이 이·호·예·병·형·공전의 6분 방식에 따라 나누어 정리되었다.
④ 세조 때 만세불변의 법전을 만들기 위해 『경국대전』의 편찬을 시작하였다.

06   정답 ②

[정답해설]
운요호 사건을 빌미로 일본은 조선과 최초의 근대적 조약이자 불평등 조약인 조·일 수호 조규(강화도 조약)를 체결하였다. 조·일 수호 조규 제4관에 '조선국은 부산 외에 두 곳을 개항하고, 일본인이 왕래 통상함을 허가한다.'고 명시되어 있으나, 일본공관을 둔다는 내용은 포함되어 있지 않다.

[오답해설]
① 조·일 수호 조규 제1관에 '조선국은 자주의 나라이며, 일본과 평등한 권리를 가진다.'라고 명시되어 있다.
③ 조·일 수호 조규 제10관에 '일본국 인민이 조선국 지정의 각 항구에 머무르는 동안에 죄를 범한 것은 조선국 인민에게 관계된 사건일 때에도 모두 일본 관원이 심판할 것이다.'라고 일본인에 대한 치외법권을 인정하고 있다.
④ 조·일 수호 조규 제7관에 '조선국은 일본국의 항해자가 자유롭게 해안을 측량하도록 허가한다.'라고 일본선박의 조선연해 측량을 인정하고 있다.

[보충해설]

> **■ 조·일 수호 조규(강화도 조약)의 주요 내용**
> - 제1관 : 조선국은 자주의 나라이며, 일본과 평등한 권리를 가진다. → 조선에 대한 청의 종주권 부정, 일본의 침략 의도 내포
> - 제2관 : 일본국 정부는 지금부터 15개월 후 수시로 사신을 조선국 서울에 파견한다.
> - 제4관 : 조선국은 부산 외에 두 곳을 개항하고, 일본인이 왕래 통상함을 허가한다. → 부산(경제적 침략 목적) 개항, 1880년에는 원산(군사적 목적), 1883년에는 인천(정치적 목적)을 각각 개항
> - 제7관 : 조선국은 일본국의 항해자가 자유롭게 해안을 측량하도록 허가한다. → 해안측량권은 조선에 대한 자주권 침해
> - 제9관 : 양국 인민의 민간무역 활동에서 관리의 간섭을 받지 않는다.
> - 제10관 : 일본국 인민이 조선국 지정의 각 항구에 머무르는 동안에 죄를 범한 것은 조선국 인민에게 관계된 사건일 때에도 모두 일본 관원이 심판할 것이다. → 치외법권 규정으로, 명백한 자주권 침해이자 불평등 조약임을 의미

07   정답 ①

[정답해설]
ㄱ. 영조는 형벌 제도를 개선해 압슬형, 자자형, 낙형 등의 가혹한 악형을 없앴고, 사형수에 대한 삼복법을 시행하여 억울한 누명을 쓰는 일이 없도록 하였다.
ㄹ. 영조는 청계천 정비를 위해 준천사를 설치하고 홍수에 대비하게 하였다.

[오답해설]
ㄴ. 정조는 박제가, 이덕무, 유득공 등의 서얼 출신 학자를 검서관에 기용하고 공노비의 일부를 양인화하는 등 서얼과 노비에 대한 차별을 개선하기 위해 노력하였다.
ㄷ. 군역의 부담을 줄이기 위해 1년에 군포 2필을 부담하던 것을 1필로 경감하는 균역법을 시행한 것은 영조이다. 그러나 양반과 상민이 똑같이 군포를 부담하게 한 것은 흥선 대원군 때 시행된 호포제이다.

> **■ 조선 영조의 업적**
> - 완론 탕평 : 각 붕당의 타협적 인물들 등용
> - 탕평파 육성 : 탕평파를 육성하고 탕평비를 건립
> - 산림 부정, 서원 정리 : 붕당의 뿌리를 제거하기 위해 공론의 주재자로 인식되던 산림을 부정, 붕당의 본거지인 서원 대폭 정리
> - 이조 전랑 권한 약화 : 붕당의 이익을 대변하던 이조 전랑의 권한을 약화
> - 균역법 : 군역 부담 경감을 위해 군포를 2필에서 1필로 경감
> - 가혹한 형벌 폐지 : 심한 고문, 형벌 등 폐지
> - 서적 간행 : 속오례의, 속대전, 동국문헌비고 등
> - 준천사 설치 : 서울 성내의 치산치수를 위해 설치

08 정답 ④

[정답해설]
향도(香徒)는 매향(埋香) 활동을 통해 미륵을 만나 구원받고자 하는 불교 신앙 공동체이다. 고려는 삼국시대부터 있어 왔던 향도를 계승하여 신앙의 결속을 다지고 매향 행위를 통해 내세의 복을 빌었다.

[오답해설]
① 고려 태조는 훈요십조에서 도선이 산과 물의 순역을 헤아려 건립한 사원 외에 함부로 절을 더 창건하지 말 것을 당부하였다.
② 「초조대장경」은 고려 현종 때 부처의 힘을 빌려 거란의 침입을 막고자 제작한 것으로, 송의 대장경을 바탕으로 간행하였다.
③ 해동천태종을 창시하고, 교종과 선종의 대립을 완화하기 위해 노력한 승려는 대각국사 의천이다. 균여는 고려 광종 때 귀법사를 창건하고 11수의 향가인 보현십원가를 지어 불교 교리를 대중에게 전파하였다.

09 정답 ①

[정답해설]
궁중 도서를 관리하고 국왕의 자문에 응하는 학문기관은 홍문관이며, 예문관은 국왕의 말이나 명령을 담은 문서의 작성을 담당하기 위해 설치한 관서이다.

[오답해설]
② 사간원은 국왕에 대한 간쟁과 논박을 담당한 언론기관으로 사헌부, 홍문관과 함께 3사로 불렸다.
③ 승정원은 국왕의 명령을 신하들에게 전달하는 왕의 비서 기관으로, 은대라고도 불렸다.
④ 의금부는 국왕 직속의 사법 기관으로 반역죄, 강상죄 등을 범한 중죄인을 다스렸다.

10 정답 ④

[정답해설]
박정희 정부 시기인 1960년대에 기간산업, 사회 간접 자본 확충, 경공업 중심의 수출 산업 육성을 위한 제1차 경제 개발 5개년 계획이 추진되었다(1962~1966).

[오답해설]
① 이승만 정부는 일제가 남긴 귀속재산 중 국·공유 재산으로 지정된 것을 제외하고 민간인 연고자에게 분배하는 귀속재산처리법을 공포하였다(1949).
② 이승만 정부는 미국과 한국의 주권 침해 없이 한국 국민의 고난을 구제하며, 한국의 건전한 경제 수립을 목적으로 한미경제조정협정을 체결하였다(1952).
③ 김영삼 정부 때에 선진국 진입의 관문인 경제협력 개발기구(OECD)에 29번째 회원국으로 가입하였다(1996).

11 정답 ①

[정답해설]
조선 초기에는 성리학적 명분론에 따라 중국 중심의 화이관(華夷觀)을 바탕으로 국가와 정권의 안전을 보장받고 주변국과 평화로운 관계를 유지하는 사대교린(事大交隣)을 기본정책으로 삼았다.

[오답해설]
② 고려 태조는 서경(평양)을 북진정책의 전진 기지로 삼아 여진족을 축출하고 거란에 대한 강경 외교를 펼치는 등 고구려 고토의 회복을 도모하였다.
③ 조선 초기 일본과 여진에 대해서는 회유책과 강경책을 동시에 쓰는 화전 양면과 교린 정책을 유지하였다.
④ 조선 초기 사이암(타이), 자바(인도네시아) 등 동남아시아 국가와 교류하여 사신 왕래와 문물을 교환하였다.

12 정답 ④

[정답해설]
제시된 〈보기〉의 자료는 신라의 신분 제도인 골품제의 한계를 자각하고 이를 비판한 내용이다. 골품제는 혈통에 따라 사회적 제약이 가해지는 폐쇄적 신분 제도로, 골품에 따라 관등 승진의 상한선이 결정되었다.

[오답해설]
① 신라의 골품제는 건국 당시부터 멸망할 때까지 존속했던 신라 고유의 신분제도이다.
② 국학은 통일 신라의 신문왕이 유학 교육을 진흥시키고 유교 이념을 확립하기 위해 설립한 교육 기관으로 골품제의 폐지와는 관련이 없다.
③ 진골은 왕족인 성골 다음의 신분으로 1~17등급의 모든 관등을 받을 수 있으며, 1관등인 이벌찬까지 오를 수 있다.

[보충해설]

■ 신라 골품제의 성격
- 왕권을 강화하면서 혈연에 따라 사회적 제약이 가해지는 폐쇄적 신분 제도
- 개인의 사회 활동과 정치 활동의 범위까지 엄격히 제한
- 관등 승진의 상한선이 골품에 따라 정해져 불만 세력 발생
- 가옥의 규모와 장식물, 복색, 수레 등 일상생활까지 규제하는 기준

13 정답 ④

[정답해설]
제시된 〈보기〉에서 제천행사인 영고, 우제점법, 형사취수제, 1책 12법, 사출도 등은 모두 부여에 대한 설명이다. 고대 국가인 부여에서는 왕권이 강하지 못했기 때문에 재해가 발생하면 왕이 교체되거나 심지어 죽임을 당하기도 하였다.

[오답해설]
① 삼한에서는 소와 말을 순장하고 죽은 사람의 영혼이 하늘나라로 날아갈 수 있도록 큰 새의 깃털을 장례에 사용하였다.
② 고구려는 10월에 동맹(東盟)이라는 제천행사를 국동대혈에서 성대하게 거행하였다.
③ 삼한에서는 제사장인 천군이 별읍의 신성지역인 소도에서 농경의례 등을 올렸다.

[보충해설]

■ 부여의 풍속
- 백의 숭상 : 흰 옷을 입는 풍속 → 백의민족의 유래
- 금·은 장식 : 금과 은으로 만든 장신구로 치장하는 것을 즐겨함
- 형사취수제 : 부여와 고구려에서 존재한 풍습으로 노동력 확보를 목적으로 한 근친혼제
- 순장·후장 : 왕이 죽으면 사람들을 함께 묻는 순장과, 껴묻거리를 함께 묻는 후장의 풍습이 존재
- 우제점법 : 점성술이 발달. 소를 죽여 그 굽으로 길흉을 점치는 우제점법이 존재 → 전쟁이 일어났을 때 제천의식을 행하고 우제점법을 시행
- 영고 : 수렵 사회의 전통을 보여 주는 제천 행사로 매년 음력 12월에 개최

14 정답 ③

[정답해설]
김보당과 조위총의 난은 모두 무신정변 초기에 일어난 반(反)무신정변이다. 김보당의 난(1173)은 동북면 병마사 김보당이 무신정변에 반대하여 의종의 복위를 꾀하며 일으킨 난이고, 조위총의 난(1174)은 정중부 등 무신정변의 주동자를 제거하고자 서경 유수 조위총이 일으킨 난이다.

[오답해설]
① 무신집권기 초반 무신들은 중방을 중심으로 권력을 행사하면서 주요 관직들을 독차지하고, 토지를 확장하였으며 저마다 사병을 길러 권력 쟁탈전을 전개하였다.
② 고려 무신집권기 때 최충헌은 국정 총괄 기구인 교정도감을 설치했고, 최우는 인사 기관인 정방과 문신 숙위 기구인 서방을 사저에 설치하였다.
④ 고려 무신집권기 때 이규보는 고구려의 시조인 『동명왕편』을 지어 고려가 천손의 후예인 고구려의 전통을 계승하고 있다는 자부심을 표현하였다.

15 정답 ①

[정답해설]
ㄷ → ㄴ → ㄱ(세 번째 사건) → ㄹ

ㄷ. 이승만의 정읍 발언(1946. 6) : 제1차 미·소 공동 위원회가 개최되었으나 결렬되자 이승만은 정읍에서 남한만의 단독 정부 수립을 주장하였다.
ㄴ. 좌·우 합작 7원칙 발표(1946. 10) : 이승만의 정읍 발언 후 우익 측을 대표한 김규식과 좌익 측을 대표한 여운형이 좌우 합작 위원회를 구성하고 좌우 합작 7원칙을 발표하였다.
ㄱ. 제2차 미·소 공동위원회 결렬(1947. 5) : 임시 민주 정부 수립을 위해 덕수궁 석조전에서 제2차 미소 공동 위원회가 개최되었으나 임시 정부 수립에 참여할 단체 문제로 결렬되었다.
ㄹ. 유엔 소총회(1948. 2) : 인구 비례에 의한 남북한 총선거 실시를 결의하였으나 소련과 북한의 반대로 유엔 소총회에서 남한만의 단독 총선거가 결의되었다.

16 정답 ①

[정답해설]
제시된 〈보기〉의 내용은 이회영·이시영 등 6형제와 그들의 가족들이 12월 엄동설한에 압록강을 건너 독립운동의 근거지를 세우기 위해 결행한 만주행이다. 이회영 등은 서간도(만주

지역) 삼원보의 경학사에 독립군 양성을 위해 군사 교육 기관인 신흥 강습소를 세웠고 이후 신흥 무관 학교로 발전하였다.

[오답해설]
② 연해주의 신한촌에 대한광복군정부, 대한국민의회 등의 독립운동 기지가 설립되었다.
③ 북간도에 조직된 독립운동 단체인 간민회를 기반으로 이상설은 서전서숙을, 김약연은 명동학교를 세워 민족 교육을 실시하였다.
④ 임병찬은 나라를 되찾은 후 고종을 복위시키려는 목표를 세우고 독립 의군부를 조직하여 전국적인 의병 봉기를 준비하였다.

17 　　　　　　　　　　정답 ④

[정답해설]
비변사는 임진왜란을 거치면서 조직과 기능이 확대되어 국정의 최고 기구가 되었으나, 고종 대에 흥선 대원군이 왕권 강화의 일환으로 비변사를 폐지하고 의정부의 기능을 회복시켰다.

[오답해설]
① 대한제국은 근대적 토지 소유제도의 마련을 위해 양지아문을 설치하여 양전사업을 실시하고, 지계아문에서 토지 소유자에게 지계를 발급하였다.
② 대한제국은 프랑스로부터 경의선 부설권을 반환받은 후 서북철도국을 설치해 경의철도 부설사업을 추진하였다.
③ 대한제국은 상공업 진흥 정책에 따라 우편학당, 전무학당, 상공업학교, 의학교, 광산학교 등을 설립하였다.

18 　　　　　　　　　　정답 ④

[정답해설]
ㄴ. 노비안검법(956) : 고려 광종은 노비안검법을 실시하여 양인이었다가 불법으로 노비가 된 자를 조사하여 해방시켜 줌으로써, 호족·공신 세력을 약화시키고 왕권을 강화하였다.
ㄹ. 시정전시과(976) : 고려 경종은 전시과 제도를 시행하여 전지(田地)와 시지(柴地)를 실직(實職)이 있는 사람과 없는 사람 모두에게 처음 지급하였다.
ㄱ. 서희의 외교담판(993) : 고려 성종 때 거란의 소손녕이 수십만 대군을 이끌고 고려를 침입하자, 서희가 외교담판으로 강동 6주를 확보하고 거란군의 철수를 이끌어냈다.

ㄷ. 서긍의 『고려도경』(1123) : 고려 인종 때 송나라 사신 서긍이 고려를 방문하고 송도(개성)에서 보고 들은 것을 그림을 곁들여 기록한 『고려도경』을 저술하였다.

19 　　　　　　　　　　정답 ②

[정답해설]
제시된 〈보기〉의 내용은 민족 유일당 운동을 계기로 설립된 신간회의 강령이다. 한편, 일제에 조작된 소위 105인 사건으로 탄압을 받은 단체는 신민회이다. 신민회는 국권 회복과 공화정체의 국민 국가 건설을 목적으로 안창호와 양기탁이 중심이 되어 조직된 비밀 결사 단체이다.

[오답해설]
① 신간회는 1927년 비타협적 민족주의 세력과 사회주의 세력이 연합하여 결성되었다.
③ 신간회는 민족 운동계의 다수 세력이 참가하여 전국에 140여 개소의 지회와 약 4만 명의 회원을 확보하였다.
④ 신간회는 1929년에 광주학생운동이 일어나자 진상 조사단을 파견하고 민중대회의 개최를 계획하였다.

[보충해설]

▍신간회 결성과 활동
- 결성 : 민족주의 진영과 사회주의 진영이 민족 유일당 운동의 일환으로, 조선 민흥회(비타협 민족주의 계열)와 정우회(사회주의 계열)가 연합하여 결성(1927) → 회장 이상재·안재홍 등이 중심
- 조직 : 민족 운동계의 다수 세력이 참가하였으며, 전국에 약 140여 개소의 지회 설립, 일본과 만주에도 지회 설립이 시도됨
- 강령 : 민족의 단결, 정치·경제적 각성 촉진, 기회주의자 배격
- 활동 : 민중 계몽 활동, 노동 쟁의·소작 쟁의·동맹 휴학 등 대중 운동 지도, 광주 학생 항일 운동 시 조사단 파견

20 　　　　　　　　　　정답 ③

[정답해설]
조선 초기 과전은 전직 관리와 현직 관리 모두에게 토지로부터 조세를 거둘 수 있는 권리인 수조권(收租權)을 지급하였다.

[오답해설]
① 과전으로 지급할 수 있는 토지는 경기도로 한정되었으나, 태종 대에 과전의 1/3을 충청도, 전라도, 경상도의 토지로 지급하였다.
② 조선 초기 과전은 수조권만 부여하였으며 소유권은 허용되지 않았다.
④ 조선 초기 과전은 상속되지 않고 관리가 죽거나 반역을 하면 반납하는 것이 원칙이었으나, 수신전·휼양전 등의 명목으로 세습되었다.

[서울시] 2019년 06월 | 정답

01	②	02	②	03	④	04	③	05	②
06	①	07	④	08	②	09	①	10	①
11	③	12	①	13	③	14	④	15	③
16	④	17	④	18	③	19	④	20	②

[서울시] 2019년 06월 | 해설

01   정답 ②

[정답해설]
고구려의 국왕 을파소의 건의로 고국천왕은 봄에 곡식을 빌려주고 가을에 돌려받는 빈민 구제 제도인 진대법을 실시하였다.

[오답해설]
① 기원전 3세기 경 진·한 교체기에 세력을 키운 위만이 준왕을 몰아내고 왕이 되었다. 위만 조선은 청동기를 배경으로 철기 문화를 수용하면서 요하와 대동강 일대의 세력을 규합하였다. 이에 위기를 느낀 한이 고조선을 공격하여 왕검성을 함락하였다.
③ 고조선은 홍익인간의 이념으로 건국된 제정일치 사회 국가이다. 사유 재산과 재산이 존재하여 이를 보호하기 위하여 8조법이 존재하였다. 범금팔조 또는 기자팔조금법이라 불리기도 한 이 법은 살인죄, 상해죄, 절도죄에 대한 내용이 담겨있다.
④ 고조선은 요령지방을 중심으로 발전한 청동기 국가로 비파형 동검과 고인돌 등의 청동기 시대의 유물과 유적을 통하여 세력범위를 짐작할 수 있다.

02   정답 ②

[정답해설]
ㄱ. 백제의 고이왕(8대, 234~286)은 외적으로는 한강유역을 장악하고, 내적으로는 관등제(6좌평, 16관등제)를 정비하고 백관의 관복을 제정하였으며 율령을 반포하여(262) 중앙 집권 국가의 기틀을 마련하였다.
ㄴ. 백제의 전성기 시대의 왕 근초고왕(13대, 346~375)은 고구려의 평양성을 공격하여 고구려의 왕 고국원왕을 전사시키고, 마한의 나머지 세력을 정복하여 백제의 최대 영토를 확보하였다.
ㄹ. 백제의 침류왕(15대, 384~385)은 동진의 승려 마라난타로부터 불교를 수용(384)하여 중앙 집권 체제를 사상적으로 뒷받침하였다.
ㄷ. 백제의 무령왕(25대, 501~523)은 지방의 주요 지점에 22담로를 설치하고 왕자·왕족을 파견하여 지방 통제를 강화함으로써 부흥의 기반을 다졌다.

03   정답 ④

[정답해설]
밑줄 친 이 나라는 가야로, 가야는 유일하게 중앙집권체제로 발전하지 못하고 연맹왕국 단계에서 머문 국가이다. 초기에는 금관가야, 후기에는 대가야가 가야연맹을 주도하였다(대가야, 금관가야, 아라가야, 성산가야, 소가야 등). 일찍부터 벼농사를 짓는 등 농경문화가 발달하고, 풍부한 철의 생산으로 철기를 만들 때 사용하는 덩이쇠를 화폐와 같은 교환 수단으로 이용하기도하는 등의 철기문화가 발달하였다. 법흥왕 때 금관가야가 복속되었고(532), 진흥왕 때 대가야가 병합되면서(562) 결국 가야 연맹은 완전히 해체되었다.

[오답해설]
① 백제의 침류왕은 중국 동진의 승려 마라난타로부터 불교를 수용하여 중앙집권체제를 뒷받침하며 왕권을 높였다.
② 백제는 재상을 뽑을 때 호암사의 정사암이라는 바위에서 후보 이름을 써서 넣은 상자를 봉해두었다.
③ 신라의 화백제도는 국가의 중요 정책이나 사안을 대등들이 모여 만장일치로 결정하는 귀족회의체이다.

[보충해설]

■ 가야의 발전
- 김해의 금관가야를 중심으로 한 전기 가야 연맹은 4세기 초부터 백제와 신라의 팽창에 밀려 점차 약화되기 시작
- 4세기 말부터 5세기 초에 신라를 후원하는 고구려군의 공격으로 중심세력이 해체되고 낙동강 서안으로 세력이 축소
- 5세기 이후 김해, 창원을 중심으로 한 동남부 세력이 쇠퇴하고 고령 지방을 중심으로 하는 대가야가 주도권을 행사하며 후기 가야 연맹을 형성

04 정답 ③

[정답해설]
외교적으로는 상설 교통로인 신라도를 개설하여 신라와 친교에 노력하였다. 신라와의 무역 이외에도 당, 거란, 일본 등과 해로와 육로를 이용하여 무역하였는데, 산둥 반도에 발해관을 설치하고 발해인들이 이용하게 할 만큼 가장 많은 무역을 하였다.

[오답해설]
① 발해는 고구려 장군 대조영을 중심으로 한 고구려 유민과 말갈 집단이 길림성 동모산 기슭에서 발해를 건국하였다. 고구려 유민이 지배층, 말갈집단이 피지배층을 이루어 구성되어있다.
② 발해는 수도 5경, 발해 성터 등의 고구려 문화를 다수 계승하면서 당의 3성 6부의 중앙 조직, 15부 62주의 지방조직, 10위의 군사 제도 등의 당 문화를 받아들였다.
④ 발해의 문왕은 국립대학이자 유학 교육기관인 주자감을 두어 귀족 자제에게 유교 경전을 가르쳤다.

05 정답 ②

[정답해설]
신라의 승려 원측(613~696)은 당의 현장에게서 유식 불교를 배워 유식론을 발전시켰다.

[오답해설]
① 고구려의 영양왕(590~618)은 이문진으로 하여금 「유기」 100권을 요약하여 「신집」 5권을 편찬하였으며(600), 담징을 일본으로 보내어 종이와 먹을 전하였다(608).
③ 신라의 진흥왕은 인도의 아소카왕과 같은 전륜성왕을 자

처하며 두 아들의 이름을 동륜과 금륜으로 지었다.
④ 백제 말기에는 미래에 중생을 구제한다는 미륵신앙이 유행하였으며, 왕권의 비호 아래 강한 호국적 성격을 띠어 6세기 말 무왕 때 왕흥사와 익산의 미륵사와 같은 거대한 사원을 건립하였다.

06 정답 ①

[정답해설]
지방군은 5도의 일반 군현에 주현군을 두어 지방관의 지휘를 받아 외적을 방비하고 치안을 유지, 각종 노역에 동원하였고, 국경지방인 양계에는 주진군을 두어 양계의 농민과 경군의 교대 병력으로 편성하는 상비군, 좌군·우군·초군으로 편성하였다.

[오답해설]
② 고려 시대의 군사제도는 2군 6위로 구성되며, 지휘관은 상장군과 대장군, 45령으로 구성되어있다. 2군은 응양군과 용호군으로 구성되어있으며 국왕의 친위대로 근장이라고도 불린다.
③ 6위 중 좌우위, 신호위, 흥위위는 핵심 주력 군단으로 수도와 국경의 방비를 담당하고, 금오위는 경찰, 천우위는 의장, 감문위는 궁궐·성문 수비를 담당하였다.
④ 중앙군은 직업군인으로 편성되었는데, 군인전을 지급받았으며 그 역은 자손에게 세습 가능하였다.

07 정답 ④

[정답해설]
고려 성종은 신라 6두품 출신의 유학자(최승로, 김심언 등)들이 국정을 주도하면서 유교 정치를 실현하였으며, 국정 쇄신을 위하여 5품 이상의 관리로 하여금 정치에 대한 비판과 정책을 건의하는 글을 올리게 하였다. 주어진 건의안은 최승로의 시무 28조로 유교 정치이념을 토대로 하는 중앙 집권적 귀족 정치를 지향하고, 지방관 파견과 12목 설치, 군제 개편 등을 건의하였다. 이에 성종은 국가 재정을 낭비하는 국가적인 불교행사인 연등회를 축소하고 팔관회를 억제하면서 유교 정치 이념을 확립하였다.

[오답해설]
① 고려 태조는 여러 호족을 통합하기 위하여 막강한 권세를 가진 호족과 혼인 관계를 맺거나 왕씨 성을 하사하는 사성 정책을 펼치기도 하였다.
② 고려 광종은 양인이었다가 불법으로 노비가 된 자를 조사하여 해방시켜 줌으로써, 호족·공신 세력을 약화시키고

국가 재정 수입 기반을 확대하는 노비 안검법(956)을 실시하였다.
③ 고려 예종은 예종 14년(1119)에 국학에서 처음으로 양현고를 설치하고 보문각과 청연각을 세워 선비를 양성하게 하였다.

08   정답 ②

[정답해설]
재조대장경은 팔만대장경으로 몽고의 침입으로 초조대장경이 소실된 후 부처의 힘으로 이를 극복하고자 고종 때 강화도에 대장도감을 설치하여 16년 동안의 조판 후 선원사 장경도감에 보관하였다. 조선 초 해인사로 이동한 후 현재까지 합천 해인사에 8만 매가 넘는 목판이 모두 보존되어있다.

[오답해설]
① 고려 후기 천태종 승려인 요세는 자신의 행동을 참회하고 수행하는 법화 신앙을 강조하며 백련결사를 개창하였다. 그러면서 복잡한 이론보다는 종교적 실천을 강조하였다.
③ 고려의 고승 각훈은 왕명을 받아 삼국시대의 승려 33인의 전기를 수록한 「해동고승전」을 편찬하였다. 이는 우리나라 최고(最古)의 승전이며, 불교사를 중국과 대등한 입장에서 서술하고 교종의 입장에서 불교 역사와 사상을 정리하였다.
④ 고려 후기의 보조국사 지눌은 선정과 지혜를 같이 닦아야 한다는 것으로, 선과 교학이 근본에 있어 둘이 아니라는 사상 체계를 말하는 정혜쌍수와 인간의 마음이 곧 부처의 마음임을 깨닫고 그 뒤에 깨달음을 꾸준히 실천하는 것을 말하는 돈오점수를 주장하였다.

09   정답 ①

[정답해설]
〈보기〉에 밑줄 친 인물은 만적으로 최충헌의 사노이다. 만적의 난은 만적의 주인인 최충헌을 죽이고 전국에 노비를 없앨 계획을 가진 천민 계층 주도로 이루어진 최초의 조직적인 신분 해방 운동이다.(1198) 이는 고려 후기 무신 정권기의 일로 고려 무신 집권기에는 여러 반란과 운동이 일어났다. 고려 중기 최초의 사학인 최충의 문헌공도(9재 학당)를 비롯한 사학 12도가 융성하여 국자감의 관학 교육은 위축되었다. 이에 학벌이 형성되고 문벌 귀족 사회가 발달하였다.

[오답해설]
② 경주 일대에서 신라 부흥을 주장하며 이비 · 패좌의 난이 일어났다.(1202)

③ 고려 후기의 보조국사 지눌은 정혜쌍수와 돈오점수를 주장하며 명리에 집착하는 무신 집권기 당시 불교계의 타락상을 비판하고 승려 본연의 자세로 돌아가 독경과 선 수행 등에 고루 힘쓰자는 개혁 운동을 송광사 중심으로 전개하였다.
④ 소(所)는 고려 시대의 특수 행정 지역으로 국가가 필요로 하는 공납품을 만들어 바치는 공장들의 집단거주지이다. 향 · 부곡 · 소의 주민들은 양인이었으나 일반 군현과 달리 차별을 받았으며, 향리의 지배를 받았다.

10   정답 ①

[정답해설]
조선시대 태종은 경제적인 측면에서는 호패법을 실시하여 인력 자원을 확보하고 국민의 동태를 파악하였다. 그러면서 노비변정도감을 설치하여 억울한 노비나 불법 노비를 해방시켜 주기도 하였다. 또 사섬서를 설치하여 지폐인 저화를 발행하여 화폐 경제를 촉진하였다.

[오답해설]
② 상평통보는 인조 11년(1633) 김신육 · 김육 등의 건의로 발행되었으나, 사용이 미비하여 유통이 중지되었다가, 숙종 4년(1678) 허적 · 권대운 등의 주장으로 다시 주조되어 서울과 서북 일대에서 유통되었으며, 이후 전국적으로 확산되었다.
③ 대한 제국 당시 고종은 근대적 토지 소유 제도를 마련하기 위하여 양지아문을 설치하여(1898) 양전 사업을 실시하고(1899) 지계(토지증서)를 발급하여 토지 소유권을 공고히 하였다.
④ 조선 전기의 공법(貢法)은 토지의 등급에 따라 1결당 토지 면적을 6등전으로 차등하여 부세하는 전분 6등법과 풍 · 흉의 정도에 따라 9등급으로 구분하여 부세하도록 하는 연분 9등법이 1444년 세종 때 확정되었다.

[보충해설]

■ 태종의 주요정책	
국왕 중심의 통치체제 정비	• 의정부 권한의 약화, 육조 직계제 채택 • 사병 혁파, 언론과 언관의 억제
경제 기반의 안정	• 호패법, 양전 사업 실시 • 지방 권세가 통제를 위해 유향소 폐지
억불숭유	• 사원을 정리하고 사원전을 몰수 • 서얼 차대법, 상가 금지법 제정

11 정답 ③

[정답해설]
〈보기〉는 지방 관리의 방납 폐해를 보여주는 것으로, 이과 같은 폐해를 시정하고 전후 농민의 부담을 줄여 국가의 재정을 확충, 군량미 부족을 해결하기 위하여 대동법(1608)을 시행하였다. 18세기 중엽부터 국가의 감독을 받지 않고 상인 물주의 자본과 덕대의 경영이 분리된 광산 경영 형태가 일반화되었다. 상업 자본의 광산 경영으로 금광의 개발이 활발해졌다.

[오답해설]
①, ② 대동법은 광해군 1년(1608)에 실시하여 부과가 종전 가호 단위에서 전세 단위로 바뀌어, 토지 1결당 미곡 12두만을 납부하여 농민의 부담이 경감되었다.
④ 대동법을 실시하면서 등장한 관허 상인인 공인(貢人)의 활발한 활동으로 상품 화폐 경제가 발달하였다. 그에 따라 상품의 수요가 증가하여 시장이 활성화 되었고, 상품 구매력의 증가로 자급자족에서 유통 경제로 변하였다.

12 정답 ①

[정답해설]
ㄱ. 조선 후기의 실학자 정약용(1762~1836)의 저술을 정리한 「여유당전서」로, 정약용의 토지 개혁론 중 여전론의 내용을 담고 있다. 여전론은 한 마을을 단위로 하여 토지를 공동으로 소유하고 공동으로 경장하여 수확량을 노동량에 따라 분배하는 일종의 공동 농장 제도이다.
ㄴ. 조선 후기의 실학자 이익(1681~1763)이 국가적 당면 문제의 해결책을 제시한 「곽우록」이다. 이익은 농촌 경제의 안정책과 토지매매의 하한선을 정하는 토지 개혁론(한전론)을 이에 담았다.

[오답해설]
• 유형원(1622~1673) : 자영농 육성을 위한 토지 제도의 개혁으로 균전론을 주장하였다. 균전론 실시를 주장하는 내용을 「반계수록」에 담았다.
• 박지원(1737~1805) : 영농 방법의 혁신, 상업적 농업의 장려, 수리시설의 확충 등을 통한 농업 생산력 증대에 관심을 가졌으며 한전론의 중요성을 강조하였다.

13 정답 ③

[정답해설]
ㄹ. 고려시대 고종 23년(1236)에 간행된 「향약구급방」은 우리나라에 전해오는 가장 오래된 의방서로 각종 질병에 대한 처방과 약재를 소개하고 있다.
ㄷ. 조선시대 세종 15년(1433)에 간행된 「향약집성방」은 우리나라 사람의 질병을 치료하는 데에는 우리나라 풍토에 적합하고 우리나라에서 생산되는 약재가 더 효과적일 것이라는 병과 약에 대한 의토성(宜土性)을 담고 있다. 그리고 12년 뒤 세종 27년(1445)에는 기존의 의서들을 모아 「의방유취」라는 의학 백과사전이 간행되었다.
ㄱ. 「동의보감」은 조선시대 의관인 허준이 왕명을 받아 조선과 중국의 의서를 집대성하여 광해군 2년(1610)에 저술한 의학서이다.
ㄴ. 「마과회통」은 정조 22년(1798)에 마진(홍역)에 대한 연구를 한 정약용에 의하여 편술된 마진(홍역)에 관한 의서이다.

14 정답 ④

[정답해설]
대동여지도가 국가의 기밀을 누설시킬 우려가 있다고 하여 판목이 압수 소각되었다는 설이 있었으나 이는 잘못된 설이라는 연구 결과들이 나오고 있다.

[오답해설]
① 순조 34년(1834) 김정호가 세로줄과 가로줄을 넣어 축척과 좌표를 표시한 청구도를 제작하였다.
② 18세기 영조 때 정상기가 제작한 동국지도는 최초로 100리척 축척 개념을 사용하였다.
③ 영조 때 모눈종이를 이용한 방안 지도인 조선지도가 제작되었다. 조선지도는 위치·거리·방향 등의 정보를 정확하게 하기 위해 각 지도는 동일한 축척의 20리 방안 위에 그렸다.

[보충해설]

■ 조선 후기 지도의 특징
• 대축척 지도의 발달
• 다양한 지도의 활발한 편찬
• 지방 각 군현 조도의 편찬 급증
• 지도의 보급과 소장이 현저히 증가

15 정답 ③

[정답해설]
1880년대 이만손을 중심으로 영남 유생들이 만인소를 올려 조선책략을 가져 온 김홍집의 처벌을 요구하였다.

[오답해설]
① 1870년대 최익현은 5불가소를 바탕으로 왜양일체론을 주장하며 개항 반대 운동을 전개하였다.
② 1860년대 경기의 이항로는 척화주전론을 고종에게 진언하였고, 호남의 기정진은 양물금단론을 내세워 통상 반대 운동을 전개하였다.
④ 1880년대 홍재학은 주화매국의 신료를 처벌하고 서양물품과 서양서적을 불태울 것을 주장하였다.

[보충해설]

▎위정척사 주장

- **통상 반대론(1860년대)**: 서양 오랑캐의 화(禍)가 오늘날에 이르러서는 홍수나 맹수의 해(害)보다 더 심합니다. 전하께서는 부지런히 힘쓰시고 경계하시어 안으로는 관리들로 하여금 사학(邪學)의 무리를 잡아 베게하시고, 밖으로는 장병으로 하여금 바다를 건너오는 적을 정벌케 하소서.
- **개항불가론(1870년대)**: 일단 강화를 맺고 나면 저들은 물화를 교역하는 데 욕심을 낼 것입니다. 저들의 물화는 모두 지나치게 사치스럽고 기이한 노리개로, 손으로 만든 것이어서 그 양이 무궁합니다. 우리의 물화는 모두 백성들의 생명이 달린 것이고 땅에서 나는 것이므로 한정이 있습니다. …… 저들이 비록 왜인이라고 하나 실은 양적(洋賊)입니다.
- **조선책략 반대(1880년대)**: 러시아, 미국, 일본은 같은 오랑캐입니다. 그들 사이에 누구는 후하게 대하고 누구는 박하게 대하기는 어려운 일입니다. …… 더욱이 세계에는 미국, 일본 같은 나라가 헤아릴 수 없이 많습니다. 만일 저마다 불쾌해 하며, 이익을 추구하여 땅이나 물품을 요구하기를 마치 일본과 같이 한다면, 전하께서는 어떻게 이를 막아 내시겠습니까?
- **을미의병(1895)**: 원통함을 어찌하리. 이미 국모의 원수를 생각하며 이를 갈았는데, 참혹함이 더욱 심해져 임금께서 또 머리를 깎으시는 지경에 이르렀다. …… 이에 감히 먼저 의병을 일으키고서 마침내 이 뜻을 세상에 포고하노니, 위로 공경(公卿)에서 아래로 서민에 이르기까지, 어느 누가 애통하고 절박한 뜻이 없을 것인가.

16　정답 ④

[정답해설]
조 · 미수호통상조약(1882)의 체결 후 이듬해 공사 푸트가 서울 부임에 대한 답례와 양국 간 친선을 위하여 보빙사를 파견하였다(1883). 보빙사 일행은 미국 대통령 아서를 접견하고 국서와 신임장을 제출하였다. 그후 40여일의 기간 동안 박람회, 병원, 신문사, 육군사관학교 등을 시찰하였다.
아관파천(1896) 이후 조선의 주권이 약화되고 외세의 이권 침탈이 증가하였다. 러시아는 삼림 채벌권을 독점하였고 일본은 철도 부설권을 독점하였으며, 미국은 전기 시설을 독점하고, 운산 등의 금광 채굴권을 차지하였다.

[오답해설]
① 삼국간섭은 청일전쟁의 강화조약인 시모노세키조약에서 인정된 일본의 랴오둥(요동)반도 영유에 반대하는 러시아 · 프랑스 · 독일의 공동간섭을 말한다.
② 러시아는 용암포를 강제 점령하고 조차를 요구하였다.
③ 영국은 러시아의 남하 정책을 견제하기 위해 거문도에 불법으로 군대를 주둔시키고 군사 기지로 2년간 점령하였다.

17　정답 ④

[정답해설]
〈보기〉는 1907년에 체결한 한 · 일신협약으로 정미7조약이라고도 한다. 헤이그 특사 파견은 한 · 일신협약(정미 7조약) 체결 직전에 일어났다. 고종은 네덜란드 헤이그에서 열린 만국 평화 회의에 이상설, 이준 등을 특사로 파견해 을사조약의 부당함과 을사조약이 무효임을 알리고 국제 사회의 도움을 요청하기도 하였다.

[오답해설]
①, ②, ③ 한 · 일신협약의 체결 이후 한국은 사실상 일본의 식민지가 되었다. 군대가 해산됨에 따라 전국에서 의병활동이 일어났고, 일제는 무력으로 이를 진압하였다. 일제는 한국의 사법권 · 행정권 및 관리 임면권을 빼앗고 외국인 고문 폐지 등을 강압적으로 실시하여, 이후 1910년 강제로 병합할 때까지 한국에서 이른바 차관정치를 실시하였다.

18　정답 ③

[정답해설]
ㄴ. 3 · 1운동(1919) : 1919년 미국 대통령 윌슨의 민족 자결주의와 레닌의 식민지 민족 해방 운동 지원 선언 등의 외교 정세와 대한 독립 선언서(1918), 2 · 8 독립선언(1919)에 영향을 받아 민족대표 33인들의 독립선언서를 발표하여 국내외에 독립을 선포하였다. 3 · 1운동은 대규모의 독립 운동으로 민족 주체성을 확인시키는 계기가 될 뿐만 아니라 임시정부가 수립되는 계기가 되었다. 중국의 5 · 4 운동, 인도의 반영 운동 등의 해외 민족 운동에 선구적 역할을

하였다.
ㄱ. **물산장려운동(1920)** : 회사령 철폐(1920)에 따른 일본 대기업의 한국 진출로 국내 기업의 위기감이 고조되자 민족 기업을 지원하고 민족 산업을 육성함으로써 민족 경제의 자립을 달성하기 위하여 물산 장려 운동이 전개되었다. 1920년 조만식 등을 중심으로 평양에서 시작되어 서울, 이후에는 "내 살림 내 것으로, 조선 사람 조선 것, 우리가 만들어서 우리가 쓰자" 등의 구호를 내걸고 전국으로 확산되었다.
ㄹ. **6·10만세운동(1926)** : 1926년 순종의 사망을 계기로 민족주의 계열(천도교)과 사회주의 계열이 만세 시위운동을 계획하였으나 사전에 발각되었고, 사회주의 계열을 비롯한 전문학교와 고등보통학교 학생들의 주도하에 대규모 시위가 진행되었다. 이를 계기로 사회주의계와 민족주의계가 연대하는 계기가 마련되었다.
ㄷ. **광주학생항일운동(1929)** : 1929년 한일 학생들 간의 충돌을 일본 경찰이 편파적으로 처리하면서 민족차별과 식민지 교육에 저항하는 학생시위가 광주에서 일어났다. 광주 학생 항일 운동은 약 5개월 동안 전국의 학생들이 참여함으로써 3·1 운동 이후 최대의 민족 운동으로 발전하였다.

19　　　　　　　　　　　　　　　　　　정답 ④

[정답해설]
〈보기〉의 자료는 1940년 4·19혁명 당시 서울대 문리과 시국 선언문이다. 조봉암은 해방 이후 농림부장관, 국회의원, 국회 부의장 등을 역임한 정치인으로 1956년 11월 10일 박기출, 김달호 등과 함께 진보당을 결성하였다.

[오답해설]
① 1960년 4월 26일에 이승만은 "국민이 원한다면 대통령직을 사임하겠다."는 성명을 발표하고 하야하였다.
② 허정과도 정부하에서 3차 개헌이 이루어지고 3차 개헌에 의거하여 1960년 8월 장면 내각이 성립되었다.
③ 민족자주통일중앙협의회는 1960년 9월 혁신계 인사들에 의하여 조직된 단체이다.

20　　　　　　　　　　　　　　　　　　정답 ②

[정답해설]
〈보기〉에 주어진 헌법은 유신헌법이다(1972.12.27, 7차 개헌). 닉슨 독트린에 따른 냉전 체제 완화로 미군의 베트남 철수, 주한 미군 감축으로 박정희 정부는 강력하고도 안정된 정부가 필요하다는 주장을 내세워 10월 유신을 단행하였다

(1972.10). 이에 여러 분야에서 민주 헌정의 회복과 개헌을 요구하는 재야인사와 종교인, 언론인 등이 모여 민주 회복 국민 회의(1974)가 열렸다. 또 재야 정치인들과 종교인 등이 모여 명동성당에서 '3·1 민주구국선언문'을 발표하였다(1976.3.1.).

[오답해설]
① 1965년 체결된 한일 협정에, 일제 강점기에 대한 사죄와 과거사 청산이라는 본질이 굴욕적인 청구권 교섭에 밀려 훼손된 것에 분노하여 학생들은 6·3 시위를 전개하였다.
③ 제헌 국회는 일제강점기 친일파의 반민족행위를 조사하고 처벌하기 위해 반민족행위특별조사위원회를 설치하였다.
④ 5·16 군사정변 이후 박정희 정부는 민생 안정을 위해 농가 부채 탕감, 화폐 개혁 등을 실시하였다.

[서울시] 2018년 03월 | 정답

01	①	02	③	03	①	04	②	05	②
06	④	07	①	08	③	09	③	10	④
11	④	12	④	13	②	14	①	15	①
16	②	17	②	18	④	19	③	20	②

[서울시] 2018년 03월 | 해설

01　　　　　　　　　　　　　　　　　　정답 ①

[정답해설]
제시된 〈보기〉의 자료는 국가 체제를 부정하거나 사유재산제도를 부인하는 자들을 처벌한다는 이유로 일제가 제정한 치안유지법이다. 치안유지법은 1925년에 제정되어 1945년까지 유지되었고, 김상옥의 종로경찰서 폭탄투척 사건은 치안유지법 제정 이전인 1923년에 일어났다.

[오답해설]
② **조선공산당 사건(1928)** : 공산주의 정당이자 독립운동 단체인 조선공산당은 조선총독부 당국과 일본 경찰에 의해 수차례 탄압을 받았으며, 결국 제4차 조선공산당 검거 사건으로 해체되었다.
③ **수양동우회 사건(1937)** : 이광수, 주요한을 비롯한 많은 수양동우회 회원들이 계몽운동에 앞장서다 일본 경찰에 의해 붙잡혔다.

④ 조선어학회 사건(1942) : 조선어학회가 독립운동 단체라는 일제의 조선어학회 사건으로 최현배, 이극로 등의 한글 학자가 탄압받았다.

02　　　　　　　　　　　　　　　　　　정답 ③

[정답해설]
제시된 〈보기〉의 지역은 모두 신석기 시대의 유적지들이다. 신석기 시대에는 조개껍데기나 짐승의 뼈 등으로 주술적 염원이 담긴 장신구와 공예품을 제작하였는데, 부산 동삼동의 조개무지(패총)에서 발견된 조개껍데기 가면(패면)이 대표적이다.

[오답해설]
① 신석기 시대에는 정착생활을 하게 되면서 주로 해안이나 강가의 움집에서 생활하였으나, 청동기 시대부터는 움집이 감소하고 지상 가옥 형태의 주거가 등장하였다.
② 청동기 시대에는 벼농사가 시작되었고 가뭄에 대비하기 위한 각종 수리시설이 축조되었다.
④ 청동기 시대에는 마을을 보호하기 위하여 방어시설인 목책(木柵)과 환호 등을 설치하였다.

[보충해설]

▍신석기 유적지의 특징

유적지	특징
제주 고산리	• 최고(最古)의 유적지 → 기원전 8천년 무렵의 유적 • 고산리식 이른 민무늬 토기, 덧무늬 토기 출토
강원 양양 오산리	• 최고(最古)의 집터 유적지 • 흙으로 빚어 구운 안면상, 조개더미
부산 동삼동	조개더미 유적으로, 패면(조개껍데기 가면), 이른 민무늬 토기, 덧무늬 토기, 바다 동물의 뼈 등이 출토
서울 암사동	빗살무늬 토기 출토
황해도 봉산 지탑리	• 빗살무늬 토기 출토 • 탄화된 좁쌀 → 농경의 시작

03　　　　　　　　　　　　　　　　　　정답 ①

[정답해설]
ㄱ. 대동운부군옥(1589) : 조선 선조 때 권문해가 편찬한 백과전서로, 한·중 두 나라의 문헌 중 단군시대부터 편찬 당시까지 우리나라의 지리·역사·인물·문학·식물·동물 등을 총망라하여 운별(韻別)로 분류해 놓은 책이다.
ㄴ. 지봉유설(1614) : 조선 광해군 때 이수광이 편찬한 한국 최초의 백과사전적 저술로, 이탈리아 선교사 마테오 리치의 천주실의를 소개하고 있다.
ㄷ. 성호사설(1761) : 조선 영조 때 성호 이익이 평소에 기록해 둔 글과 제자들의 질문에 답한 내용을 그의 조카들이 정리한 백과사전식 전서이다.
ㄹ. 오주연문장전산고(19세기) : 조선 헌종 때 실학자 이규경이 조선과 청나라의 여러 책들의 내용을 정리하여 편찬한 우리나라 전통 백과사전식 유서(類書)이다.

04　　　　　　　　　　　　　　　　　　정답 ②

[정답해설]
제시된 〈보기〉의 내용은 1926년에 나운규가 개봉한 영화 '아리랑'의 줄거리이다. 1920년대 중반에는 사회주의 사상이 지식인 사이에 퍼지면서 카프(KAPF)가 조직되었고, 민중생활에 관심을 기울인 신경향파 문학이 대두되면서 식민통치에 대한 저항문학으로 발전하였다.

[오답해설]
① 1934년 정인보, 안재홍, 문일평 등은 다산 정약용의 서거 99주년을 기념하여 여유당전서 간행 사업을 시작하면서 조선학 운동을 전개하였다.
③ 1930년대에 일본 주류 대중음악인 엥카의 영향을 받은 트로트 양식이 정립되었다.
④ 1940년에 일제는 조선총독부령으로 조선영화령을 공포하여 영화의 제작과 배급을 통제하고 영화를 전시체제의 옹호와 선전 수단으로 이용하였다.

[보충해설]

▍1920년대 중반의 문학 사조
- **신경향파 문학의 대두** : 사회주의 문학, 1920년대 사회주의 사상이 지식인 사이에 퍼지면서 현실 비판 의식이 더욱 강화됨, 1925년 카프(KAPF, 조선 프롤레타리아 예술가 동맹)를 결성
- **프로 문학의 대두** : 신경향파 문학 이후 등장하여 극단적인 계급 노선을 추구
- **국민 문학 운동의 전개** : 민족주의 계열이 계급주의에 반대하고 문학을 통해 민족주의 이념을 전개 → 동반 작가라고 불림, 염상섭과 현진건 등이 대표적

05　정답 ②

[정답해설]
- ㄴ. 국외중립 선언(1904. 1) : 대한제국을 둘러싸고 러시아와 일본 간의 긴장감이 고조되자 대한제국 정부는 러·일 전쟁 발발 직전 국외중립을 선언하였다.
- ㄱ. 제물포 해전(1904. 2. 9) : 일본함대가 뤼순항을 기습 공격하여 러·일 전쟁이 시작된 다음 날 일본군은 인천항에 정박한 러시아군함 2척을 공격하여 격침시켰다.
- ㄷ. 대러 선전포고(1904. 2. 10) : 러시아군함 2척을 공격한 다음날 일본군은 러시아에 정식으로 선전포고를 하고 전쟁의 시작을 알렸다.
- ㄹ. 한일의정서 체결(1904. 2) : 대러 선전포고 후 일본군은 한반도 내 전략상 필요한 지역을 마음대로 사용하기 위해 강제로 한·일 의정서를 체결하였다.

06　정답 ④

[정답해설]
〈보기〉에서 1907년 차도선, 송상봉, 허근 등과 의병을 일으킨 인물은 홍범도 장군이다. 한편, 13도 창의군을 결성한 인물은 유생 이인영으로, 정미의병이 확산되는 과정에서 총대장 이인영과 군사장 허위의 13도 창의군이 서울 진공 작전을 개시하였다.

[오답해설]
① 일본군이 포수들의 총포를 회수하러 오자 홍범도는 차도선, 송상봉, 허근 등의 산포수들을 모아 산포대를 조직하고 일본군과 유격전을 펼쳤다.
② 홍범도는 주로 북청과 후치령을 중심으로 함경도 삼수, 갑산, 혜산, 풍산 등지에서 일본군을 상대로 유격전을 벌였다.
③ 홍범도의 대한 독립군은 김좌진의 북로 군정서군과 연합하여 1920년 청산리 전투에서 일본군을 격파하였다.

07　정답 ①

[정답해설]
제시된 〈보기〉의 선언문은 신채호의 조선혁명선언으로 김원봉이 조직한 의열단의 활동 지침이다. 의열단 단원인 오성륜, 김익상, 이종암 등은 마닐라에서 귀국하던 일본 육군대장 다나카 기이치를 상해 황포탄에서 저격하였으나 실패하였다(1922).

[오답해설]
② 한인애국단 소속의 이봉창은 동경에서 일왕 히로히토가 탄 마차에 폭탄을 투척하였다(1932).
③ 무정부주의 단체인 남화한인청년연맹 소속의 백정기, 이강훈, 원심창 등이 상해 육삼정에서 일본공사 아리요시의 암살을 시도하였으나 실패하였다(1933).
④ 한인애국단 소속의 윤봉길이 상해 홍구공원에서 열린 일본의 천장절 행사에 폭탄을 던졌다(1932).

08　정답 ③

[정답해설]
- ㄴ. 관구검과의 전쟁(246) : 고구려 동천왕 때 위(魏)의 관구검이 이끄는 군대의 공격을 받아 한때 수도 환도성이 함락되었으나 밀우·유유의 결사 항쟁으로 극복하였다.
- ㄷ. 고국원왕의 전사(371) : 백제의 전성기를 이끈 근초고왕의 평양성 공격으로 고구려의 고국원왕이 전사하였다.
- ㄹ. 광개토왕릉비 건립(414) : 고구려 장수왕은 아버지인 광개토대왕의 치적을 칭송하기 위해 광개토왕릉비를 건립하였다.
- ㄱ. 평양천도(427) : 고구려 장수왕은 수도를 국내성에서 평양으로 옮기고 백제와 신라를 압박하는 남진 정책을 본격화하였다.

09　정답 ③

[정답해설]
- ㄱ. 『경국대전』 : 조선의 통치 규범과 법을 정리한 책으로 세조 때 착수하여 성종 때 완성·반포하였다.
- ㄹ. 『금석과안록』 : 추사 김정희가 저술한 책으로, 북한산비가 진흥왕 순수비임을 밝혔다.

[오답해설]
- ㄴ. 『동문선』 : 성종 때 서거정 등이 왕명으로 편찬한 시문선집이다. 우리 풍토에 맞는 약재와 치료법을 정리한 책은 세종 때 편찬된 『향약집성방』이 대표적이다.
- ㄷ. 『동의수세보원』 : 이제마가 저술한 의학서로, 사람의 체질을 구분하여 치료하는 사상의학의 내용을 담고 있다. 중국과 일본의 자료를 참고해 편찬한 사서는 한치윤의 『해동역사』가 대표적이다.

10 정답 ④

[정답해설]
(가) 조 · 일 수호 조규(강화도 조약)
(나) 조 · 청 상민 수륙 무역 장정
㉠ **자주국**: (가)는 운요호 사건을 빌미로 일본과 맺은 최초의 근대적 조약이자 불평등 조약인 조 · 일 수호 조규(강화도 조약)이다(1876). 이 조약에서 일본은 조선을 자주국으로 명시하여 조선에 대한 청의 종주권을 부인하고, 조선에 대한 청의 영향력을 약화시키고자 하였다.
㉡ **속방**: (나)는 임오군란의 결과 조선과 청이 양국 상인의 통상에 대해 맺은 조 · 청 상민 수륙 무역 장정이다(1882). 이 조약에서 청은 조선을 속방(속국)으로 명시하여 조선에 대한 청의 영향력을 강화하였다.

11 정답 ④

[정답해설]
사회주의 계열과 비타협적 민족주의 계열의 합작으로 구성된 단체는 1927년에 결성되고 1931년에 해체된 신간회이다. 한편, 암태도소작쟁의는 1923년 전남 신안군 암태도의 소작농민들이 지주들의 고액 소작료에 반발하여 일어난 농민운동으로, 신간회 창립 이전에 일어난 사건이다.

[오답해설]
① 광주학생독립운동(1929) : 광주에서 발생한 한 · 일 학생 간의 충돌을 일본 경찰이 편파적으로 처리하여 광주 학생 항일 운동이 촉발되었다.
② 원산총파업(1929) : 원산 노동 연합회의 소속 노동자와 일반 노동자들이 합세하여 노동 조건 개선을 요구하며 전개한 1920년대 최대의 파업 투쟁이다.
③ 단천산림조합시행령 반대운동(1930) : 단천산림조합이 설립되어 삼림 소유주들에게 조합의 가입을 강요하자 이에 반대한 농민들이 대규모 시위를 전개하였다.

12 정답 ④

[정답해설]
〈보기〉의 제시문은 조선 후기의 실학자 이익이 주장한 한전론이다. '성호(星湖)'는 이익의 호이며, 천지 · 인사 · 만물 · 경사 · 시문 등 5개 부문으로 나누어 우리나라와 중국의 문화를 백과사전식으로 소개 · 비판한 『성호사설』을 저술하였다.

[오답해설]
① 정약용은 지방 행정의 개혁안을 제시하고 지방관(목민관)의 도리에 대해 서술한 『목민심서』를 저술하는 등 실학을 집대성하였다.
② 유득공은 발해사를 우리나라 역사로 체계화할 목적으로 『발해고』를 저술하였고 발해를 북국, 신라를 남국으로 칭하며 남북국이라는 용어를 처음 사용하였다.
③ 이중환은 30년간의 현지답사를 통해 전국의 자연환경과 인물, 풍속 등을 정리한 『택리지』를 저술하였다.

[보충해설]

┃**성호 이익(1681~1763)의 업적**
- **학파 형성** : 유형원의 실학사상 계승, 성호학파 형성
- **저술** : 성호사설, 곽우록, 붕당론
- **한전론** : 균전론 비판, 토지 매매의 하한선을 정함
- **6좀 폐지론** : 양반 제도, 노비 제도, 과거 제도, 기교(사치와 미신), 승려, 게으름
- **농촌 경제의 안정책** : 고리대와 화폐 사용의 폐단 지적, 환곡 대신 사창제 실시 주장

13 정답 ③

[정답해설]
〈보기〉의 내용은 허균이 저술한 『유재론』이다. 허균은 적서차별의 문제점을 지적하고 인재를 고루 등용할 것을 주문하고 있으며, 이러한 사상은 그가 지은 우리나라 최초의 한글 소설인 『홍길동전』에도 잘 나타나 있다.

[오답해설]
① 퇴계 이황은 16세기 정통 사림의 사상적 연원으로 주리 철학을 확립하고 이기이원론을 주장하였다. 주요 저서로는 『주자서절요』, 『성학십도』, 『전습록변』 등이 있으며, 김성일 · 유성룡 등의 제자에 의해 영남학파를 형성하였다.
② 율곡 이이는 어머니가 신사임당으로, 기(氣)의 역할을 강조한 일원적 이기이원론과 왜구의 침공에 대비한 10만 양병설을 주장하였다. 주요 저서로는 『동호문답』, 『성학집요』, 『경연일기』, 『만언봉사』 등이 있으며, 향촌의 풍속 교화를 위해 해주 향약을 실시하였다.
④ 유형원은 실학을 최초로 체계화한 인물로, 토지 제도 및 여러 사회 제도를 개혁해 이상 국가를 이루고자 하였다. 주요 저서로는 『반계수록』이 있으며, 자영농 육성을 위해 신분에 따른 토지의 차등 분배를 주장한 균전론(均田論)을 제안하였다.

14 정답 ①

[정답해설]
ㄱ. 전남 강진군에 위치한 무위사 극락전은 조선 전기의 목조 불전으로, 간결한 외부와 달리 내부는 극락을 상징하는 화려한 불화로 장식되어 있다.
ㄹ. 경남 합천군에 있는 해인사 장경판전은 조선 전기의 건축물로, 고려 시대에 제작된 팔만대장경이 보존되어 있다. 통풍과 습도를 조절하도록 과학적으로 설계된 서고로, 현재 유네스코 세계문화유산에 등재되어 있다.

[오답해설]
ㄴ. 충북 보은군에 있는 법주사 팔상전은 조선 후기의 목조 건축물로, 현존하는 유일한 목탑이다. 석가모니의 일생을 여덟 폭의 그림으로 나누어 그린 팔상도가 있어 팔상전이라고 한다.
ㄷ. 전북 김제시에 있는 금산사 미륵전은 조선 후기의 목조 건축물로, 겉모양이 3층으로 된 한국 유일의 법당이며 내부는 통층이다.

15 정답 ①

[정답해설]
조선 시대의 지방관인 수령은 8도의 부, 목, 군, 현에 파견되어 지방의 행정·사법·군사권을 모두 행사하였다. 즉, 군사권을 보유한 진장·영장이 별도로 파견된 것은 아니다.

[오답해설]
② 고려 시대에 호족 출신의 상급 향리는 하급 향리와 달리 과거 응시에 제한을 두지 않아 고위 관리가 될 수 있었다.
③ 조선 시대의 유향소는 향촌 자치 기구로, 지역 양반 중에서 좌수와 별감을 선발하여 지방의 수령을 보좌하고 향리를 감찰하였다.
④ 고려의 지방은 지방관이 파견된 주현과 파견되지 않은 속현으로 구성되었으며, 주현보다 속현이 더 많았다.

16 정답 ②

[정답해설]
〈보기〉의 자료는 적당한 시기에 조선을 자주독립시킬 것을 결의한다는 내용을 통해 카이로 선언임을 알 수 있다. 카이로 선언은 미국, 영국, 중국의 정상이 모여 회담을 한 후 나온 선언으로, 국제적으로 한국의 독립을 처음 보장하였다(1943. 11).

[오답해설]
① 포츠담 선언은 독일이 항복한 후 전후 처리 문제를 협의하기 위해 미국·영국·중국 수뇌부가 회담 후 발표한 선언으로, 일본의 무조건적 항복을 요구하였다(1945. 7).
③·④ 얄타 회담에서 미국·영국·소련의 3국 수뇌가 소련의 대일 참전을 결정하였고, 미국 루즈벨트 대통령의 제안에 따라 한반도 신탁통치를 밀약하였다(1945. 2).

17 정답 ②

[정답해설]
ㄱ. 북조선임시인민위원회 성립(1946. 2) : 김일성을 위원장으로 하는 북조선임시인민위원회를 구성하고 일제의 잔재 청산 및 중요 산업의 국유화 등을 추진하였다.
ㄷ. 토지개혁 실시(1946. 3) : 북조선임시인민위원회에서 '무상몰수, 무상분배'를 원칙으로 하는 토지개혁을 실시하였다.
ㅁ. 북조선노동당 결성(1946. 8) : 북조선공산당과 조선신민당이 하나로 통합되어 북조선노동당을 결성함으로써 공산주의 세력을 하나로 통합시키는 계기가 되었다.
ㄴ. 조선인민군 창설(1948. 2) : 북조선인민위원회의 정규군으로 조선인민군이 창설되었다.
ㄹ. 최고인민회의 대의원 선거 실시(1948. 8) : 북조선노동당의 제1기 최고인민회의 대의원 선거가 흑백투표함 방식으로 실시되었다.
ㅂ. 조선민주주의인민공화국 성립(1948. 9) : 김일성을 수상으로 하는 조선민주주의인민공화국이 성립되었다.

18 정답 ④

[정답해설]
제시된 〈보기〉의 내용은 신라 하대 진성여왕 때 사벌주(상주)에서 봉기한 원종·애노의 난이다(889). 진성여왕 때 위홍과 대구화상이 향가를 모아 「삼대목」을 편찬하였으나 전하지는 않는다(888).

[오답해설]
① 통일 신라의 경덕왕은 관직과 주현의 이름을 중국식 한자로 바꾸는 한화(漢化) 정책으로 왕권 강화를 도모하였다(757).
② 통일 신라의 신문왕은 관료전을 지급하고 귀족과 관리에게 주던 녹읍을 폐지하였다(689).
③ 통일 신라 흥덕왕 때 장보고는 해적을 소탕하기 위해 완도에 청해진을 세웠다(828).

19　정답 ③

[정답해설]
〈보기〉의 제시문에서 수도를 중경에서 상경으로, 다시 동경으로 옮겼으며 대흥, 보력 등의 독자적인 연호를 사용한 왕은 발해 문왕(대흠무)이다. 그는 불교의 이상적 군주인 전륜성왕을 자처하고 '황상'이라는 칭호를 사용하였다.

[오답해설]
① 발해 무왕(대무예)은 산동지방에 장문휴의 수군을 보내 당을 공격하였다.
② 발해 선왕(대인수)은 최대의 영토를 형성하고 중흥기를 이루어 당으로부터 해동성국이라 불렸다.
④ 발해 고왕(대조영)은 고구려 유민과 말갈 집단을 규합하여 동모산에서 발해를 건국하였다.

[보충해설]

▌ **발해 문왕(대흠무, 737~793)**
- 당과 친선 관계를 맺고 독립 국가로 인정받음 → 당은 발해군왕을 발해국왕으로 승격
- 당의 관제를 모방하여 3성 6부의 중앙 관제를 정비
- 당의 문물을 수용하고 장안성을 모방하여 주작대로를 건설하였으며, 유학생을 파견
- 신라와 상설 교통로(신라도)를 개설하고 친교에 노력 → 신라는 사신을 파견(790)
- 수도를 중경 현덕부에서 상경 용천부로 천도하여 지배 체제를 정비
- 대흥이라는 독자적 연호 사용, 주자감(국립대학) 설립

20　정답 ②

[정답해설]
〈보기〉의 제시문에서 일시적인 전쟁 때문에 설치하였으나 국정의 모든 일을 총괄하여 육조가 유명무실해진 것은 비변사 때문이다. 비변사는 임진왜란을 거치면서 국정 전반을 총괄하는 최고 기구로 성장하였고, 이로 인해 육조와 의정부의 기능이 약화되었다.

[오답해설]
① 흥선 대원군은 왕권 강화의 일환으로 비변사를 혁파하고 일반 정무는 의정부가, 국방 문제는 삼군부가 담당하도록 하였다.
③ 비변사는 삼포왜란을 계기로 여진족과 왜구의 침입을 대비하기 위해 설치되었다.
④ 비변사는 16세기 초인 조선 중종 때 임시기구로 처음 설치되었으며, 16세기 중엽인 조선 명종 때 을묘왜변을 계기로 상설기구화 되었다.

[보충해설]

▌ **비변사의 기능 변화**
- **설치** : 삼포왜란(중종 5, 1510)을 계기로 여진족과 왜구에 대비하기 위하여 설치
- **상설** : 을묘왜변(명종 10, 1555)을 계기로 상설 기구화 되어 군사문제를 처리
- **강화** : 임진왜란을 계기로 기능 및 구성원이 확대
- **변질** : 19세기 세도가문의 권력유지 기반으로서 세도정치의 중심 기구로 작용
- **폐지** : 1865년 흥선 대원군의 개혁 정책으로 비변사는 폐지되고, 일반 정무는 의정부가, 국방 문제는 삼군부가 담당

▌ **[서울시] 2018년 06월 | 정답**

01	②	02	①	03	④	04	①	05	②
06	④	07	④	08	③	09	①	10	④
11	④	12	③	13	②	14	②	15	④
16	②	17	②	18	③	19	③	20	④

[서울시] 2018년 06월 | 해설

01　정답 ②

[정답해설]
이규보가 지은 「동국이상국집」의 기록에는 고려 인종 때 최윤의 등이 지은 상정고금예문이 세계 최고의 금속 활자본으로 인정되나 현존하지 않으며, 청주 흥덕사에서 간행된 직지심체요절이 현존하는 세계 최고(最古)의 금속 활자본으로 현재 프랑스 국립도서관에 소장되어 있다.

[오답해설]
① 고려의 귀족문화를 대표하는 자기는 상감청자로, 12세기 중엽에 독창적 기법인 상감법이 개발되어 13세기 중엽까지 주류를 이루다 원 간섭기 이후 퇴조하였다.

③ 합천 해인사의 팔만대장경(재조대장경)은 몽고의 침입으로 초조대장경이 소실된 후 부처의 힘으로 이를 극복하고자 고종 때 강화도에 대장도감을 설치하여 16년 만에 완성하였다.
④ 고려시대에는 유교와 불교가 함께 공존하며 발전하였는데, 정치와 교육의 기틀이 된 유교와 호국적이고 현세구복적인 불교가 융합된 독특한 문화를 형성하였다.

02　　　　　　　　　　　정답 ①

[정답해설]
「본조편년강목」은 고려 후기 충숙왕 때 민지가 편찬(1317)한 고려왕조에 관한 역사서로, 현존하지는 않으나 문헌기록을 통해 그 실재를 확인할 수 있는 최초의 강목체 사서이다.

[오답해설]
② 「의방유취」는 조선전기 세종 때 김순의가 편찬한 동양 최대의 의학 백과사전으로, 우리나라에 전해 내려오는 한방 의서들을 종류에 따라 일괄적으로 그 지식을 정리하여 집대성한 것이다.
③ 「삼국사절요」는 서거정 · 노사신 등이 삼국시대의 자주적 통사를 편찬하려는 입장에서 편찬한 편년체 사서로, 조선전기 세조 때에 착수하여 성종 때 완성되었다.
④ 「농사직설」은 조선전기 세종 때 정초 등이 편찬한 우리나라 최초의 농서로서, 중국의 농업기술을 수용하면서 우리 실정에 맞는 독자적인 농법을 정리하였다.

03　　　　　　　　　　　정답 ④

[정답해설]
ㄹ. 신문왕 때에 문무 관료들에게 토지를 차등 지급하는 관료전을 시행하였는데, 관료전은 관리들이 관직에 복무하는 대가로 받은 토지로 조세만을 받을 수 있으며 농민을 지배할 권한은 없고 관직에서 물러나면 국가에 반납해야 했다(687).
ㄴ. 신문왕 때에 중앙과 지방 관리들의 녹읍을 폐지하고 해마다 조(租)를 차등 있게 지급하였는데, 이는 귀족들에 의한 농민의 인신적 지배를 억제하고 왕권강화와 국가재정 및 민생안정을 위한 조치였다(689).
ㄷ. 성덕왕 때에 백성들에게 처음으로 정전(丁田)을 지급하여 농민에 대한 국가의 토지 지배력을 강화하였다(722).
ㄱ. 경덕왕 때에 귀족들의 반발로 중앙과 지방의 여러 관리에게 매달 주던 녹봉을 없애고 녹읍을 다시 주었다(757).

[보충해설]
■ 통일신라의 토지 제도
• 관료전 : 관리들이 관직에 복무하는 대가로 받은 토지로, 조세만을 받을 수 있으며 농민을 지배할 권한은 없고 관직에서 물러나면 국가에 반납해야 했다.
• 식읍(食邑) : 공로를 세운 대가로 왕족이나 공신에게 지급한 토지와 가호를 말하며, 조세 수취와 노동력 징발이 가능하다.
• 녹읍(祿邑) : 관료 귀족에게 공로가 아닌 관직복무의 대가로 지급한 일정 지역의 토지로, 조세 수취와 노동력 징발이 가능하다.
• 정전(丁田) : 당의 균전제를 모방하여 16세 이상 60세 이하의 장남에게 일정한 역의 대가로 지급하는 것으로, 국가의 농민(토지)에 대한 지배를 강화하기 위한 의도가 담겨 있다. 이는 신라 민정문서의 연수유답전과 성격이 같다.

04　　　　　　　　　　　정답 ①

[정답해설]
조위총의 난(1174)은 서경 유수 조위총이 서북 지방민의 불만을 이용하여 무신정변의 주동자를 제거하고 나라를 바로잡는다는 명분으로 거병한 반무신정변이며, 무신집권기 백제 부흥을 위해 담양에서 봉기한 난은 이연년의 난(1237)이다.

[오답해설]
② 망이 · 망소이의 난(1176)은 무신집권기에 망이 · 망소이가 가혹한 수탈에 저항하여 공주 명학소(鳴鶴所)에서 일으킨 반란으로, 그 결과 명학소는 충순현(忠純縣)으로 승격되었다.
③ 김사미 · 효심의 난(1193)은 운문(청도)에서 김사미가, 초전(울산)에서 효심이 신분 해방 및 신라 부흥을 기치로 내걸고 일으킨 최대 규모의 농민 봉기로 최충헌 정권의 출현 배경이 되었다.
④ 만적의 난(1198)은 개경에서 최충헌의 사노 만적이 노비 해방을 외치며 일으킨 반란이다.

[보충해설]
■ 무신집권기 대표적 민란
• 망이 · 망소이의 난(1176) : 공주 명학소(鳴鶴所)의 망이 · 망소이가 주동이 되어 일으킨 반란
• 전주 관노의 난(1182) : 경대승 집권기에 있었던 관노(官奴)들의 난으로 전주를 점령

- 김사미·효심의 난(1193) : 운문(청도)에서 김사미, 초전(울산)에서 효심이 신분 해방 및 신라 부흥을 기치로 내걸고 일으킨 최대 규모의 농민 봉기
- 만적의 난(1198) : 개경에서 최충헌의 사노 만적이 신분 해방을 외치며 일으킨 반란
- 진주 노비의 난(1200) : 진주 공·사노비의 반란군이 합주의 부곡 반란군과 연합

05 정답 ②

[정답해설]
ㄴ. 동학농민운동의 봉기로 청·일군이 개입하자 정부는 농민군에 휴전을 제의해 전주화약이 체결되었으며, 농민군은 전라도 일대에 집강소를 설치하고 폐정개혁 12개조를 요구하였다(1894.5).
ㄹ. 동학농민운동이 전개되던 중 제1차 김홍집 친일 내각이 성립되어 군국기무처를 설치하고 제1차 갑오개혁이 추진되었다(1894.6). 군국기무처는 입법권을 가진 초정부적 개혁 추진기구로 정치·경제·사회 등 국가 주요 정책에 대한 개혁안을 심의하였다.
ㄷ. 고종은 제2차 갑오개혁 시 종묘에 나가 독립 서고문을 바치고 개혁의 기본 방향을 제시한 홍범 14조를 발표하였다(1894.12). 홍범 14조는 자주권·행정·재정·교육·관리 임용·민권 보장을 규정한 국정 개혁의 기본 강령이다.
ㄱ. 고종이 을미사변으로 신변에 위협을 느끼자 러시아 공사 베베르가 친러파와 모의하여 고종을 러시아 공사관으로 파천시켜 1년간 머물게 하였다(1896).

06 정답 ④

[정답해설]
한일기본조약(한·일협정)은 한국과 일본 양국의 국교 관계를 규정한 조약으로, 청구권·경제협력에 관한 협정, 재일 교포의 법적 지위 및 대우에 관한 협정, 어업에 관한 협정, 문화재·문화협력에 관한 협정이 포함되어 있다.

[오답해설]
① 한일기본조약 체결 과정에서 위안부 문제에 관한 어떠한 논의도 이루어지지 않았으며, 일제 강점기에 대한 사죄와 과거사 청산이라는 본질이 굴욕적인 청구권 교섭에 밀려 훼손되었다.
② 박정희 정부가 일제 강점기에 대한 사죄와 과거사 청산이 무시된 채 일본과 한·일 협정을 체결한 것에 대한 반발로 6·3 시위가 촉발되었으며, 6·10 민주 항쟁은 노태우 정권이 대통령 직선제 개헌을 담은 6·29 선언을 이끌어낸 민주화 운동이다.
③ 한일기본조약의 협의를 위해 김종필 중앙정보부장이 특사로 파견되어 일본의 오히라 외상과 협상을 진행하였으며, 이후락은 중앙정보부장 재임 중 북한을 방문하여 김일성 주석과 비밀회담을 통해 7·4 남북공동성명(1972)을 이끌어냈다.

07 정답 ④

[정답해설]
ㄱ. 철전(鐵錢)인 건원중보는 성종 때 발행(996)된 우리나라 최초의 화폐로, 자급자족적 경제 상황에서 불필요했으므로 전국적으로 유통되지 못했다.
ㄴ. 고려전기에는 관청수공업, 소(所)수공업이 발달하였으나, 고려후기에는 사원수공업, 민간(농촌)수공업이 발달하였다.
ㄷ. 고려 시대에는 예성강 어귀의 벽란도에서 국제 무역이 이루어졌는데, 중국·일본·아라비아 상인이 활발히 내왕하였다.
ㄹ. 원간섭기에는 원의 지폐인 보초가 들어와 유통되었으며, 특히 고려 왕실이 원나라를 왕래하거나 사신을 파견할 때 필요 경비로 사용되었다.

08 정답 ③

[정답해설]
ㄷ. 조선 효종 때 제주도에 표류한 하멜은 훈련도감에 소속된 후 자신이 가져온 조총 기술을 도입하여 서양식 무기를 제조하였다.
ㄴ. 조선 숙종 때 궁궐 수비를 담당하는 기병으로 구성된 금위영을 설치(1682)하여 훈련도감, 총융청, 수어청, 어영청, 금위영의 5군영 체제를 완성하였다.
ㄹ. 『수성윤음』은 조선 영조가 도성수비에 내린 명령으로, 영조는 수도방어체계를 강화하기 위해 『수성윤음』을 반포(1751)하였다.
ㄱ. 조선 정조 때 기존에 설치된 개성 유수부(세종), 강화 유수부(인조)와 더불어 수원 유수부 및 광주 유수부를 추가 설치함으로써 서울 주변의 4 유수부가 서울을 엄호하는 체제를 구축하였다.

09 정답 ①

[정답해설]
구석기인들은 대부분 자연 동굴에 거주하였으며 바위그늘이나 강가에 막집을 짓고 살기도 하였다. 구석기 후기의 막집자리에는 기둥 자리와 담 자리, 불 땐 자리가 남아 있어서 구석기인들이 불을 사용했음을 알 수 있다.

[오답해설]
② 단양 수양개, 연천 전곡리, 공주 석장리 등은 대표적인 구석기시대의 유적지로, 구석기시대에는 주로 동굴이나 강가의 막집에서 살면서 사냥을 하거나 어로 및 채집 생활을 영위하였다. 조·보리·콩·수수 등을 재배하는 밭농사가 시작된 것은 신석기시대부터이다.
③ 고인돌과 돌널무덤은 청동기시대의 대표적인 지배층(족장)의 무덤으로, 당시 계급의 분화 및 지배층의 정치권력과 경제력을 반영하고 있다.
④ 주먹도끼와 가로날도끼는 구석기시대의 유물이지만, 민무늬토기는 청동기시대의 대표적 토기이다. 민무늬토기는 대체로 바닥이 편평한 원통 모양의 화분형이나 밑바닥이 좁은 모양인 팽이형이 많으며 빛깔은 적갈색을 띤다.

[보충해설]

> ▎**구석기시대의 주거 생활**
> • 대부분 자연 동굴에 거주하였으며, 바위그늘(단양 상시리)이나 강가에 막집(공주 석장리)을 짓고 거주하기도 함
> • 구석기 후기의 막집 자리에는 기둥 자리와 담 자리, 불 땐 자리가 남아 있음
> • **주거지의 규모** : 작은 것은 3~4명, 큰 것은 10명 정도가 살 수 있을 정도의 크기

10 정답 ④

[정답해설]
신라는 통일 후 넓어진 영토를 관리하기 위해 통일 전 5주 2소경에서 통일 후 9주 5소경으로 지방행정을 구획하였다. 5소경은 신라의 수도인 금성(경주)이 한반도 남동쪽에 치우쳐 있으므로 통일 후 중앙 정부의 지배력이 수도에서 멀리 떨어진 곳까지 미치기 어려워 이러한 지리적 단점을 보완하기 위한 지방행정 조직이다.

[오답해설]
① 9서당은 기병 중심으로 편제된 통일신라의 중앙군 체제로서 고구려인, 백제인, 말갈족까지 포함되어 부속민에 대한 회유와 견제의 성격을 지닌 민족 융합책의 일환이다.
② 해동 천태종은 고려시대 대각국사 의천이 교종을 중심으로 선종을 통합하기 위해 창시하였다. 천태종은 국청사를 중심으로 이론의 연마와 실천을 아울러 강조하는 교관겸수(敎觀兼修)를 제창하고 지관(止觀)을 강조하였다.
③ 신라 중대 때에는 태종 무열왕의 직계 자손들(태종 무열왕~혜공왕)이 왕위를 세습하였으며, 삼국통일 후 진골 귀족세력이 약화되고 왕권 전제화의 기반이 마련되었다.

11 정답 ④

[정답해설]
〈보기〉의 김운경, 최치원, 최언위, 최승우는 모두 신라 하대의 인물들로, 당나라의 빈공과(賓貢科)에 급제한 후 귀국했다. 이들은 대부분 6두품 출신으로 신분적 한계로 정치적 참여가 제한되자 골품제와 신라 사회의 모순을 비판하고 새로운 사회 방향을 제시하였다.

[오답해설]
① 고려 출신이 아니라 통일신라 출신으로, 당나라에서 유학 후 왕의 고문 역할을 담당하였다.
② 7~8세기에 활약했던 신라의 대문장가로는 「화왕계」를 지은 설총, 「계림잡전」, 「화랑세기」, 「고승전」 등을 지은 김대문 그리고 「청방인문서」, 「답설인귀서」를 지은 강수 등이 있다.
③ 숙위학생이란 신라에서 당나라의 국자감에 입학하여 문화적인 교류를 담당했던 관비 유학생으로 대부분의 도당 유학생이 이에 해당되나, 당나라 황제의 호위무사로 활동한 것은 아니다.

12 정답 ③

[정답해설]
제시된 사료의 어록을 남긴 인물은 지청천이다. 북만주의 한국 독립군은 지청천의 지휘 아래 중국군과 연합하여 호로군을 조직하고 쌍성보·사도하자·대전자령 전투 등에서 일본군에게 승리하였다.

[오답해설]
① 김두봉은 중국 화북 지방의 사회주의 세력이 조선 의용대원을 흡수하여 조직한 조선 독립동맹의 주석으로 선출되어 활동하였다.
② 양세봉의 조선 혁명군은 중국 의용군과 연합작전을 펼쳐 영릉가 전투와 흥경성 전투에서 일본군에 대승을 거두었다.

④ 김원봉의 조선 의용대는 중국 관내(關內)에서 결성된 최초의 한인 무장 부대로 대적 심리전, 적후 공작활동, 중국군인과 민간인에 대한 선전활동 등을 수행하며 많은 전과를 이루었다.

13 정답 ②

[정답해설]
제시문의 국가는 이자겸과 척준경이 이 국가를 상국으로 대우하는 일에 찬성했다는 내용으로 보아 여진족이 세운 금(金)나라임을 알 수 있다. 이자겸의 난 이후 인종은 왕권회복과 민생안정을 위한 정치 개혁을 추진했는데, 이 과정에서 묘청의 서경파는 풍수지리설에 근거하여 서경(지금의 평양) 천도와 칭제건원, 금국정벌을 주장하며 반란을 일으켰으나 김부식이 이끄는 관군의 공격으로 진압되었다.

[오답해설]
① 거란이 강조의 정변을 구실로 강동 6주를 넘겨줄 것을 요구하며 40만 대군으로 침입하여 개경이 함락되고 현종은 나주로 피난하였다.
③ 몽골에 쫓기던 거란군이 고려에 침입하자 고려는 몽골과 함께 강동성에 포위된 거란족을 격파하였다.
④ 정종은 거란족의 침략에 대비하여 청천강에 상비군(30만)인 광군(光軍)을 설치하였는데, 후에 지방군(주현군·주진군)으로 편입되었다.

[보충해설]

▎묘청의 서경천도운동(인종 13, 1135)
• 이자겸의 난 이후 칭제건원, 금국정벌, 서경천도 등을 두고 보수와 개혁 세력 간 대립 발생
• 서경천도를 추진하여 서경에 대화궁을 건축, 칭제건원과 금국정벌 주장
• 서경에서 국호를 대위국, 연호를 천개, 군대를 천견충의군이라 하며 난을 일으킴
• 김부식이 이끈 관군의 공격으로 약 1년 만에 진압
• 서경의 분사 제도 및 삼경제 폐지
• 문신 우대·무신 멸시 풍조, 귀족사회의 보수화 등 문벌 귀족사회의 모순 심화

14 정답 ②

[정답해설]
ㄱ. 김대중 정부 때에는 평양에서 최초로 남북 정상회담이 개최되었고, 햇볕 정책의 일환으로 금강산 관광사업이 시작되었다(1998).
ㄴ. 박정희 정부 때에는 7·4 남북공동선언문 발표 이후 통일 문제 협의를 위해 남북 조절 위원회가 설치되고 남북 직통 전화가 개설되었다(1972).
ㄹ. 노태우 정부 때에는 제46차 UN 총회에서 개별 회원국으로 남북한 유엔 동시 가입이 이루어졌다(1991).

[오답해설]
ㄷ. 경의선과 동해선 철도 연결은 6·15 남북공동선언문이 채택된 이후에 이루어진 조치이다.

15 정답 ④

[정답해설]
조선후기 청과의 외교와 무역에서는 은이 화폐로서의 기능을 하였고 청과의 교역이 활발해짐에 따라 은광의 개발도 활발해지고 잠채(潛採)도 성행하였다.

[오답해설]
① 북방의 여진족을 몰아내고 4군 6진을 개척한 것은 세종 때이다. 최윤덕은 압록강 유역의 4군을, 김종서는 두만강 유역의 6진을 확보하였다.
② 왜란이 끝난 후 일본의 도쿠가와 막부는 전후 경제적 어려움 해결과 선진 문물 수용을 위해 국교 재개와 사절 파견을 조선에 요청하였다.
③ 조선후기 오랑캐에게 당한 수치를 씻고 조선을 도운 명에 대한 의리를 지키자며 청에 대한 북벌을 준비하였으나, 효종의 요절 등으로 북벌은 큰 성과를 거두지 못하고 쇠퇴하다 18세기 후반부터 청의 선진 문물을 배우자는 북학론이 대두되었다.

16 정답 ②

[정답해설]
미국 상선 제너럴셔먼호가 통상을 요구하다 평양 군민과 충돌하여 불타 침몰되자, 미국은 이 사건을 구실로 강화도를 공격하여 신미양요가 발발하였다.

[오답해설]
① 미국이 제너럴셔먼호 사건을 구실로 강화도를 공격하여 신미양요가 발발하자 어재연 등이 이끄는 조선의 수비대가 광성보에서 항전하였으나 패배하였다.
③ 프랑스는 병인박해 때의 프랑스 신부 처형을 구실로 7척의 군함을 파병하였고 양헌수 부대가 정족산성에서 활약하여 프랑스 군을 격퇴시켰다.

④ 박규수가 평양 감사로 있을 때, 대동강에 침입하여 통상을 요구하며 행패를 부리던 미국 상선 제너럴셔먼호를 평양 군민들과 합심하여 화공작전으로 불태워버렸다.

17 정답 ②

[정답해설]
서얼은 양반의 자손 가운데 첩의 소생을 이르는 말로 양첩의 자제는 서자, 천첩의 자제는 얼자라고 하였다. 서얼은 법적으로 문과 응시가 제한되었지만, 무과나 잡과를 통해 관직에 진출할 수 있었다.

[오답해설]
① 중앙관직에 진출할 수 있었던 고려시대의 향리와 달리 조선시대의 향리는 수령을 보좌하는 아전으로 격하되었으며 직역이 대대로 세습되었다.
③ 신량역천이란 법제적으로 양인이나 사회적으로 천민 취급을 받는 계층으로 조졸(뱃사공), 수릉군(묘지기), 생선간(어부), 목자간(목축인), 봉화간(봉화 올리는 사람), 철간(광부), 염간(소금 굽는 사람), 화척(도살꾼), 재인(광대) 등을 말한다.
④ 조선후기 순조는 중앙관서의 노비 6만 6천여 명을 양인으로 해방시켰다.

[보충해설]

▌ 서얼
- **서얼차대법(庶孼差待法)** : 첩에서 난 소생들을 서얼이라고 하여 차별하고 관직 진출과 과거 응시를 제한함
- **한품서용** : 기술관과 서얼은 정3품까지, 토관·향리는 정5품까지, 서리 등은 정7품까지만 승진 가능
- **서얼 등용** : 정조는 능력 있는 서얼을 등용하여 규장각 검서관 등으로 임명
- **제약의 완화** : 임진왜란 이후 정부의 납속책·공명첩 등으로 서얼의 관직 진출 증가
- **허통(許通) 운동** : 신분 상승을 요구하는 서얼의 상소 운동으로 18~19세기에 활발히 전개

18 정답 ③

[정답해설]
갑오개혁 이후 고종의 교육 입국 조서에 따라 근대적 교육제도가 마련되어 소학교·중학교 등 각종 관립학교가 설립되었으며, 교원양성 학교인 한성 사범학교도 이때 건립되었다

(1895). 경신학교는 미국 초대 선교사 언더우드에 의해 서울에 설립된 중등과정의 사립학교이다(1886).

[오답해설]
① 배재학당은 미국의 개신교 선교사 아펜젤러가 선교를 목적으로 서울에 설립한 사립학교로 신학문 보급에 기여하였다(1885).
② 동문학은 정부가 설립한 외국어 교육기관으로 통리교섭통상사무아문의 부속 기관이며 통역관을 양성하였다(1883).
④ 원산학사는 함경도 덕원부사 정현석과 주민들이 개화파 인물들의 권유로 설립한 최초의 근대적 사립학교로(1883), 외국어·자연 과학 등 근대 학문과 무술을 가르쳤다.

19 정답 ③

[정답해설]
「성학십도」는 퇴계 이황이 선조에게 올린 것으로 군왕의 도(道)에 관한 학문의 요체를 도식으로 설명하였다. 이황은 기(氣)보다는 이(理)를 중시하는 주리 철학을 확립하였고 예안 향약을 만들었다.

[오답해설]
① 박세무는 아동용 수신서인 「동몽선습」을 편찬하였는데, 기자에서 시작되는 우리 역사의 도덕사관을 강조하였다.
② 이황의 학설을 따르는 이들은 처음에는 동인을 형성하였고, 이후 정여립 모반사건을 계기로 남인으로 분화하였다.
④ 이황은 「주자대전」의 중요 부분을 발췌하여 「주자서절요」를 편찬하였고, 「주자문록」은 이황과 4단7정 논쟁을 벌였던 기대승이 편찬하였다.

[보충해설]

▌ 퇴계 이황(李滉, 1501~1570)
- **성향** : 도덕적 행위의 근거로서 인간의 심성을 중시, 근본적·이상주의적인 성격, 주리 철학을 확립, 16세기 정통 사림의 사상적 연원
- **저서** : 〈주자서절요〉, 〈성학십도〉, 〈전습록변〉 등
- **학파** : 김성일·유성룡 등의 제자에 의해 영남학파 형성
- **향약** : 경북 안동 예안지방에 중국의 여씨향약을 본떠 예안향약 창시
- **영향** : 위정척사론에 영향, 임진왜란 이후 일본 성리학 발전에 영향

20 정답 ④

[정답해설]
야당의 김대중 후보가 당선됨으로써 여야 간에 최초의 평화적 정권교체가 이루어지고 국민의 정부가 출범되었다(1998.3~2003.2).

[오답해설]
① 자유당의 이승만 정부는 장기집권을 위해 초대 대통령에 한해 중임 제한 규정을 철폐하는 개헌안을 사사오입의 논리로 불법 통과시켰고, 이에 맞서 학생들과 재야인사들이 반대투쟁을 전개하였다(1954).
② 박정희 정부는 강력하고도 안정된 정부가 필요하다는 주장을 내세워 비상계엄 선포, 국회 해산, 정치 활동 금지, 언론·방송·보도·출판의 사전 검열, 각 대학 휴교 등의 10월 유신을 단행하고(1972) 제7차 개헌(유신 헌법)을 통해 제4공화국을 출범시켰다.
③ 6월 민주항쟁의 결과 노태우의 6·29 민주화 선언에 따라 5년 단임의 대통령 직선제 개헌이 이루어졌으나(1987), 야권 후보의 분열로 노태우가 당선되어 군사정권을 종식시키지 못했다. 한편 제14대 김영삼 대통령의 문민정부 출범은 1993년이다.

[서울시] 2017년 06월 | 정답

01	③	02	④	03	①	04	③	05	②
06	①	07	①	08	①	09	④	10	②
11	③	12	①	13	③	14	②	15	④
16	②	17	④	18	③	19	④	20	②

[서울시] 2017년 06월 | 해설

01 정답 ③

[정답해설]
『기언』을 지어 토지제도의 개혁을 주장한 인물은 허목이며, 한치윤의 대표적 저술서는 단군 조선부터 고려 시대까지를 서술한 기전체 사서인 『해동역사』이다.

[보충해설]

▎국어학 연구서
- 훈민정음운해(訓民正音韻解) : 신경준(정조) → 발음법을 제시하고 음운을 역학적으로 도해
- 언문지(諺文志) : 유희(순조) → 음리(音理)와 음가(音價)를 규명
- 재물보(才物譜) : 이성지(정조) → 만물의 명칭을 고증
- 아언각비(雅言覺非) : 정약용(정조) → 속어(사투리)와 속자 고증
- 고금석림(古今釋林) : 이의봉(정조) → 시대별·분야별로 정리한 사전

02 정답 ④

[정답해설]
지도에 표시된 영토 수복 지역은 공민왕 때 원으로부터 수복한 쌍성총관부 관할 지역이다. 공민왕은 전민변정도감을 설치하여 권문세족의 약화와 국가 재정 수입의 확대를 추구하였다. 그 외에 공민왕은 반원 자주 정책, 친명정책, 정동행성 폐지, 쌍성총관부 수복, 정방 폐지, 신돈의 등용 등 개혁정치를 단행하였다.

[오답해설]
① 과전법의 시행 → 공양왕
② 철령위의 설치 → 우왕
③ 이승휴의 『제왕운기』 편찬 → 충렬왕

03 정답 ①

[정답해설]
소(所)는 고려시대에 존재했던 특수행정구역으로 조선 건국 이후에는 사라졌으므로, 조선 후기 경제 변화와 관련이 없는 설명이다. 소(所)는 국가가 필요로 하는 공납품을 만들어 바치는 공장(工匠)들의 집단 거주지이다.

[보충해설]

▌고려시대의 지방 행정 구역
- **주현(主縣)과 속현(屬縣)** : 주현은 중앙으로부터 지방관이 파견된 곳을, 속현은 지방관이 파견되지 않는 곳을 말한다.
- **향 · 소 · 부곡** : 향과 부곡은 농민들이 주로 거주하며, 소(所)는 국가가 필요로 하는 공납품을 만들어 바치는 공장(工匠)들의 집단 거주지이다.
- **촌** : 말단 행정 조직으로, 주 · 군 · 현에는 각각 몇 개의 촌이 있으나 향 · 소 · 부곡에는 1촌인 경우가 대부분이다.

04　　　　　　　　　　　　　　　정답 ③

[정답해설]
역분전은 고려 전기의 토지 제도 중 하나로, 태조가 후삼국 통일에 공을 세운 신하 · 군사들의 인품 · 공로 · 충성도를 기준으로 하여 지급한 수조지를 말한다.

[오답해설]
① 공음전은 5품 이상의 관리에게 지급되었다. 공음전은 관리에게 보수로 주던 과전과 달리 5품 이상의 관료에게 지급된 세습 가능한 토지로, 음서제와 함께 문벌 귀족의 지위를 유지해 나갈 수 있는 기반이 되었다.
② 전시과에서는 관리를 18등급으로 나누어 곡물을 수취할 수 있는 일반 농지인 전지와 땔감을 얻을 수 있는 척박한 토지인 시지를 차등적으로 지급하였다.
④ 왕실 경비를 마련하기 위해 지급된 토지는 내장전이며, 공해전은 관청 운영 경비를 마련하기 위해 지급된 토지이다.

05　　　　　　　　　　　　　　　정답 ②

[정답해설]
(가) 카이로 회담(1943) 선언문
(나) 모스크바 3국 외상회의(1945) 결정문

미군과 소련군의 군정이 실시되는 가운데 미국 · 영국 · 소련의 3국 외상은 모스크바에서 회의를 열어 한반도 문제를 협의하였다.

[오답해설]
① (가)는 카이로 회담에서 발표되었다.

③ (나)의 모스크바 3국 외상회의 결정과 좌우합작위원회의 구성과는 아무런 관계가 없다.
④ (가)는 해방 이전에 발표되었으나, (나)는 해방 이후에 발표되었다.

06　　　　　　　　　　　　　　　정답 ①

[정답해설]
거문도 사건은 영국이 러시아의 남하를 견제하고자 거문도를 불법 점령한 사건으로, 1885 ~ 1887년 사이에 벌어진 사건이다. 당오전은 1883년(고종 20)에 주조되어 1894년까지 유통되었던 화폐로, 임오군란과 인천 개항 이후 격증하는 경비 지출을 타개하기 위해 민씨 일파가 주동이 되어 주조하였다.

[오답해설]
② 한성순보는 박영효 등 개화파가 창간하여 박문국에서 발간한 최초의 신문으로 1883년에 발간되었고, 1884년에 갑신정변으로 박문국 폐지 시 중단되었다.
③ 유길준의 서유견문(西遊見聞)은 국 · 한문혼용체로 된 서양기행문으로 1895년에 출간되었다.
④ 강화도 조약 이후 1876년에 체결된 조 · 일무역규칙에서 일본 수출입 상품의 무관세, 선박의 무항세 그리고 조선 양곡의 무제한 유출을 허용하였다.

07　　　　　　　　　　　　　　　정답 ①

[정답해설]
(가) – 묘청 / (나) – 김부식
묘청은 인종 13년(1135) 서경 천도를 추진하여 서경에 대화궁을 건축하고 칭제 건원과 금국 정벌을 주장하였다. 그러나 이의 주장이 받아들여지지 않자 서경에서 국호를 대위, 연호를 천개, 군대를 천견충의군이라 하며 난을 일으켰으나, 개경 중심의 문벌 귀족세력 대표인 김부식이 이끈 관군의 공격으로 약 1년 만에 진압되었다.

[오답해설]
ㄴ. (가) 묘청은 칭제 건원과 요나라가 아닌 금국 정벌을 주장하였다.
ㄹ. (나) 김부식이 편찬한 삼국사기는 편년체가 아닌 기전체 역사서이다.

[보충해설]

■ 개경파와 서경파의 대립

구분	개경(開京) 중심 세력	서경(西京) 중심 세력
대표자	김부식·김인존 등	묘청·정지상 등
특징 및 주장	• 왕권 견제, 신라 계승, 보수적·사대적·합리주의적 유교 사상 • 정권 유지를 위해 금과의 사대 관계 주장 • 문벌 귀족 신분	• 왕권의 강화, 고구려 계승, 풍수지리설에 근거한 자주적·진취적 전통 사상 • 서경천도론과 길지론(吉地論), 금국 정벌론 주장 • 개경의 문벌 귀족을 붕괴시키고 새로운 혁신 정치를 도모

08 정답 ①

[정답해설]
제시문의 '그'는 원묘국사 요세(了世)로, 그는 백련사에서 실천 중심의 수행인들을 모아 백련결사(白蓮結社)를 조직하여 불교 정화 운동을 전개하였다. 요세는 참회수행과 염불을 통한 극락왕생을 주장하였다.

[오답해설]
② 불교계 폐단을 개혁하기 위해 9산 선문의 통합을 주장하였다. → 보우
③ 이론의 연마와 실천을 아울러 강조하는 교관겸수를 제창하였다. → 의천
④ 깨달은 후에도 꾸준한 실천이 필요하다는 돈오점수를 중시하였다. → 지눌

09 정답 ④

[정답해설]
제시된 사료는 상호 화해와 불가침, 한반도 비핵화 합의를 담은 남북기본합의서로 1991년 노태우 정부 당시 채택되었다. 노태우 정부는 1990년에 소련과 1992년 중국과 수교하는 등 활발한 북방외교 정책을 추진하였다.

[오답해설]
① 남북조절위원회는 1972년 박정희 정부 시 7·4 남북공동성명 이후 통일 문제 협의를 위해 설치하였다.
② 금융실명제는 1993년 김영삼 정부에서 전격적으로 시행되었다.
③ 남북정상회담은 2000년 김대중 정부 때와 2007년 노무현 정부 때 2차례에 걸쳐 이루어졌다.

[보충해설]

■ 노태우 정부(제6공화국, 1988. 3~1993. 2)
- **헌법 개정**(1987. 10) : 5년 단임, 대통령 직선제
- **성립** : 야당의 후보 단일화 실패로 노태우 대통령 당선(1987)
- **정치** : 5공 청문회 개최, 지방 자치제 부분적 실시, 언론 기본법 폐지
- **외교** : 북방 정책으로 소련(1990)·중국(1992)과 수교, 남북한 유엔 동시 가입(1991)
- **3당 합당** : 1988년 13대 총선에서 여당인 민정당 참패로, 여소야대 국면을 전환하기 위해 3당 합당을 실시하고 민주 자유당을 결성

10 정답 ②

[정답해설]
『표제음주동국사략』은 조선 중종 때 유희령이 『동국통감』을 대본으로 하여 단군으로부터 고려시대까지를 간략히 줄여 찬술한 통사이다.

[오답해설]
① 『삼국사기』는 인종 때 김부식이 왕명을 받아 편찬한 현존하는 우리나라 최고의 역사서로, 상고사(고조선~삼한)를 인식하면서도 이를 서술하지 않고 유교적 합리주의 사관에 기초하여 신라 중심의 삼국사만을 편찬하였다.
③ 『연려실기술』은 이긍익이 400여 종의 야사(野史)를 참고하여 조선 왕조의 정치·문화사를 객관적·실증적 입장에서 서술하고 우리나라 역대의 문화를 백과사전식으로 정리하였다.
④ 『고려사절요』는 김종서·정인지 등이 독자적으로 편찬하여 문종 2년(1452)에 완성한 편년체의 사서(35권)로, 고려시대의 역사를 정리한 역사서이다.

11 정답 ③

[정답해설]
신라의 삼국 통일 과정 : (다) → (라) → (가) → (나)
- (다) 백제의 멸망(660) : 계백의 저항에도 불구하고 사비성이 함락되었다.
- (라) 백강 전투(663) : 백제 · 왜 연합군이 나 · 당 연합군과 백강에서 전투를 벌였다.
- (가) 고구려의 멸망(668) : 나 · 당 연합군이 평양성을 함락시켰다.
- (나) 매소성 전투(675) : 신라가 매소성에서 당군을 크게 물리쳤다.

12 정답 ④

[정답해설]
진관 체제에서 제승방략 체제로의 변경은 임진왜란 이전인 명종 때이다. 제승방략 체제(制勝方略體制)는 조선 초기의 진관 체제가 잦은 외적 침입에 효과가 없어 16세기 후반에 수립한 것으로, 유사시에 필요한 방어처에 병력을 동원하여 중앙에서 파견되는 장수가 지휘하는 체제이다.

[보충해설]

▍제승방략 체제

유사시 각 읍의 수령들이 군사를 이끌고 지정된 방위 지역으로 간 후, 한양에서 파견된 장수 또는 해당 도의 병수사를 기다렸다가 지휘를 받는 전술이다. 이러한 제승방략 체제는 후방 지역에 군사가 없으므로 일차 방어선이 무너진 후에는 적의 공세를 막을 방법이 없다는 치명적인 단점이 있으며, 이는 임진왜란 초기 패전의 한 원인이 되었다.

13 정답 ③

[정답해설]
제시문에서 심문자와 답변자의 대화 내용은 동학 농민 운동이다. 고부 군수 조병갑의 학정에 항거한 고부 민란 후 안핵사 이용태가 동학교도를 색출 · 탄압하자 전봉준 · 김개남 · 손화중 · 오지영 등의 지도하에 농민군은 봉기를 지속한다. 이후 청 · 일군이 개입하자 정부는 휴전을 제의해 전주 화약이 성립하였고, 일본이 군대를 거느리고 경복궁을 침범하여 농민군은 재봉기 한다. 그러므로 (가)의 사건은 전주 화약 시기이고, 전주 화약 성립 후 농민군은 전라도 일대에 집강소를 설치하고 폐정 개혁 12개조를 요구하였다.

[오답해설]
① 일본군은 경복궁을 점령한 후, 풍도의 청군을 선제공격하여 청일전쟁을 일으켰다.
② 법규교정소는 대한국제의 제정과 관련이 있다.
④ 제물포 조약은 임오군란 후 배상금 지불과 군란 주동자의 처벌을 요구한 일본과 체결된 조약이다.

14 정답 ②

[정답해설]

> ⓒ 5 · 18 광주 민주화 운동(1980) → ⓙ 6 · 10 민주항쟁(1987) → ⓒ 6 · 29 선언(1987)

ⓒ 우리 시민은 온갖 방해에도 불구하고 여러분의 안전을 끝까지 지킬 것입니다. 또한 협상이 올바른 방향으로 진행되면 우리는 즉각 총을 놓겠습니다. → 5 · 18 광주 민주화 운동(1980)
ⓙ 무엇보다 우리는 이른바 4 · 13 대통령의 특별 조치를 국민의 이름으로 무효임을 선언한다. → 6 · 10 민주항쟁(1987)
ⓒ 오늘의 이 시점에서 저는 사회적 혼란을 극복하고, 국민적 화해를 이룩하기 위하여 대통령 직선제를 택하지 않을 수 없다는 결론에 이르게 되었습니다. → 6 · 29 선언(1987)

15 정답 ②

[정답해설]
제시된 협약은 고종이 을사늑약의 무효를 선언하고 헤이그에 특사를 파견해 일제 침략의 부당성을 호소하자, 일제가 고종을 강제 퇴위시키고 순종을 즉위시킨 후 황제의 동의 없이 강제 체결한 한 · 일 신협약(정미 7조약)이다. 그러므로 고종의 헤이그 특사 파견은 한 · 일 신협약 이전의 일이다.

[오답해설]
① 13도 창의군의 서울진공작전(1908)
③ 대한제국 군대 해산(1907)
④ 대한제국 경찰권 박탈(1910)

[보충해설]

■ 한·일 신협약(정미 7조약, 1907. 7)
- 체결 과정 : 고종을 퇴위시키고 순종을 즉위시킨 후 황제의 동의 없이 강제로 체결
- 차관 정치 : 정부에 일본인 차관을 두어 실제 행정권을 장악하는 차관 정치 실시
- 통감부 권한 강화 : 모든 통치권이 통감부로 이관되어 통감부 권한이 강화되고 내정권을 장악함
- 군대 해산(1907. 8) : 일제는 군대를 해산하고 의병의 저항을 무력으로 진압
- 정미의병(1907) : 해산 군인들이 의병에 합류

16 정답 ②

[정답해설]
제시문의 밑줄 친 '왕'은 세조이다. 세조는 중앙군으로 5위제를 확립하였고, 변방 중심의 방어체제를 전국적인 지역 중심의 방어 체제인 진관체제(鎭管體制)로 전환하였다. 또한 직전법을 실시하여 과전을 현직 관료에게만 지급하였다. 세조는 원각사에 10층 석탑을 세우고, 간경도감을 설치하여 『월인석보』 등 불교 경전을 번역·간행하였다.

[오답해설]
① 『경국대전』의 편찬을 마무리하여 반포하였다. → 성종
③ 6조 직계제를 채택하고 사간원을 독립시켜 대신을 견제하였다. → 태종
④ 대마도주와 계해약조를 맺어 무역선을 1년에 50척으로 제한하였다. → 세종

17 정답 ④

[정답해설]
제시문의 '이 책'은 이이의 『성학집요』이다. 성학집요는 1575년 이이가 사서(四書)와 육경(六經)에 있는 도(道)의 개략을 뽑아 간략하게 정리하여 선조에게 바친 책으로, 현명한 성학을 군주에게 가르쳐 그 기질을 변화시켜야 한다고 주장하고 있다. 이이는 또한 사림이 추구하는 왕도정치가 기자에서 시작되었다는 평가를 담은 『기자실기』를 저술하였다.

[오답해설]
① 경과 의를 근본으로 하는 실천적 성리학풍을 강조하였다. → 조식
② 기대승과 8차례 편지를 통해 4단과 7정에 대한 논쟁을 벌였다. → 이황
③ 이보다 기를 중심으로 세계를 이해하고 노장사상에 개방적이었다. → 서경덕

[보충해설]

■ 이이(李珥, 1536~1584)
- 성향 : 개혁적·현실적 성격(기의 역할을 강조), 일원론적 이기이원론
- 저서 : 동호문답, 성학집요, 경연일기, 만언봉사, 기자실기 등
- 변법경장론(變法更張論) : 경세가로서 현실 문제의 개혁 방안을 제시
- 대공수미법(代貢收米法) : 공납의 폐단을 해결하기 위해 공물을 쌀로 걷자는 수미법을 주장
- 10만 양병설 : 왜구의 침공해 대비해 10만 대군을 양성할 것을 주장
- 학파 형성 : 조헌·김장생 등으로 이어져 기호학파를 형성
- 영향 : 북학파 실학사상과 개화사상, 동학사상에 영향을 줌

18 정답 ③

[정답해설]
제시문에서 만동묘와 폐단이 큰 서원 철폐를 명령한 '그'는 흥선대원군이다. 흥선대원군은 임오군란 당시 구식 군인들의 요구로 잠시 재집권을 하였으며, 통리기무아문과 별기군을 폐지하고 5군영을 부활하였다.

[오답해설]
① 갑오개혁 당시 군국기무처의 총재관으로 활동하였다. → 김홍집
② 갑신정변 당시 청군의 원조를 요청하였다. → 명성왕후
④ 강화도 조약 체결 직전 화서학파의 적극적인 지지를 받았다. → 최익현

19 정답 ④

[정답해설]
의장 이동녕, 국무총리 이승만을 중심으로 1919년 4월 11일 임시 의정원이 구성된 후, 1919년 4월 13일 국내의 한성 정부를 계승하고 대한 국민 의회를 흡수하여 상하이에 통합 정부인 대한민국 임시 정부를 수립하였다.

[오답해설]
① 대한민국 임시 정부는 국내 비밀 행정 조직인 연통제를 실시하여 문서와 명령 전달, 군자금 송부, 정보 보고 등의 업무를 수행하였다.
② 대한민국 임시 정부는 독립운동 자금을 마련하기 위해 국외 거주 동포들에게 독립 공채를 발행하였다.
③ 임시 정부의 김구와 지청천 등이 신흥 무관 학교 출신의 독립군과 중국 대륙에 산재해 있던 무장 투쟁 세력을 모아 충칭에서 한국 광복군을 창설하였다.

[보충해설]

▌대한민국 임시 정부의 활동
- **군자금 조달** : 애국 공채 발행이나 국민의 의연금으로 마련, 국내외에서 수합된 자금은 연통제나 교통국 조직망에 의해 임시정부에 전달되었으며, 만주의 이륭양행이나 부산의 백산 상회를 통하여 전달되기도 함
- **외교 활동** : 파리 강화 회의에 김규식을 대표로 파견하여 독립을 주장, 미국에 구미 위원부를 두어 국제 연맹과 워싱턴 회의에 우리 민족의 독립 열망을 전달
- **문화 활동** : 기관지로 〈독립신문〉을 간행하여 배포, 사료 편찬소를 두어 한·일 관계 사료집과 〈한국 독립운동 지혈사〉(박은식) 등 간행
- **군사 활동** : 육군 무관 학교의 설립, 임시정부 직할대, 한국 광복군의 창설

20　　　　　　　　　　　　　　정답 ②

[정답해설]
㉠은 옥저, ㉡은 부여와 고구려, ㉢은 동예, ㉣은 삼한의 풍속에 대한 설명이다. ㉡의 형이 죽으면 형수를 아내로 삼는 풍습인 형사취수제(兄死娶嫂制)는 부여와 고구려에 존재한 풍습으로, 노동력 확보를 목적으로 한 근친혼제이다.

[오답해설]
① 고구려는 10월에 동맹이라는 제천 행사를 실시하였다.
③ 옥저에는 민며느리제라는 혼인 풍속이 있었다.
④ 고구려는 상가, 고추가 등이 제가회의를 열어 국가 대사를 결정하였다.